2

MONONOGATARI

DIE WÄCHTER DER ARTEFAKTGEISTER

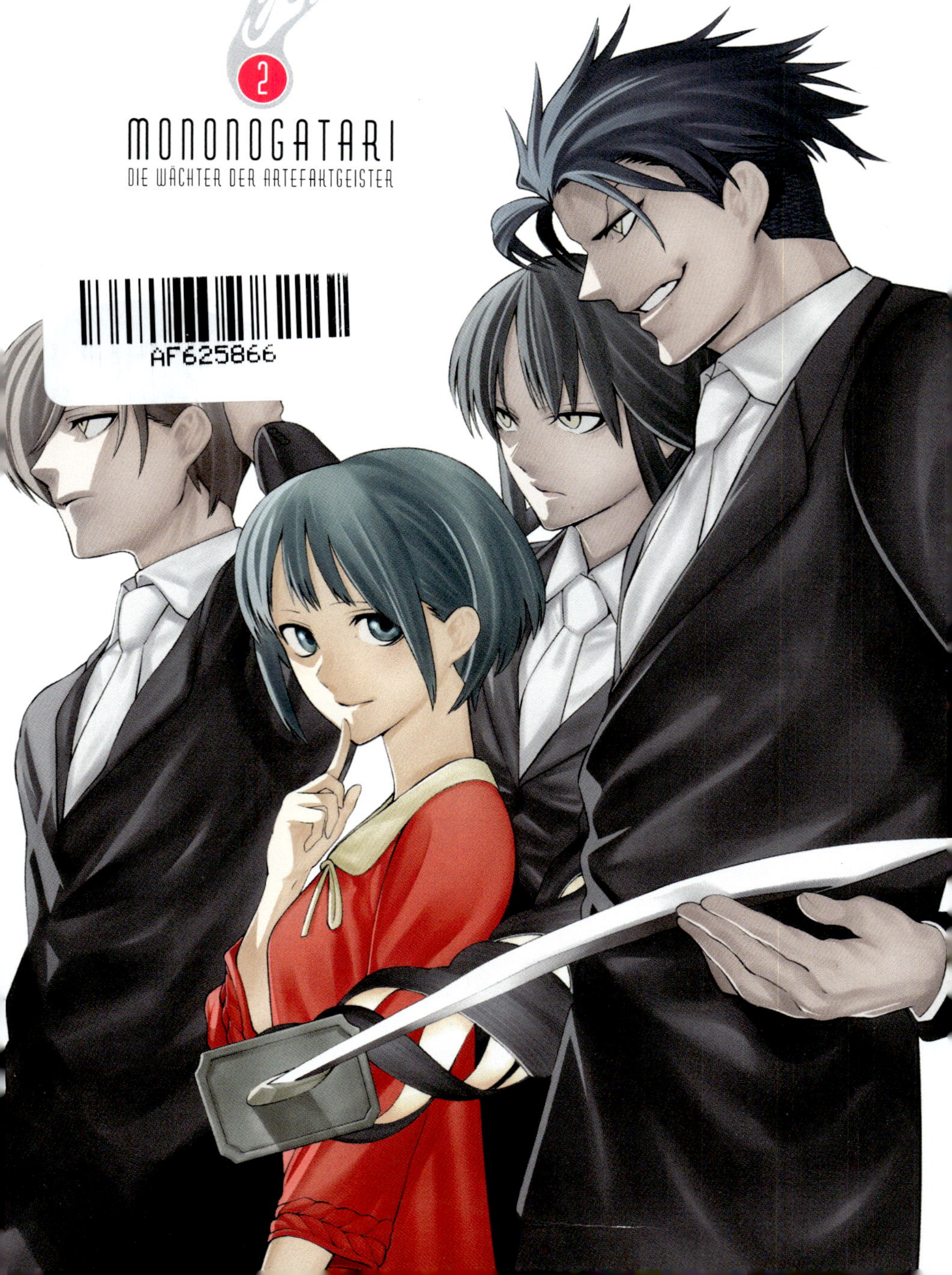

MONONOGATARI CONTENTS 2

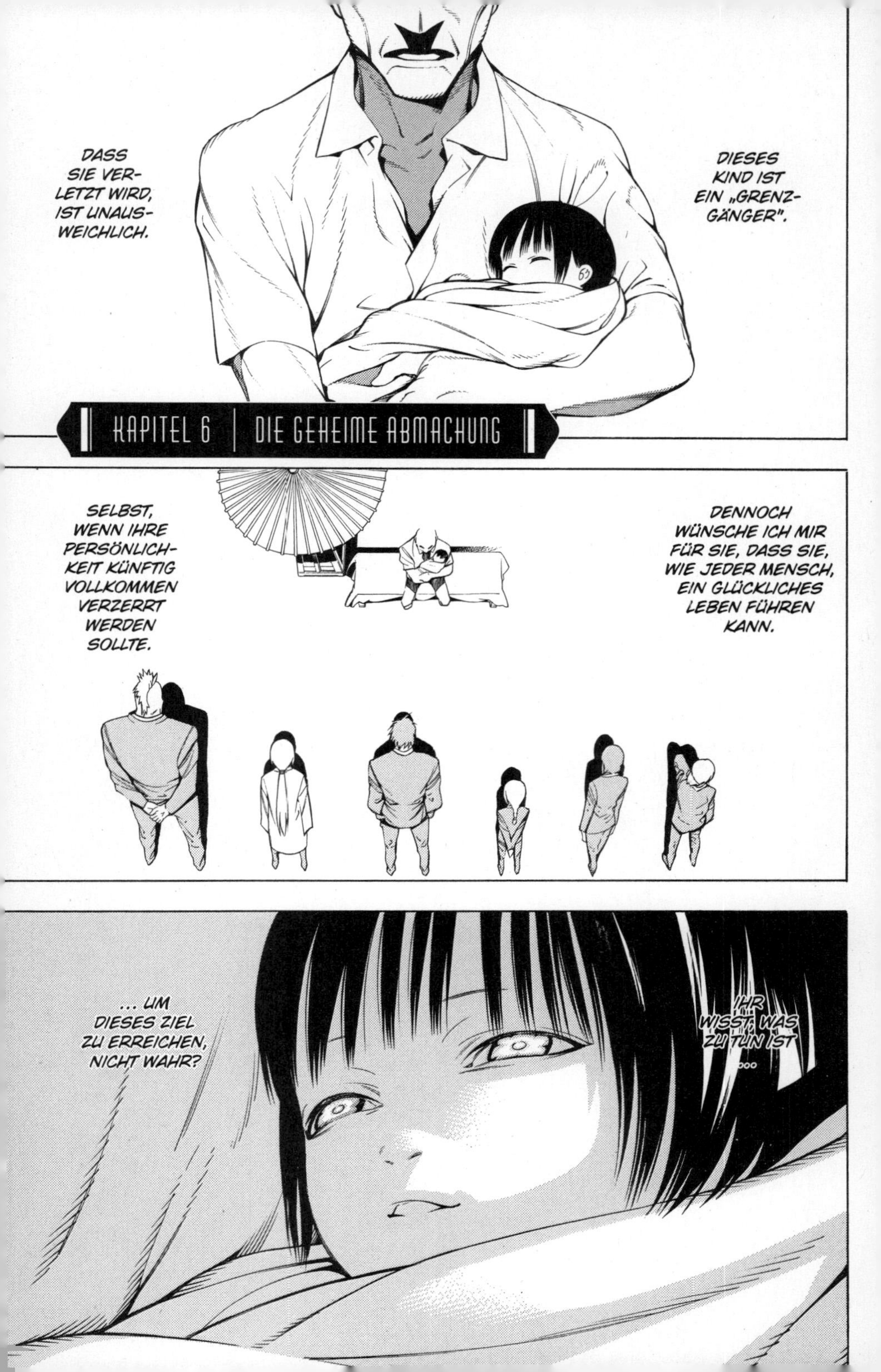
DIESES KIND IST EIN „GRENZGÄNGER".
DASS SIE VERLETZT WIRD, IST UNAUSWEICHLICH.
KAPITEL 6 | DIE GEHEIME ABMACHUNG
DENNOCH WÜNSCHE ICH MIR FÜR SIE, DASS SIE, WIE JEDER MENSCH, EIN GLÜCKLICHES LEBEN FÜHREN KANN.
SELBST, WENN IHRE PERSÖNLICHKEIT KÜNFTIG VOLLKOMMEN VERZERRT WERDEN SOLLTE.
IHR WISST, WAS ZU TUN IST ...
... UM DIESES ZIEL ZU ERREICHEN, NICHT WAHR?

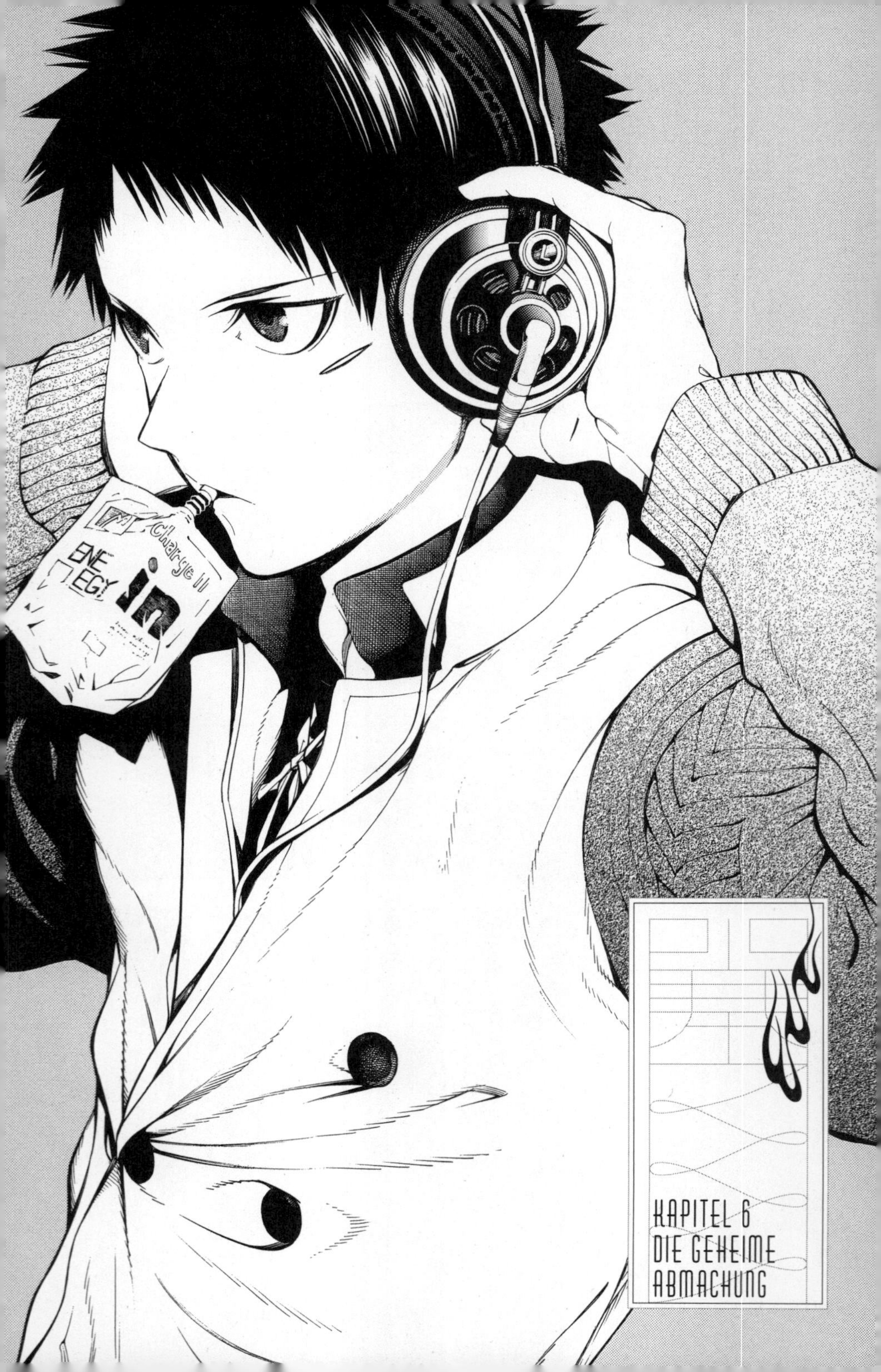
Charge II
in
KAPITEL 6
DIE GEHEIME
ABMACHUNG

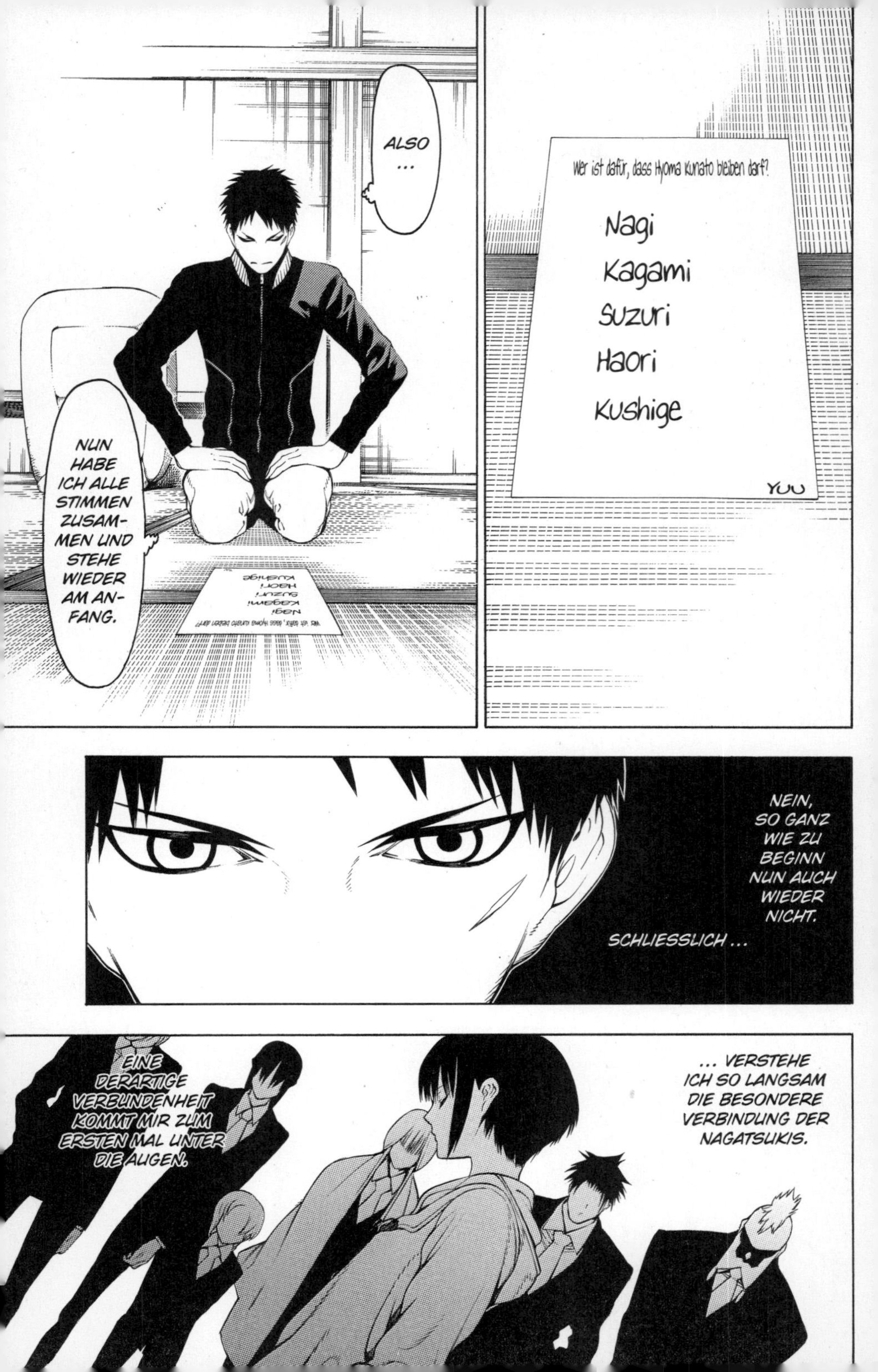
Wer ist dafür, dass Hyoma Kunato bleiben darf?
Nagi
Kagami
Suzuri
Haori
Kushige
YUU
ALSO ...
NUN HABE ICH ALLE STIMMEN ZUSAMMEN UND STEHE WIEDER AM ANFANG.
NEIN, SO GANZ WIE ZU BEGINN NUN AUCH WIEDER NICHT.
SCHLIESSLICH ...
... VERSTEHE ICH SO LANGSAM DIE BESONDERE VERBINDUNG DER NAGATSUKIS.
EINE DERARTIGE VERBUNDENHEIT KOMMT MIR ZUM ERSTEN MAL UNTER DIE AUGEN.

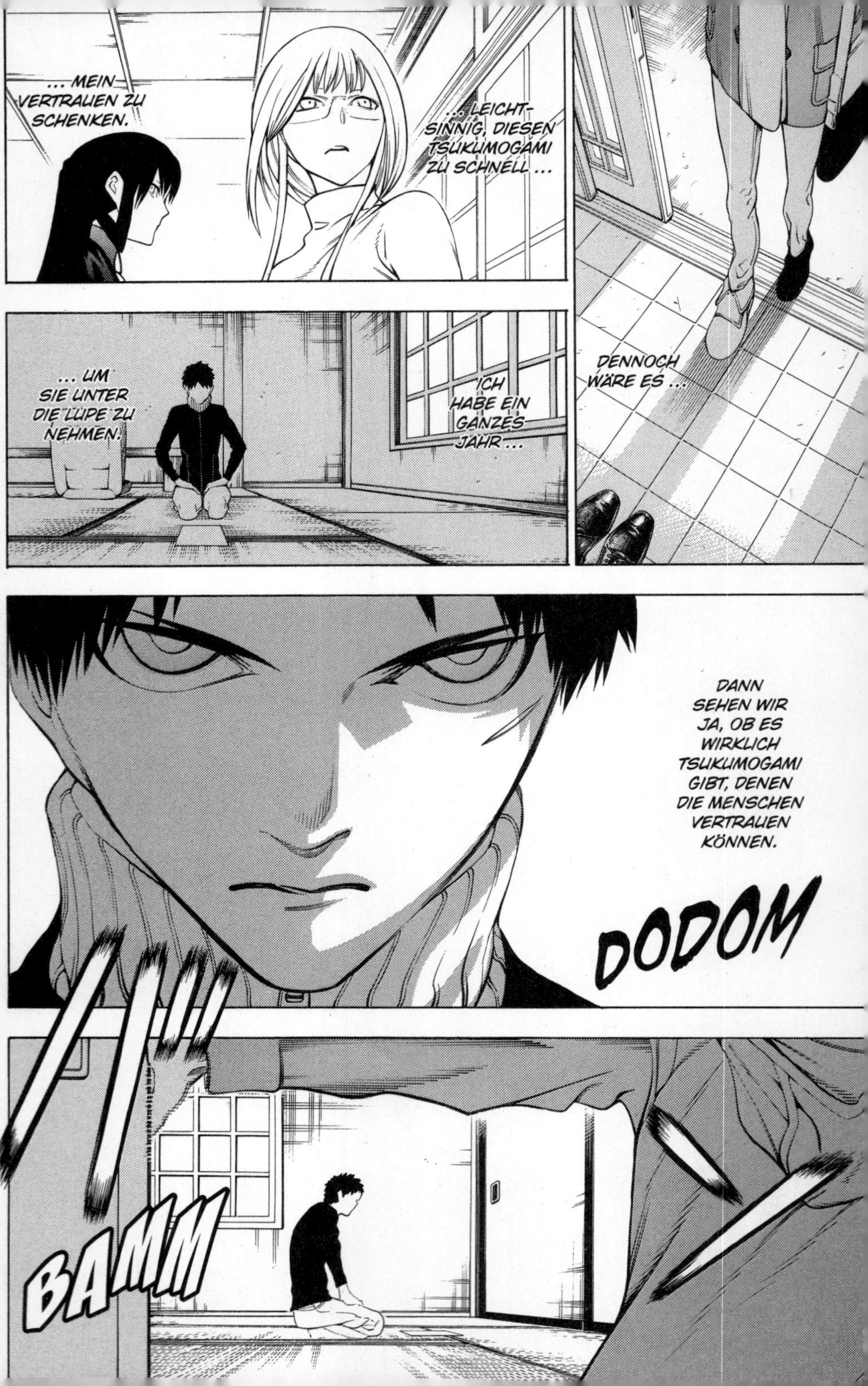
DENNOCH WÄRE ES ...
... LEICHT-SINNIG, DIESEN TSUKUMOGAMI ZU SCHNELL ...
... MEIN VERTRAUEN ZU SCHENKEN.
ICH HABE EIN GANZES JAHR ...
... UM SIE UNTER DIE LUPE ZU NEHMEN.
DANN SEHEN WIR JA, OB ES WIRKLICH TSUKUMOGAMI GIBT, DENEN DIE MENSCHEN VERTRAUEN KÖNNEN.
DODOM
BAMM

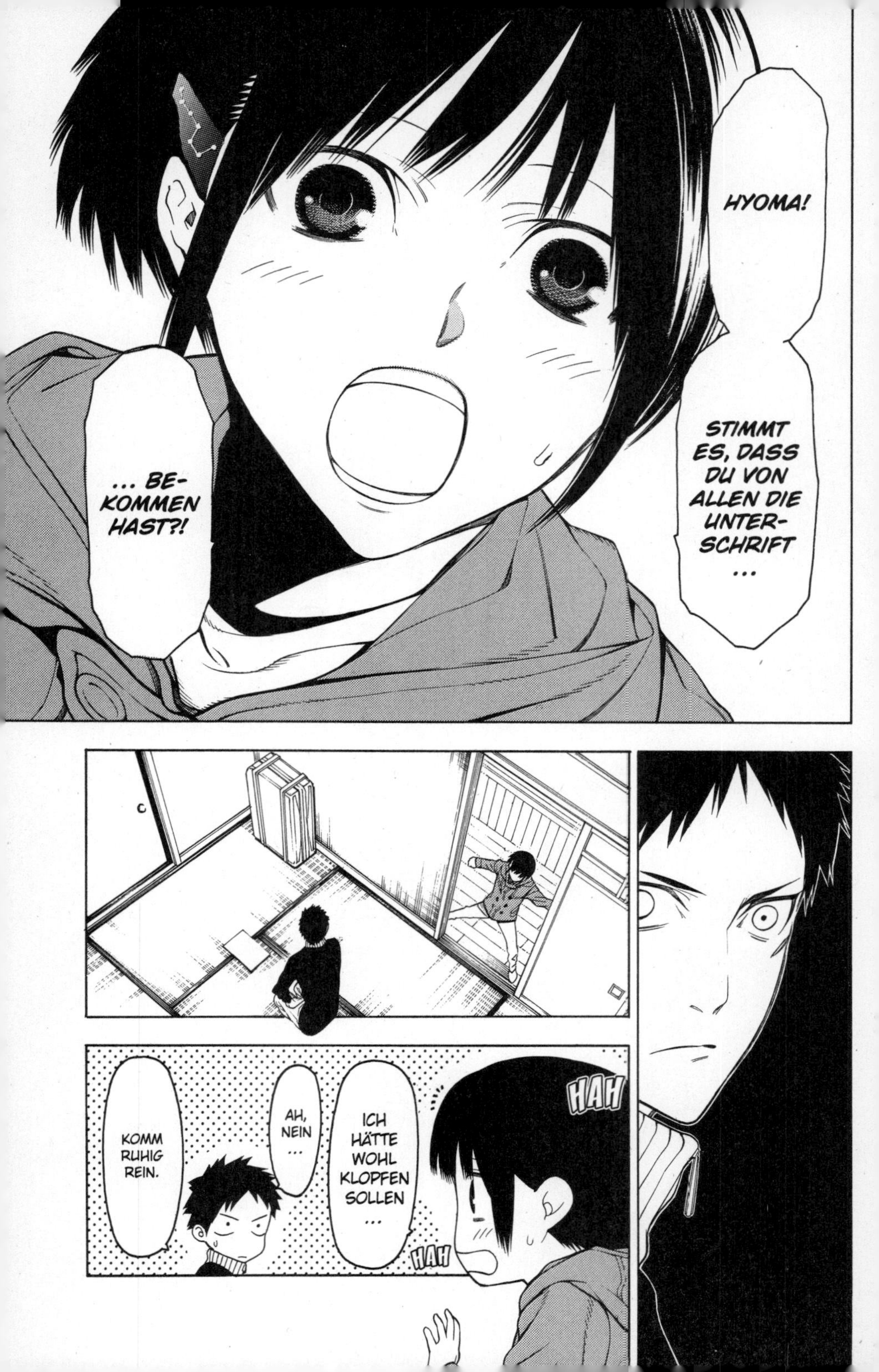
HYOMA!
STIMMT ES, DASS DU VON ALLEN DIE UNTERSCHRIFT ...
... BEKOMMEN HAST?!
HAH
HAH
ICH HÄTTE WOHL KLOPFEN SOLLEN ...
AH, NEIN ...
KOMM RUHIG REIN.

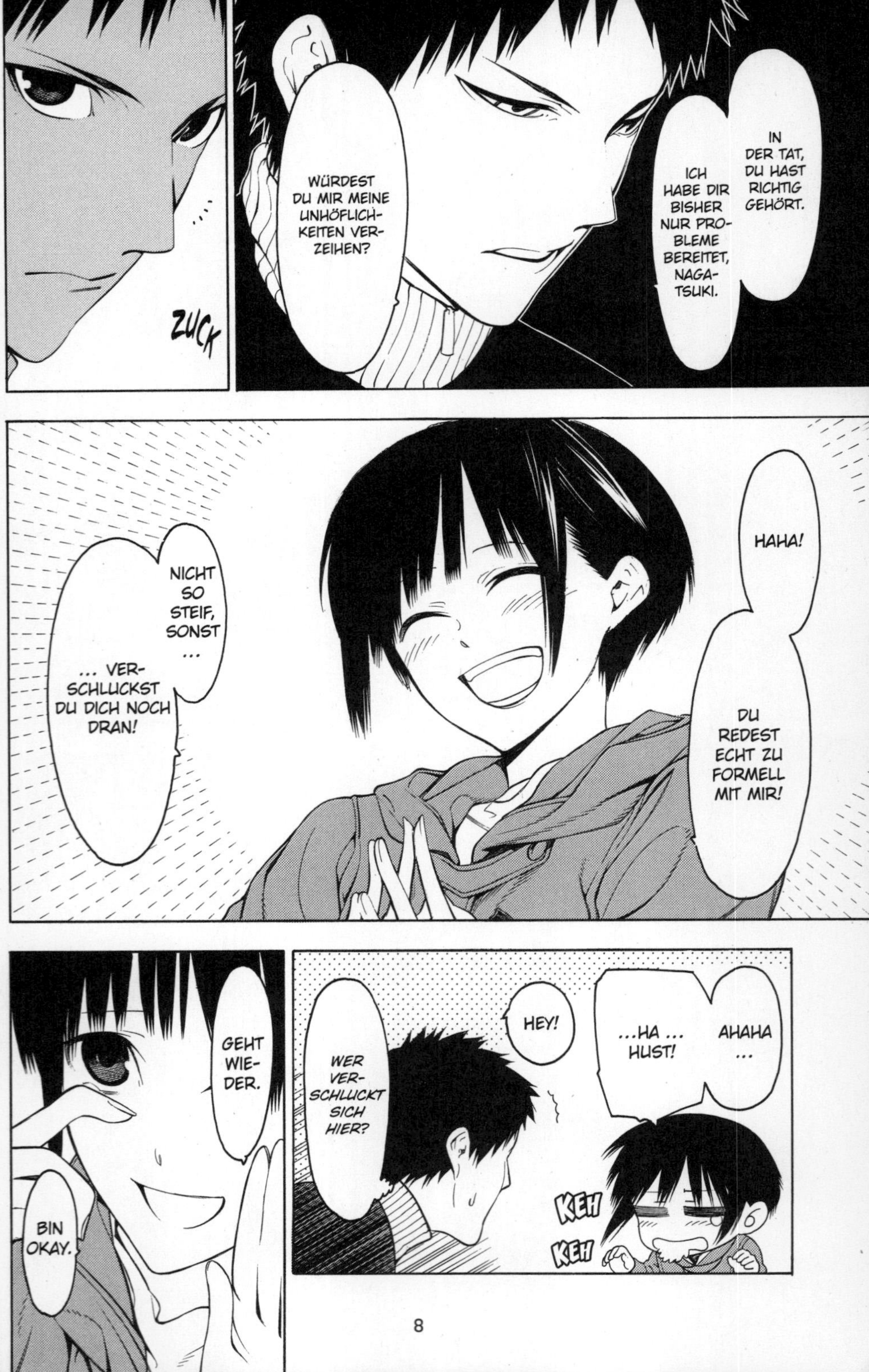
IN DER TAT, DU HAST RICHTIG GEHÖRT.
ICH HABE DIR BISHER NUR PROBLEME BEREITET, NAGATSUKI.
WÜRDEST DU MIR MEINE UNHÖFLICHKEITEN VERZEIHEN?
...
ZUCK
HAHA!
DU REDEST ECHT ZU FORMELL MIT MIR!
NICHT SO STEIF, SONST ...
... VERSCHLUCKST DU DICH NOCH DRAN!
AHAHA ...
...HA ... HUST!
HEY!
WER VERSCHLUCKT SICH HIER?
KEH
KEH
GEHT WIEDER.
BIN OKAY.

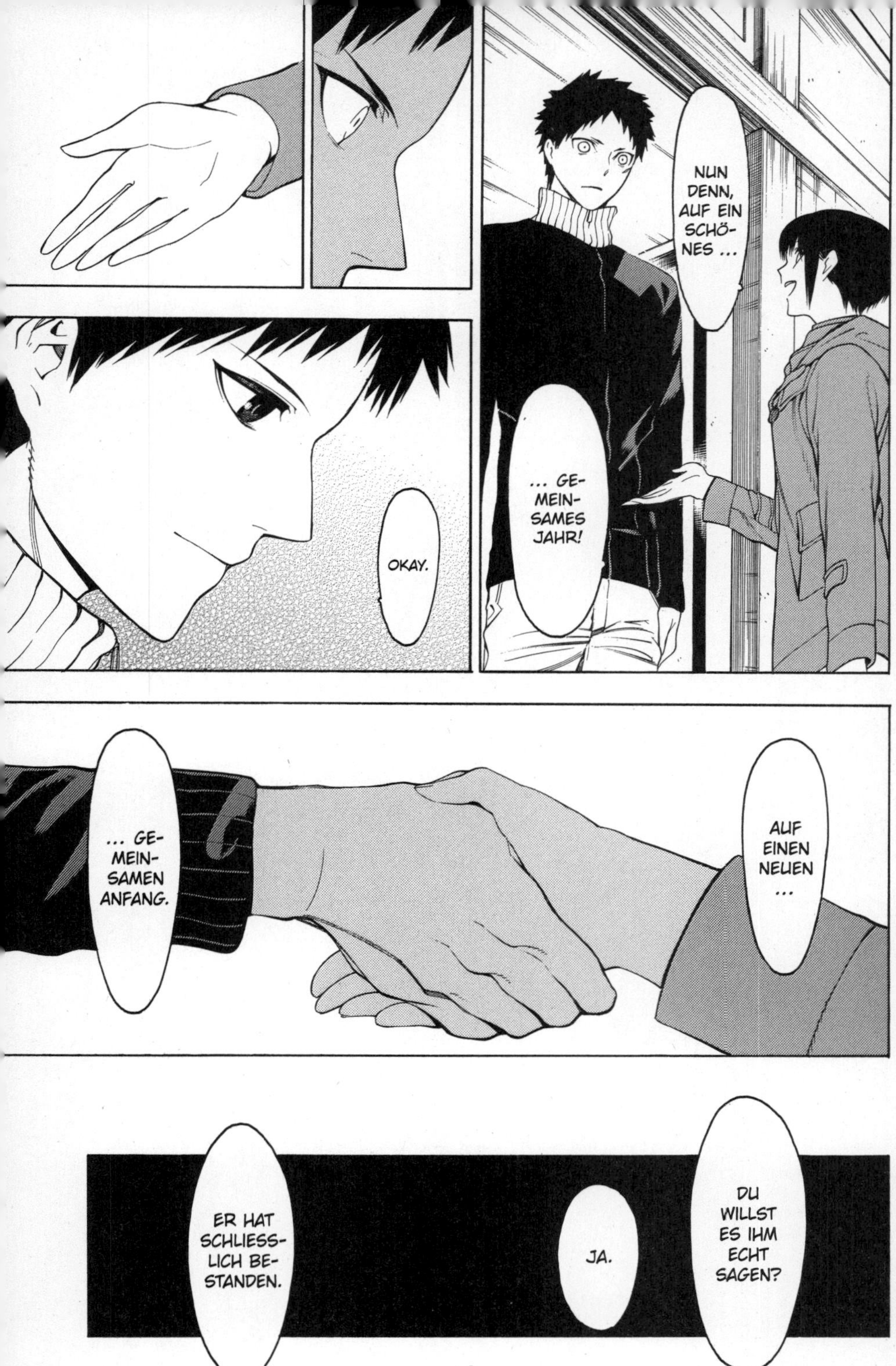
NUN DENN, AUF EIN SCHÖNES …
… GEMEINSAMES JAHR!
OKAY.
AUF EINEN NEUEN …
… GEMEINSAMEN ANFANG.
DU WILLST ES IHM ECHT SAGEN?
JA.
ER HAT SCHLIESSLICH BESTANDEN.

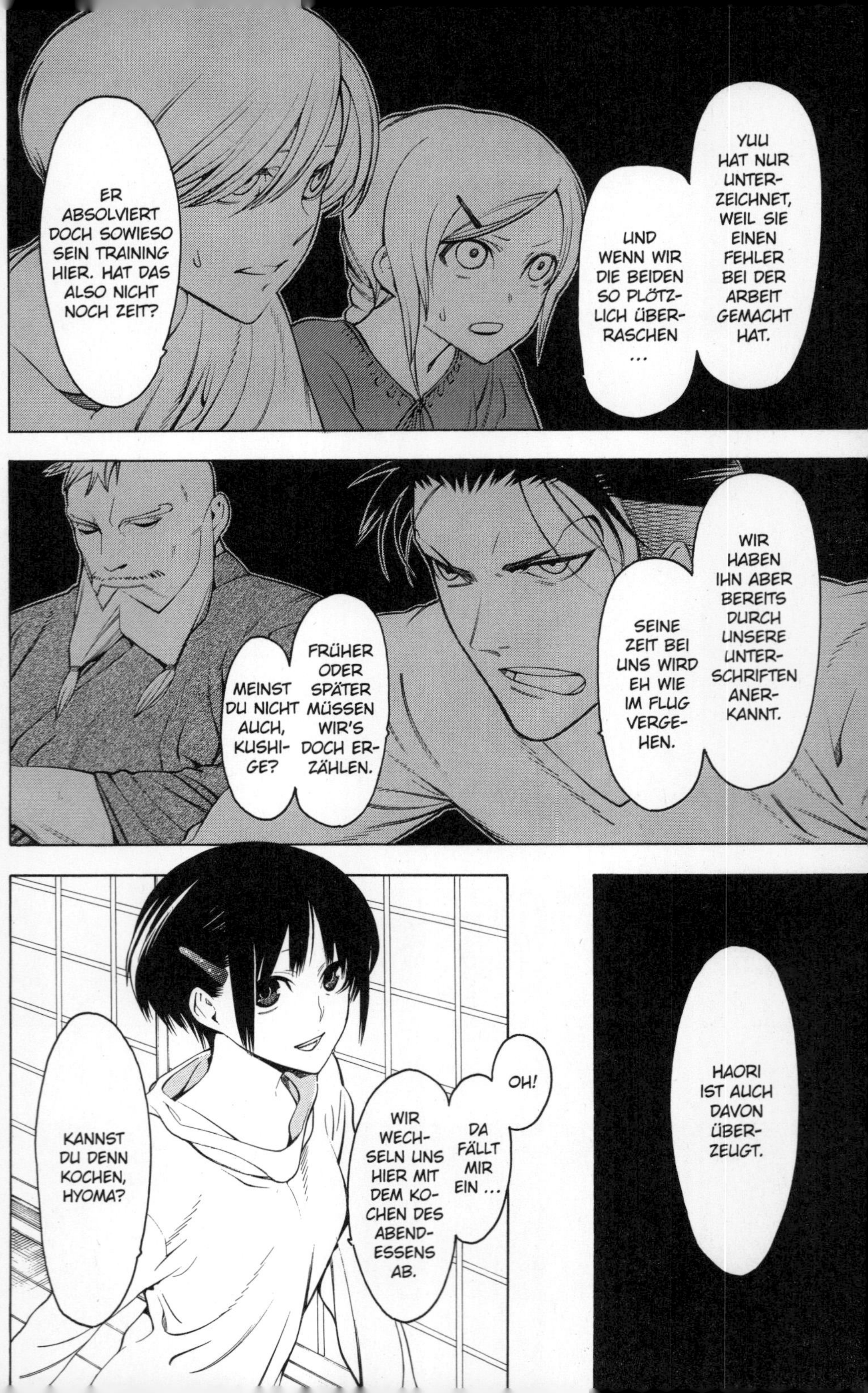
YUU HAT NUR UNTERZEICHNET, WEIL SIE EINEN FEHLER BEI DER ARBEIT GEMACHT HAT.
UND WENN WIR DIE BEIDEN SO PLÖTZLICH ÜBERRASCHEN ...
ER ABSOLVIERT DOCH SOWIESO SEIN TRAINING HIER. HAT DAS ALSO NICHT NOCH ZEIT?
WIR HABEN IHN ABER BEREITS DURCH UNSERE UNTERSCHRIFTEN ANERKANNT.
SEINE ZEIT BEI UNS WIRD EH WIE IM FLUG VERGEHEN.
FRÜHER ODER SPÄTER MÜSSEN WIR'S DOCH ERZÄHLEN.
MEINST DU NICHT AUCH, KUSHIGE?
HAORI IST AUCH DAVON ÜBERZEUGT.
OH!
DA FÄLLT MIR EIN ...
WIR WECHSELN UNS HIER MIT DEM KOCHEN DES ABENDESSENS AB.
KANNST DU DENN KOCHEN, HYOMA?

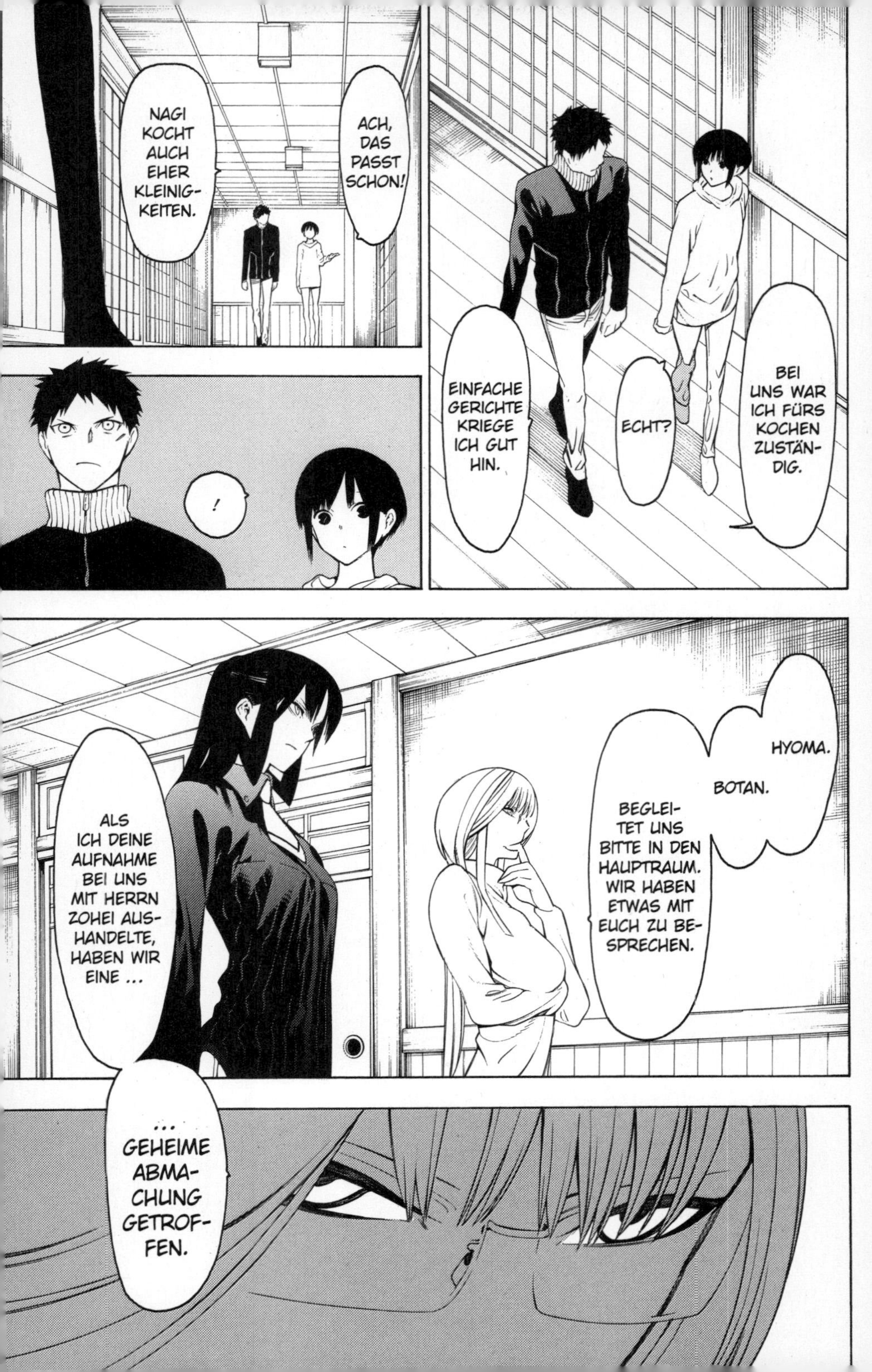
BEI UNS WAR ICH FÜRS KOCHEN ZUSTÄNDIG.
ECHT?
EINFACHE GERICHTE KRIEGE ICH GUT HIN.
ACH, DAS PASST SCHON!
NAGI KOCHT AUCH EHER KLEINIGKEITEN.
!
HYOMA.
BOTAN.
BEGLEITET UNS BITTE IN DEN HAUPTRAUM. WIR HABEN ETWAS MIT EUCH ZU BESPRECHEN.
ALS ICH DEINE AUFNAHME BEI UNS MIT HERRN ZOHEI AUSHANDELTE, HABEN WIR EINE …
… GEHEIME ABMACHUNG GETROFFEN.

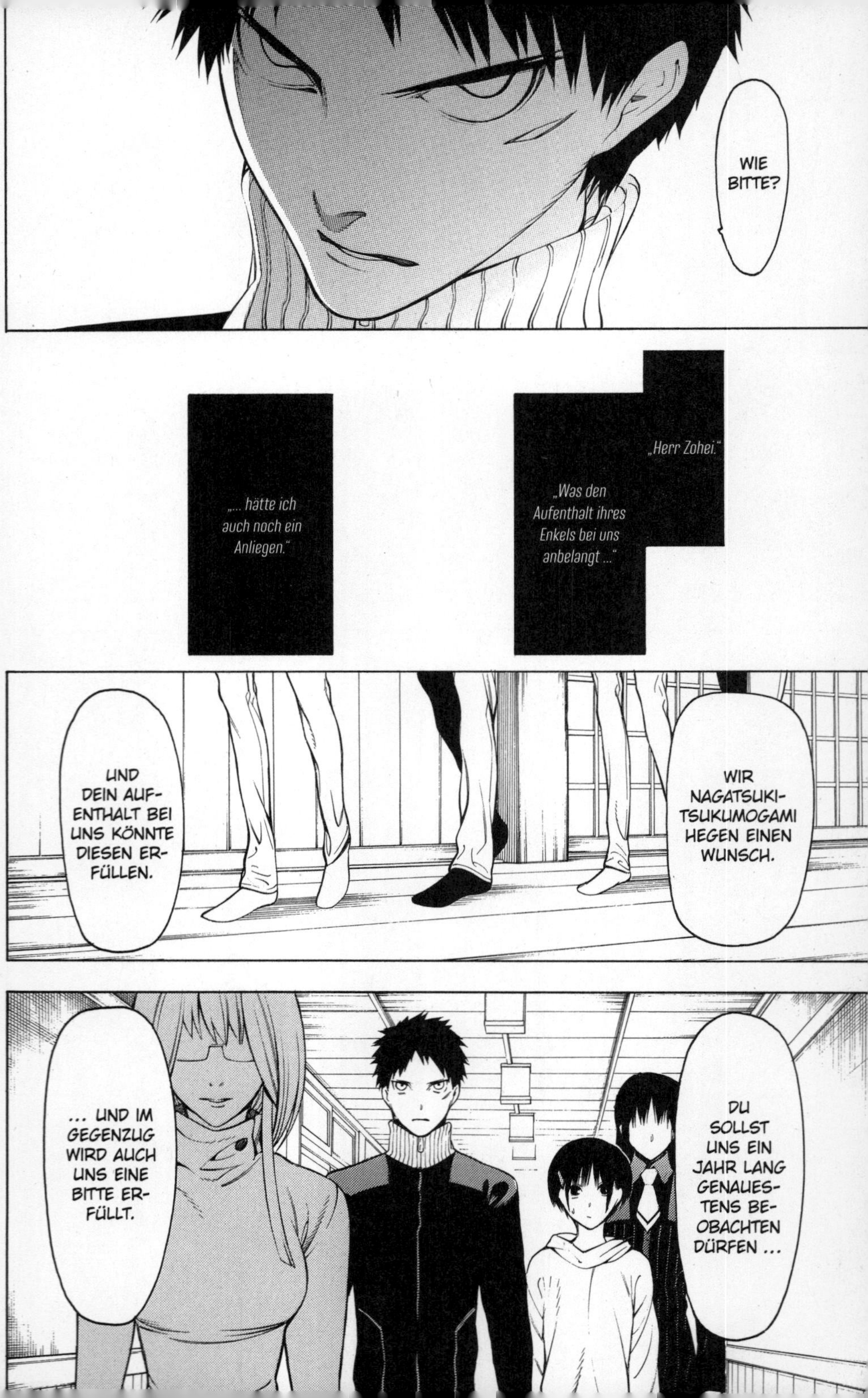
WIE BITTE?
„Herr Zohei.“
„Was den Aufenthalt ihres Enkels bei uns anbelangt …“
„… hätte ich auch noch ein Anliegen.“
WIR NAGATSUKI-TSUKUMOGAMI HEGEN EINEN WUNSCH.
UND DEIN AUFENTHALT BEI UNS KÖNNTE DIESEN ERFÜLLEN.
DU SOLLST UNS EIN JAHR LANG GENAUESTENS BEOBACHTEN DÜRFEN …
… UND IM GEGENZUG WIRD AUCH UNS EINE BITTE ERFÜLLT.

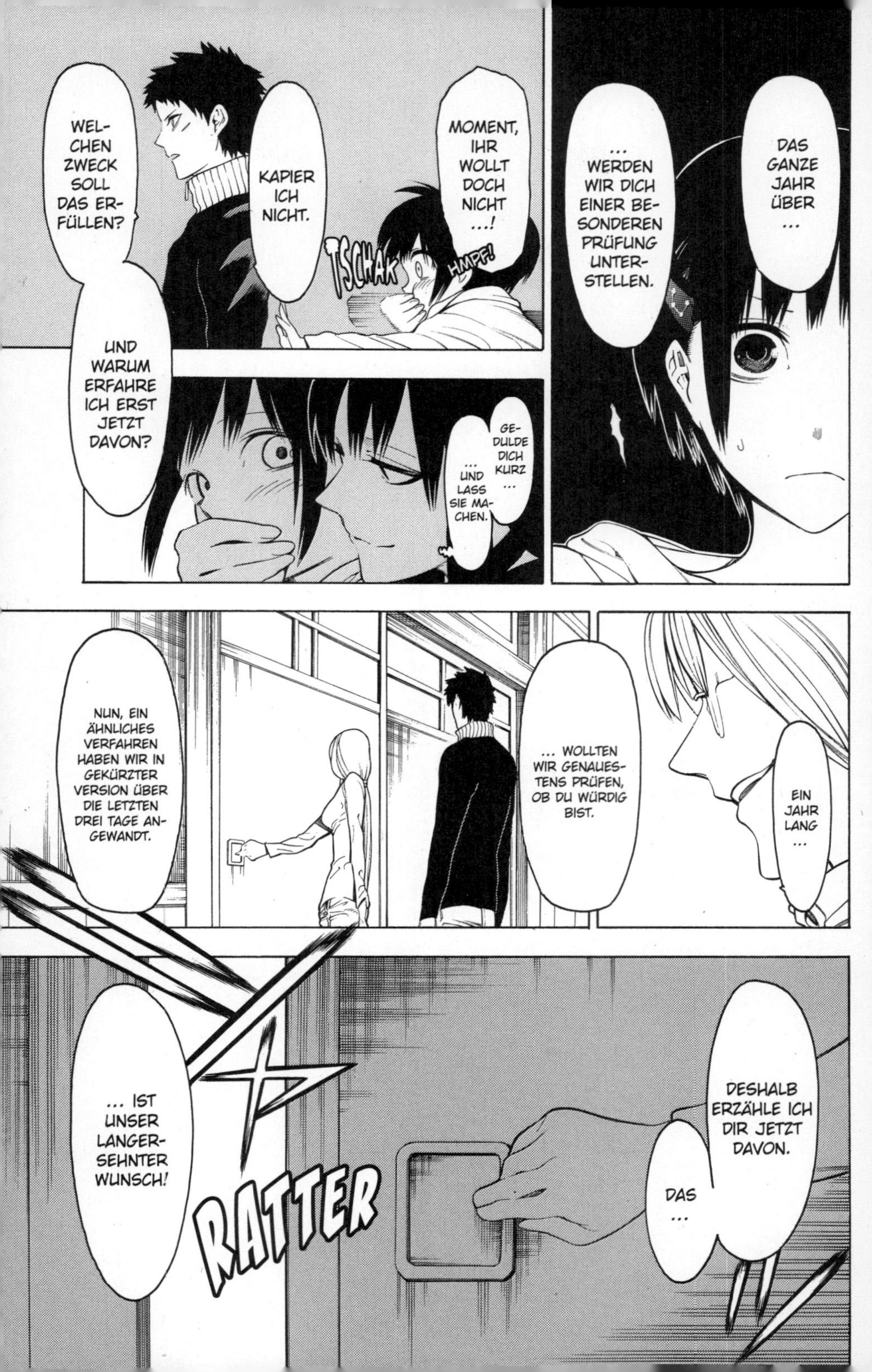
DAS GANZE JAHR ÜBER …
… WERDEN WIR DICH EINER BESONDEREN PRÜFUNG UNTERSTELLEN.
MOMENT, IHR WOLLT DOCH NICHT …!
HMPF!
TSCHAK
KAPIER ICH NICHT.
WELCHEN ZWECK SOLL DAS ERFÜLLEN?
UND WARUM ERFAHRE ICH ERST JETZT DAVON?
GEDULDE DICH KURZ …
… UND LASS SIE MACHEN.
EIN JAHR LANG …
… WOLLTEN WIR GENAUESTENS PRÜFEN, OB DU WÜRDIG BIST.
NUN, EIN ÄHNLICHES VERFAHREN HABEN WIR IN GEKÜRZTER VERSION ÜBER DIE LETZTEN DREI TAGE ANGEWANDT.
DESHALB ERZÄHLE ICH DIR JETZT DAVON.
DAS …
RATTER
… IST UNSER LANGERSEHNTER WUNSCH!

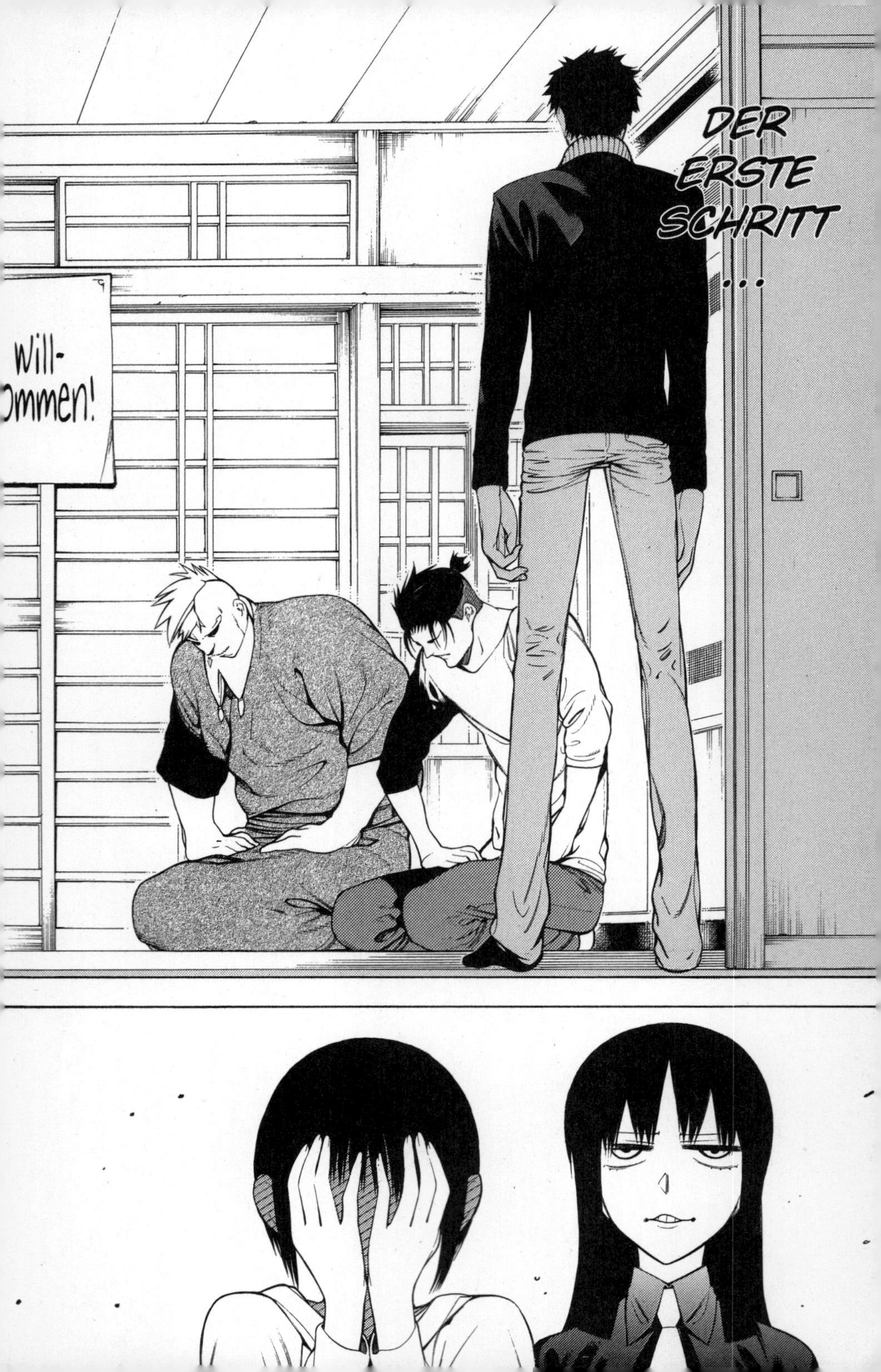
DER ERSTE SCHRITT ...
Will-
ommen!

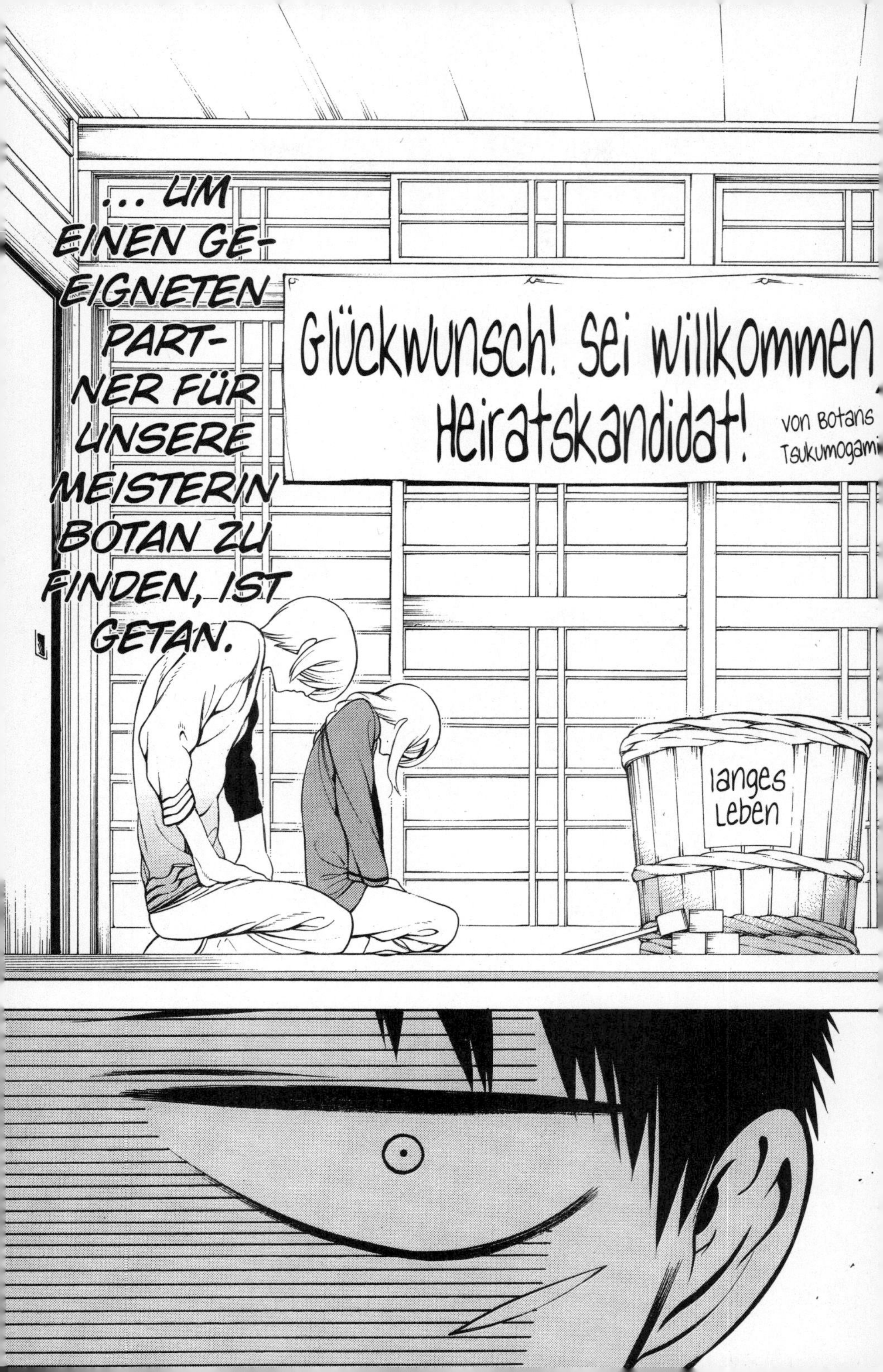

... UM EINEN GE-EIGNETEN PART-NER FÜR UNSERE MEISTERIN BOTAN ZU FINDEN, IST GETAN.
Glückwunsch! Sei willkommen Heiratskandidat!
von Botans Tsukumogami
langes Leben

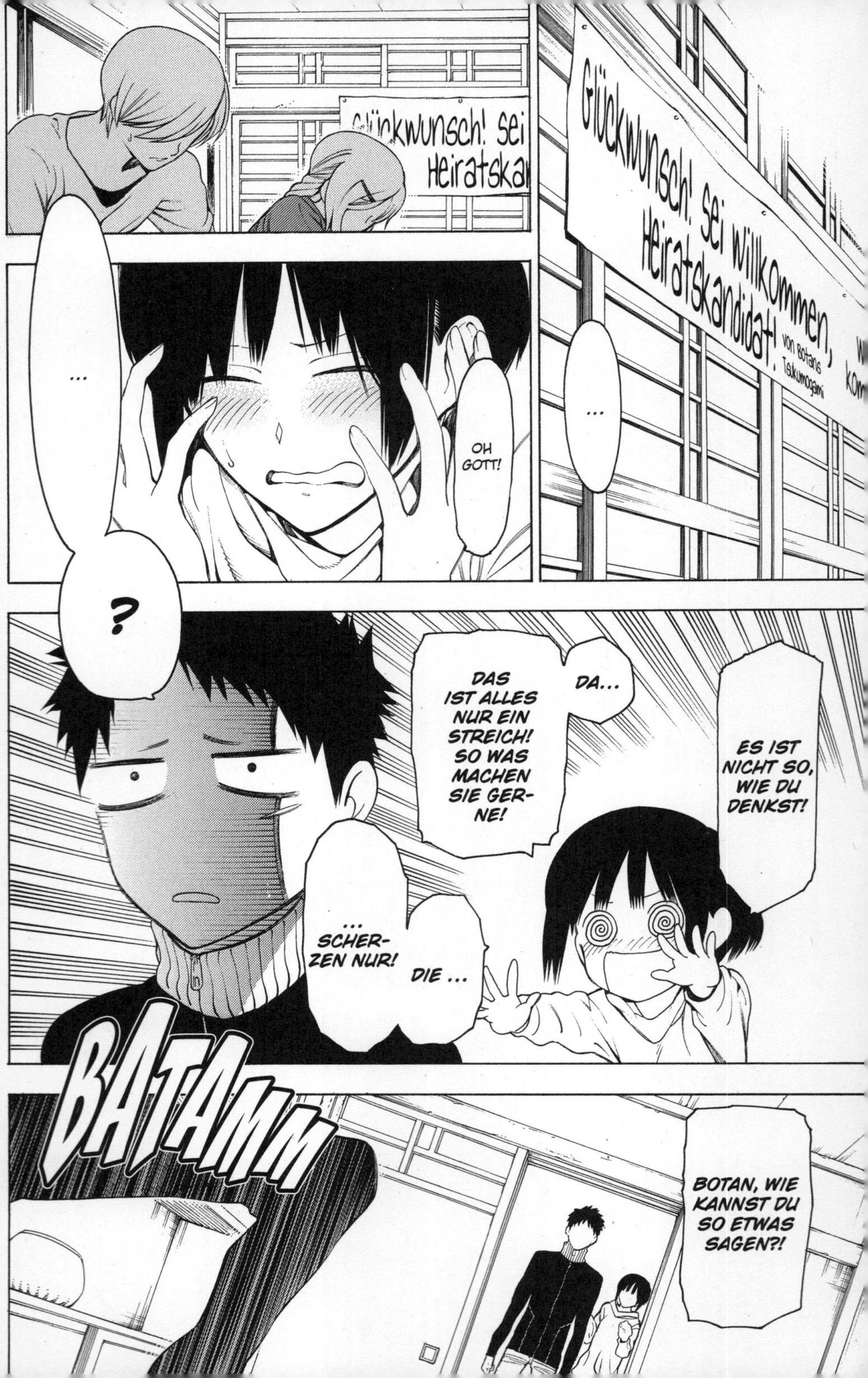
Glückwunsch! Sei willkommen, Heiratskandidat!
von Botans Tsukumogami
Glückwunsch! Sei
Heiratskan
...
OH GOTT!
...
?
ES IST NICHT SO, WIE DU DENKST!
DA...
DAS IST ALLES NUR EIN STREICH! SO WAS MACHEN SIE GER-NE!
DIE ...
... SCHER-ZEN NUR!
BATAMM
BOTAN, WIE KANNST DU SO ETWAS SAGEN?!

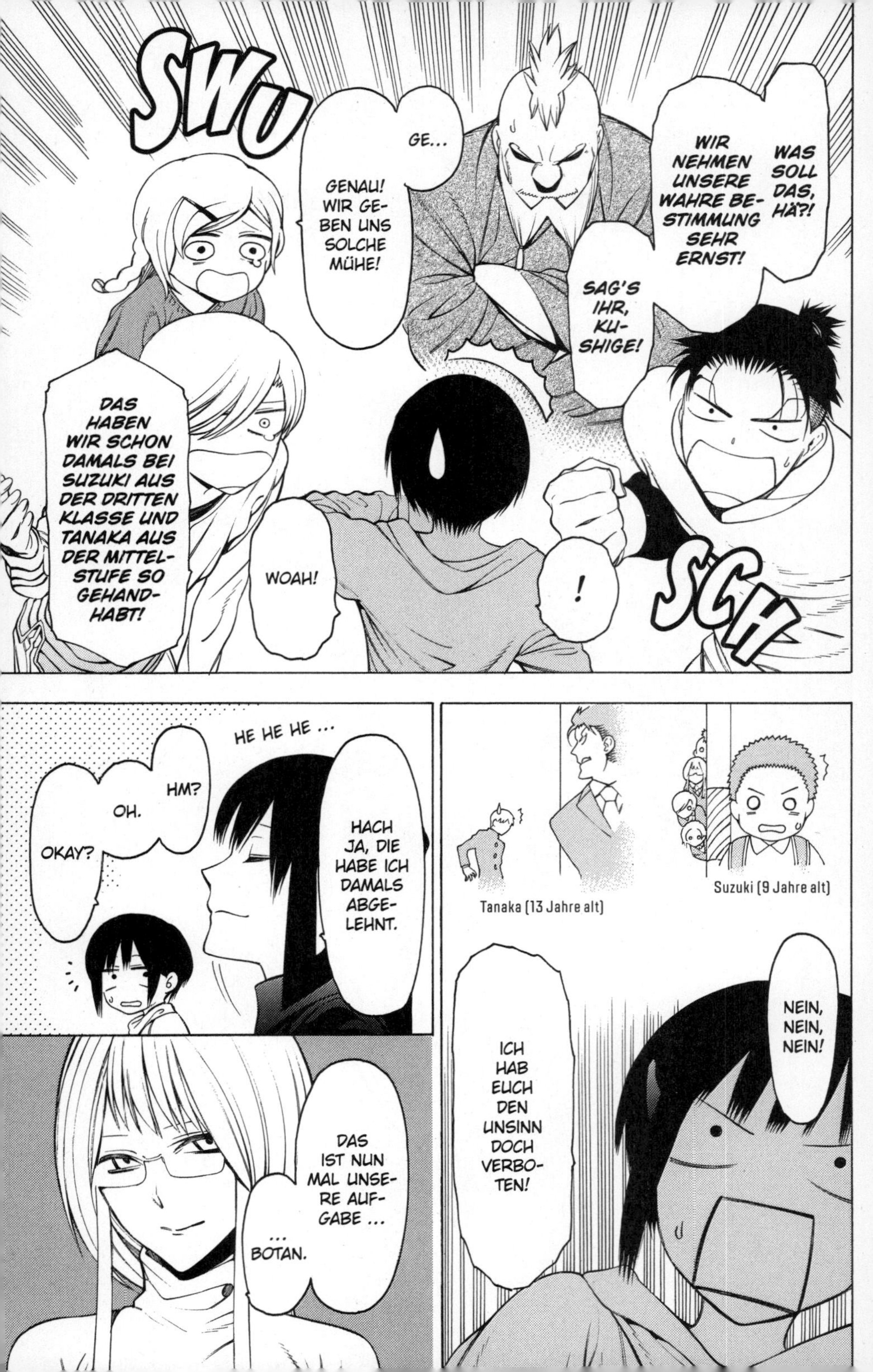
SWU
WAS SOLL DAS, HÄ?!
WIR NEHMEN UNSERE WAHRE BESTIMMUNG SEHR ERNST!
SAG'S IHR, KUSHIGE!
GE...
GENAU! WIR GEBEN UNS SOLCHE MÜHE!
SCH
!
WOAH!
DAS HABEN WIR SCHON DAMALS BEI SUZUKI AUS DER DRITTEN KLASSE UND TANAKA AUS DER MITTELSTUFE SO GEHANDHABT!
Suzuki (9 Jahre alt)
Tanaka (13 Jahre alt)
HE HE HE ...
HACH JA, DIE HABE ICH DAMALS ABGELEHNT.
HM?
OH.
OKAY?
NEIN, NEIN, NEIN!
ICH HAB EUCH DEN UNSINN DOCH VERBOTEN!
DAS IST NUN MAL UNSERE AUFGABE ...
... BOTAN.

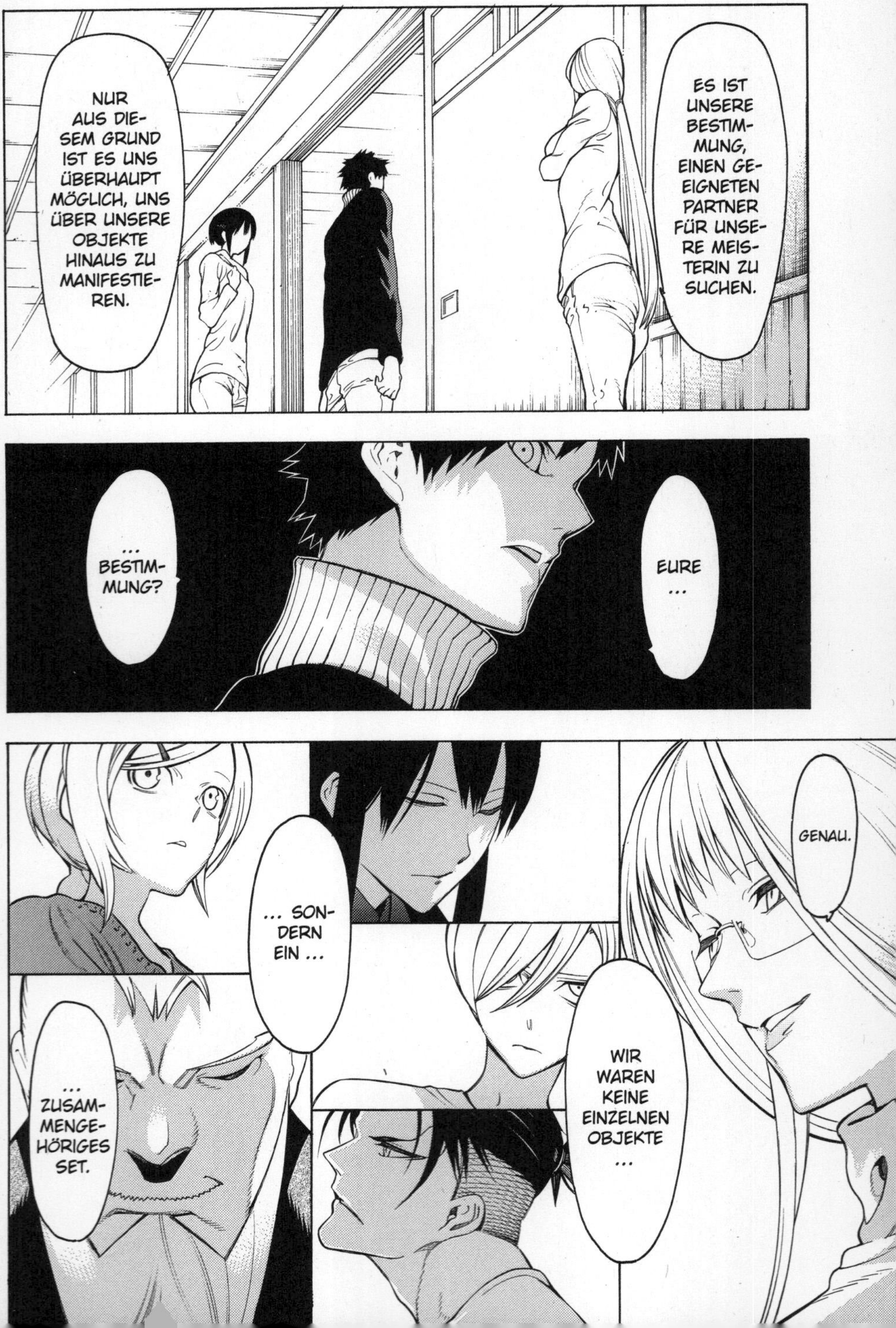
ES IST UNSERE BESTIMMUNG, EINEN GEEIGNETEN PARTNER FÜR UNSERE MEISTERIN ZU SUCHEN.
NUR AUS DIESEM GRUND IST ES UNS ÜBERHAUPT MÖGLICH, UNS ÜBER UNSERE OBJEKTE HINAUS ZU MANIFESTIEREN.
EURE …
… BESTIMMUNG?
GENAU.
WIR WAREN KEINE EINZELNEN OBJEKTE …
… SONDERN EIN …
… ZUSAMMENGEHÖRIGES SET.

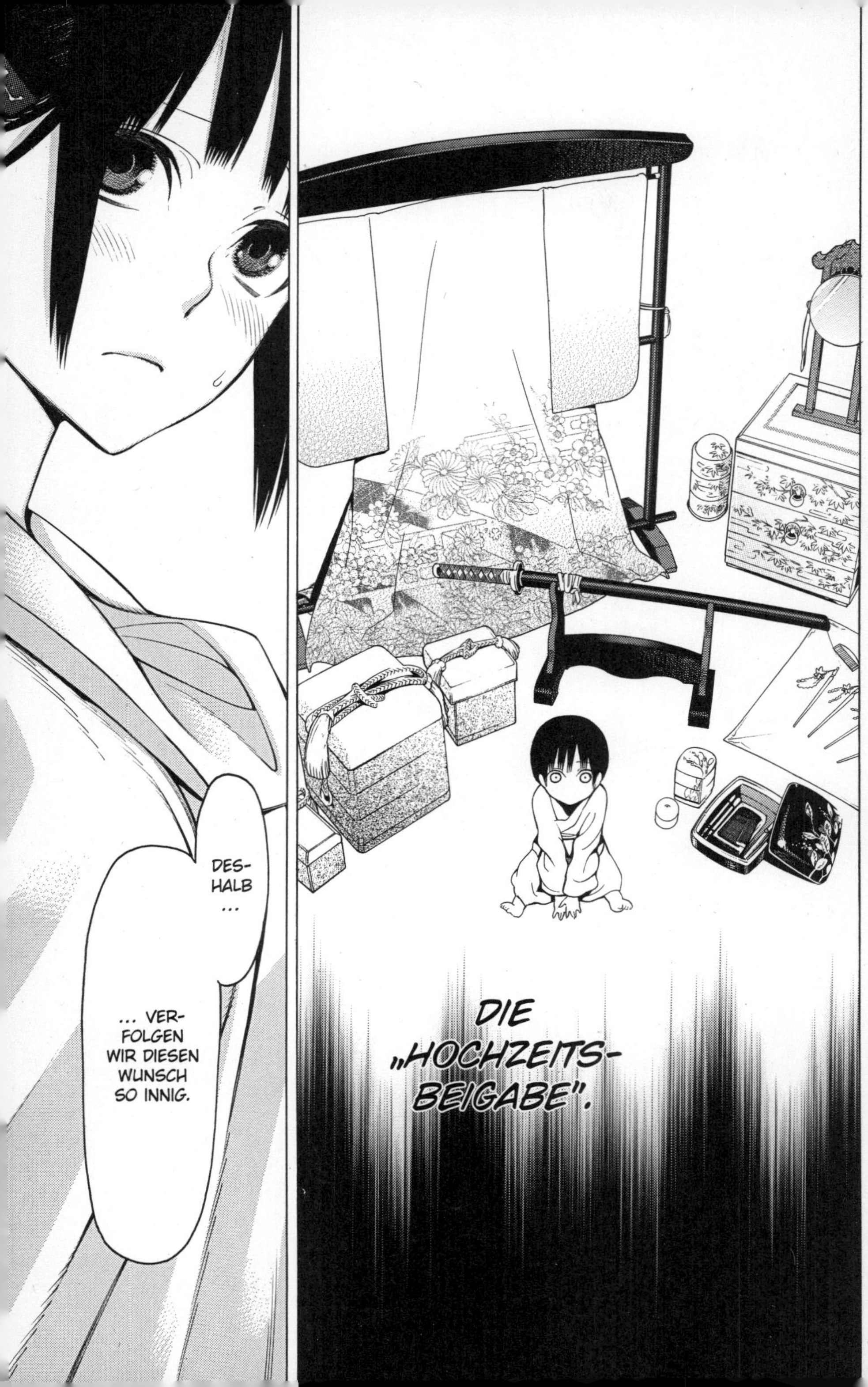
DES-HALB ...
... VER-FOLGEN WIR DIESEN WUNSCH SO INNIG.
DIE „HOCHZEITS-BEIGABE".

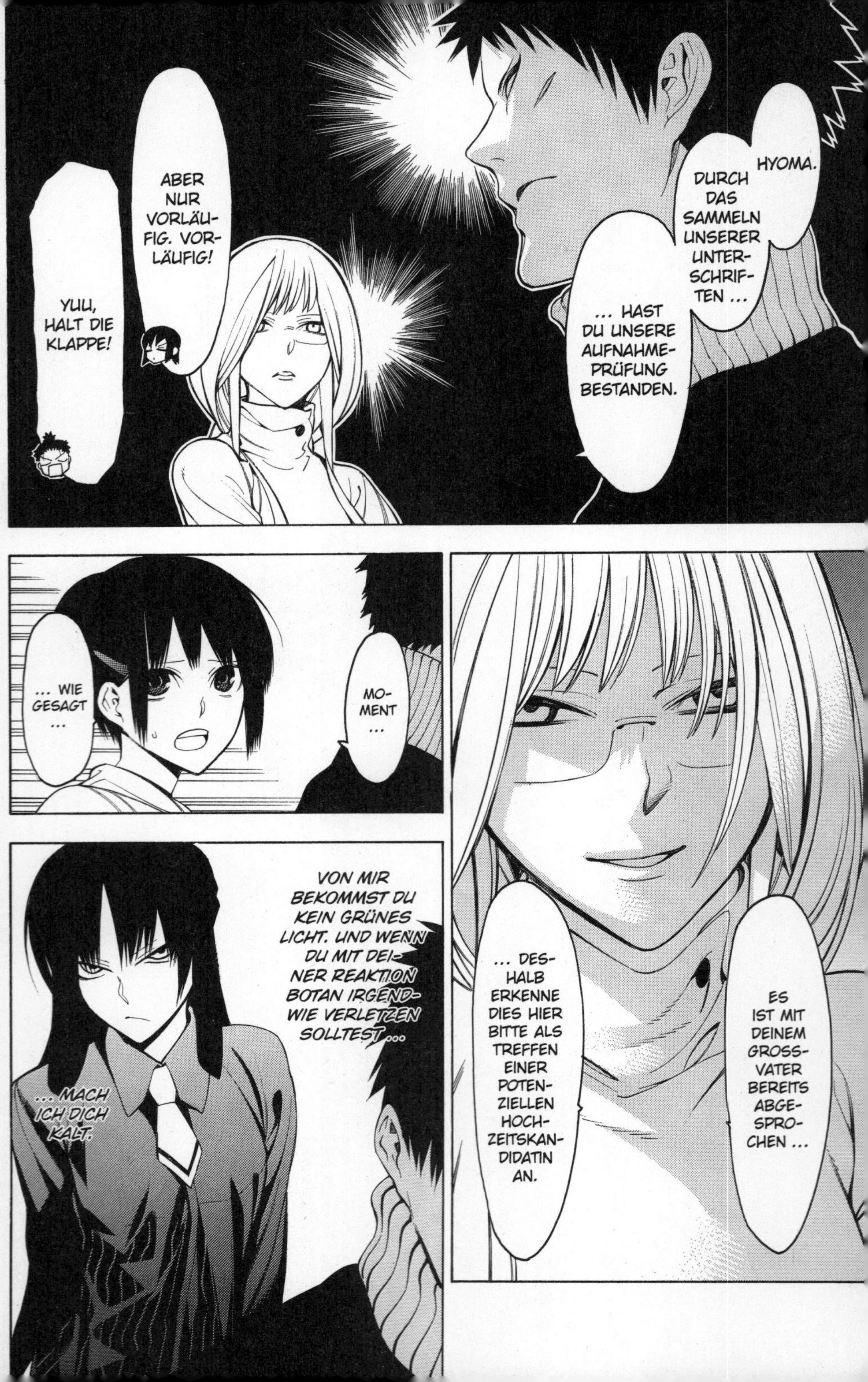
HYOMA.
DURCH DAS SAMMELN UNSERER UNTERSCHRIFTEN …
… HAST DU UNSERE AUFNAHMEPRÜFUNG BESTANDEN.
ABER NUR VORLÄUFIG. VORLÄUFIG!
YUU, HALT DIE KLAPPE!
ES IST MIT DEINEM GROSSVATER BEREITS ABGESPROCHEN …
… DESHALB ERKENNE DIES HIER BITTE ALS TREFFEN EINER POTENZIELLEN HOCHZEITSKANDIDATIN AN.
MOMENT …
… WIE GESAGT …
VON MIR BEKOMMST DU KEIN GRÜNES LICHT. UND WENN DU MIT DEINER REAKTION BOTAN IRGENDWIE VERLETZEN SOLLTEST …
… MACH ICH DICH KALT.

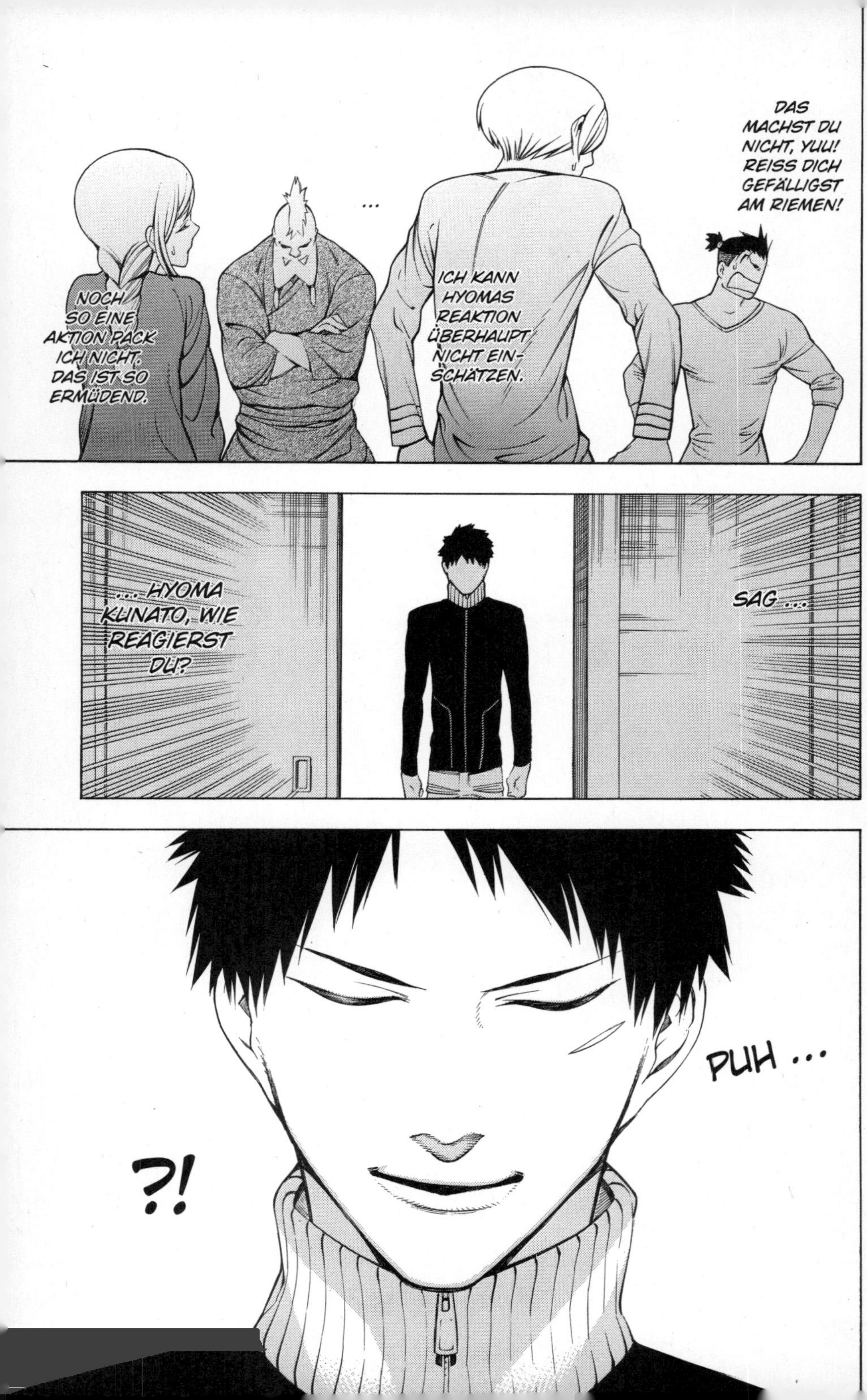
DAS MACHST DU NICHT, YUU! REISS DICH GEFÄLLIGST AM RIEMEN!
ICH KANN HYOMAS REAKTION ÜBERHAUPT NICHT EIN-SCHÄTZEN.
...
NOCH SO EINE AKTION PACK ICH NICHT. DAS IST SO ERMÜDEND.
SAG ...
... HYOMA KUNATO, WIE REAGIERST DU?
PUH ...
?!

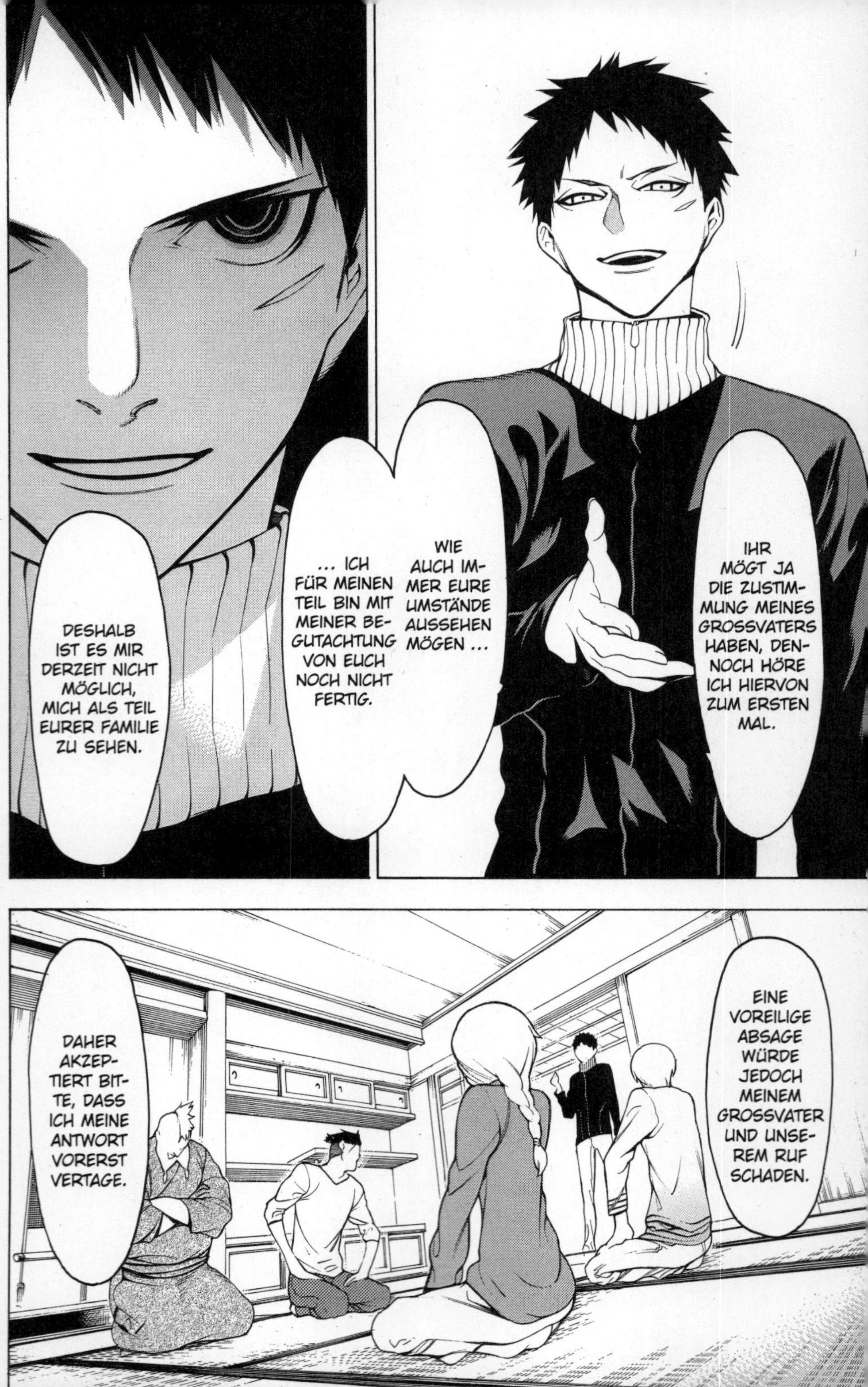
IHR MÖGT JA DIE ZUSTIMMUNG MEINES GROSSVATERS HABEN, DENNOCH HÖRE ICH HIERVON ZUM ERSTEN MAL.
WIE AUCH IMMER EURE UMSTÄNDE AUSSEHEN MÖGEN …
… ICH FÜR MEINEN TEIL BIN MIT MEINER BEGUTACHTUNG VON EUCH NOCH NICHT FERTIG.
DESHALB IST ES MIR DERZEIT NICHT MÖGLICH, MICH ALS TEIL EURER FAMILIE ZU SEHEN.
EINE VOREILIGE ABSAGE WÜRDE JEDOCH MEINEM GROSSVATER UND UNSEREM RUF SCHADEN.
DAHER AKZEPTIERT BITTE, DASS ICH MEINE ANTWORT VORERST VERTAGE.

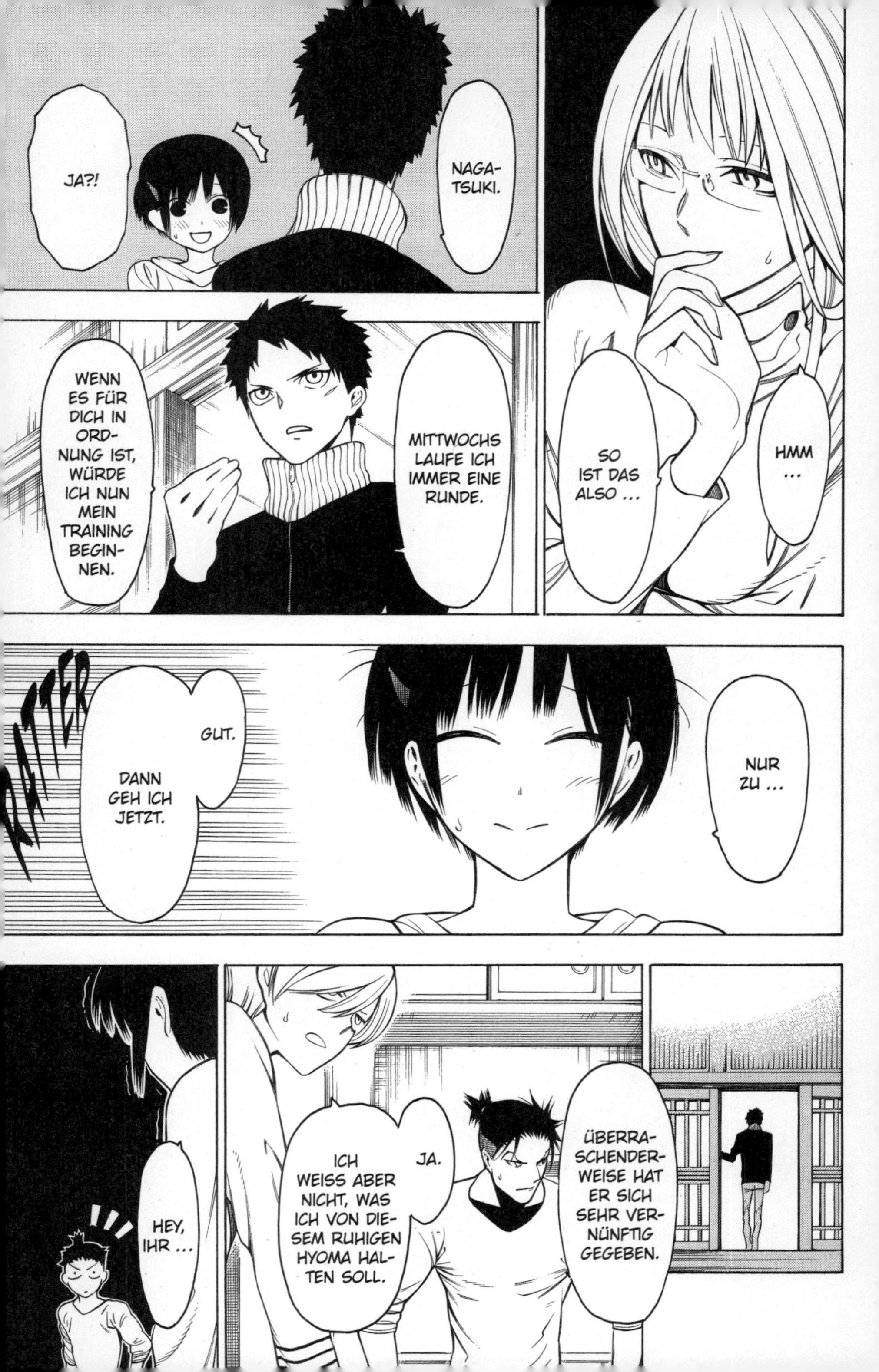
HMM …
SO IST DAS ALSO …
NAGA-TSUKI.
JA?!
MITTWOCHS LAUFE ICH IMMER EINE RUNDE.
WENN ES FÜR DICH IN ORD-NUNG IST, WÜRDE ICH NUN MEIN TRAINING BEGIN-NEN.
NUR ZU …
GUT.
DANN GEH ICH JETZT.
RATTER
ÜBERRA-SCHENDER-WEISE HAT ER SICH SEHR VER-NÜNFTIG GEGEBEN.
JA.
ICH WEISS ABER NICHT, WAS ICH VON DIE-SEM RUHIGEN HYOMA HAL-TEN SOLL.
HEY, IHR …

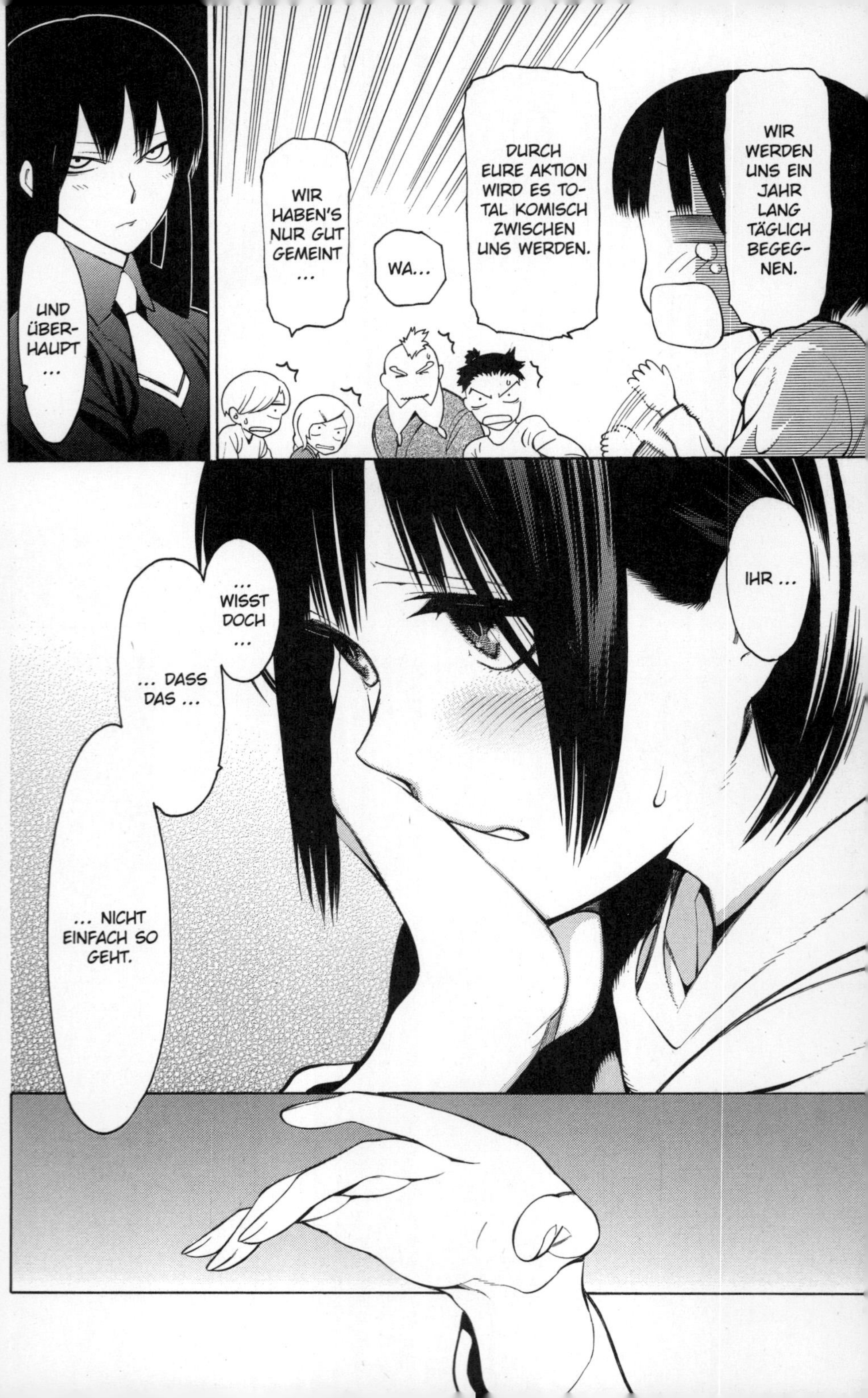
WIR WERDEN UNS EIN JAHR LANG TÄGLICH BEGEGNEN.
DURCH EURE AKTION WIRD ES TOTAL KOMISCH ZWISCHEN UNS WERDEN.
WA…
WIR HABEN'S NUR GUT GEMEINT …
UND ÜBERHAUPT …
IHR …
… WISST DOCH …
… DASS DAS …
… NICHT EINFACH SO GEHT.

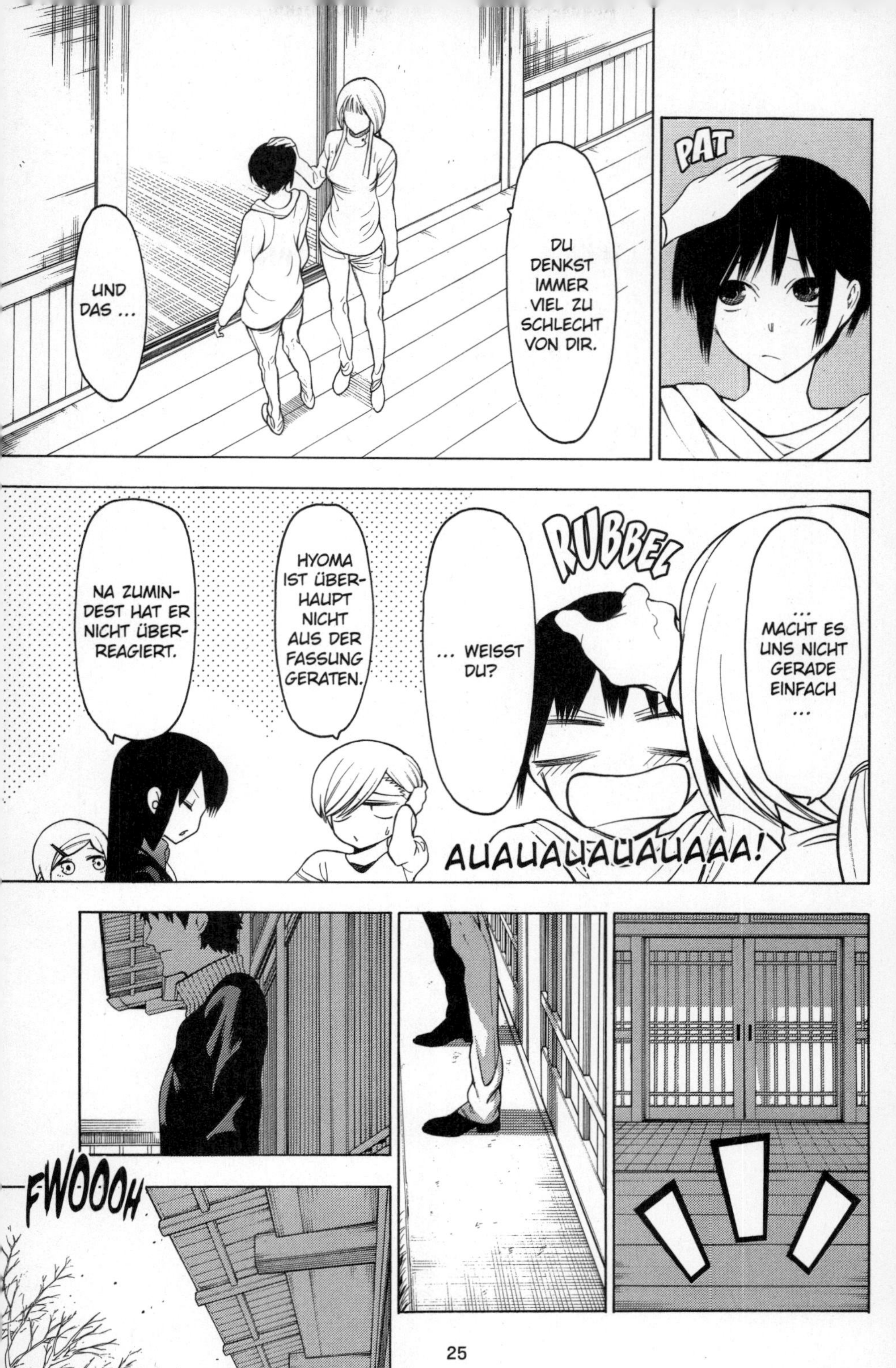
PAT
DU DENKST IMMER VIEL ZU SCHLECHT VON DIR.
UND DAS …
… MACHT ES UNS NICHT GERADE EINFACH …
RUBBEL
… WEISST DU?
AUAUAUAUAUAUAAA!
HYOMA IST ÜBERHAUPT NICHT AUS DER FASSUNG GERATEN.
NA ZUMINDEST HAT ER NICHT ÜBERREAGIERT.
FWOOOH

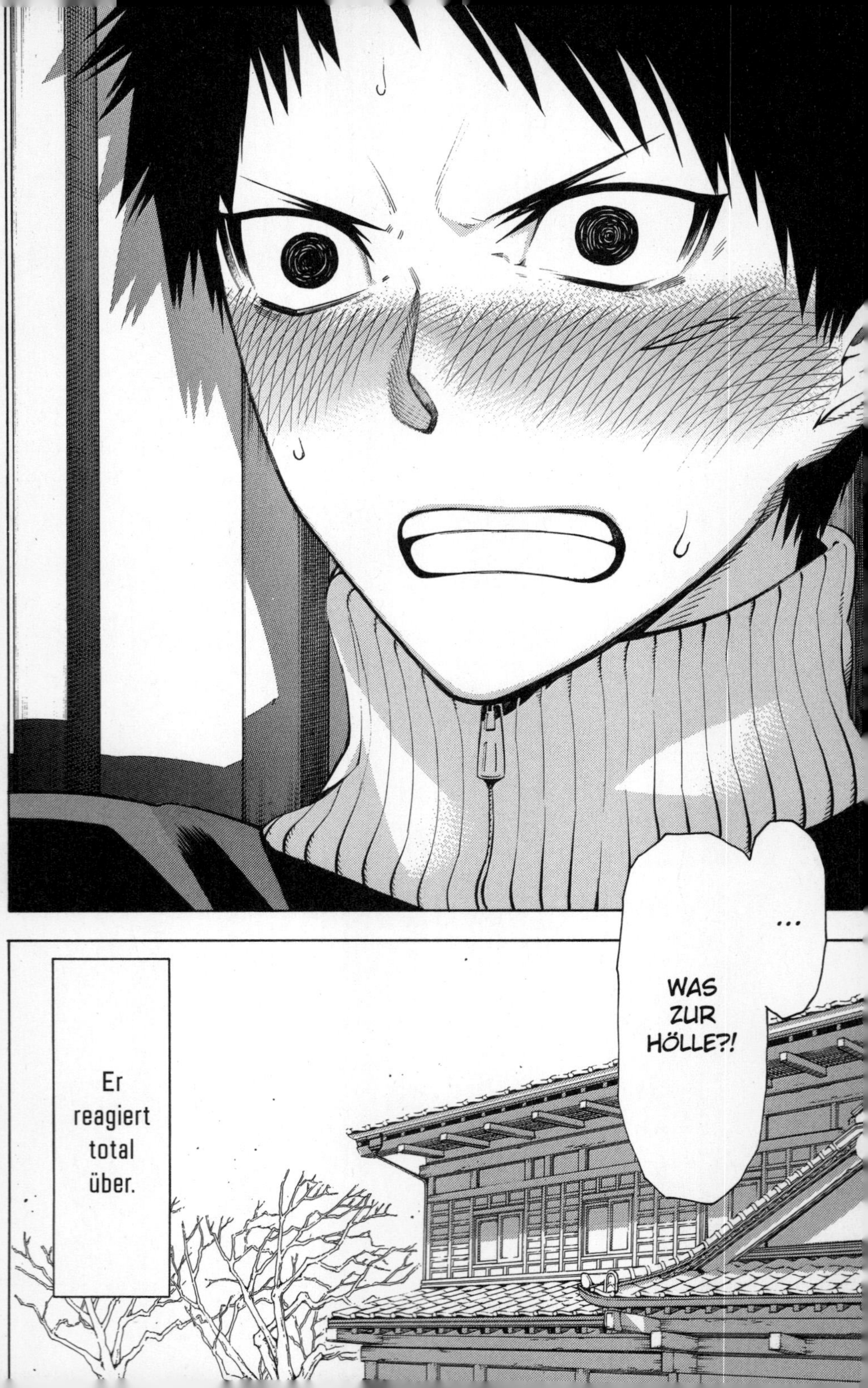
... WAS ZUR HÖLLE?!
Er reagiert total über.

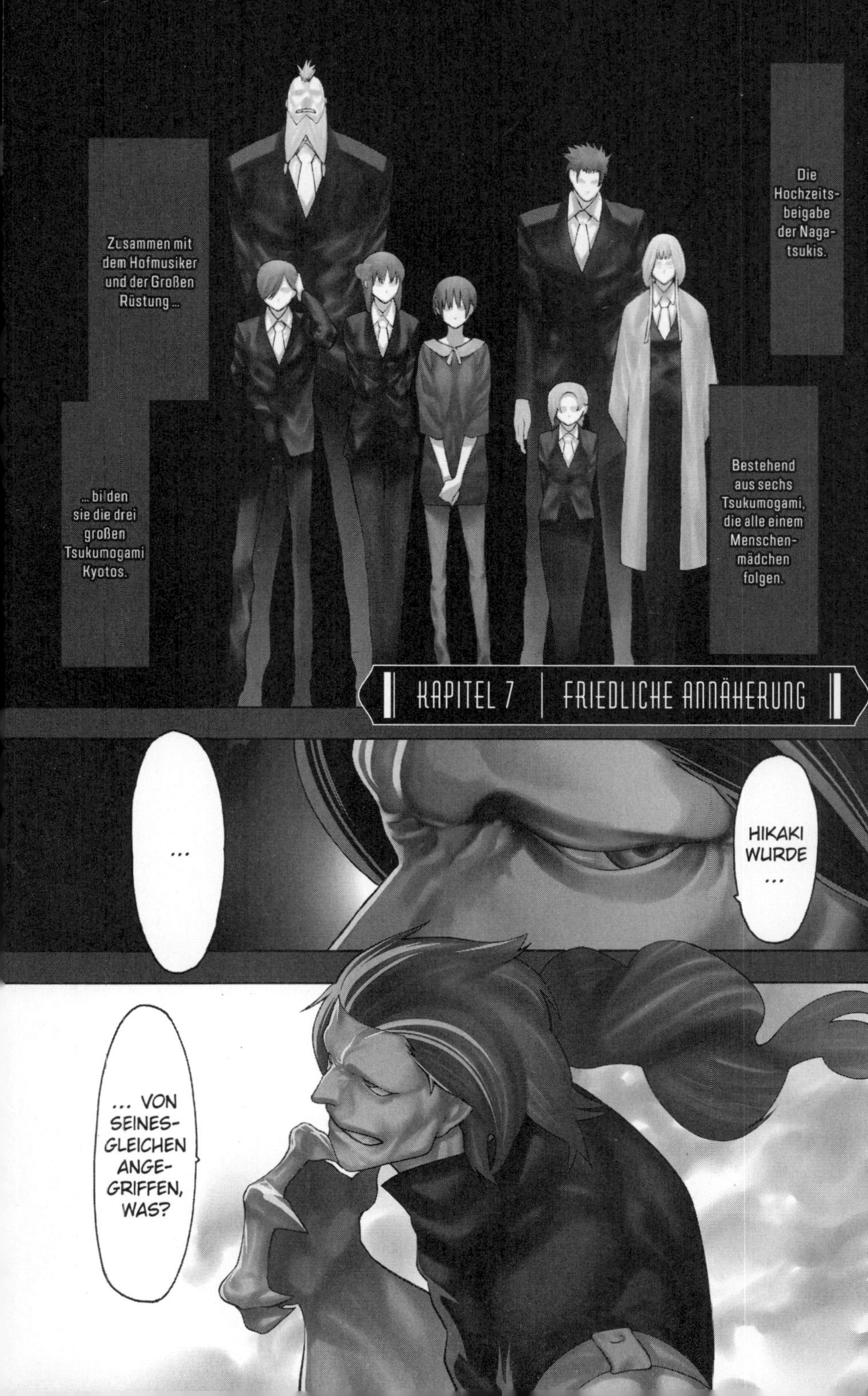
Die Hochzeits-beigabe der Naga-tsukis.
Bestehend aus sechs Tsukumogami, die alle einem Menschen-mädchen folgen.
Zusammen mit dem Hofmusiker und der Großen Rüstung ...
... bilden sie die drei großen Tsukumogami Kyotos.
KAPITEL 7 | FRIEDLICHE ANNÄHERUNG
HIKAKI WURDE ...
...
... VON SEINES-GLEICHEN ANGE-GRIFFEN, WAS?

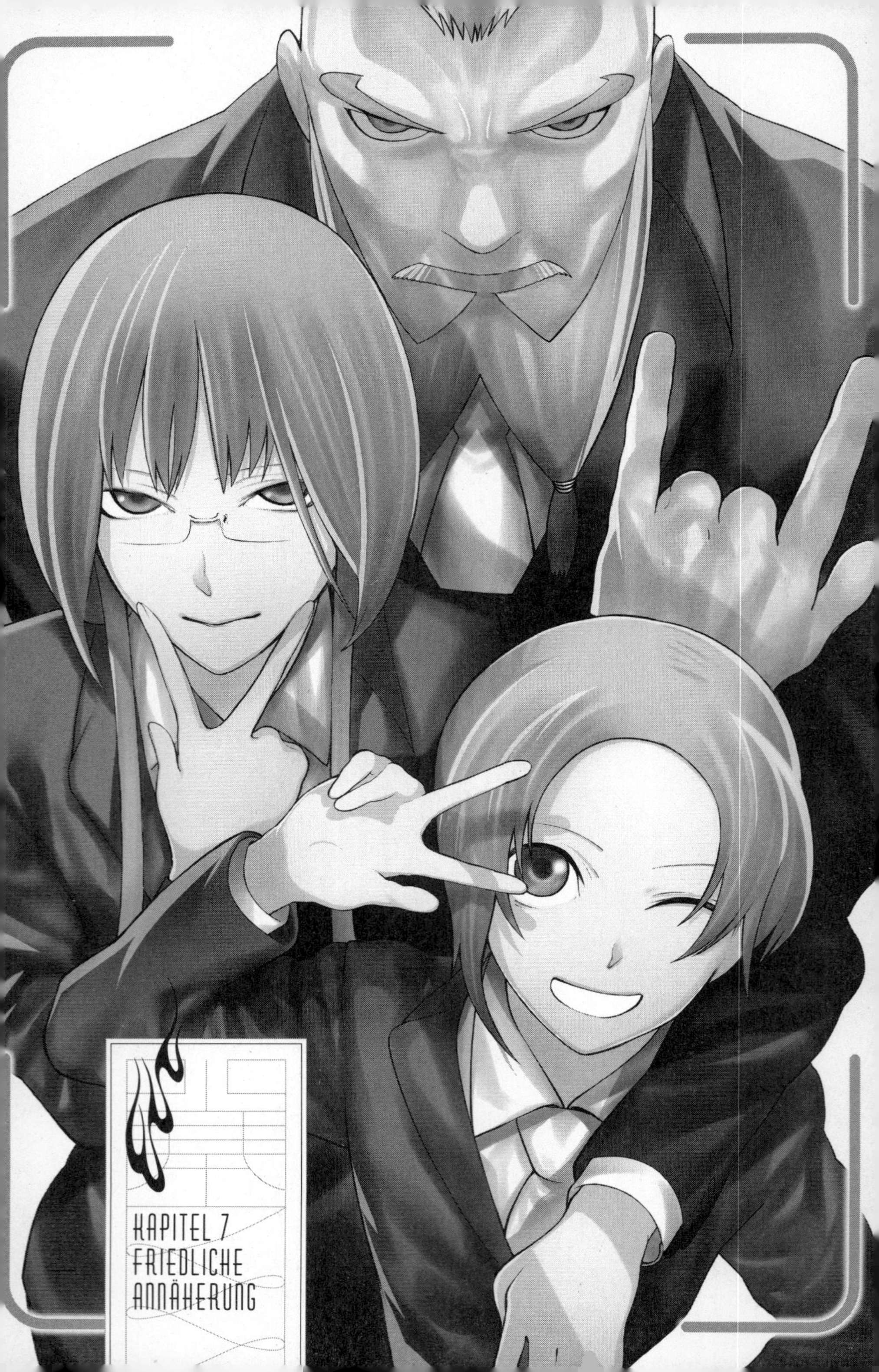
KAPITEL 7
FRIEDLICHE
ANNÄHERUNG

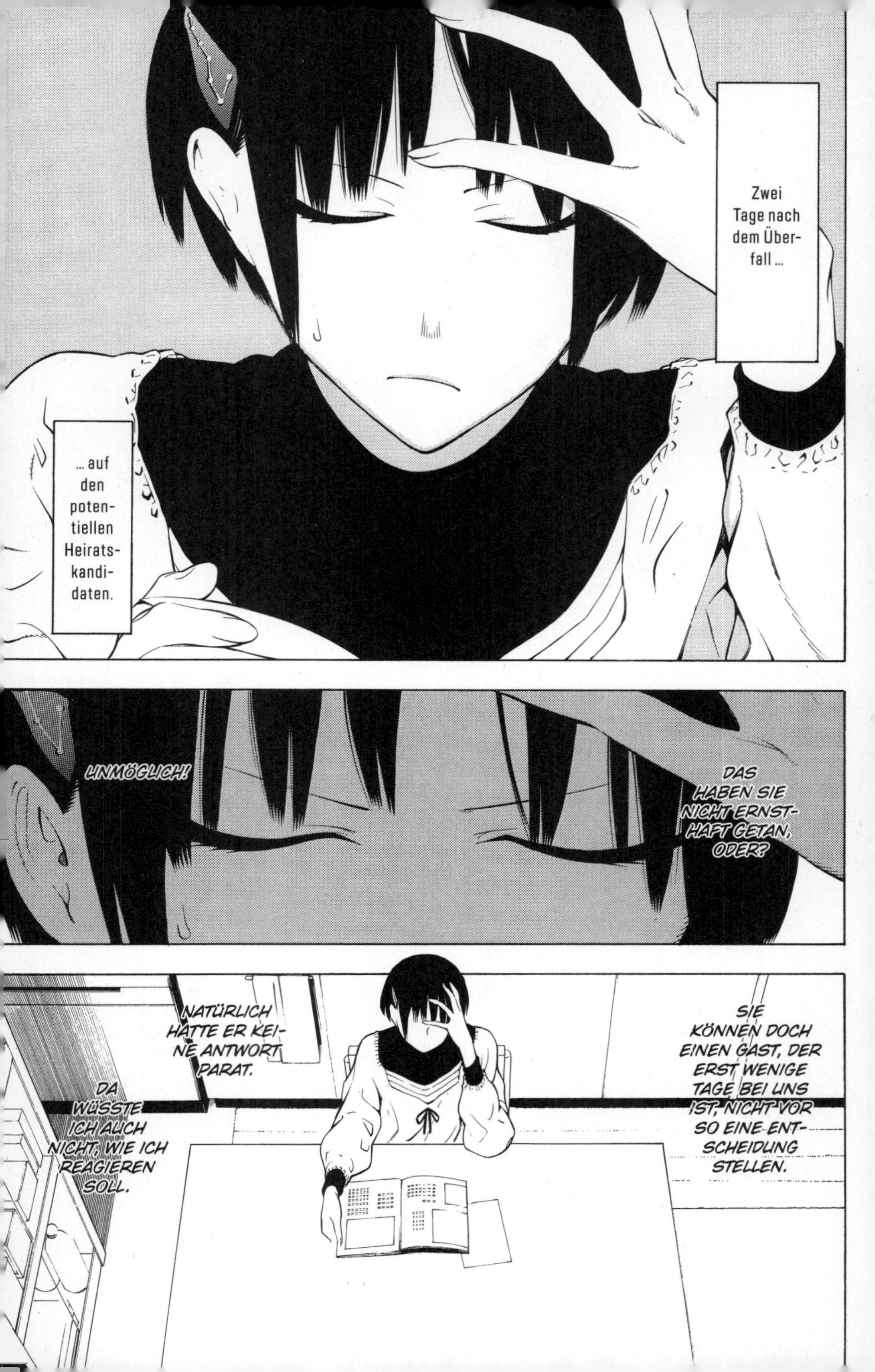

Zwei Tage nach dem Überfall …
… auf den potentiellen Heiratskandidaten.
DAS HABEN SIE NICHT ERNSTHAFT GETAN, ODER?
UNMÖGLICH!
SIE KÖNNEN DOCH EINEN GAST, DER ERST WENIGE TAGE BEI UNS IST, NICHT VOR SO EINE ENTSCHEIDUNG STELLEN.
NATÜRLICH HATTE ER KEINE ANTWORT PARAT.
DA WÜSSTE ICH AUCH NICHT, WIE ICH REAGIEREN SOLL.

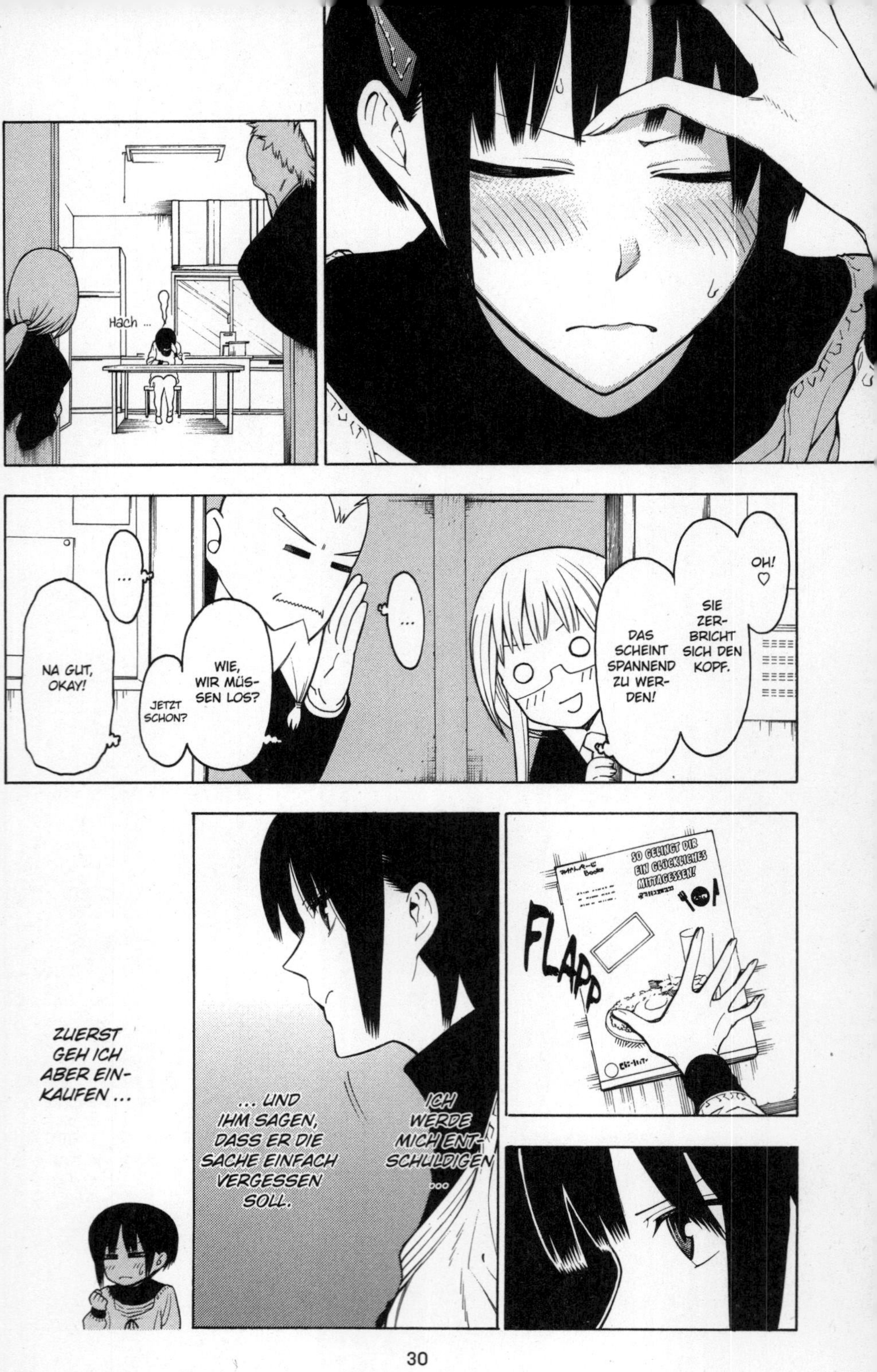
Hach ...
OH! ♡
SIE ZERBRICHT SICH DEN KOPF.
DAS SCHEINT SPANNEND ZU WERDEN!
...
WIE, WIR MÜSSEN LOS? JETZT SCHON?
...
NA GUT, OKAY!
SO GELINGT DIR EIN GLÜCKLICHES MITTAGESSEN!
FLAPP
ICH WERDE MICH ENTSCHULDIGEN ...
... UND IHM SAGEN, DASS ER DIE SACHE EINFACH VERGESSEN SOLL.
ZUERST GEH ICH ABER EINKAUFEN ...

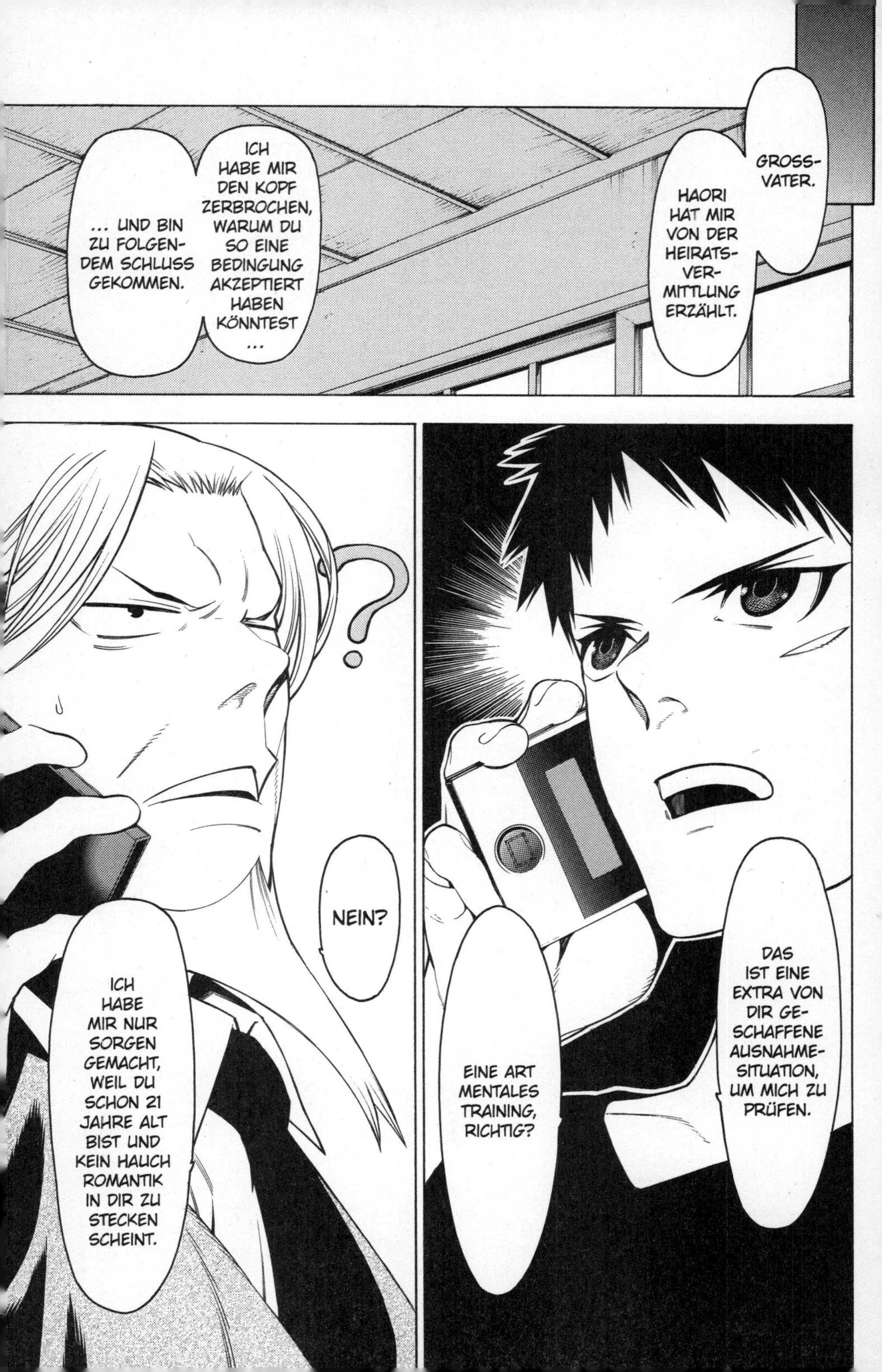
GROSSVATER.
HAORI HAT MIR VON DER HEIRATSVERMITTLUNG ERZÄHLT.
ICH HABE MIR DEN KOPF ZERBROCHEN, WARUM DU SO EINE BEDINGUNG AKZEPTIERT HABEN KÖNNTEST ...
... UND BIN ZU FOLGENDEM SCHLUSS GEKOMMEN.
DAS IST EINE EXTRA VON DIR GESCHAFFENE AUSNAHMESITUATION, UM MICH ZU PRÜFEN.
EINE ART MENTALES TRAINING, RICHTIG?
NEIN?
ICH HABE MIR NUR SORGEN GEMACHT, WEIL DU SCHON 21 JAHRE ALT BIST UND KEIN HAUCH ROMANTIK IN DIR ZU STECKEN SCHEINT.

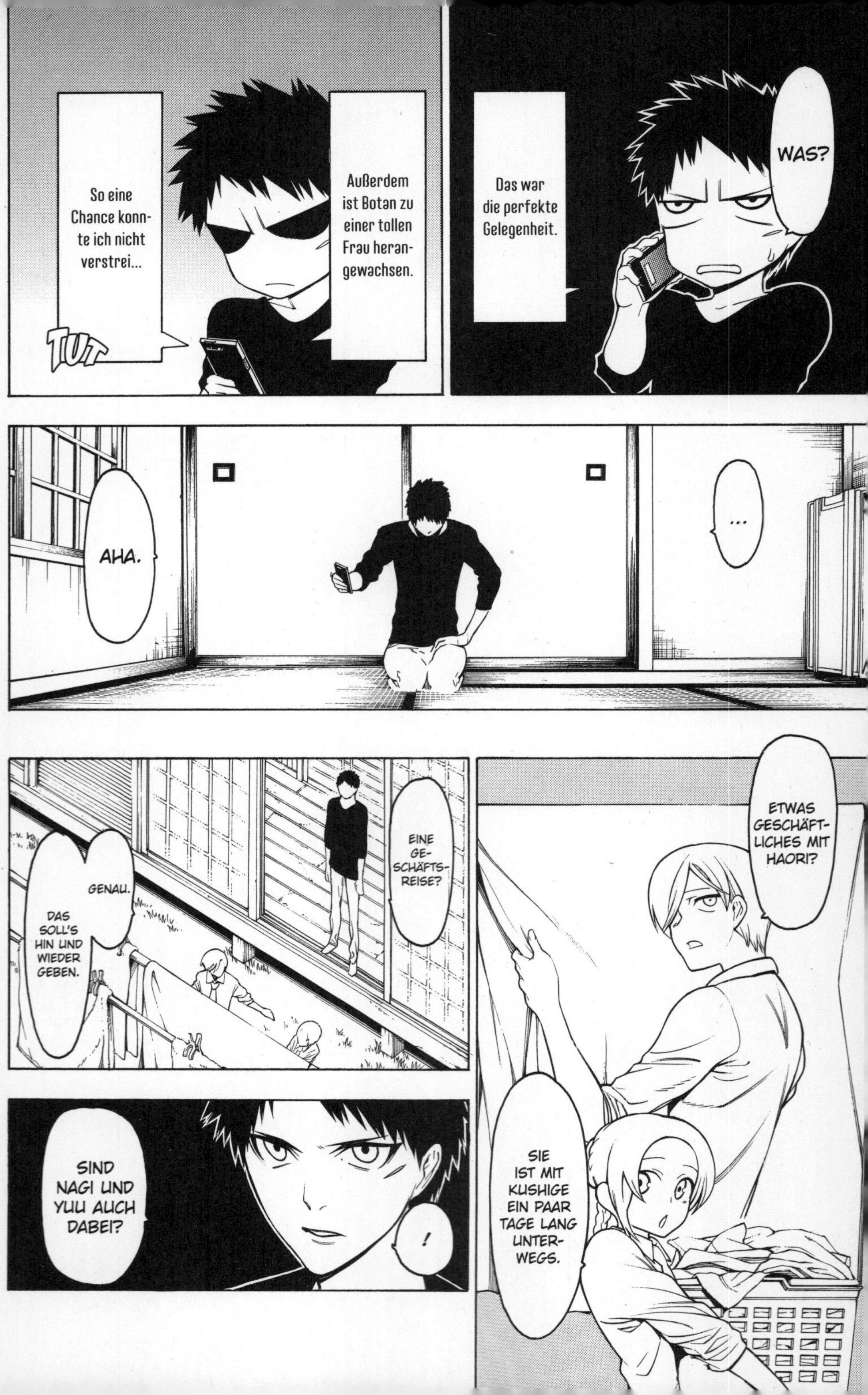

WAS?
Das war die perfekte Gelegenheit.
Außerdem ist Botan zu einer tollen Frau heran-gewachsen.
So eine Chance konn-te ich nicht verstrei...
TUT
...
AHA.
ETWAS GESCHÄFT-LICHES MIT HAORI?
SIE IST MIT KUSHIGE EIN PAAR TAGE LANG UNTER-WEGS.
EINE GE-SCHÄFTS-REISE?
GENAU.
DAS SOLL'S HIN UND WIEDER GEBEN.
!
SIND NAGI UND YUU AUCH DABEI?

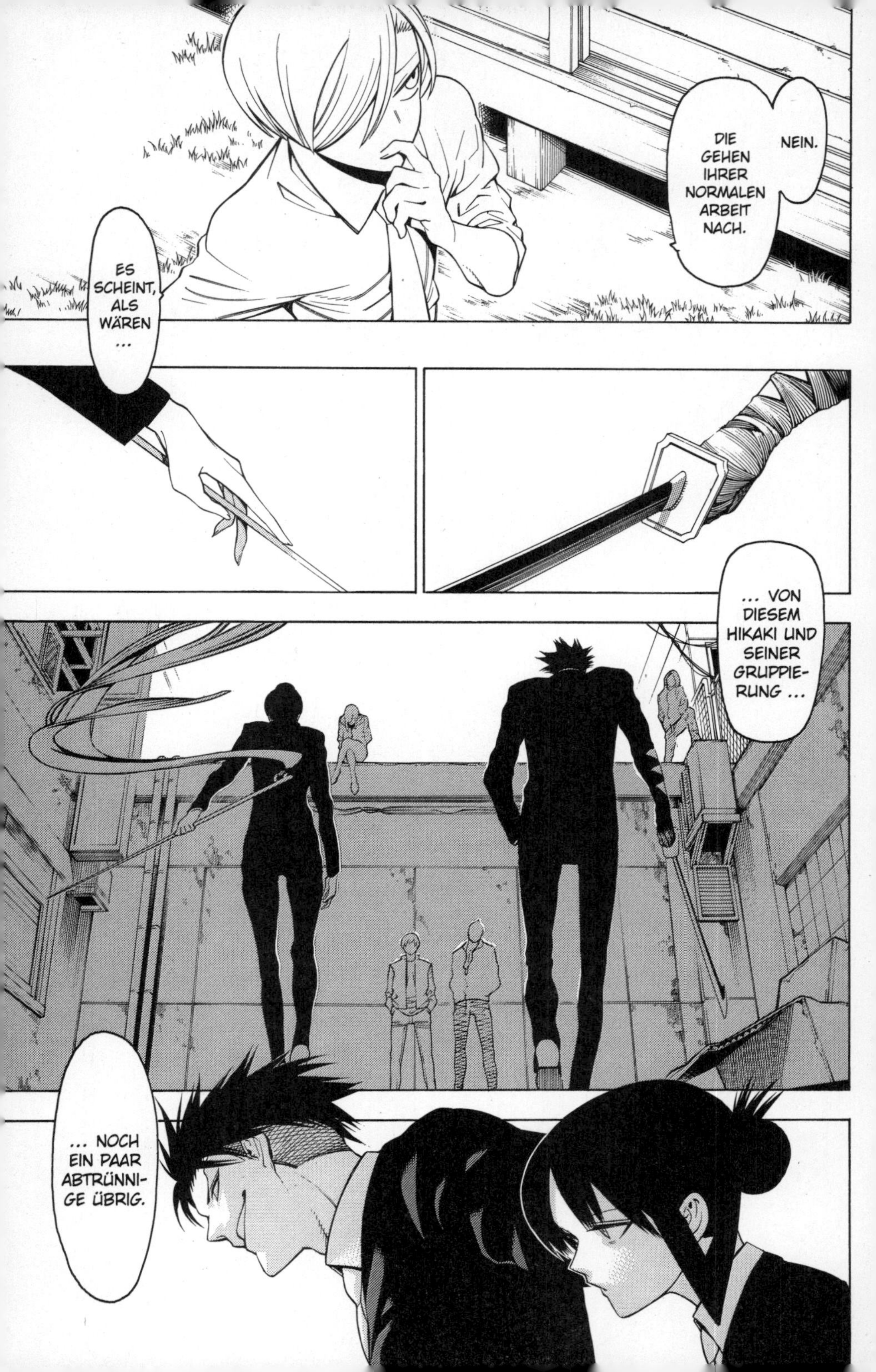
NEIN.
DIE GEHEN IHRER NORMALEN ARBEIT NACH.
ES SCHEINT, ALS WÄREN ...
... VON DIESEM HIKAKI UND SEINER GRUPPIE-RUNG ...
... NOCH EIN PAAR ABTRÜNNI-GE ÜBRIG.

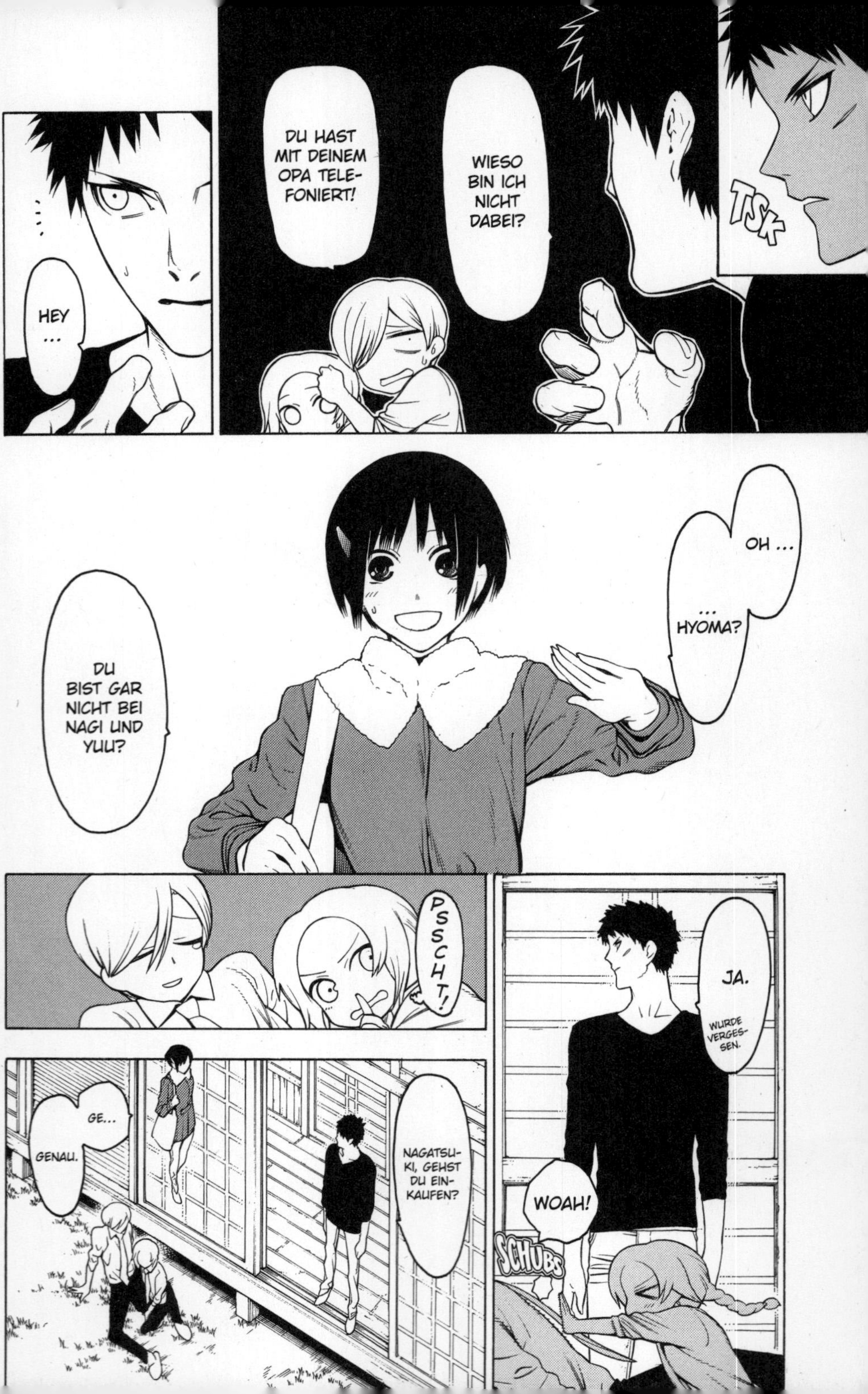
TSK
WIESO BIN ICH NICHT DABEI?
DU HAST MIT DEINEM OPA TELEFONIERT!
HEY ...
OH ...
... HYOMA?
DU BIST GAR NICHT BEI NAGI UND YUU?
JA.
WURDE VERGESSEN.
WOAH!
SCHUBS
PSSCHT!
NAGATSUKI, GEHST DU EINKAUFEN?
GE...
GENAU.

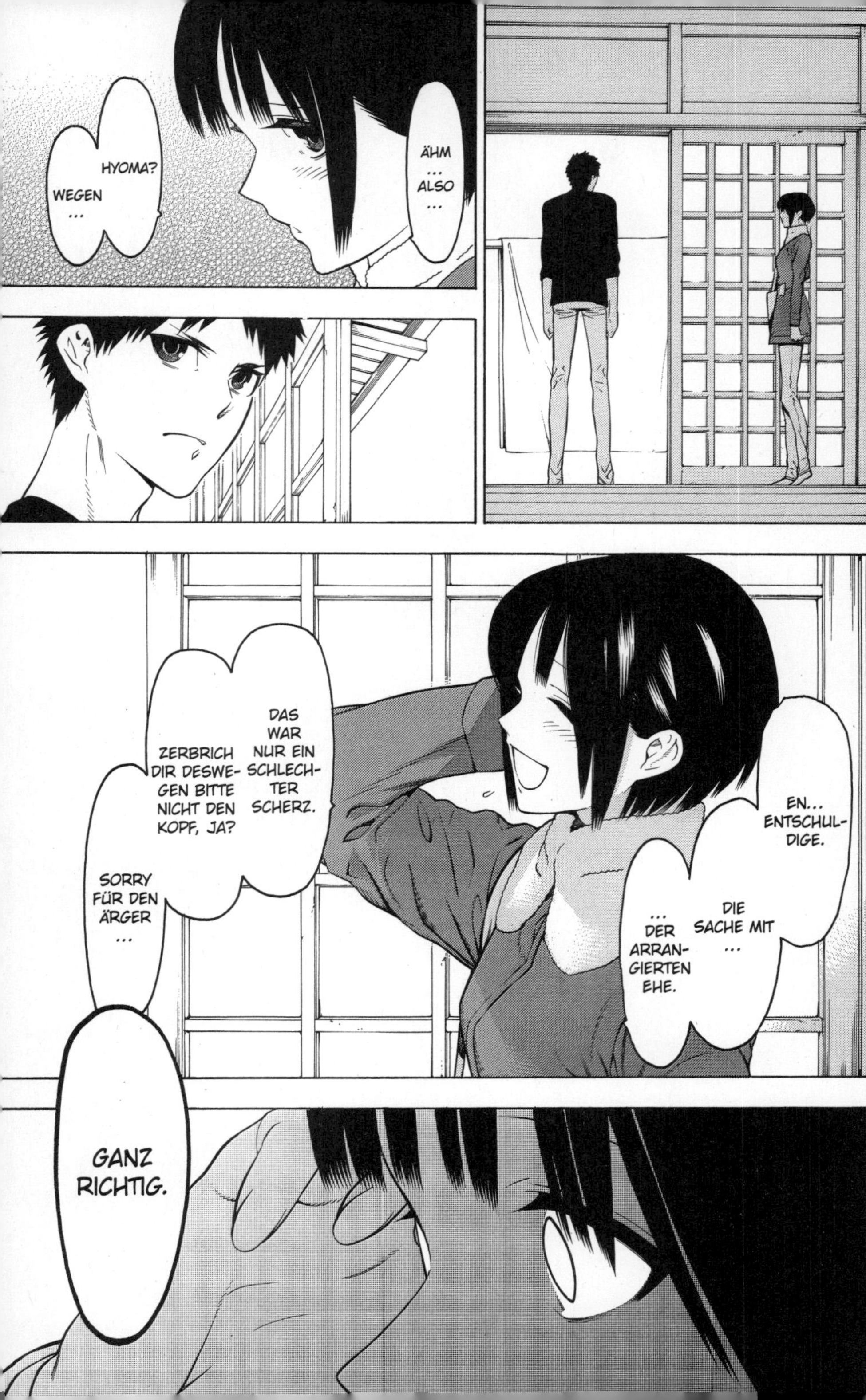
ÄHM ... ALSO ...
HYOMA? WEGEN ...
EN... ENTSCHULDIGE.
DIE SACHE MIT ... ... DER ARRANGIERTEN EHE.
DAS WAR NUR EIN SCHLECHTER SCHERZ.
ZERBRICH DIR DESWEGEN BITTE NICHT DEN KOPF, JA?
SORRY FÜR DEN ÄRGER ...
GANZ RICHTIG.

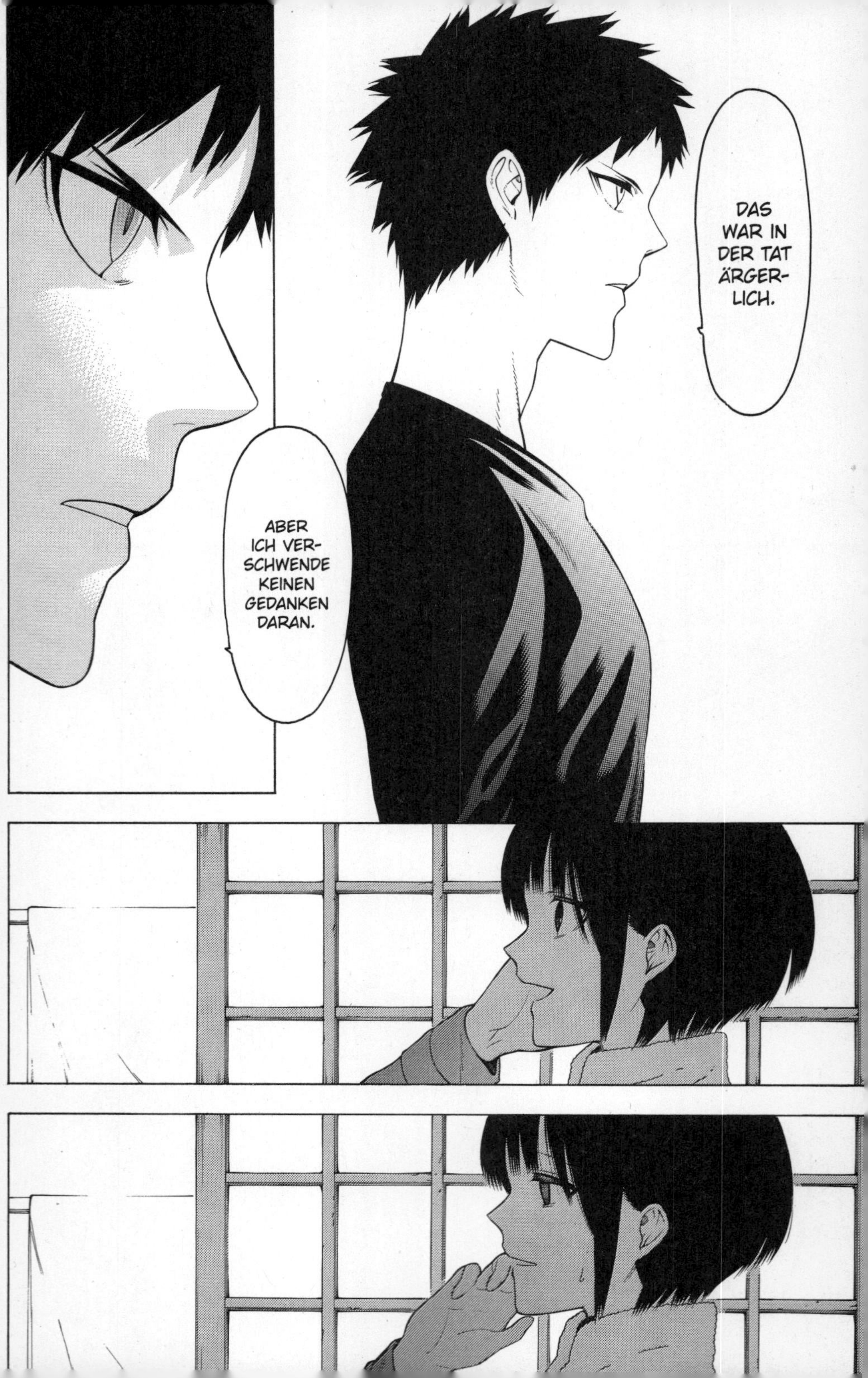
DAS WAR IN DER TAT ÄRGER-LICH.
ABER ICH VER-SCHWENDE KEINEN GEDANKEN DARAN.

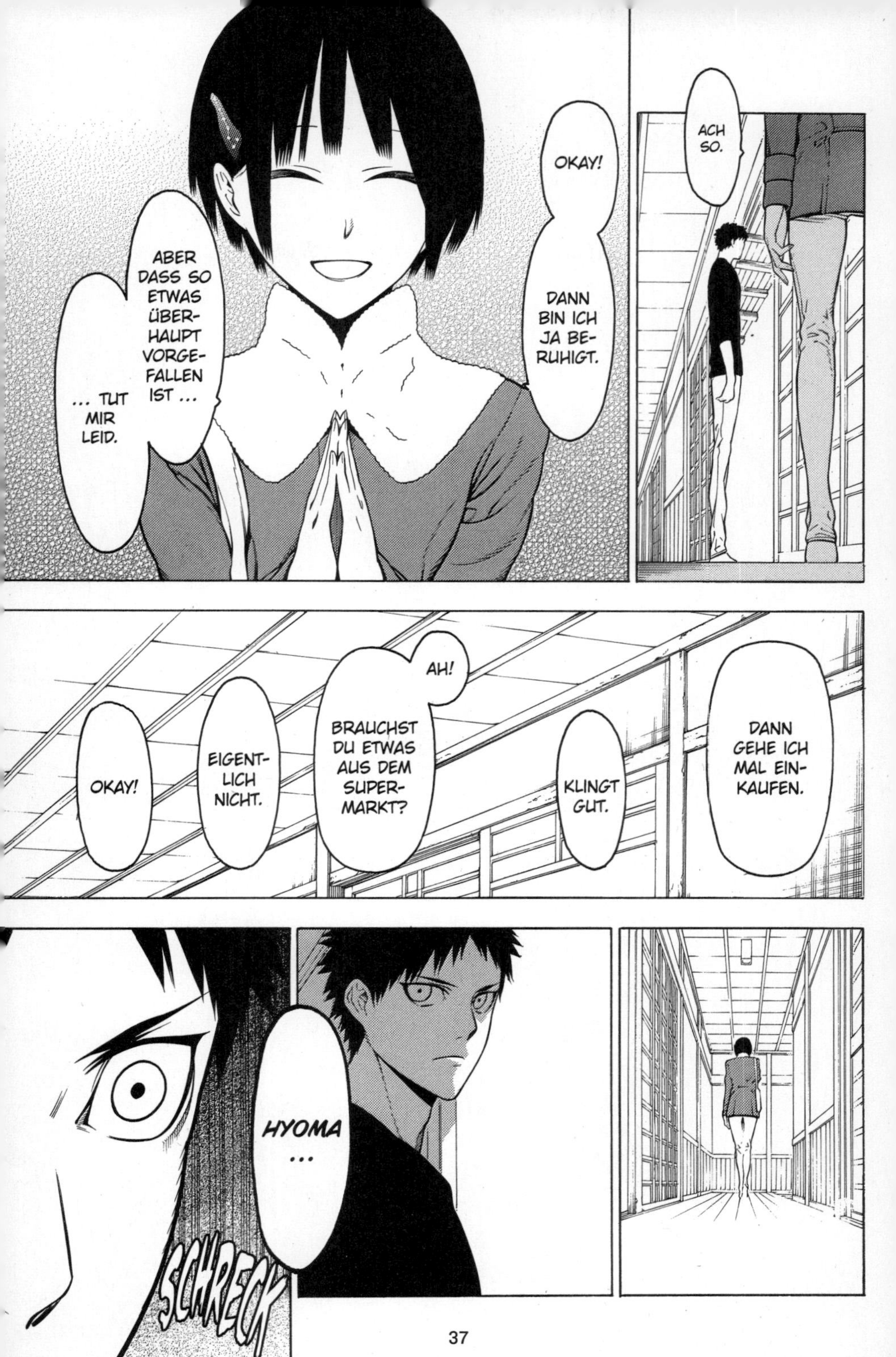
ACH SO.
OKAY!
DANN BIN ICH JA BERUHIGT.
ABER DASS SO ETWAS ÜBERHAUPT VORGEFALLEN IST …
… TUT MIR LEID.
DANN GEHE ICH MAL EINKAUFEN.
KLINGT GUT.
AH!
BRAUCHST DU ETWAS AUS DEM SUPERMARKT?
EIGENTLICH NICHT.
OKAY!
HYOMA …
SCHRECK

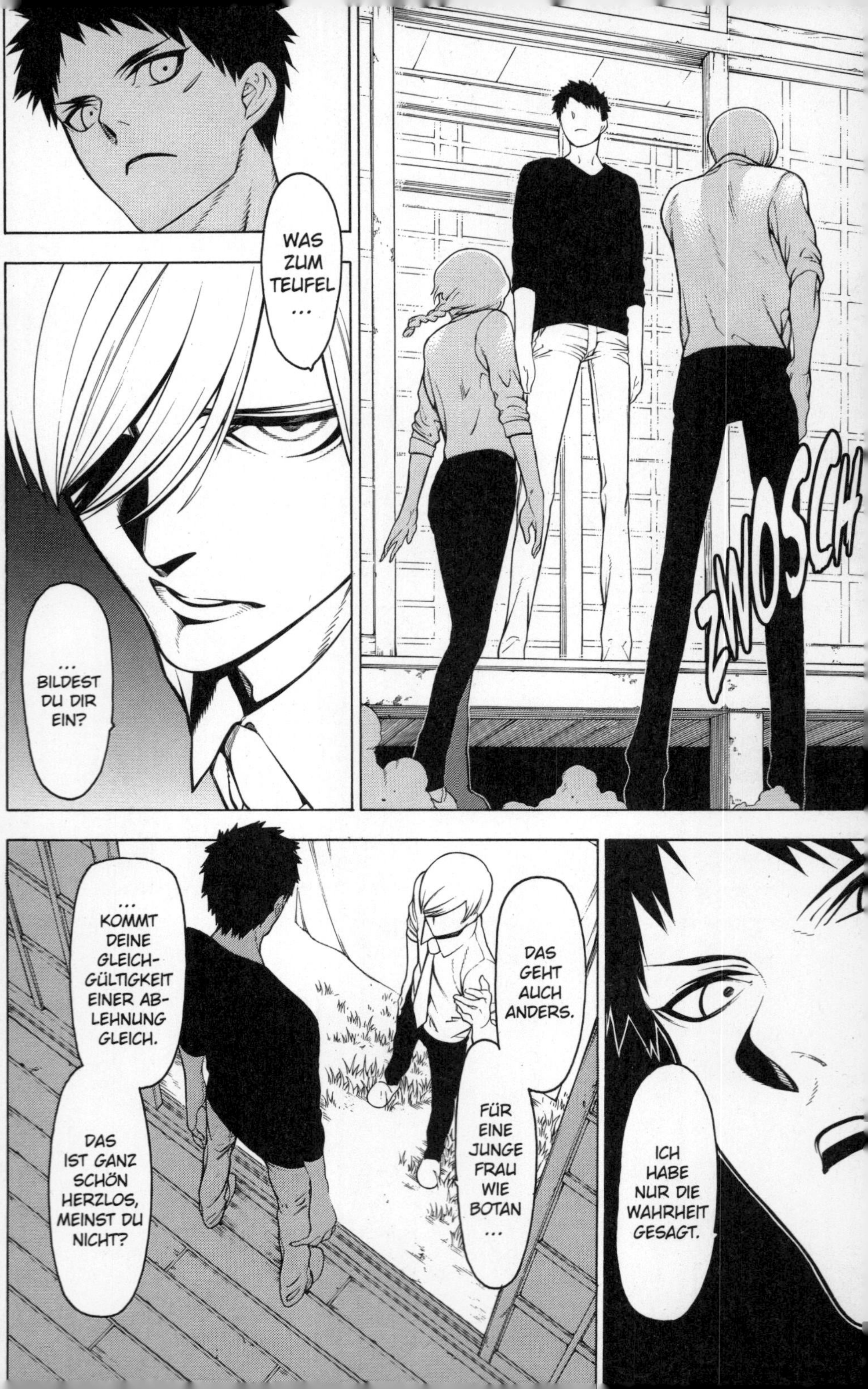
ZWOSCH
WAS ZUM TEUFEL ...
... BILDEST DU DIR EIN?
ICH HABE NUR DIE WAHRHEIT GESAGT.
DAS GEHT AUCH ANDERS.
FÜR EINE JUNGE FRAU WIE BOTAN ...
... KOMMT DEINE GLEICH-GÜLTIGKEIT EINER AB-LEHNUNG GLEICH.
DAS IST GANZ SCHÖN HERZLOS, MEINST DU NICHT?

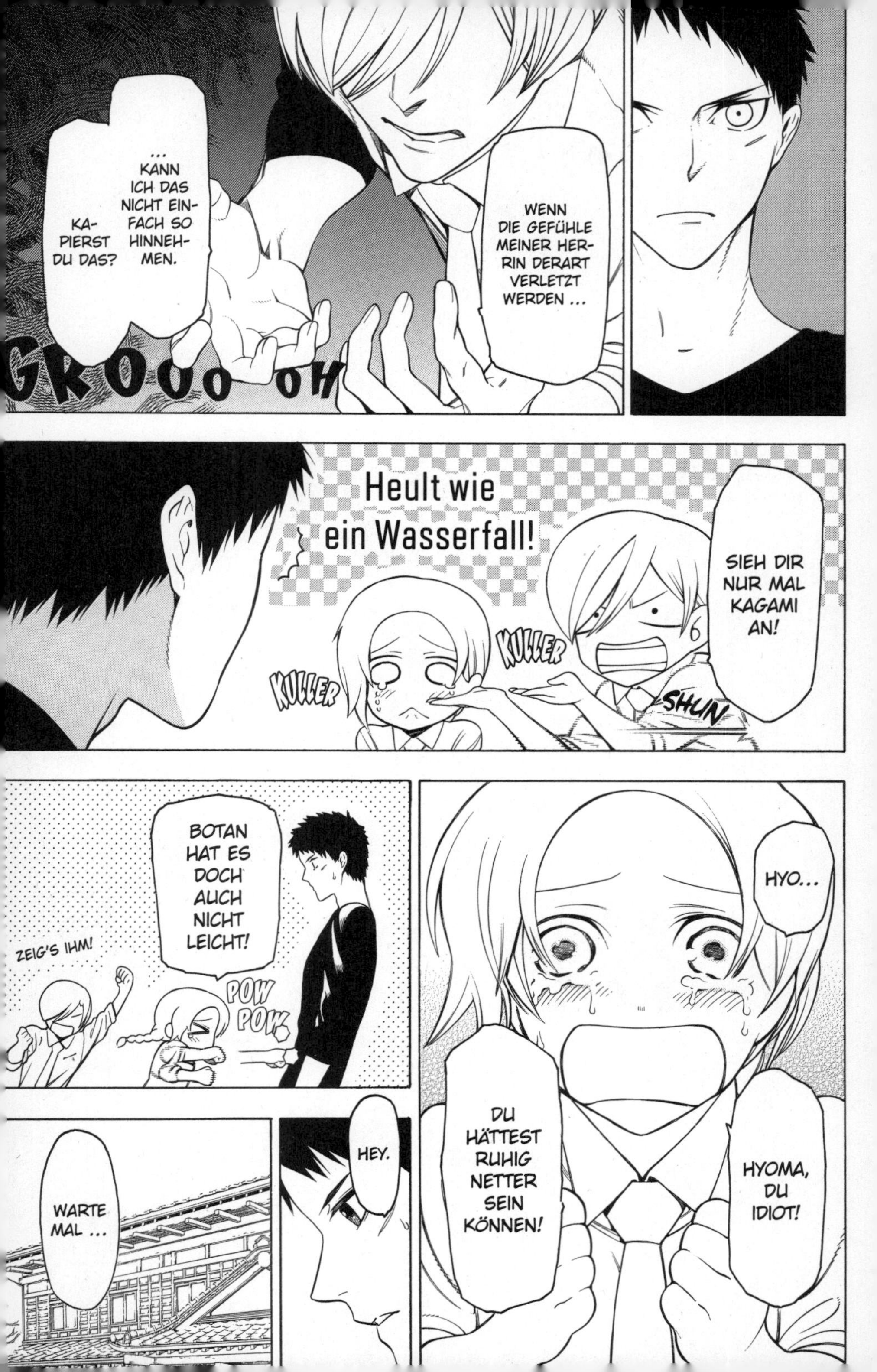
WENN DIE GEFÜHLE MEINER HERRIN DERART VERLETZT WERDEN ...
... KANN ICH DAS NICHT EINFACH SO HINNEHMEN.
KAPIERST DU DAS?
GROOOOOH
SIEH DIR NUR MAL KAGAMI AN!
Heult wie ein Wasserfall!
KULLER
KULLER
SHUN
HYO...
HYOMA, DU IDIOT!
DU HÄTTEST RUHIG NETTER SEIN KÖNNEN!
BOTAN HAT ES DOCH AUCH NICHT LEICHT!
ZEIG'S IHM!
POW POW
HEY.
WARTE MAL ...

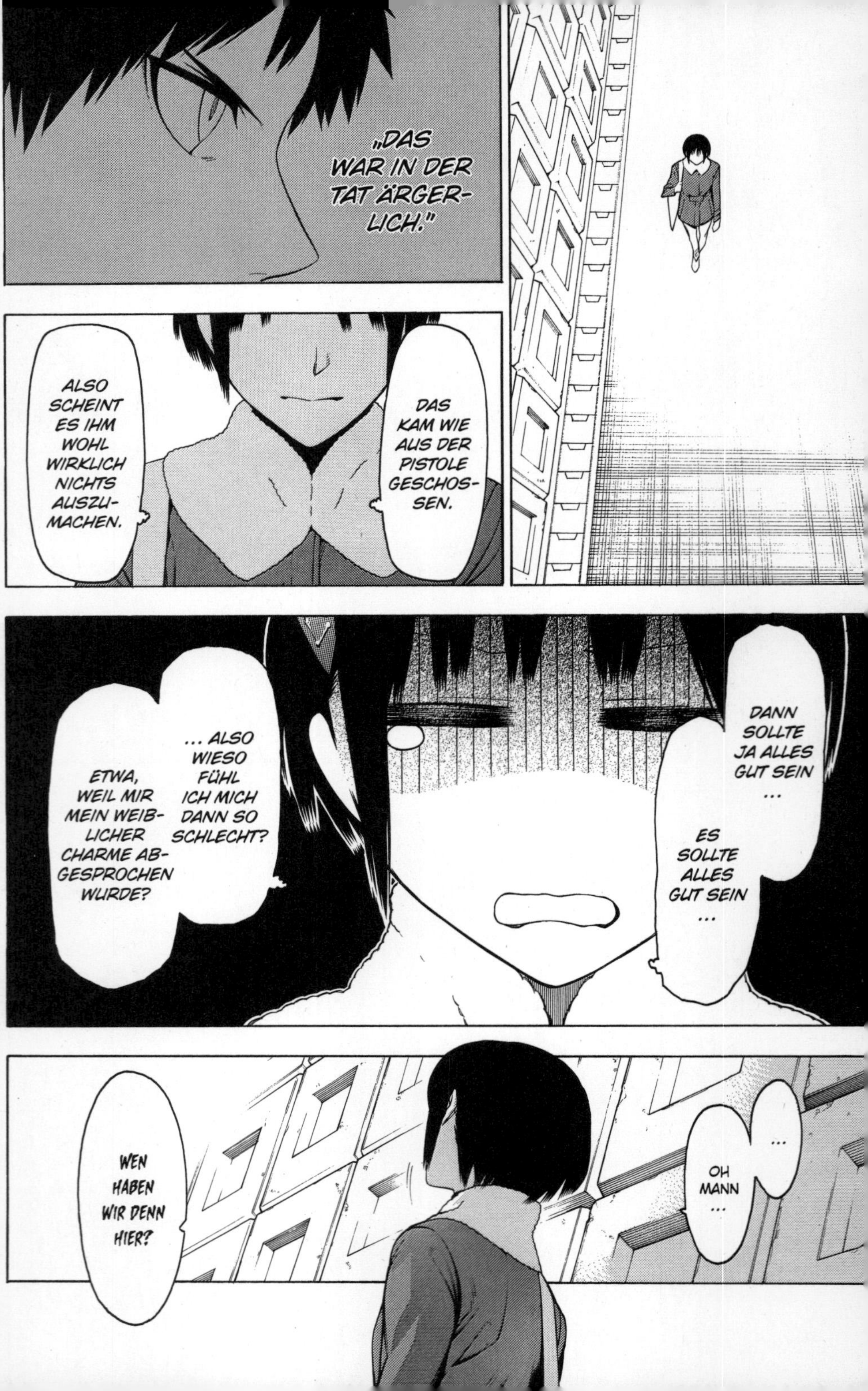
„DAS WAR IN DER TAT ÄRGERLICH."
DAS KAM WIE AUS DER PISTOLE GESCHOSSEN.
ALSO SCHEINT ES IHM WOHL WIRKLICH NICHTS AUSZUMACHEN.
DANN SOLLTE JA ALLES GUT SEIN …
ES SOLLTE ALLES GUT SEIN …
… ALSO WIESO FÜHL ICH MICH DANN SO SCHLECHT?
ETWA, WEIL MIR MEIN WEIBLICHER CHARME ABGESPROCHEN WURDE?
… OH MANN …
WEN HABEN WIR DENN HIER?

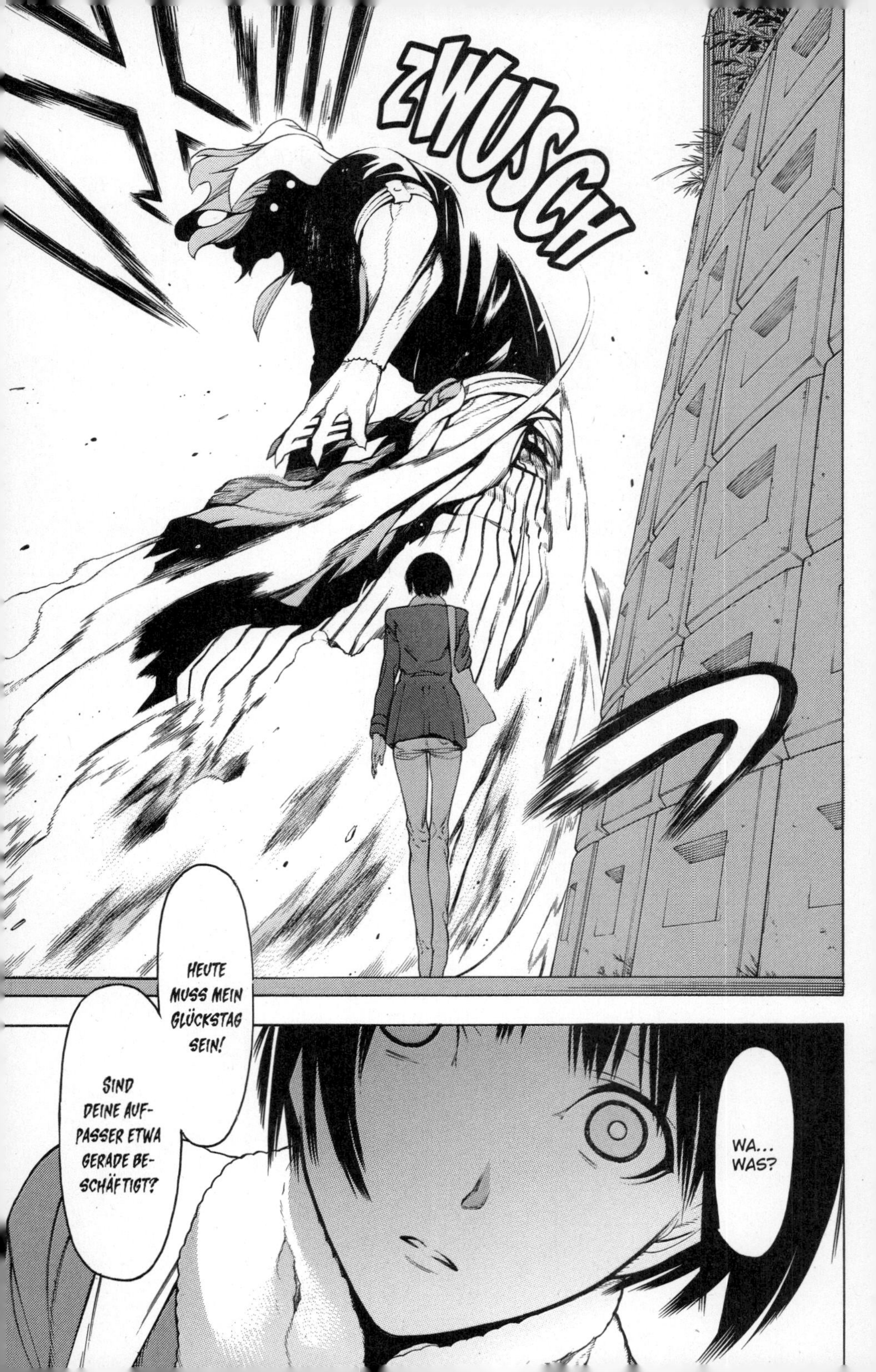
ZWUSCH
WA... WAS?
HEUTE MUSS MEIN GLÜCKSTAG SEIN!
SIND DEINE AUF-PASSER ETWA GERADE BE-SCHÄFTIGT?

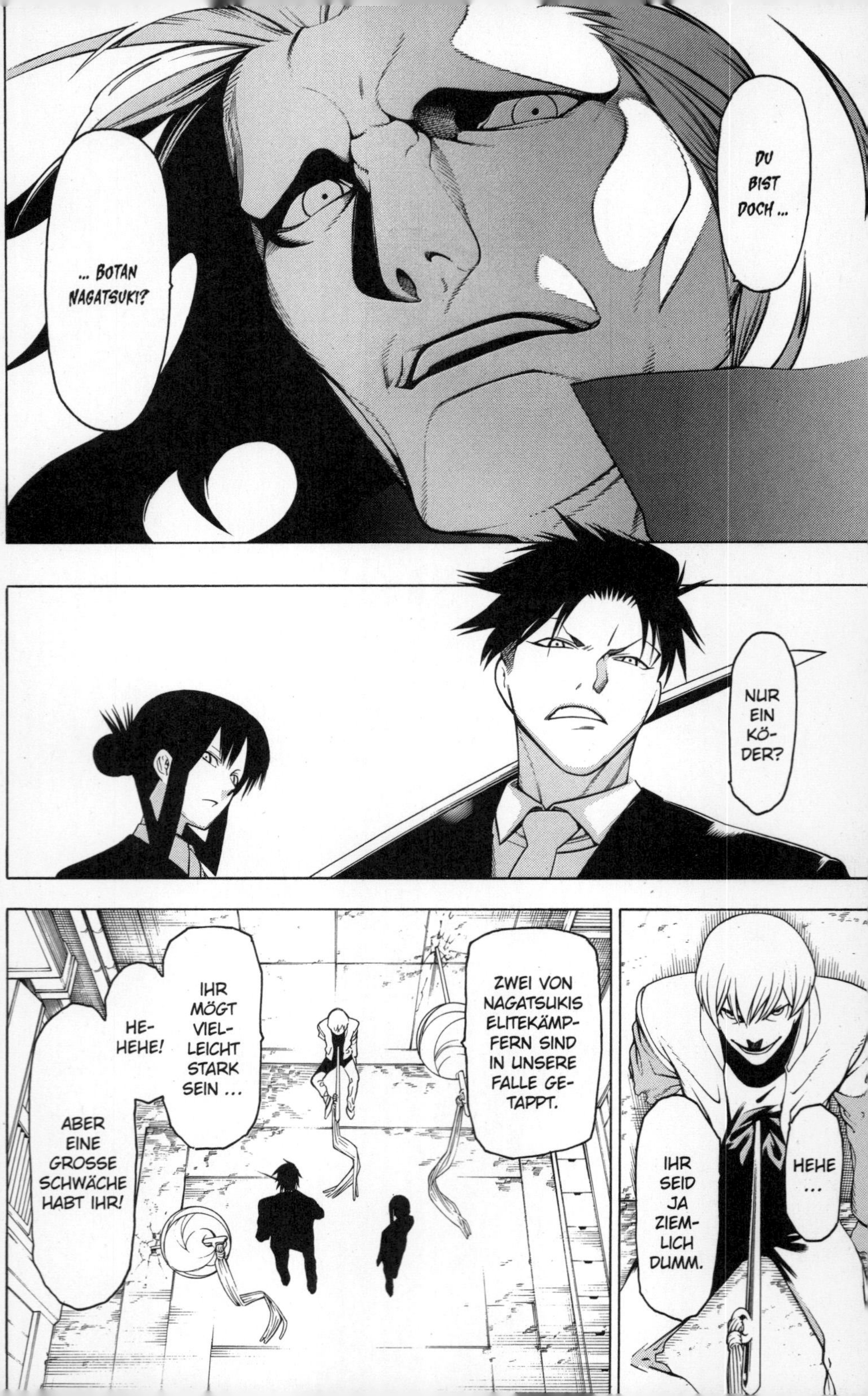
DU BIST DOCH ...
... BOTAN NAGATSUKI?
NUR EIN KÖ-DER?
HEHE ...
IHR SEID JA ZIEM-LICH DUMM.
ZWEI VON NAGATSUKIS ELITEKÄMP-FERN SIND IN UNSERE FALLE GE-TAPPT.
IHR MÖGT VIEL-LEICHT STARK SEIN ...
HE-HEHE!
ABER EINE GROSSE SCHWÄCHE HABT IHR!

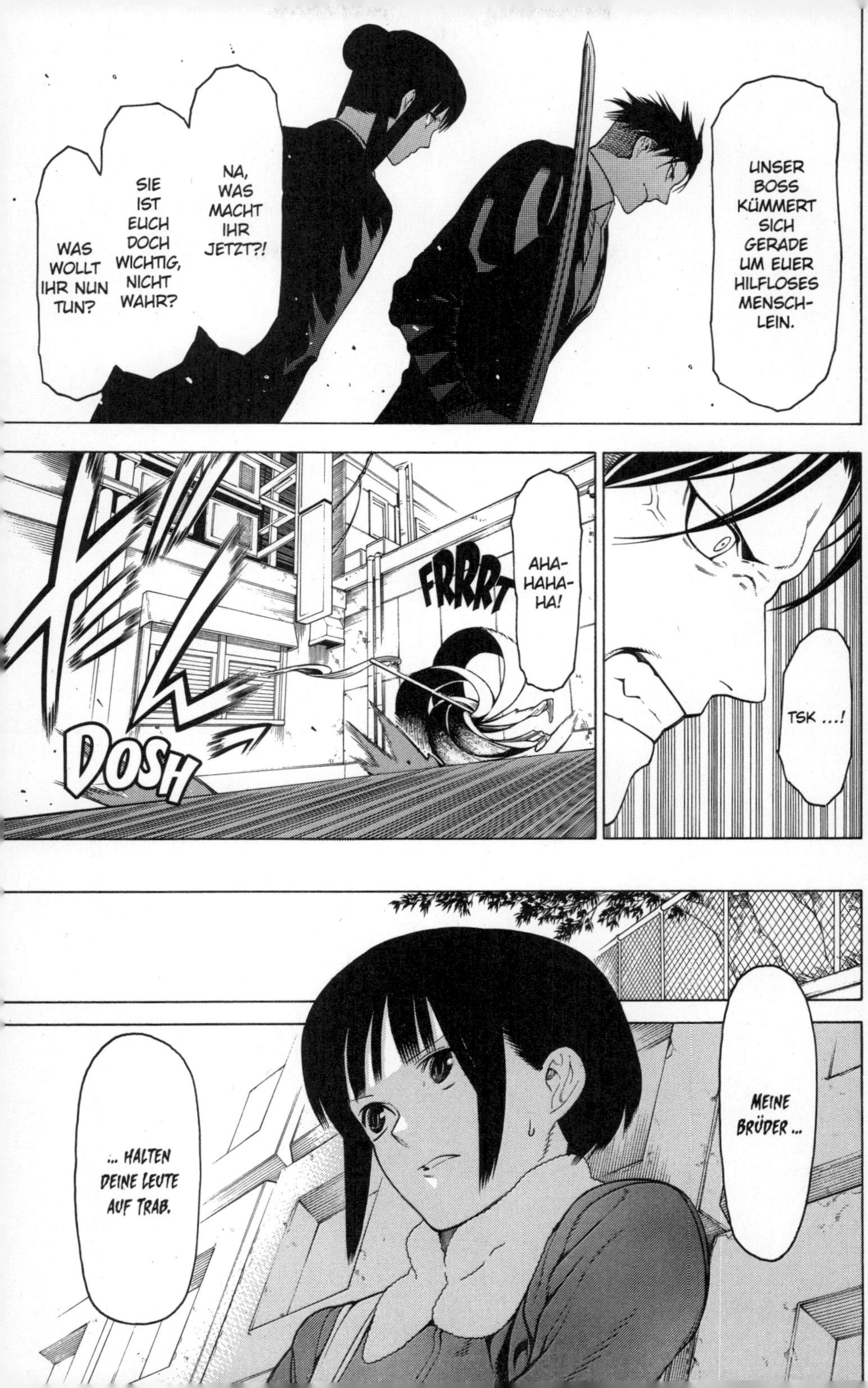
UNSER BOSS KÜMMERT SICH GERADE UM EUER HILFLOSES MENSCH-LEIN.
NA, WAS MACHT IHR JETZT?!
SIE IST EUCH DOCH WICHTIG, NICHT WAHR?
WAS WOLLT IHR NUN TUN?
TSK …!
AHA-HAHA-HA!
FRRRT
DOSH
MEINE BRÜDER …
… HALTEN DEINE LEUTE AUF TRAB.

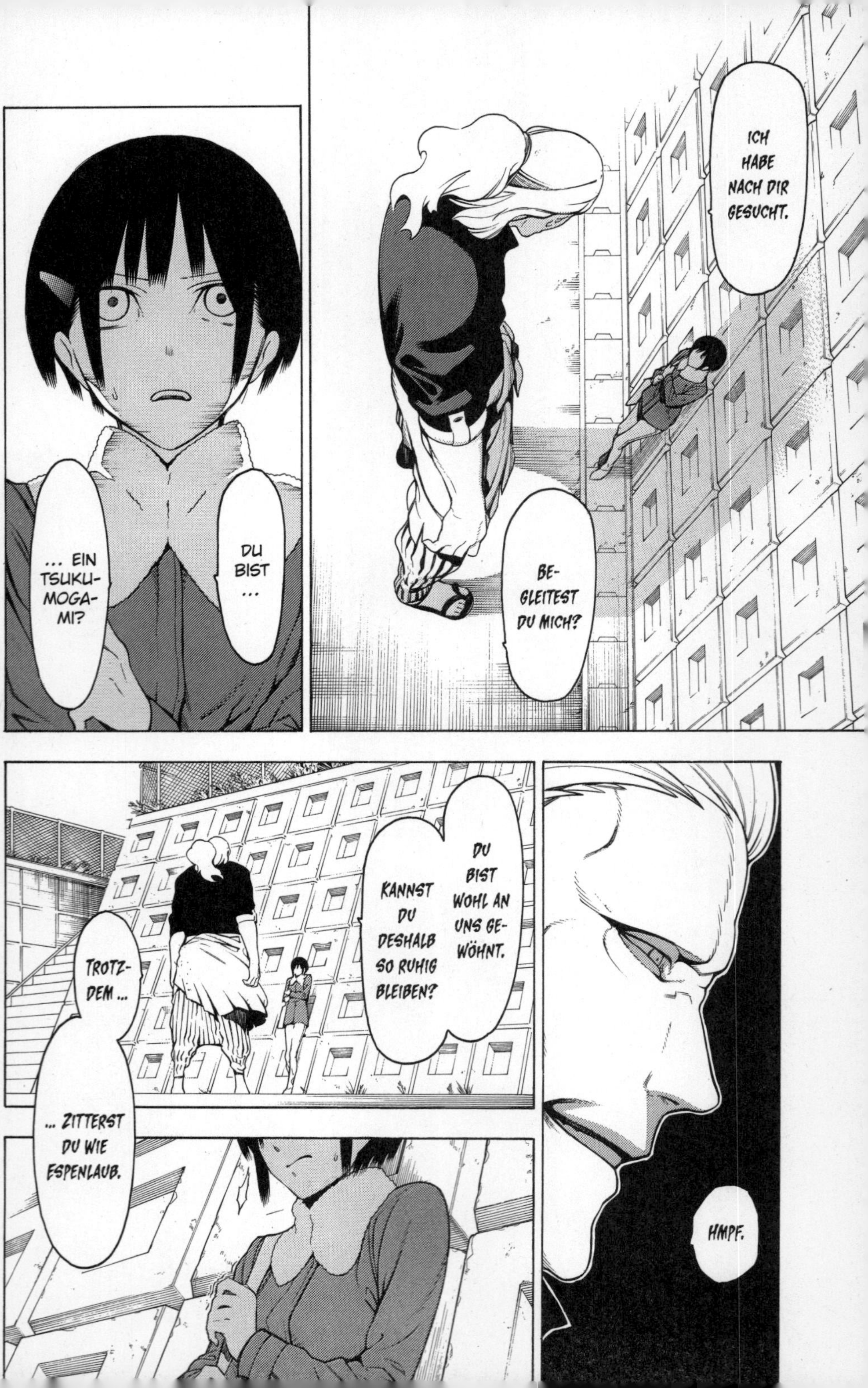
ICH HABE NACH DIR GESUCHT.
BE-GLEITEST DU MICH?
DU BIST ...
... EIN TSUKU-MOGA-MI?
DU BIST WOHL AN UNS GE-WÖHNT.
KANNST DU DESHALB SO RUHIG BLEIBEN?
TROTZ-DEM ...
... ZITTERST DU WIE ESPENLAUB.
HMPF.

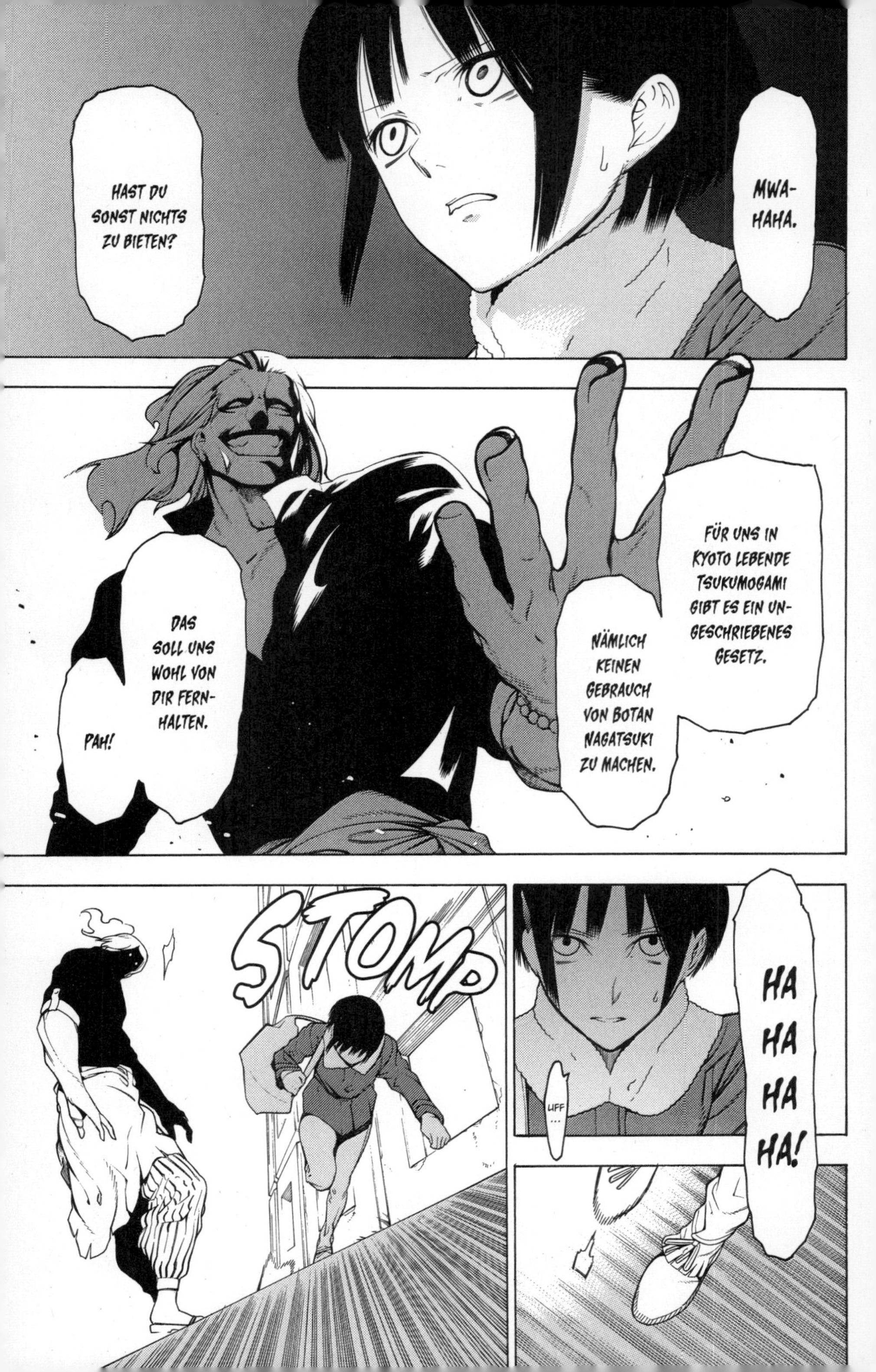
MWA-HAHA.
HAST DU SONST NICHTS ZU BIETEN?
FÜR UNS IN KYOTO LEBENDE TSUKUMOGAMI GIBT ES EIN UNGESCHRIEBENES GESETZ.
NÄMLICH KEINEN GEBRAUCH VON BOTAN NAGATSUKI ZU MACHEN.
DAS SOLL UNS WOHL VON DIR FERNHALTEN.
PAH!
HA HA HA HA HA!
UFF ...
STOMP

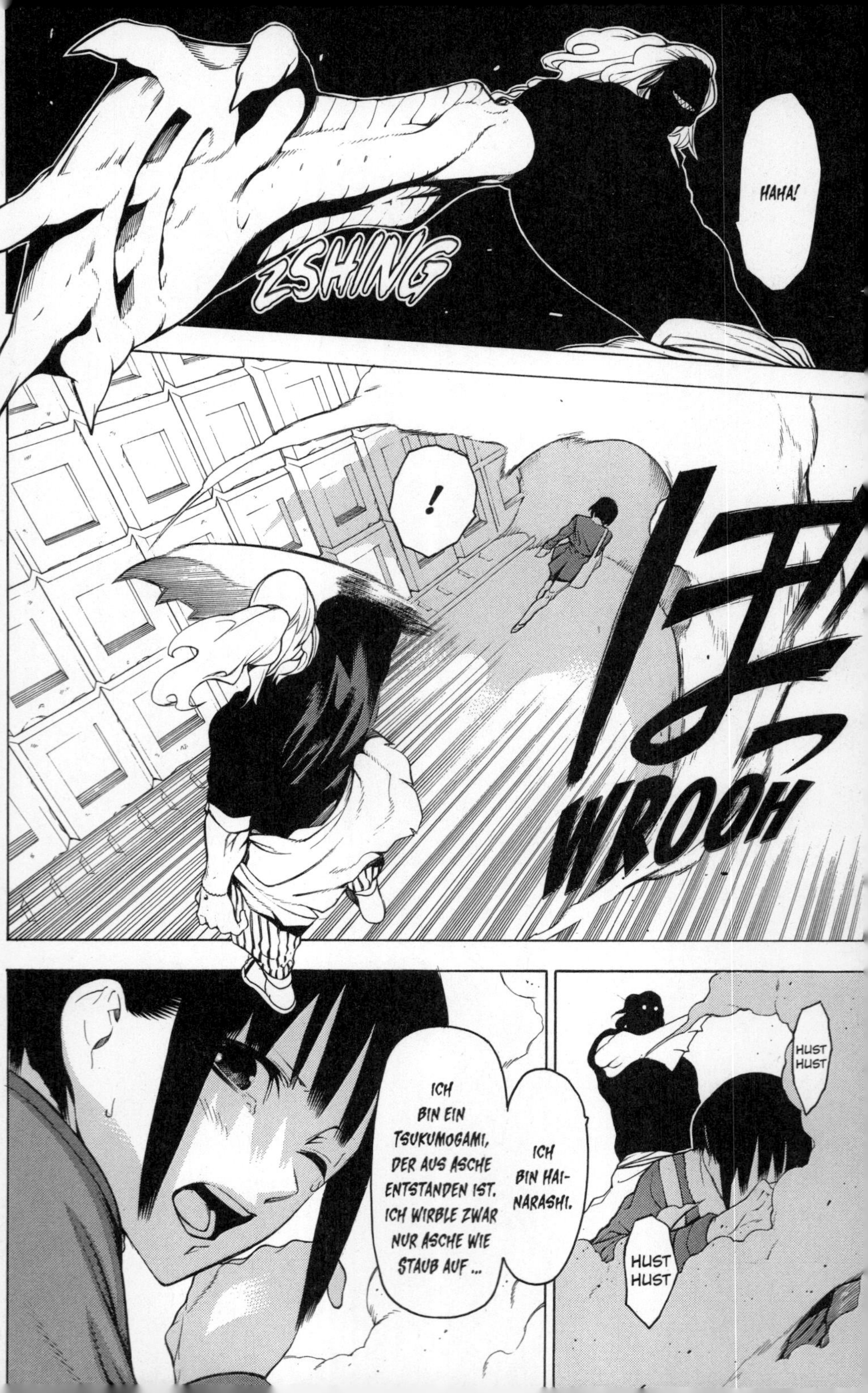
HAHA!
ZSHING
!
WROOH
HUST
HUST
HUST
HUST
ICH
BIN HAI-
NARASHI.
ICH
BIN EIN
TSUKUMOGAMI,
DER AUS ASCHE
ENTSTANDEN IST.
ICH WIRBLE ZWAR
NUR ASCHE WIE
STAUB AUF ...

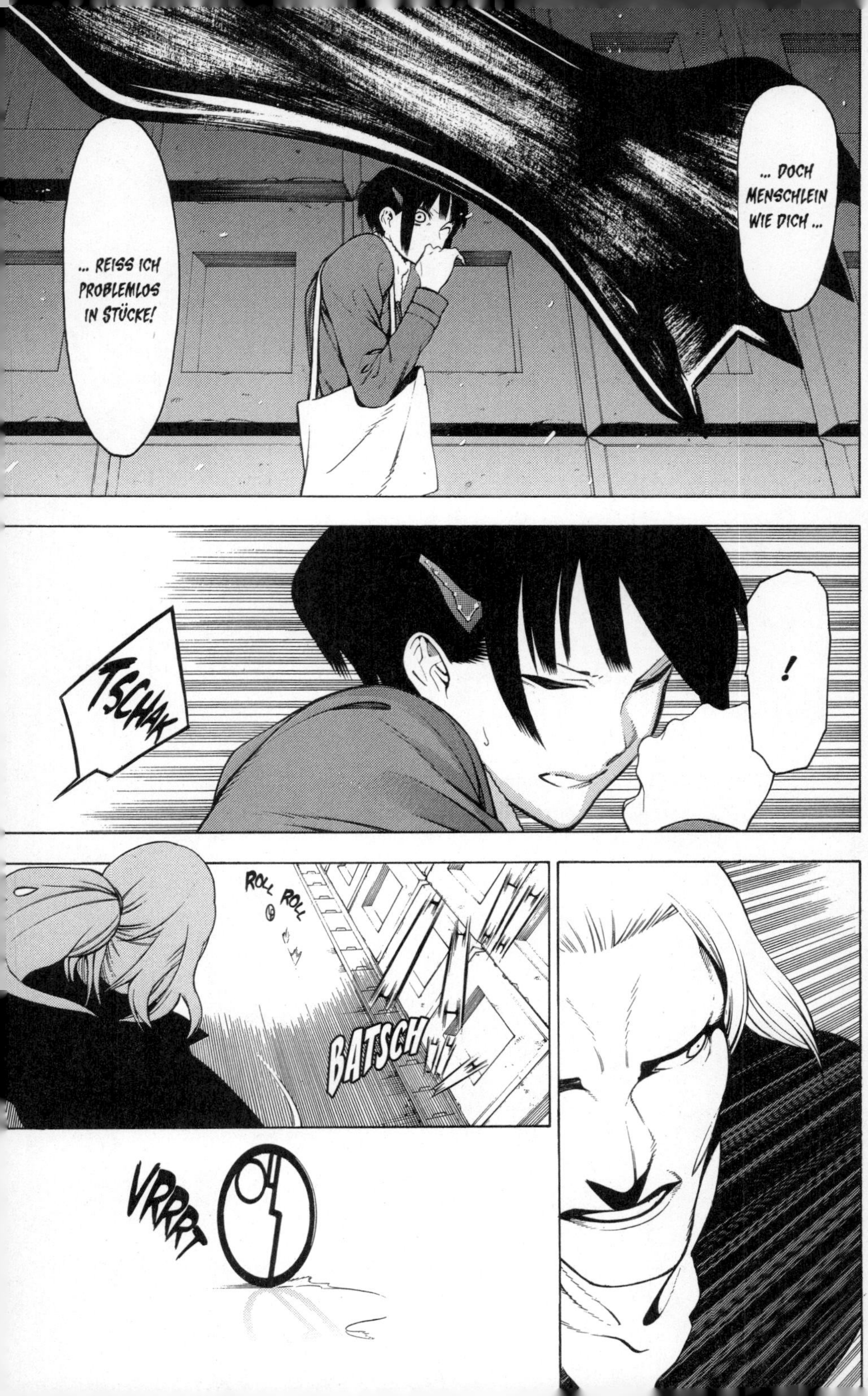
... DOCH MENSCHLEIN WIE DICH ...
... REISS ICH PROBLEMLOS IN STÜCKE!
!
TSCHAK
ROLL ROLL
BATSCH
VRRRT

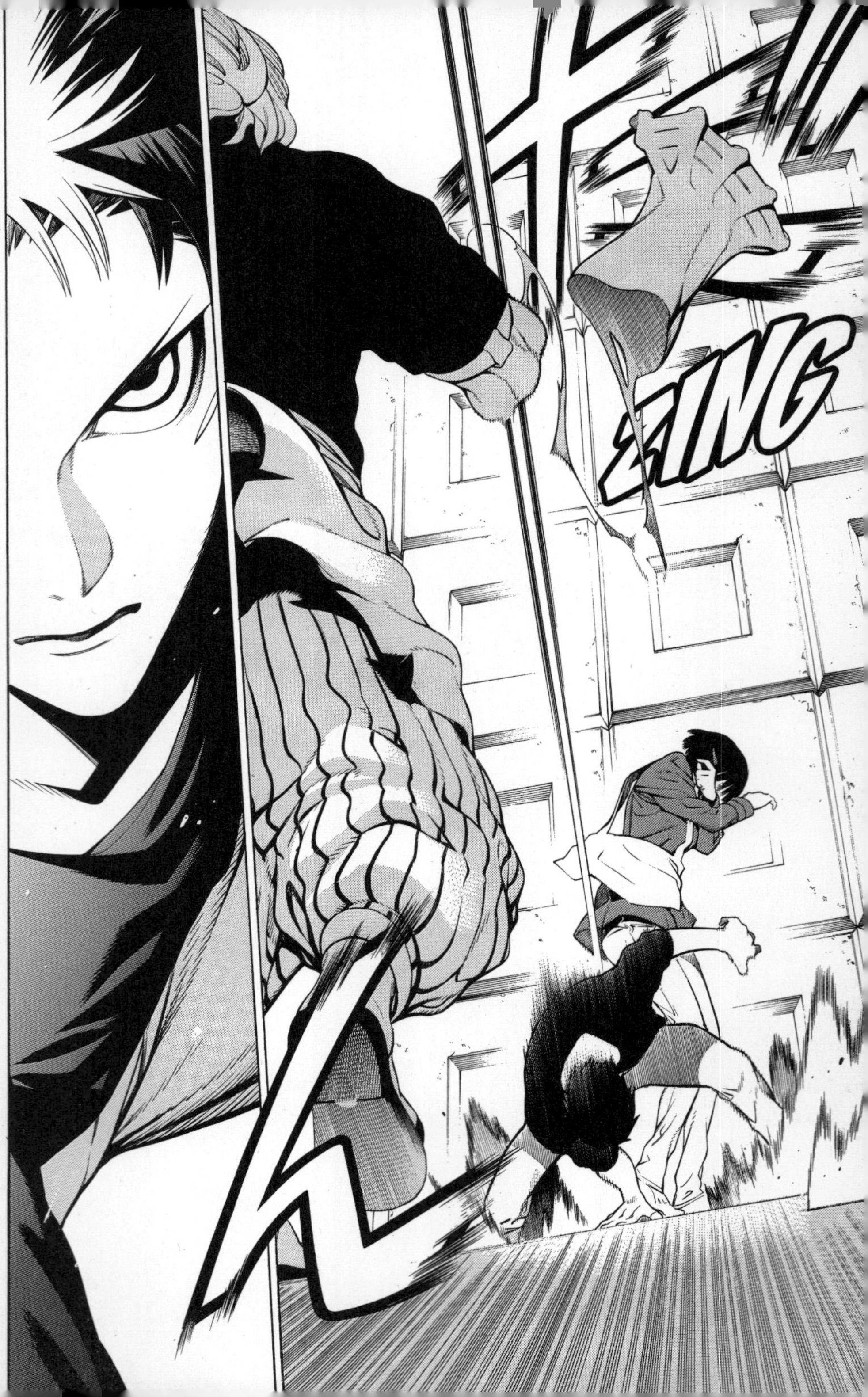
ZING

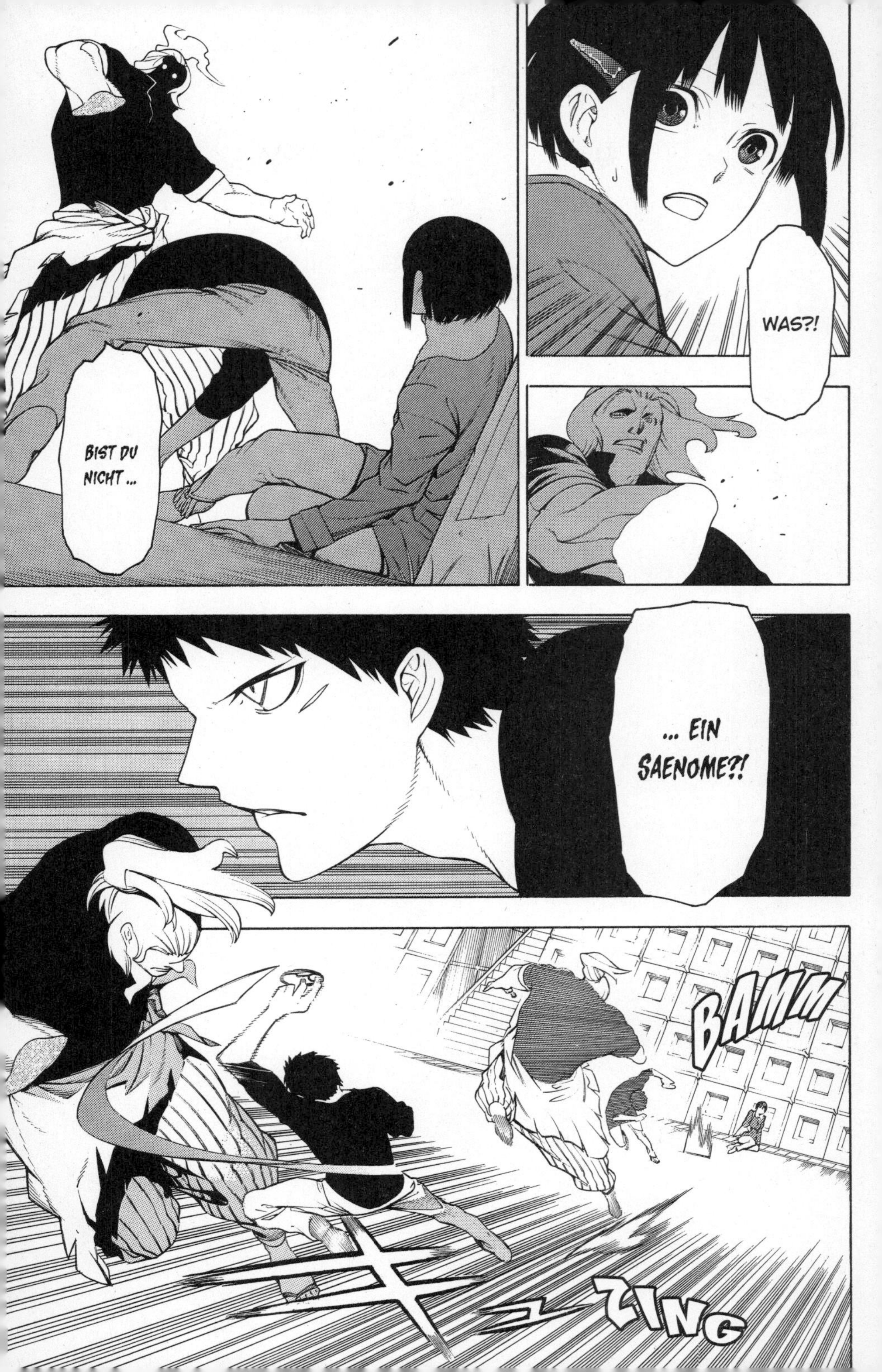
WAS?!
BIST DU NICHT ...
... EIN SAENOME?!
BAMM
ZING

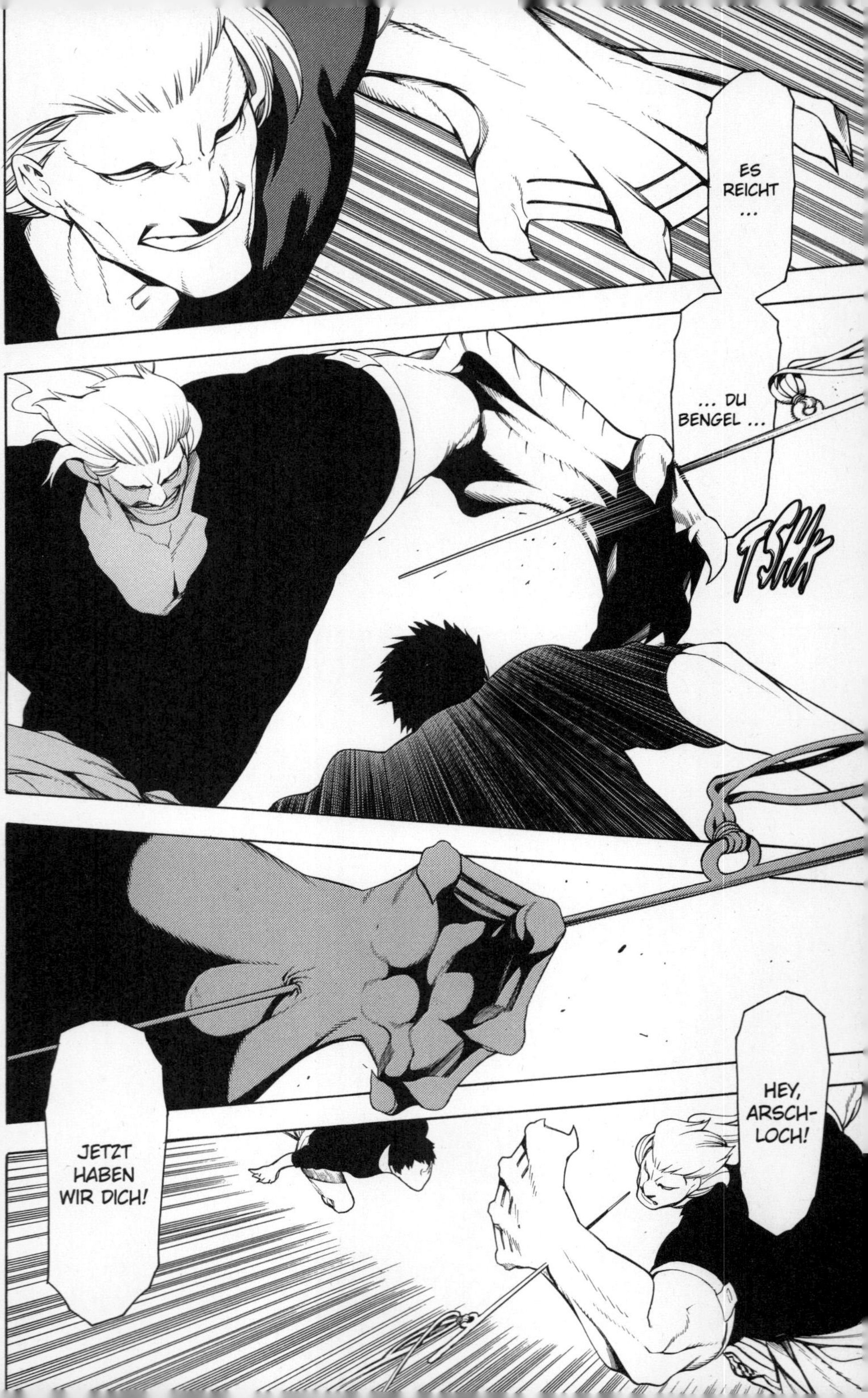
ES REICHT …
… DU BENGEL …
TSHK
HEY, ARSCH-LOCH!
JETZT HABEN WIR DICH!

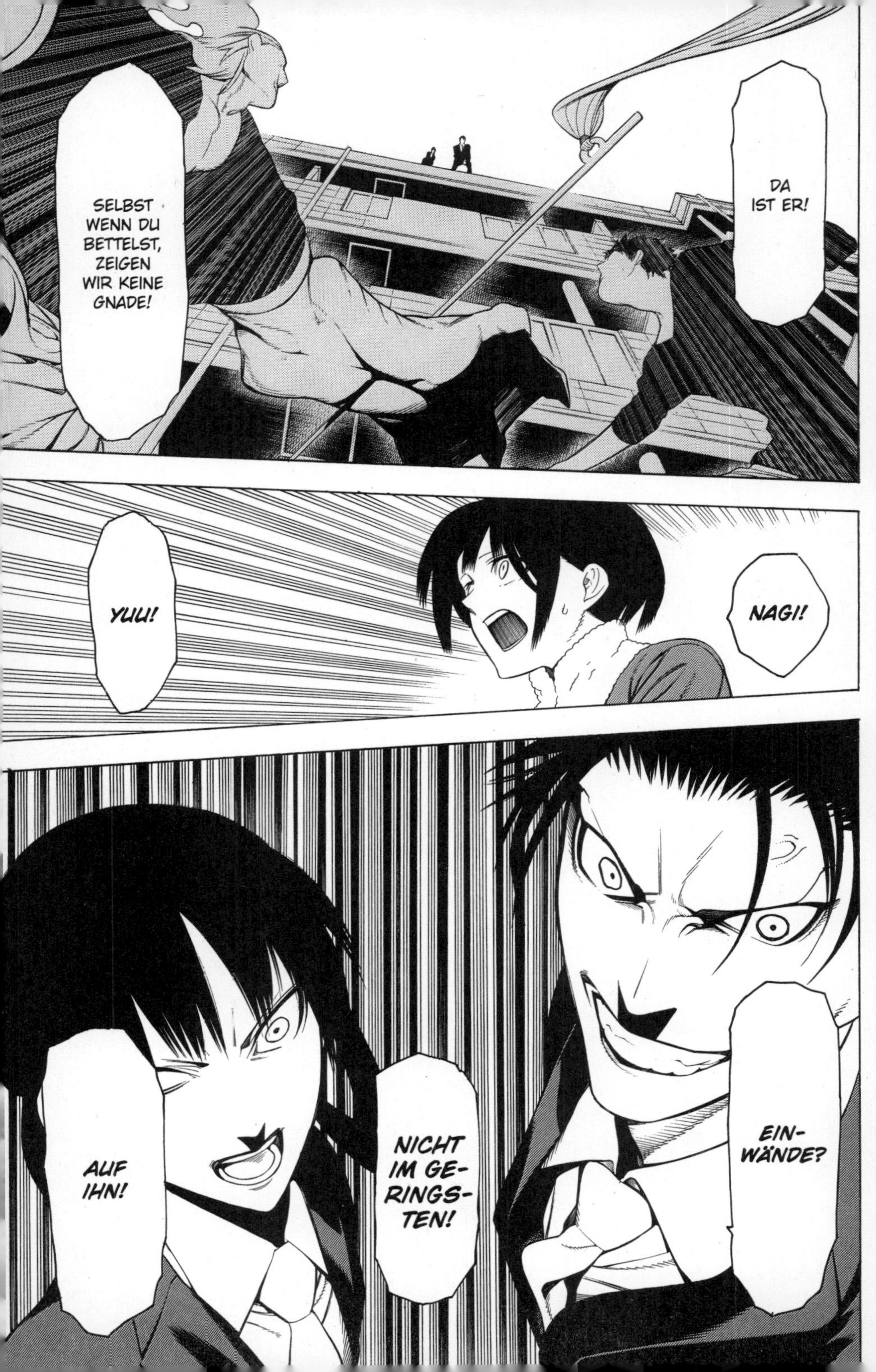
DA IST ER!
SELBST WENN DU BETTELST, ZEIGEN WIR KEINE GNADE!
NAGI!
YUU!
EIN-WÄNDE?
NICHT IM GE-RINGS-TEN!
AUF IHN!

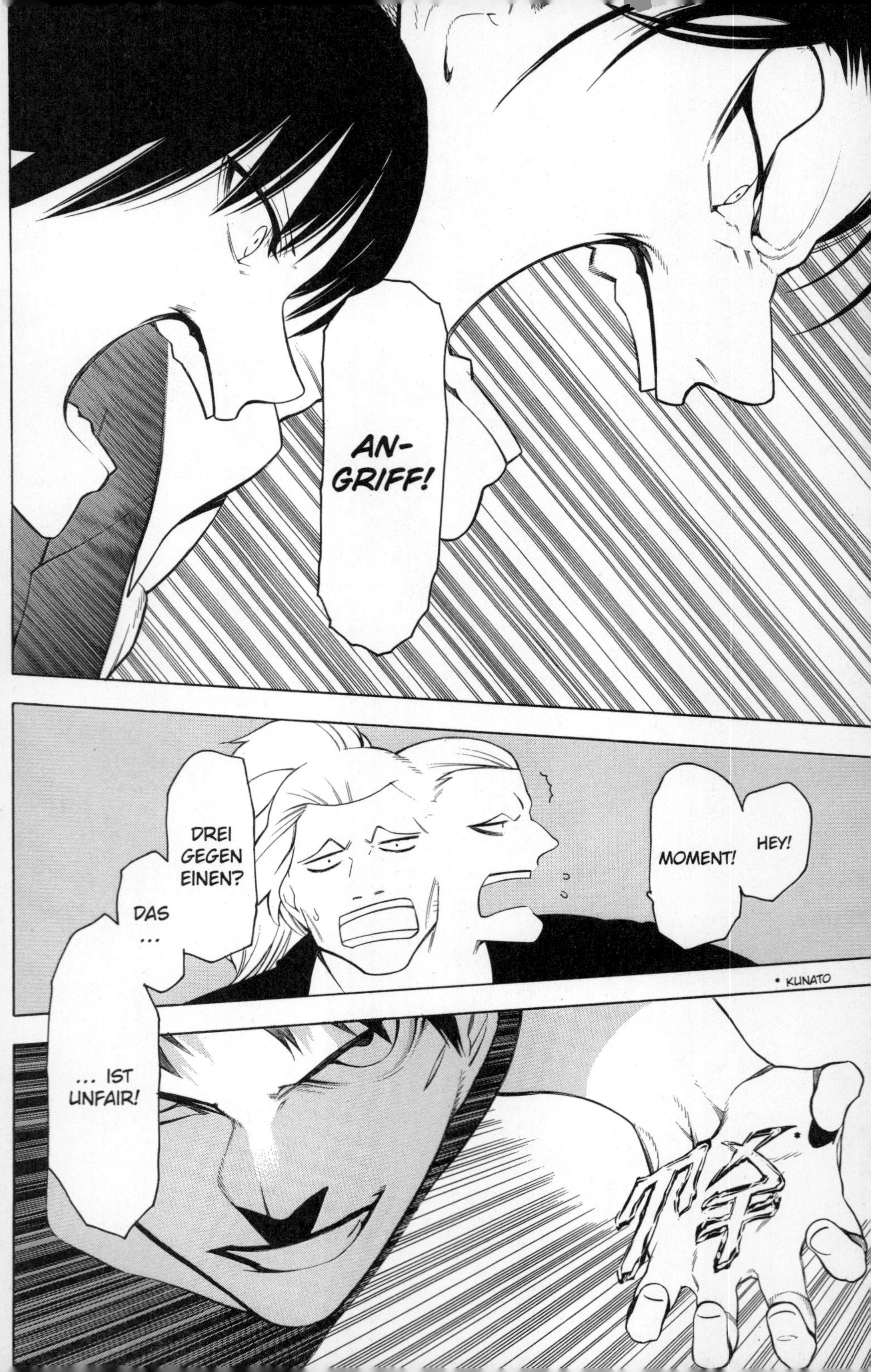
AN-GRIFF!
HEY!
MOMENT!
DREI GEGEN EINEN?
DAS …
… IST UNFAIR!
* KUNATO

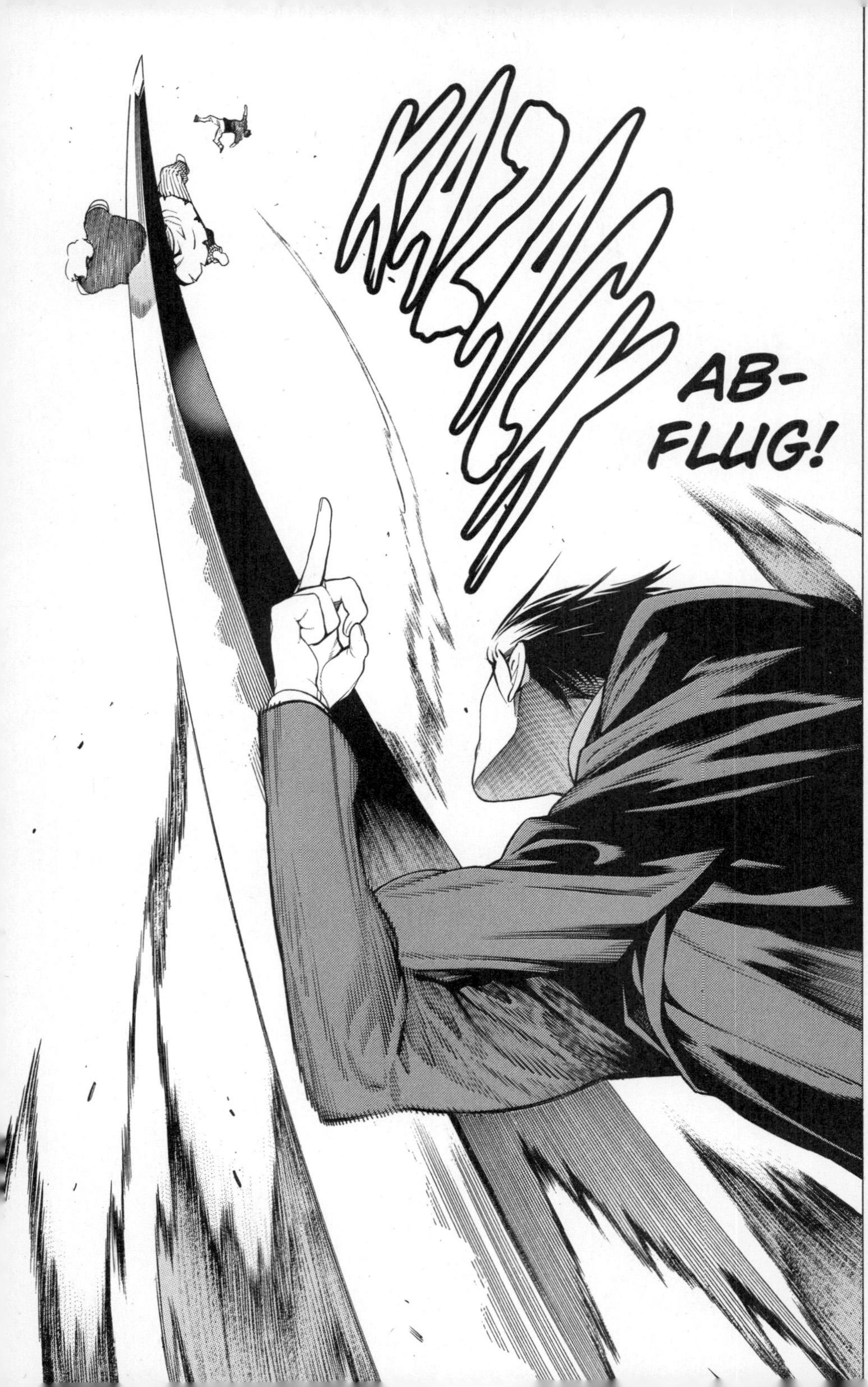
AB-
FLUG!

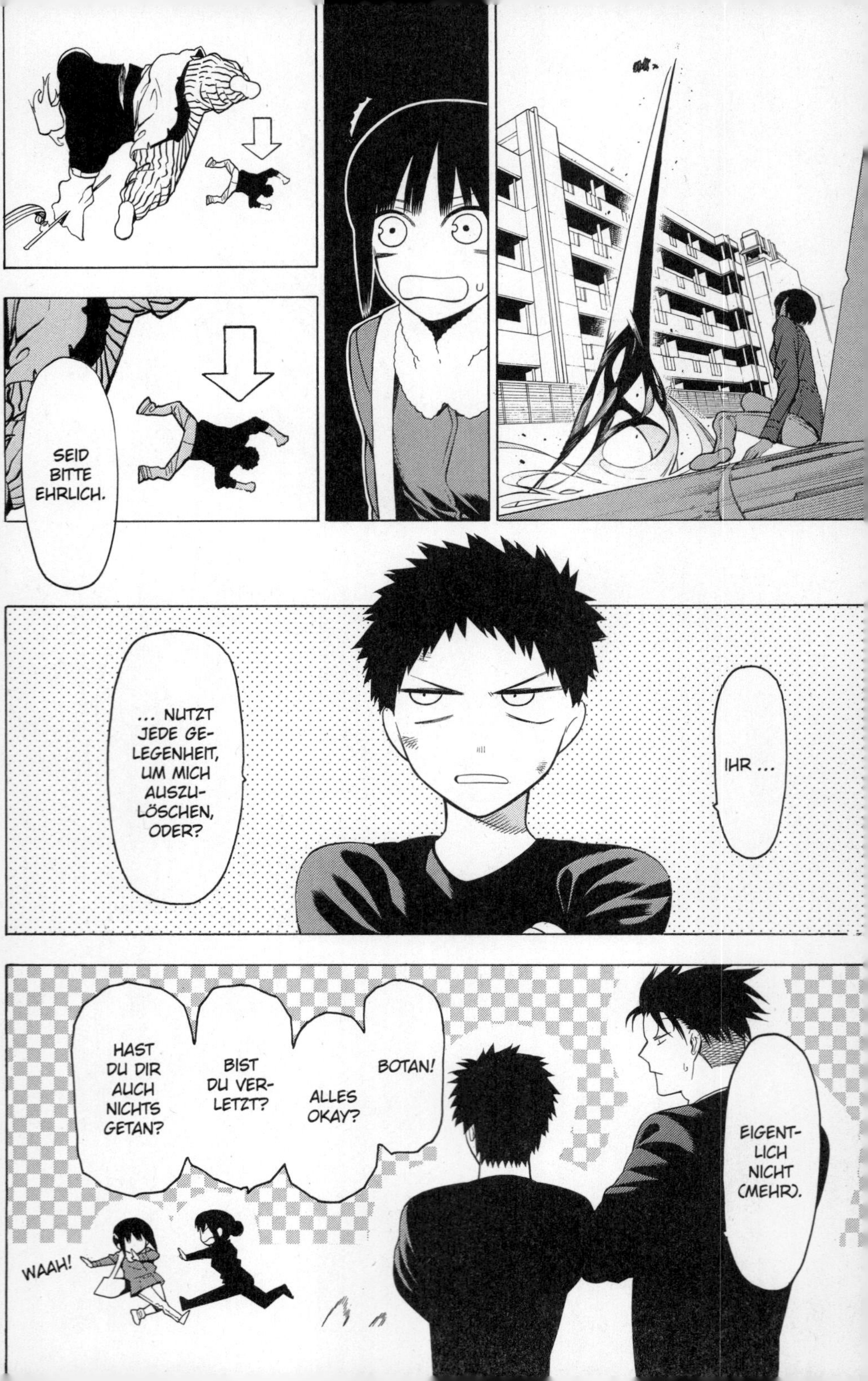
SEID BITTE EHRLICH.
IHR …
… NUTZT JEDE GE- LEGENHEIT, UM MICH AUSZU- LÖSCHEN, ODER?
EIGENT- LICH NICHT (MEHR).
BOTAN!
ALLES OKAY?
BIST DU VER- LETZT?
HAST DU DIR AUCH NICHTS GETAN?
WAAH!

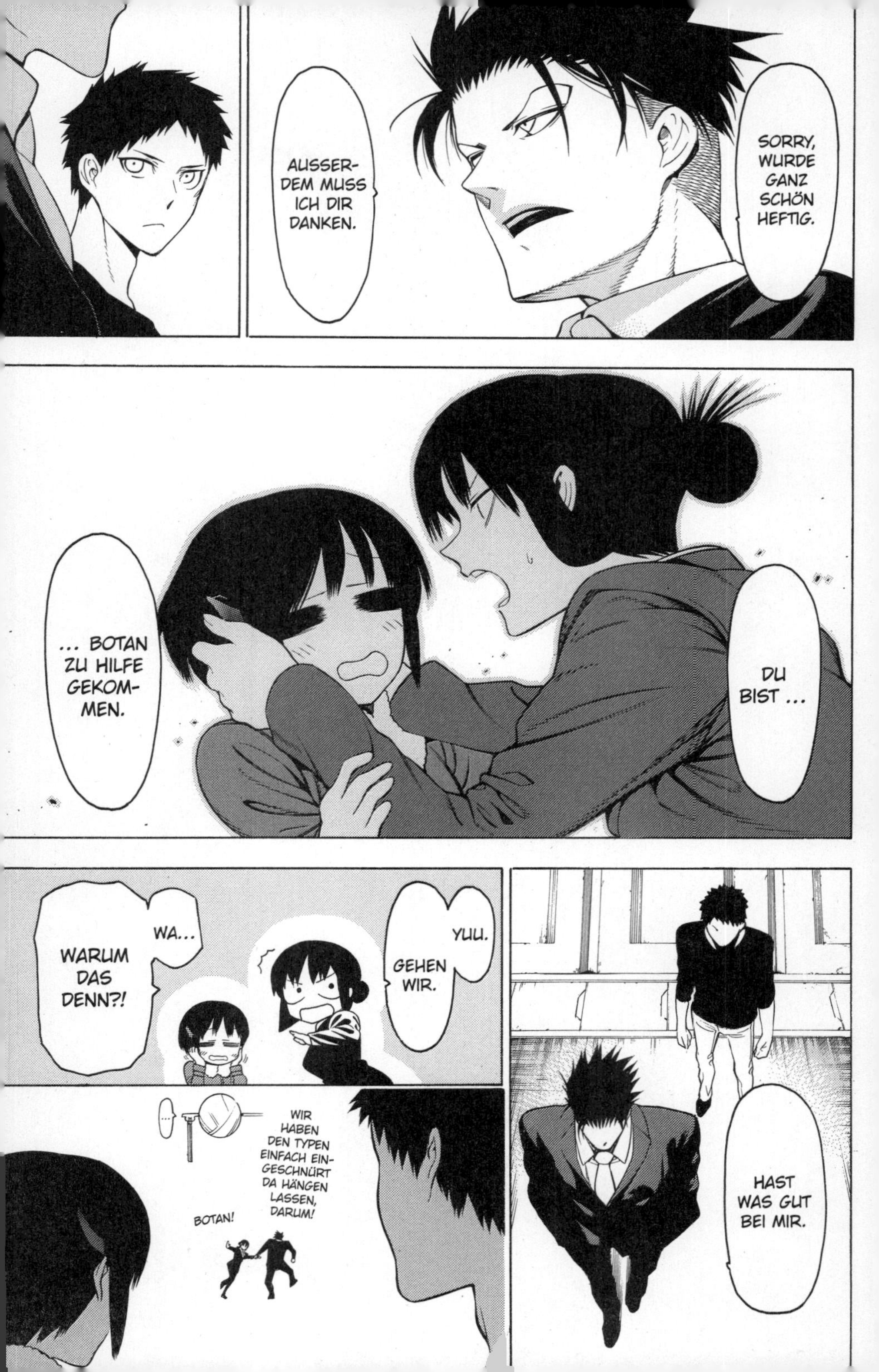
SORRY, WURDE GANZ SCHÖN HEFTIG.
AUSSER-DEM MUSS ICH DIR DANKEN.
DU BIST …
… BOTAN ZU HILFE GEKOM-MEN.
HAST WAS GUT BEI MIR.
YUU.
GEHEN WIR.
WA…
WARUM DAS DENN?!
WIR HABEN DEN TYPEN EINFACH EIN-GESCHNÜRT DA HÄNGEN LASSEN, DARUM!
BOTAN!
…

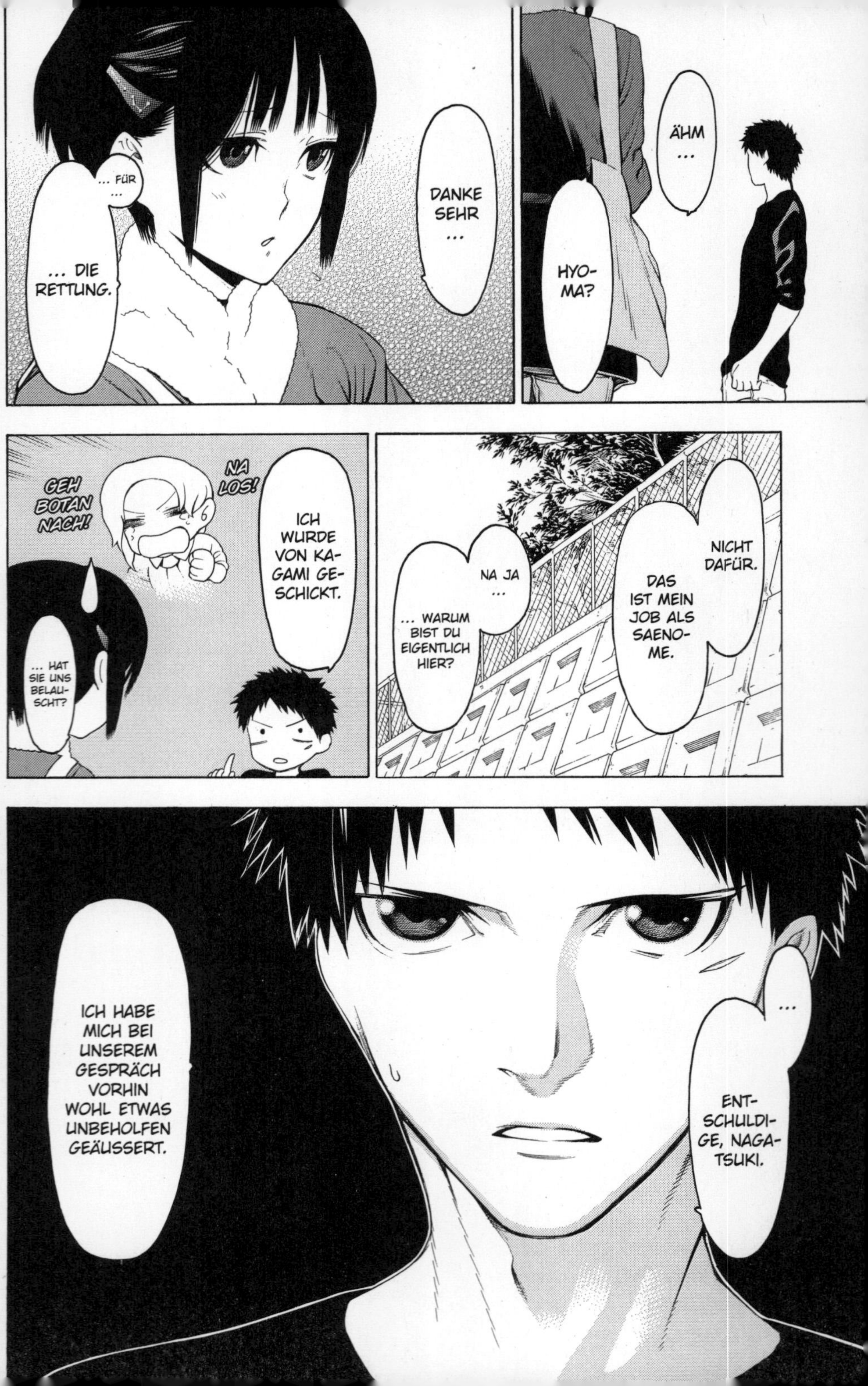
ÄHM …
HYO-MA?
DANKE SEHR …
… FÜR …
… DIE RETTUNG.
NICHT DAFÜR.
DAS IST MEIN JOB ALS SAENO-ME.
NA JA …
… WARUM BIST DU EIGENTLICH HIER?
ICH WURDE VON KA-GAMI GE-SCHICKT.
NA LOS!
GEH BOTAN NACH!
… HAT SIE UNS BELAU-SCHT?
… ENT-SCHULDI-GE, NAGA-TSUKI.
ICH HABE MICH BEI UNSEREM GESPRÄCH VORHIN WOHL ETWAS UNBEHOLFEN GEÄUSSERT.

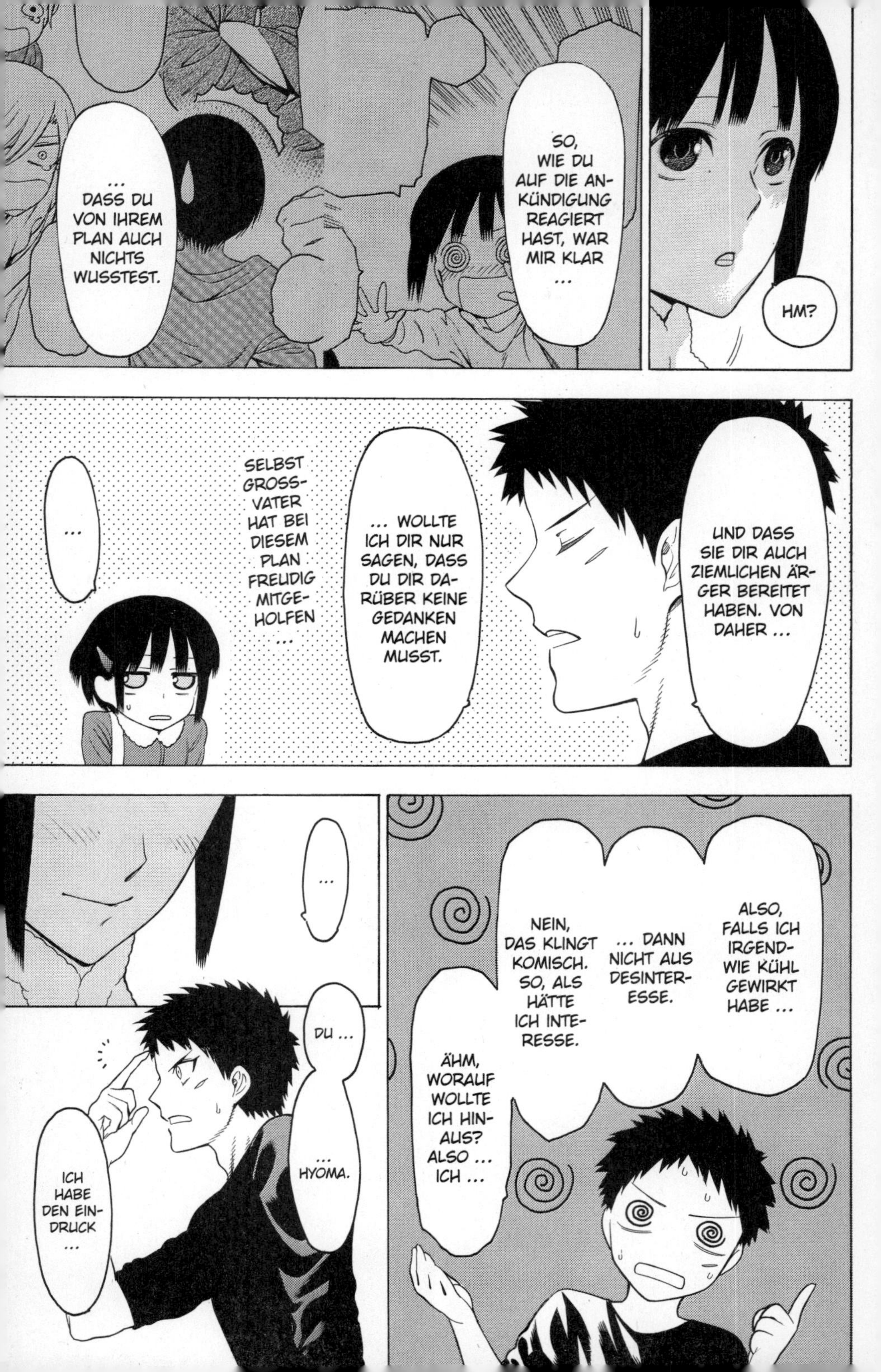
HM?
SO, WIE DU AUF DIE ANKÜNDIGUNG REAGIERT HAST, WAR MIR KLAR …
… DASS DU VON IHREM PLAN AUCH NICHTS WUSSTEST.
UND DASS SIE DIR AUCH ZIEMLICHEN ÄRGER BEREITET HABEN. VON DAHER …
… WOLLTE ICH DIR NUR SAGEN, DASS DU DIR DARÜBER KEINE GEDANKEN MACHEN MUSST.
SELBST GROSSVATER HAT BEI DIESEM PLAN FREUDIG MITGEHOLFEN …
…
ALSO, FALLS ICH IRGENDWIE KÜHL GEWIRKT HABE …
… DANN NICHT AUS DESINTERESSE.
NEIN, DAS KLINGT KOMISCH. SO, ALS HÄTTE ICH INTERESSE.
ÄHM, WORAUF WOLLTE ICH HINAUS? ALSO … ICH …
…
DU …
… HYOMA.
ICH HABE DEN EINDRUCK …

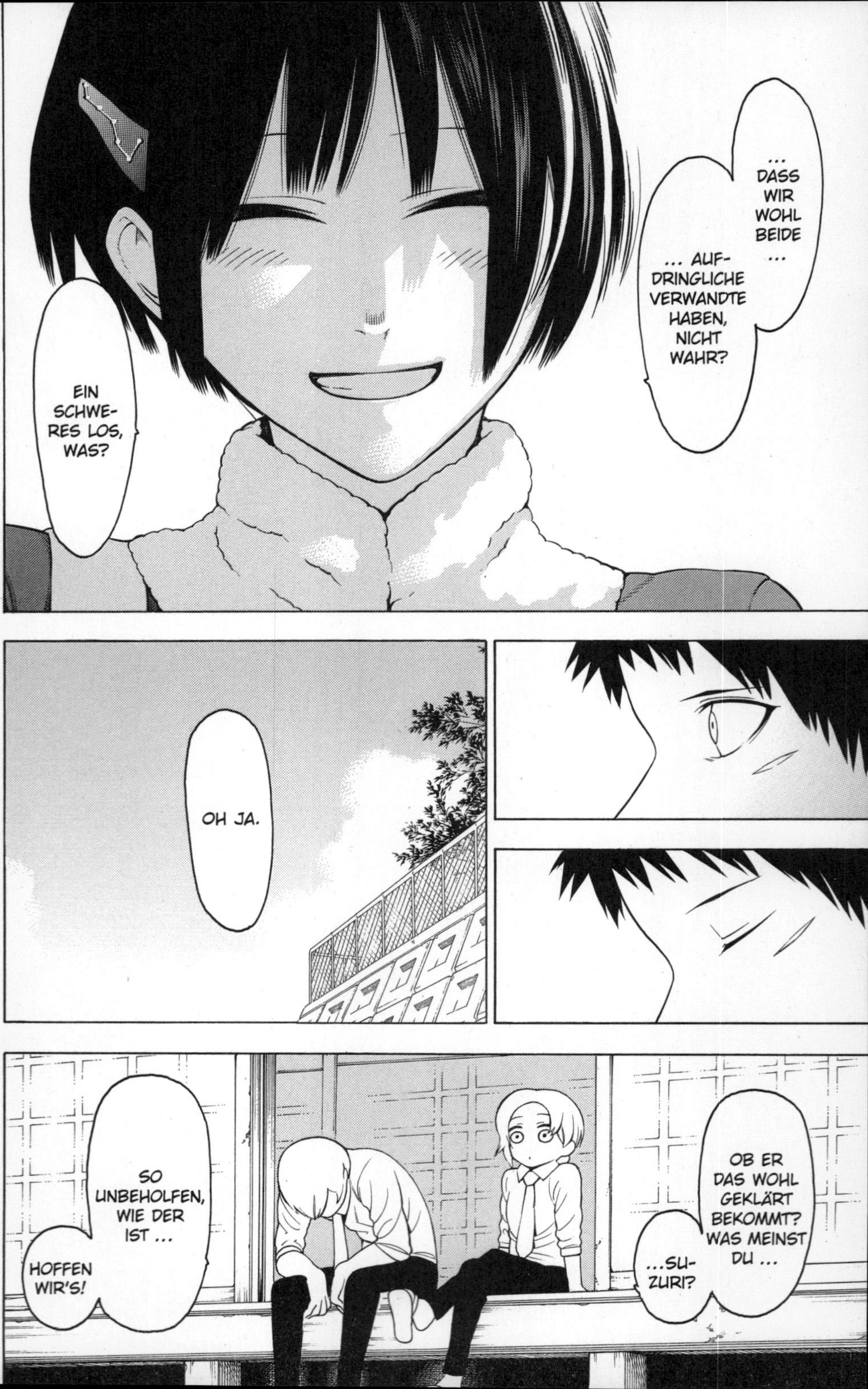
… DASS WIR WOHL BEIDE …
… AUF-DRINGLICHE VERWANDTE HABEN, NICHT WAHR?
EIN SCHWE-RES LOS, WAS?
OH JA.
OB ER DAS WOHL GEKLÄRT BEKOMMT? WAS MEINST DU …
…SU-ZURI?
SO UNBEHOLFEN, WIE DER IST …
HOFFEN WIR'S!

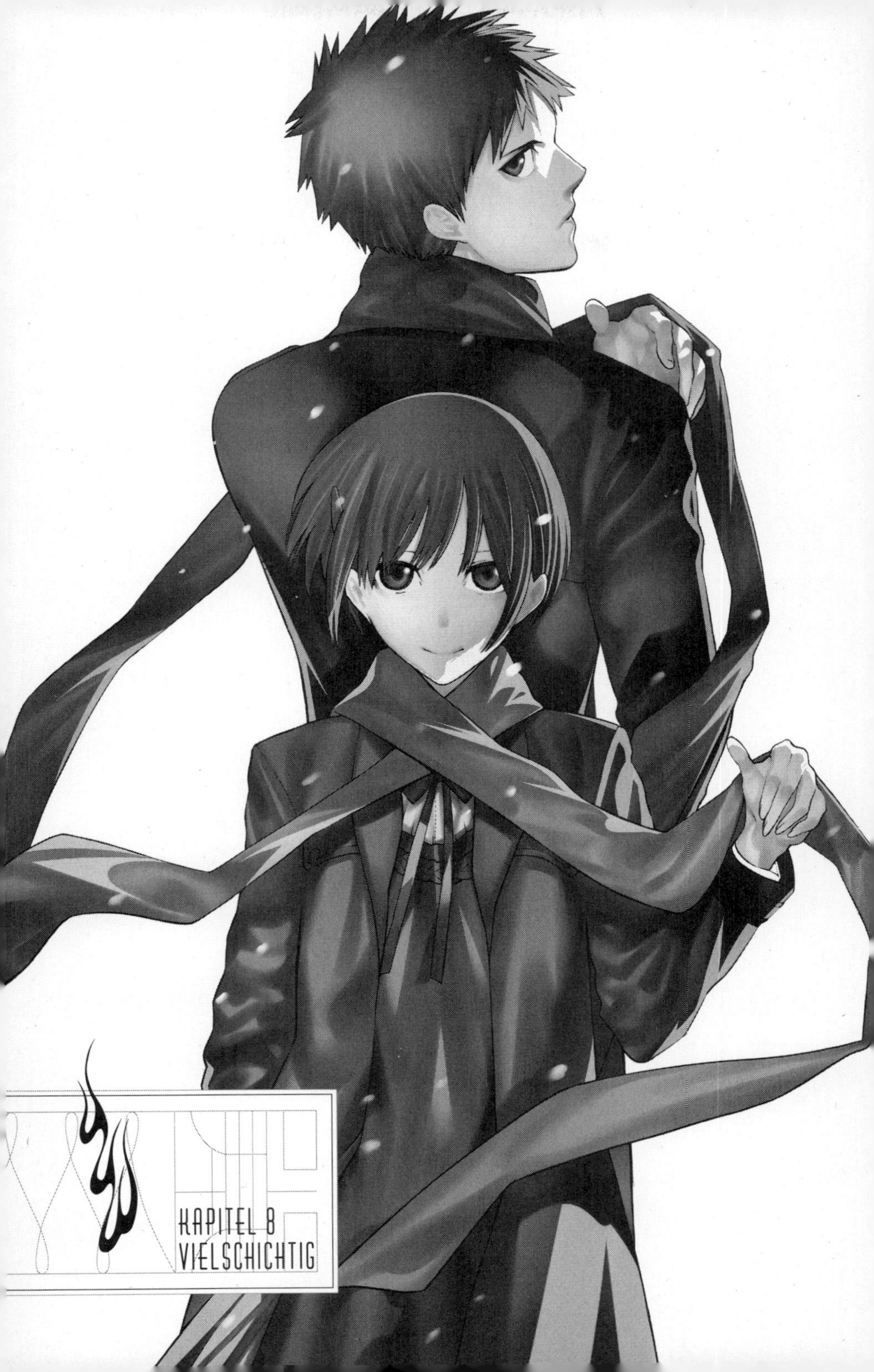

KAPITEL 8
VIELSCHICHTIG

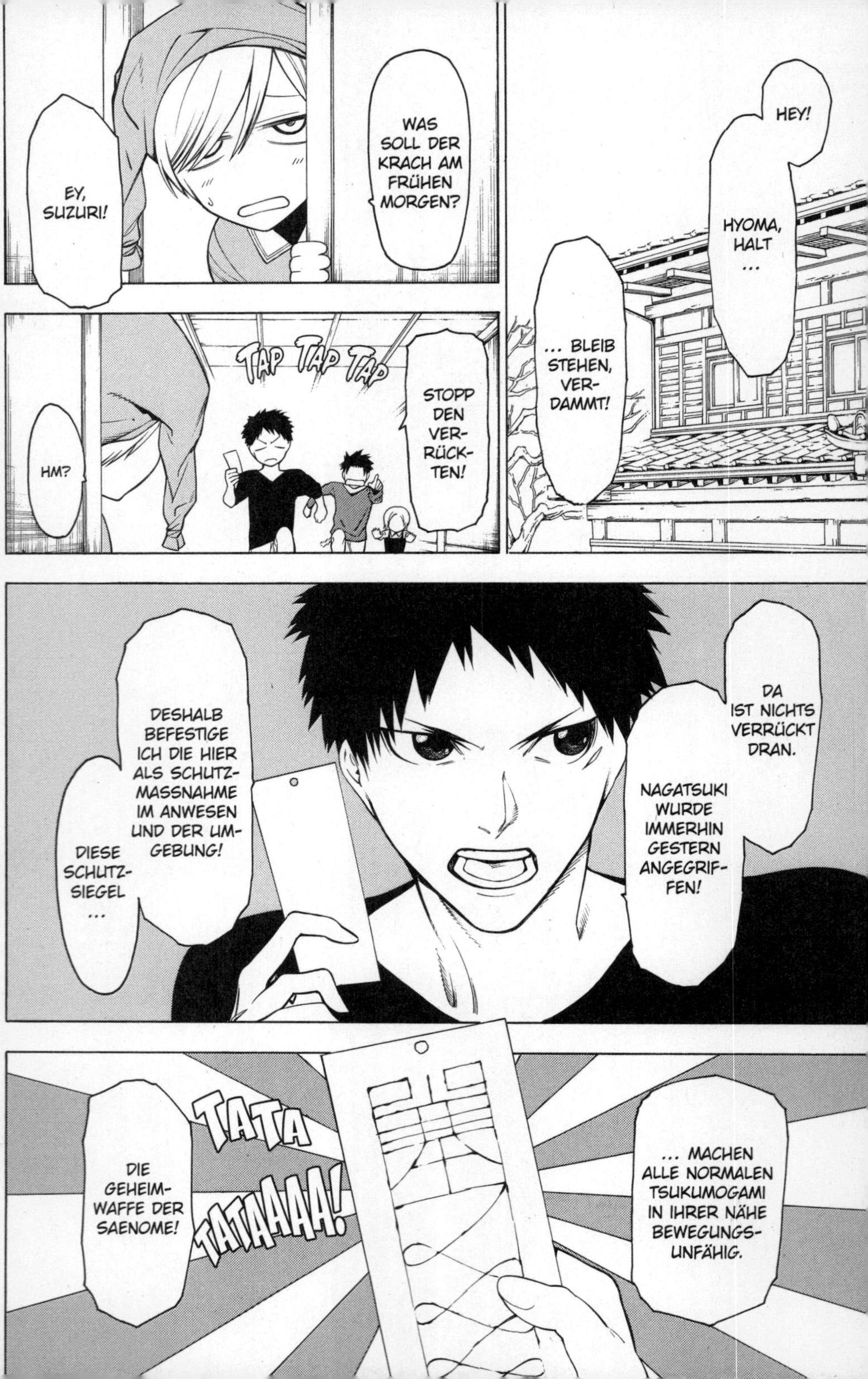
HEY!
HYOMA, HALT …
… BLEIB STEHEN, VERDAMMT!
WAS SOLL DER KRACH AM FRÜHEN MORGEN?
EY, SUZURI!
STOPP DEN VERRÜCKTEN!
TAP TAP TAP
HM?
DA IST NICHTS VERRÜCKT DRAN.
NAGATSUKI WURDE IMMERHIN GESTERN ANGEGRIFFEN!
DESHALB BEFESTIGE ICH DIE HIER ALS SCHUTZMASSNAHME IM ANWESEN UND DER UMGEBUNG!
DIESE SCHUTZSIEGEL …
… MACHEN ALLE NORMALEN TSUKUMOGAMI IN IHRER NÄHE BEWEGUNGSUNFÄHIG.
TATA TATAAAAA!
DIE GEHEIMWAFFE DER SAENOME!

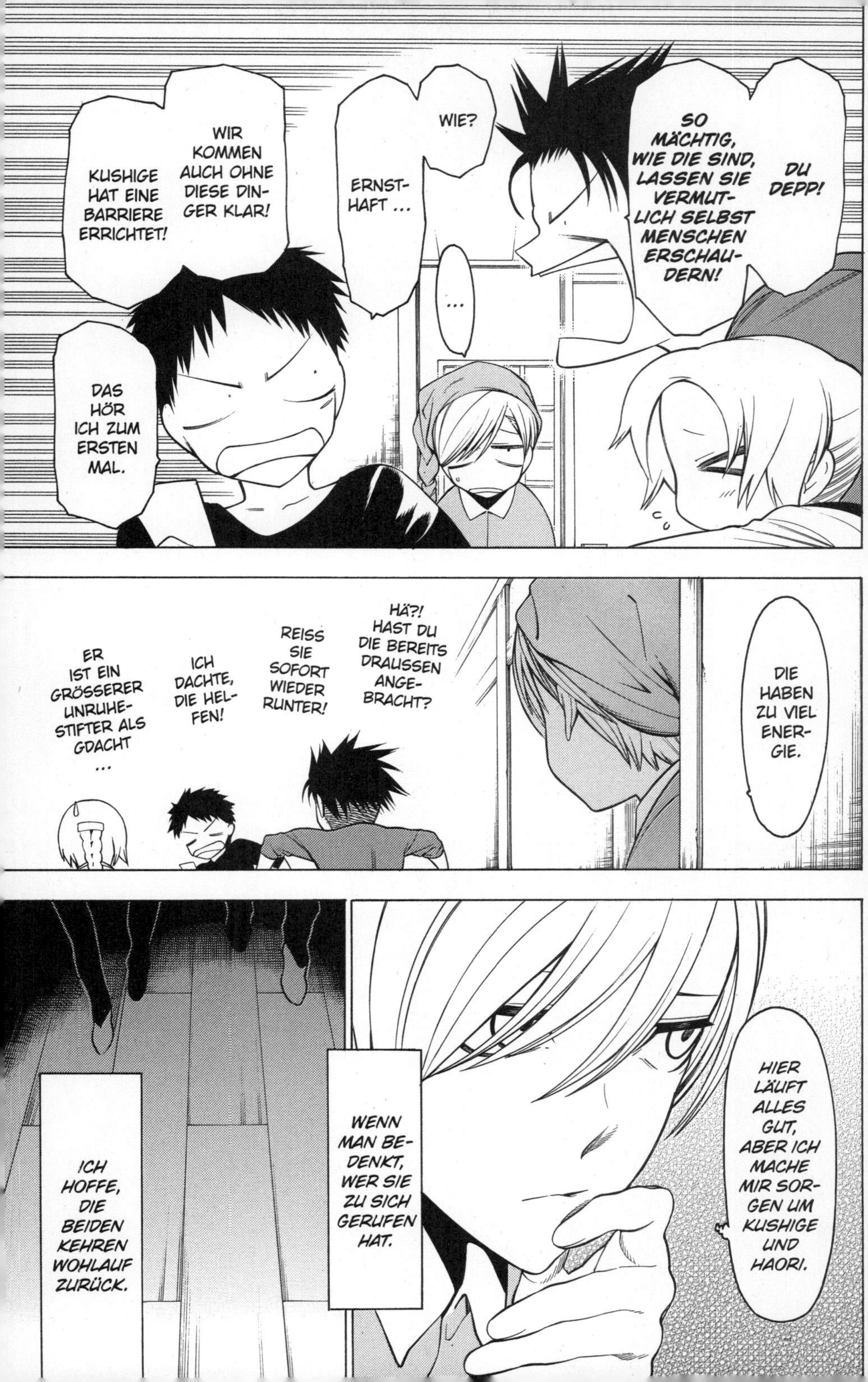
DU DEPP!
SO MÄCHTIG, WIE DIE SIND, LASSEN SIE VERMUTLICH SELBST MENSCHEN ERSCHAUDERN!
WIE?
ERNSTHAFT ...
...
WIR KOMMEN AUCH OHNE DIESE DINGER KLAR!
KUSHIGE HAT EINE BARRIERE ERRICHTET!
DAS HÖR ICH ZUM ERSTEN MAL.
DIE HABEN ZU VIEL ENERGIE.
HÄ?! HAST DU DIE BEREITS DRAUSSEN ANGEBRACHT?
REISS SIE SOFORT WIEDER RUNTER!
ICH DACHTE, DIE HELFEN!
ER IST EIN GRÖSSERER UNRUHESTIFTER ALS GDACHT ...
HIER LÄUFT ALLES GUT, ABER ICH MACHE MIR SORGEN UM KUSHIGE UND HAORI.
WENN MAN BEDENKT, WER SIE ZU SICH GERUFEN HAT.
ICH HOFFE, DIE BEIDEN KEHREN WOHLAUF ZURÜCK.

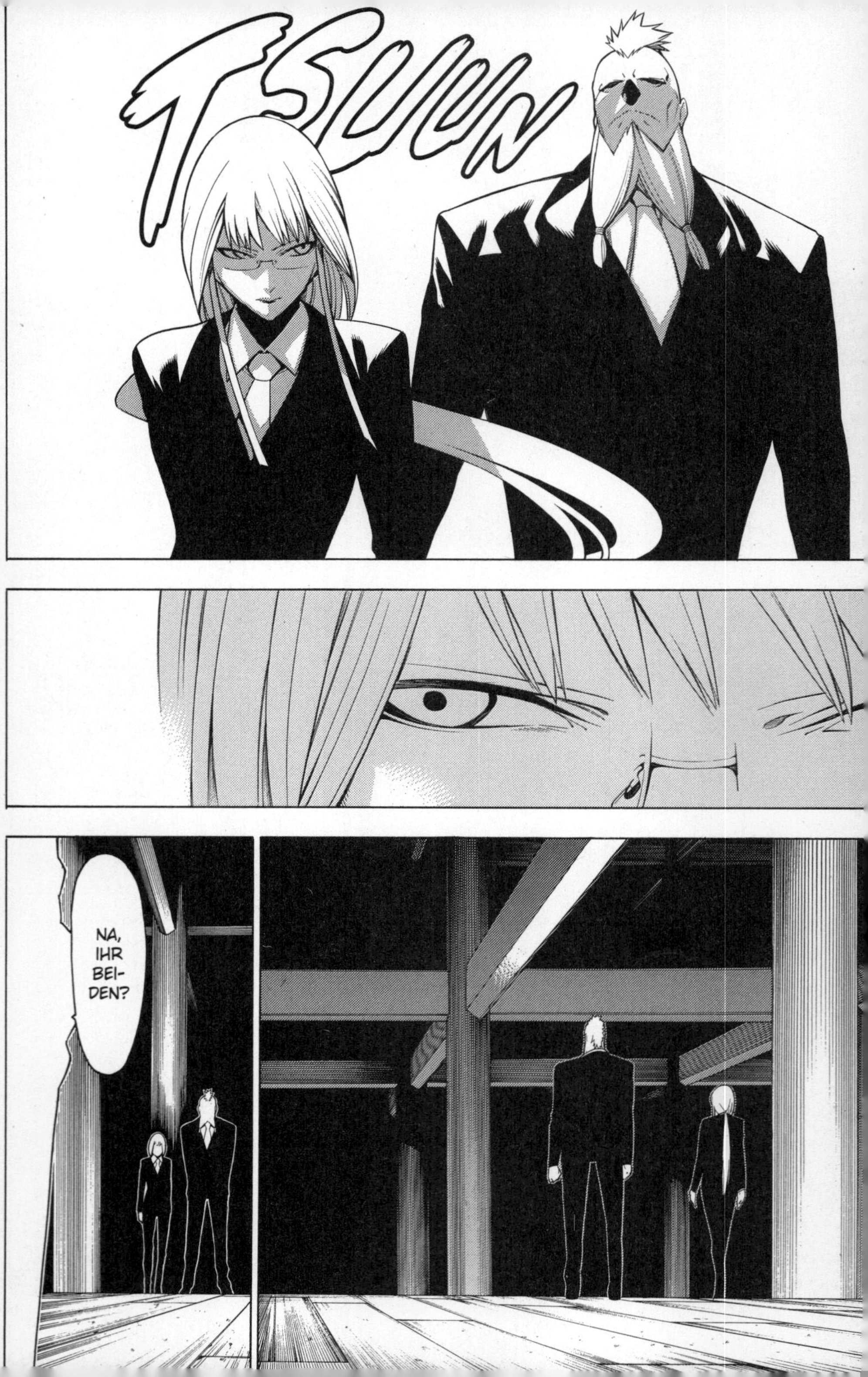
TSUUN
NA, IHR BEI-DEN?

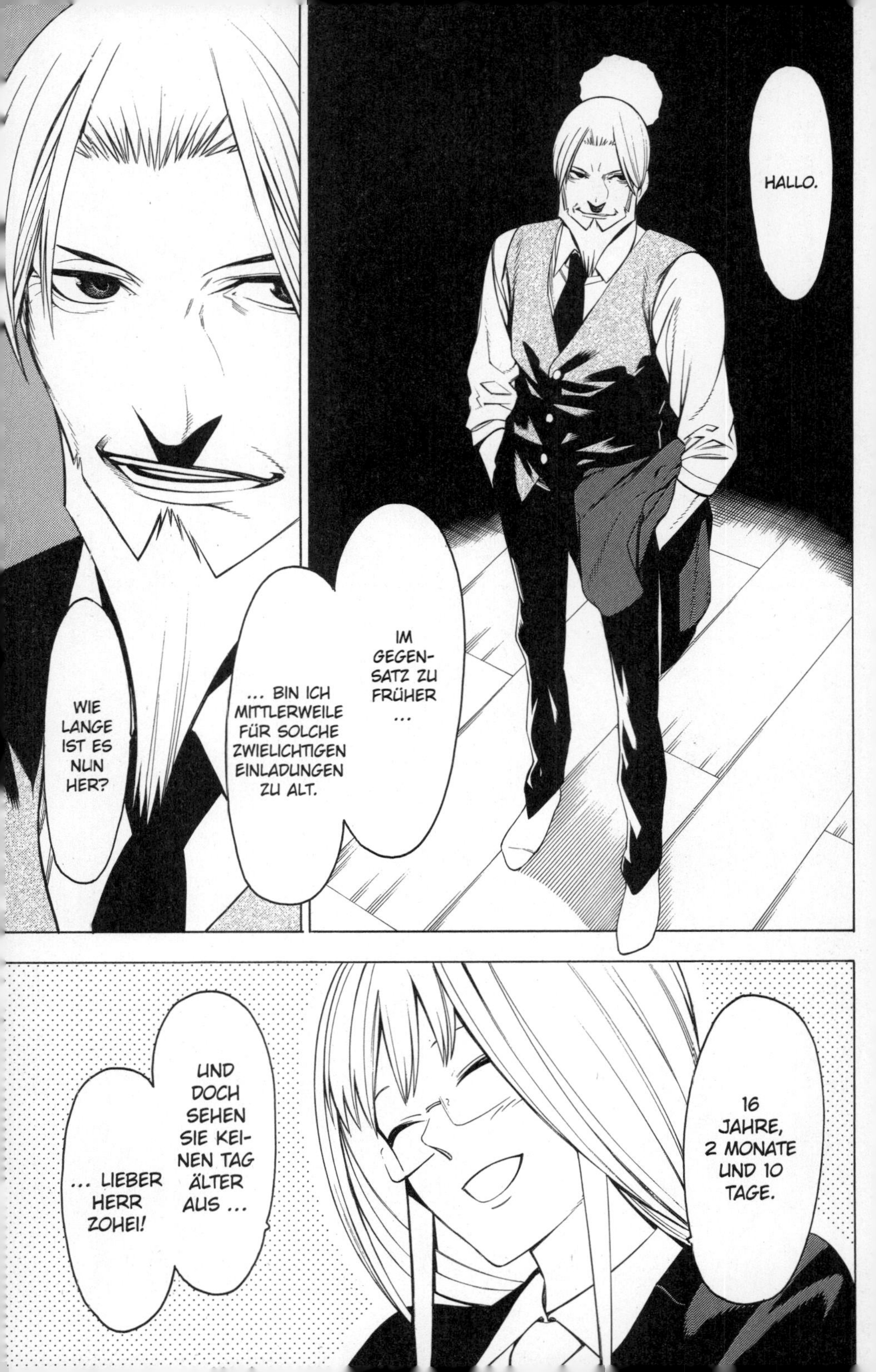
HALLO.
IM GEGENSATZ ZU FRÜHER ...
... BIN ICH MITTLERWEILE FÜR SOLCHE ZWIELICHTIGEN EINLADUNGEN ZU ALT.
WIE LANGE IST ES NUN HER?
16 JAHRE, 2 MONATE UND 10 TAGE.
UND DOCH SEHEN SIE KEINEN TAG ÄLTER AUS ...
... LIEBER HERR ZOHEI!

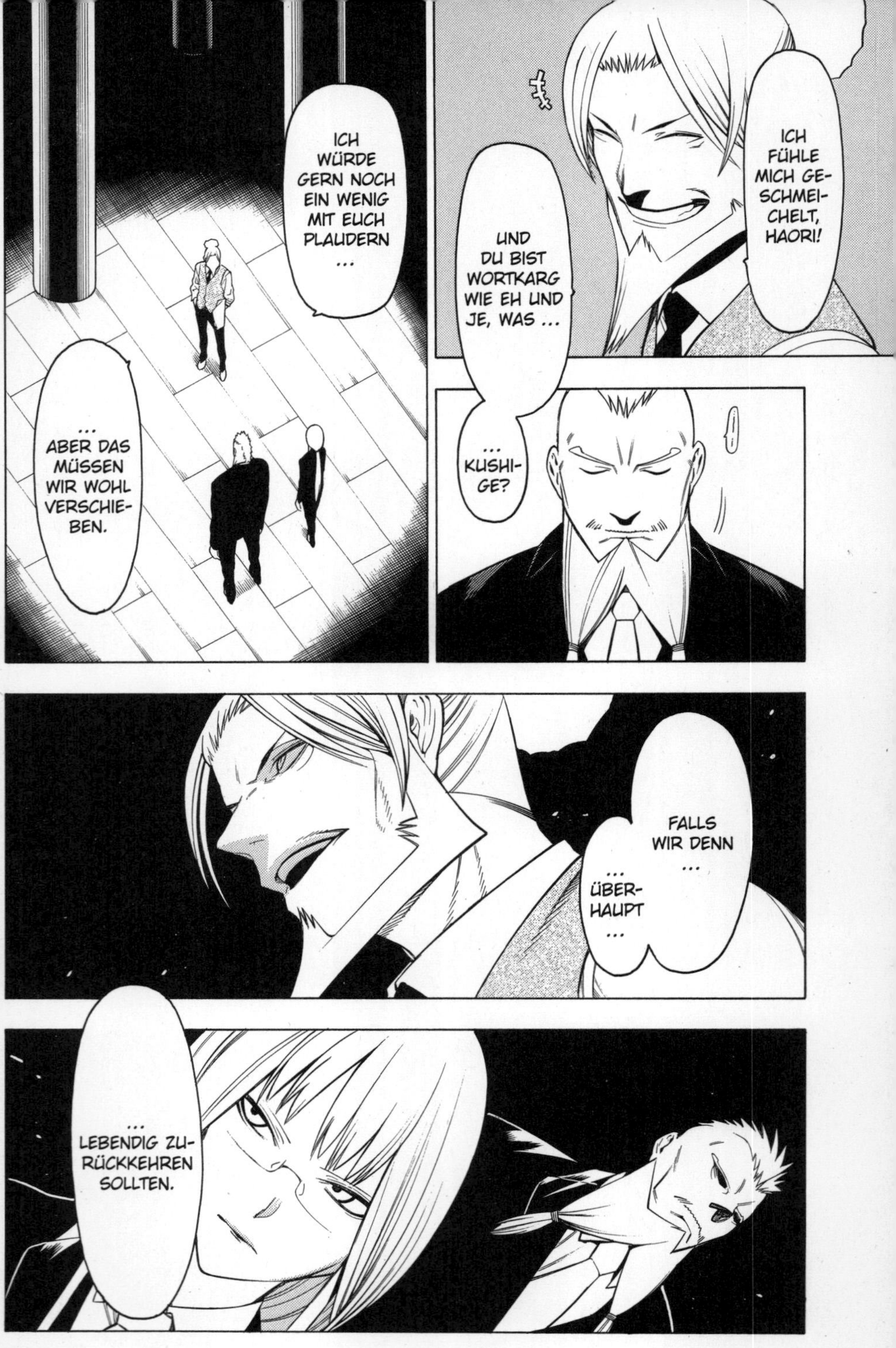
ICH FÜHLE MICH GESCHMEICHELT, HAORI!
UND DU BIST WORTKARG WIE EH UND JE, WAS ...
ICH WÜRDE GERN NOCH EIN WENIG MIT EUCH PLAUDERN ...
... KUSHIGE?
... ABER DAS MÜSSEN WIR WOHL VERSCHIEBEN.
FALLS WIR DENN ...
... ÜBERHAUPT ...
... LEBENDIG ZURÜCKKEHREN SOLLTEN.

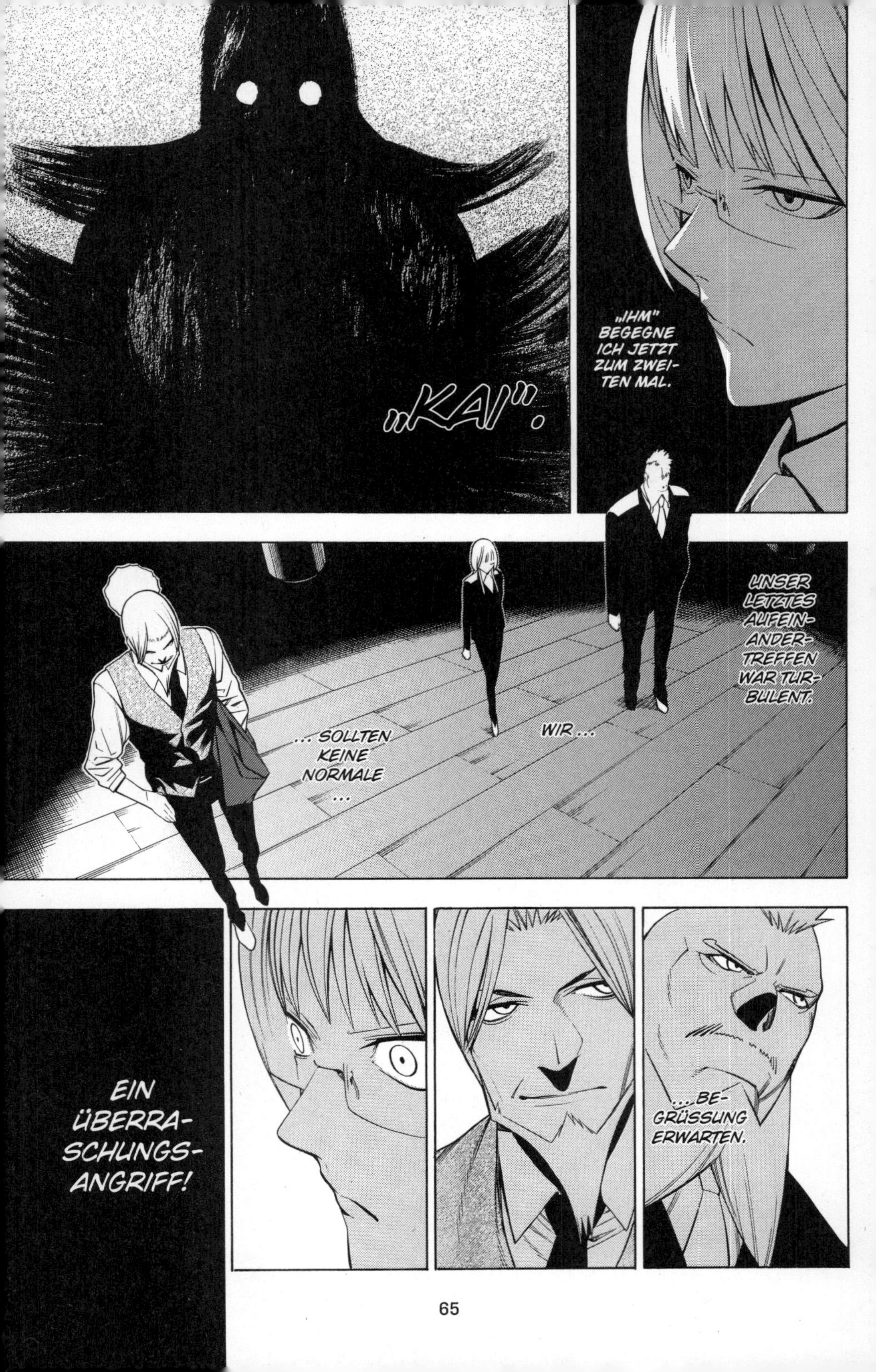
„IHM" BEGEGNE ICH JETZT ZUM ZWEITEN MAL.
„KAI".
UNSER LETZTES AUFEINANDERTREFFEN WAR TURBULENT.
WIR ...
... SOLLTEN KEINE NORMALE ...
... BEGRÜSSUNG ERWARTEN.
EIN ÜBERRASCHUNGSANGRIFF!

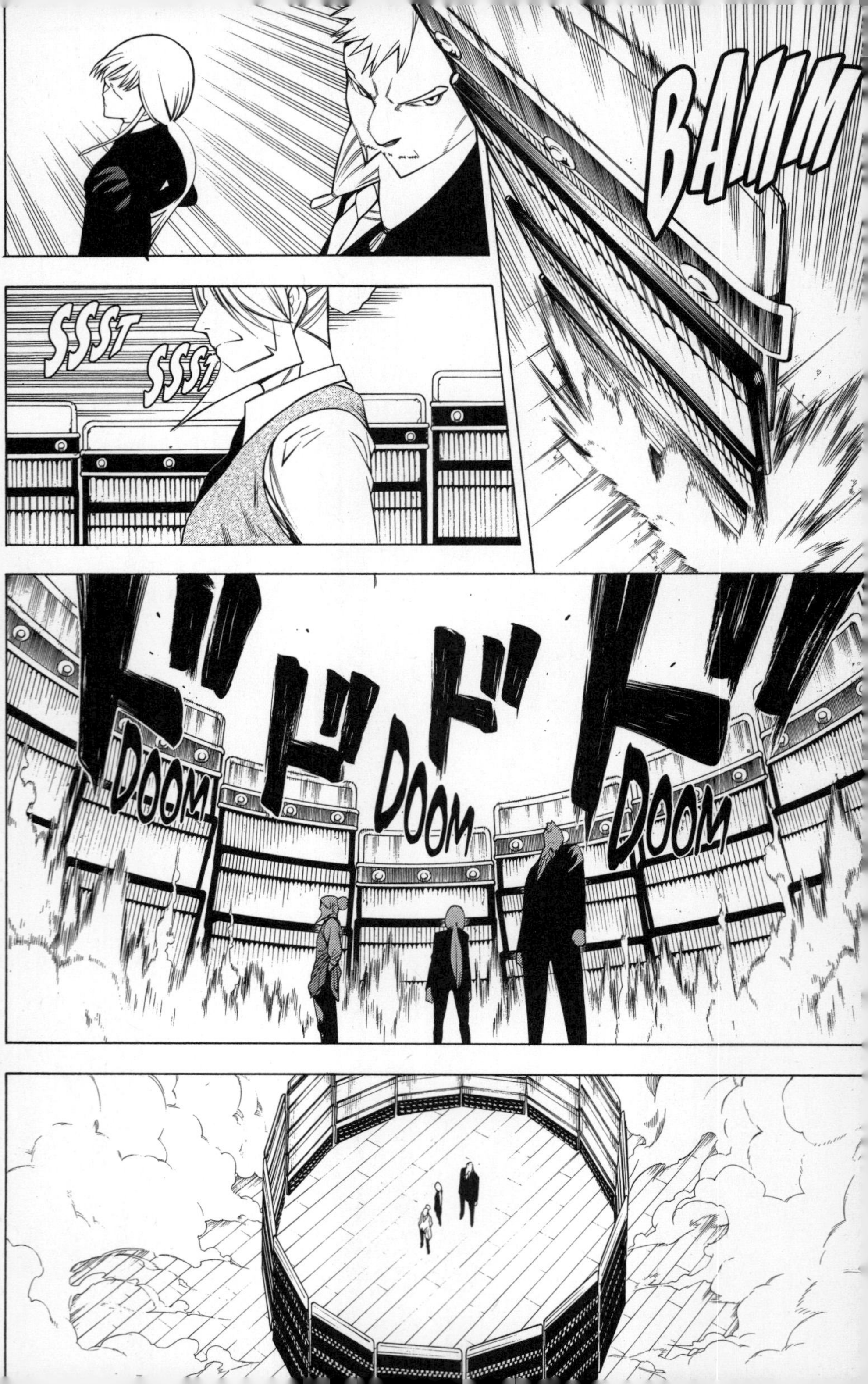
BAMM
SSST
SSST
DOOM
DOOM
DOOM

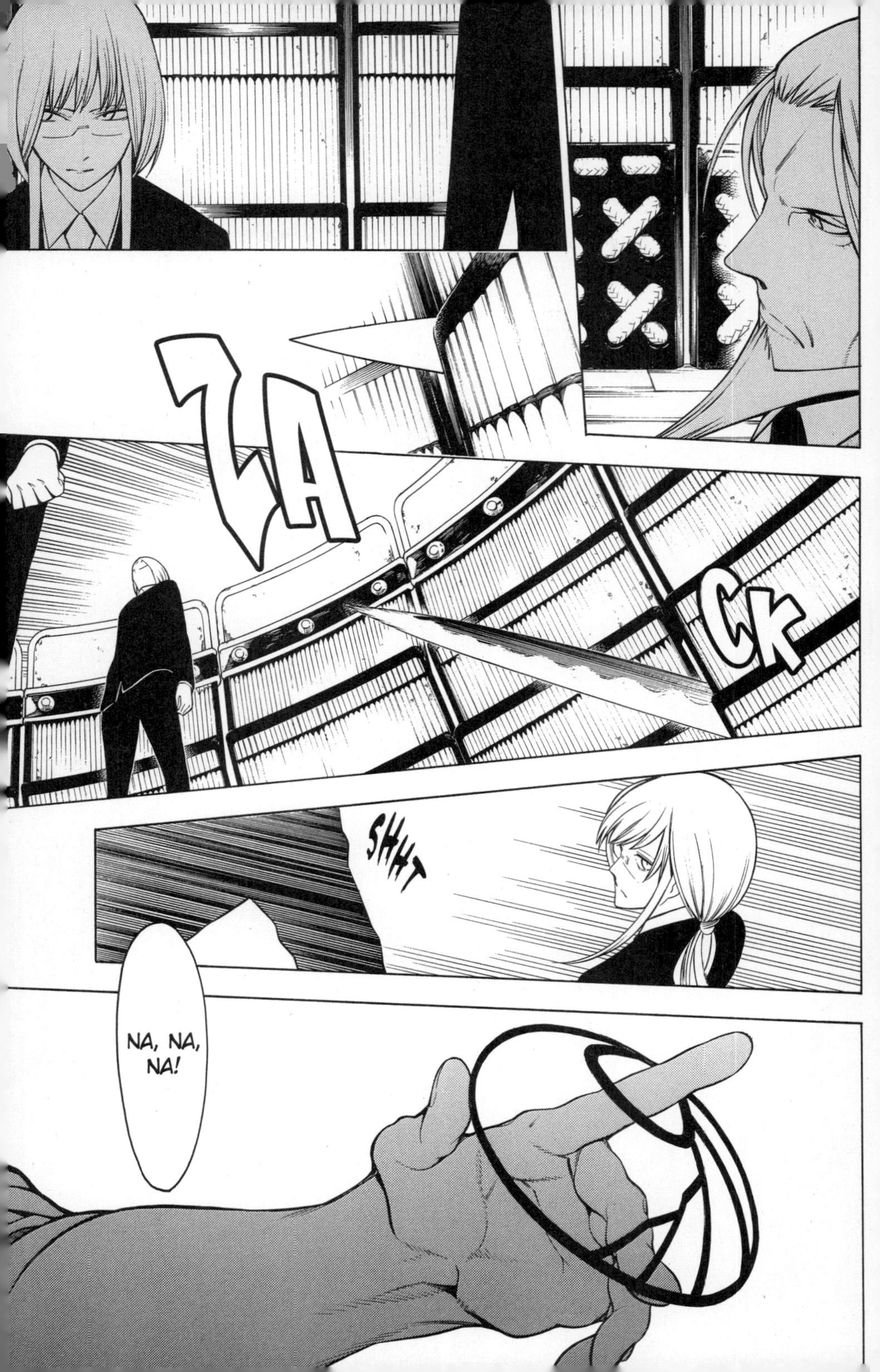
ZA
CK
SHHT
NA, NA, NA!

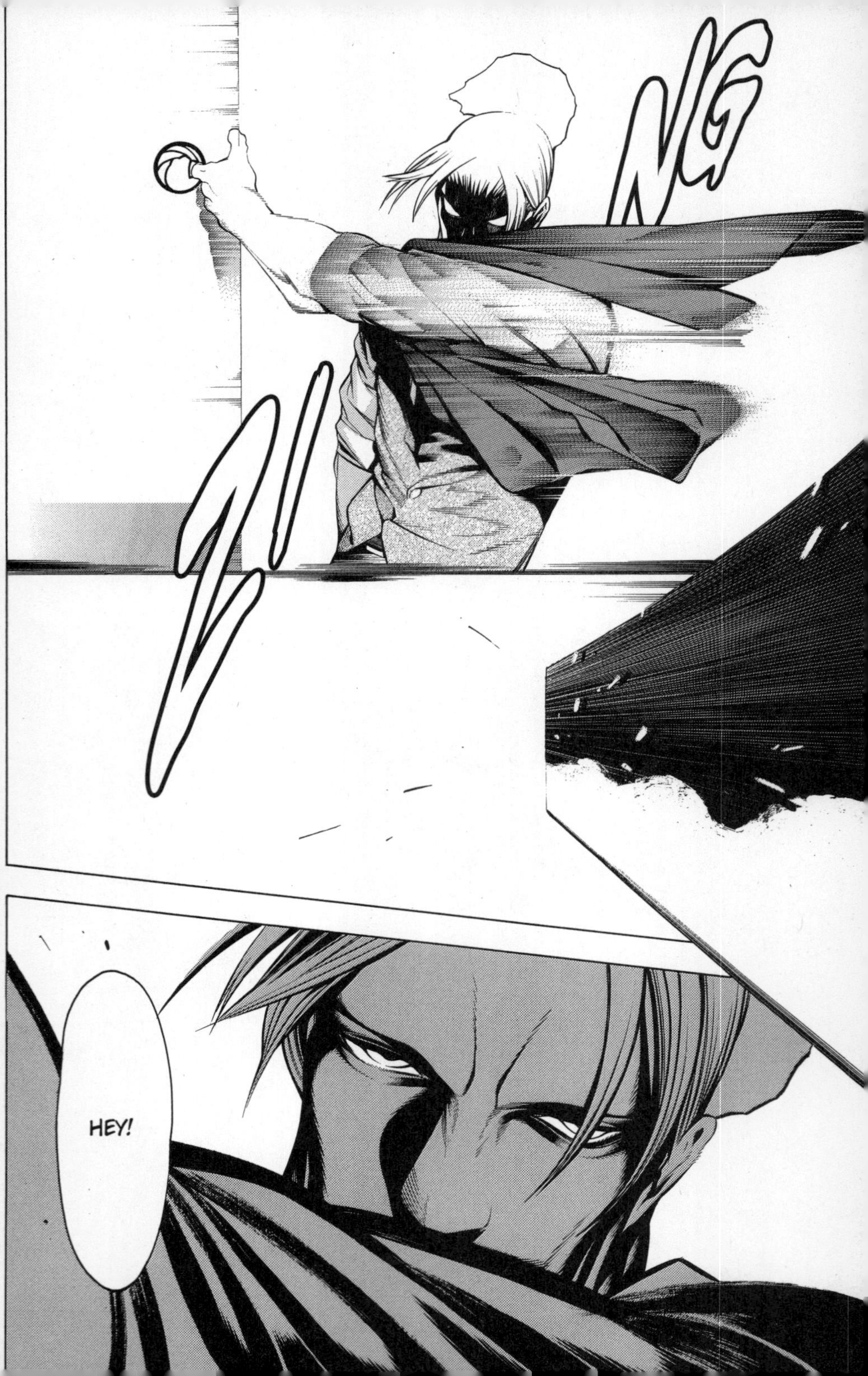
NG
ZU
HEY!

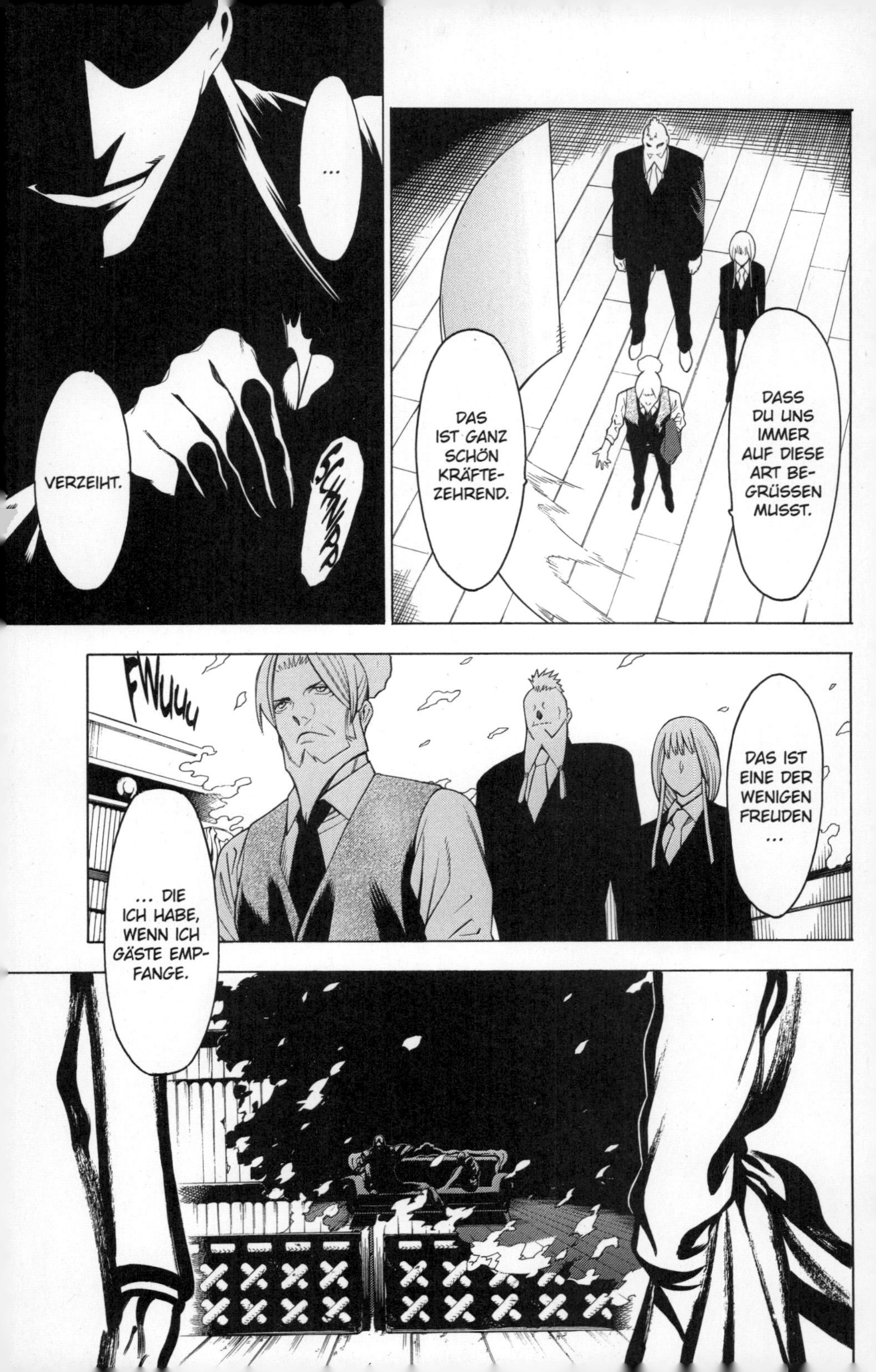
DASS DU UNS IMMER AUF DIESE ART BE-GRÜSSEN MUSST.
DAS IST GANZ SCHÖN KRÄFTE-ZEHREND.
...
SCHNIRR
VERZEIHT.
DAS IST EINE DER WENIGEN FREUDEN ...
FWuuu
... DIE ICH HABE, WENN ICH GÄSTE EMP-FANGE.

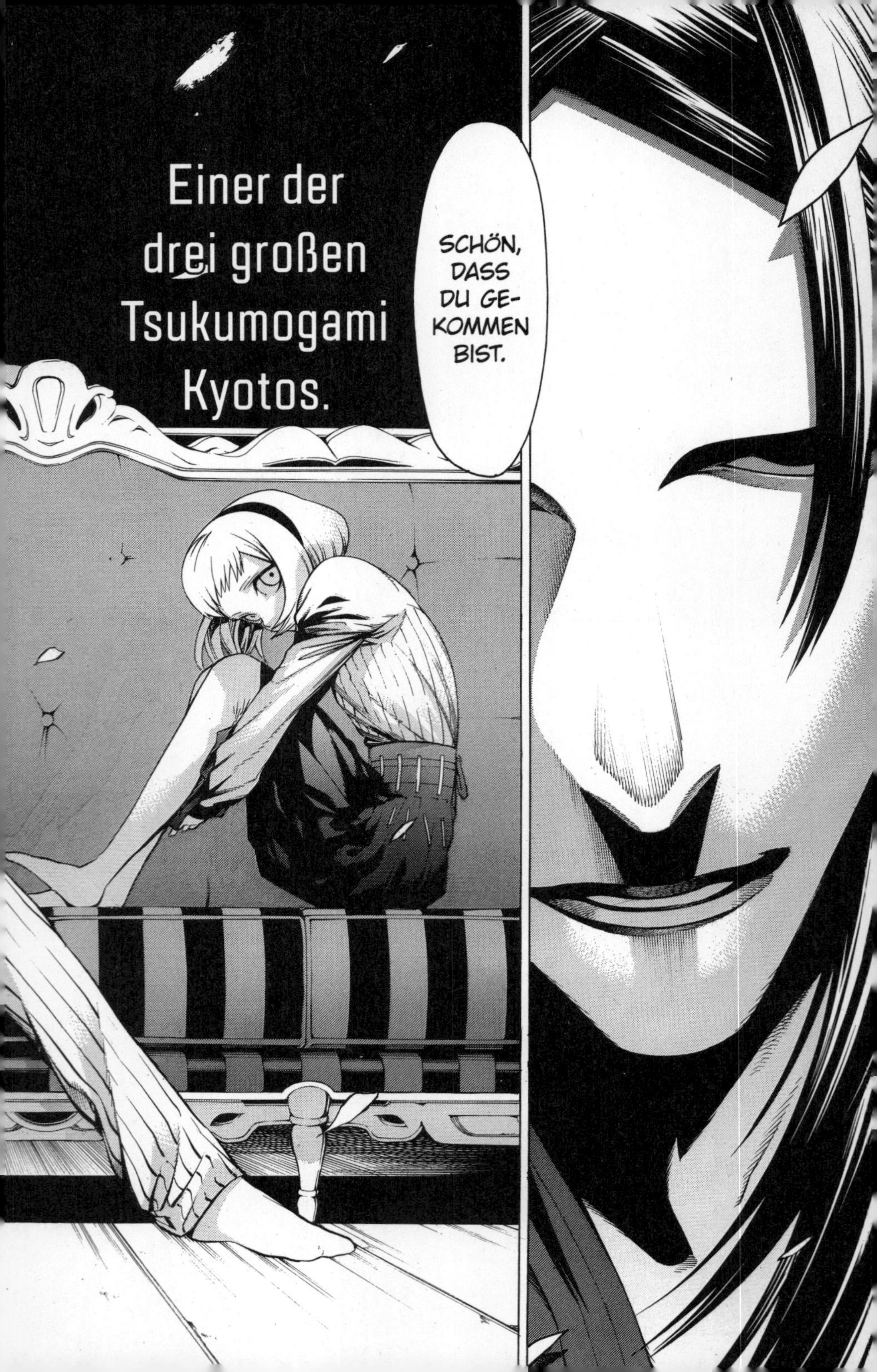
SCHÖN, DASS DU GE- KOMMEN BIST.
Einer der drei großen Tsukumogami Kyotos.

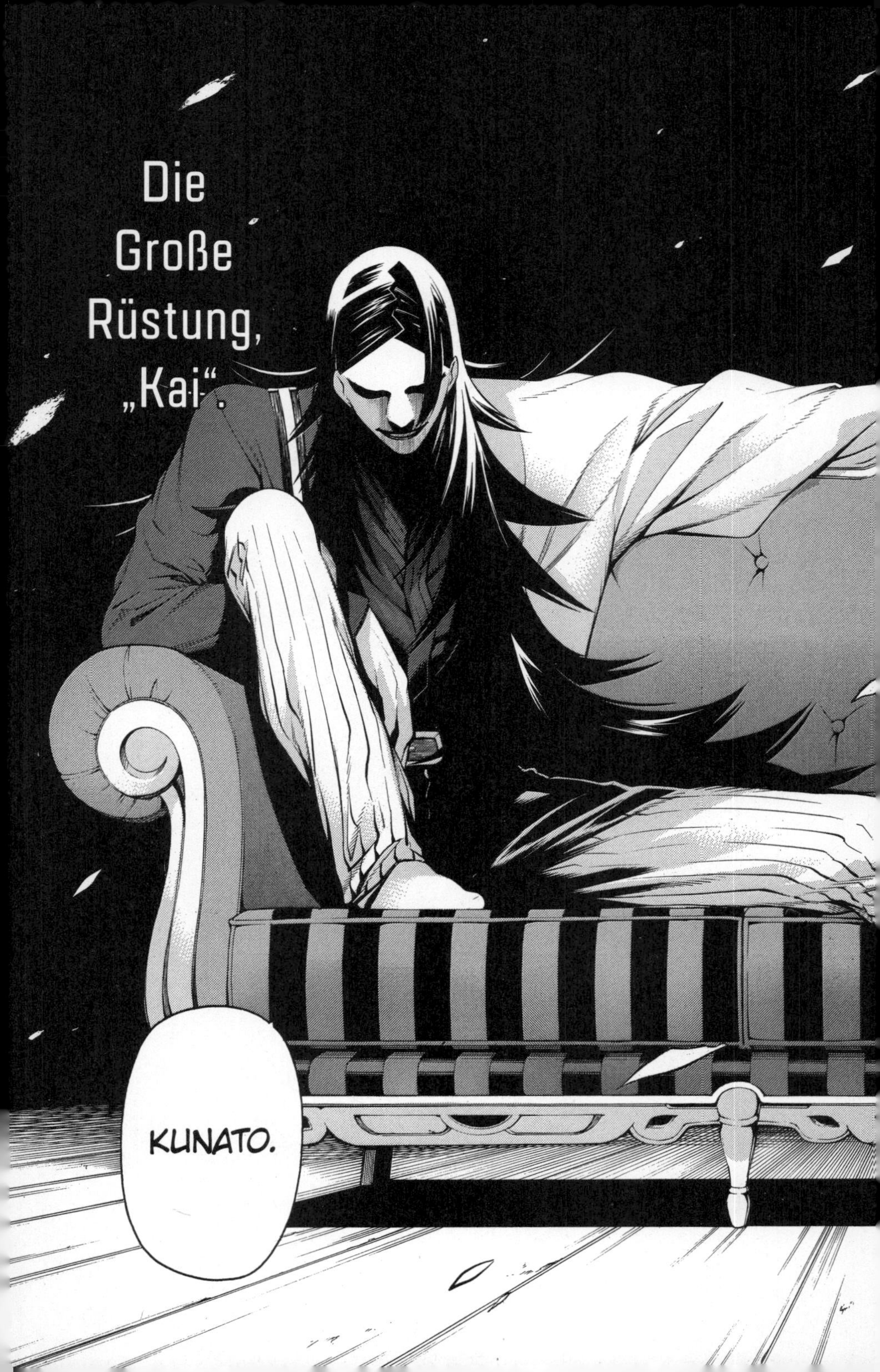
Die Große Rüstung, „Kai“.
KUNATO.

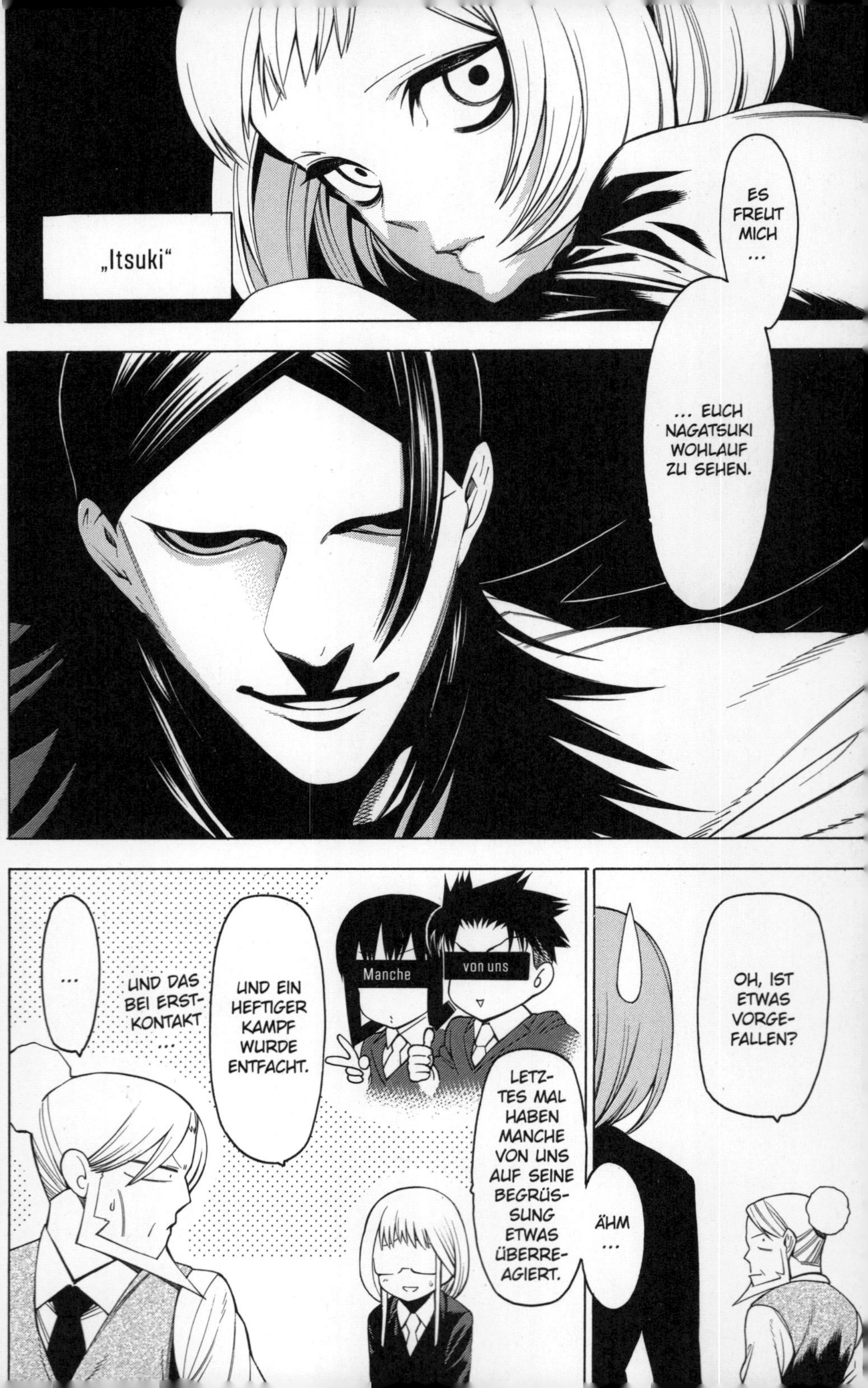

ES FREUT MICH …
„Itsuki“
… EUCH NAGATSUKI WOHLAUF ZU SEHEN.
OH, IST ETWAS VORGE-FALLEN?
ÄHM …
LETZ-TES MAL HABEN MANCHE VON UNS AUF SEINE BEGRÜS-SUNG ETWAS ÜBERRE-AGIERT.
Manche
von uns
UND EIN HEFTIGER KAMPF WURDE ENTFACHT.
UND DAS BEI ERST-KONTAKT …
…

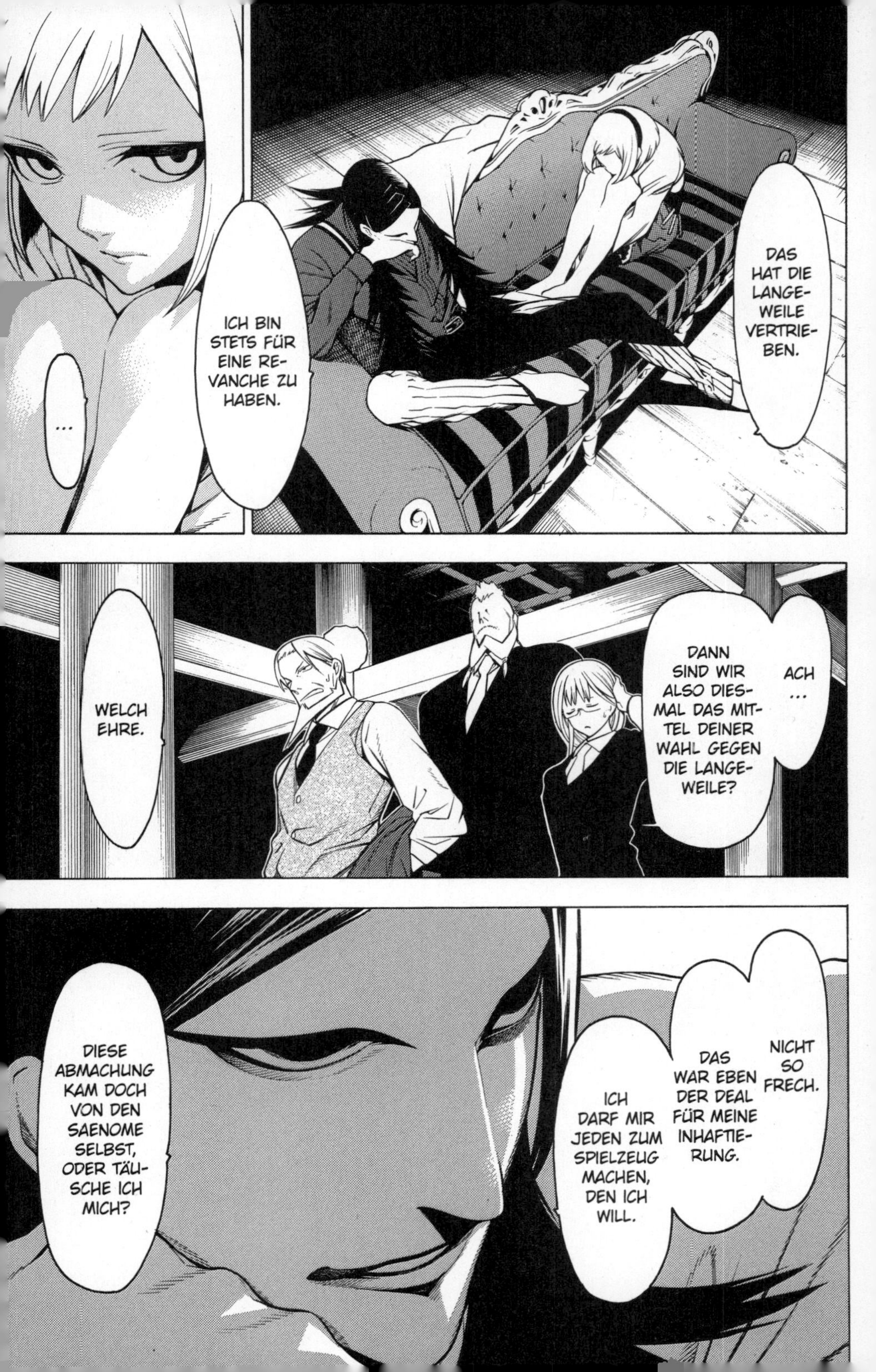
DAS HAT DIE LANGEWEILE VERTRIEBEN.
ICH BIN STETS FÜR EINE REVANCHE ZU HABEN.
…
ACH …
DANN SIND WIR ALSO DIESMAL DAS MITTEL DEINER WAHL GEGEN DIE LANGEWEILE?
WELCH EHRE.
NICHT SO FRECH.
DAS WAR EBEN DER DEAL FÜR MEINE INHAFTIERUNG.
ICH DARF MIR JEDEN ZUM SPIELZEUG MACHEN, DEN ICH WILL.
DIESE ABMACHUNG KAM DOCH VON DEN SAENOME SELBST, ODER TÄUSCHE ICH MICH?

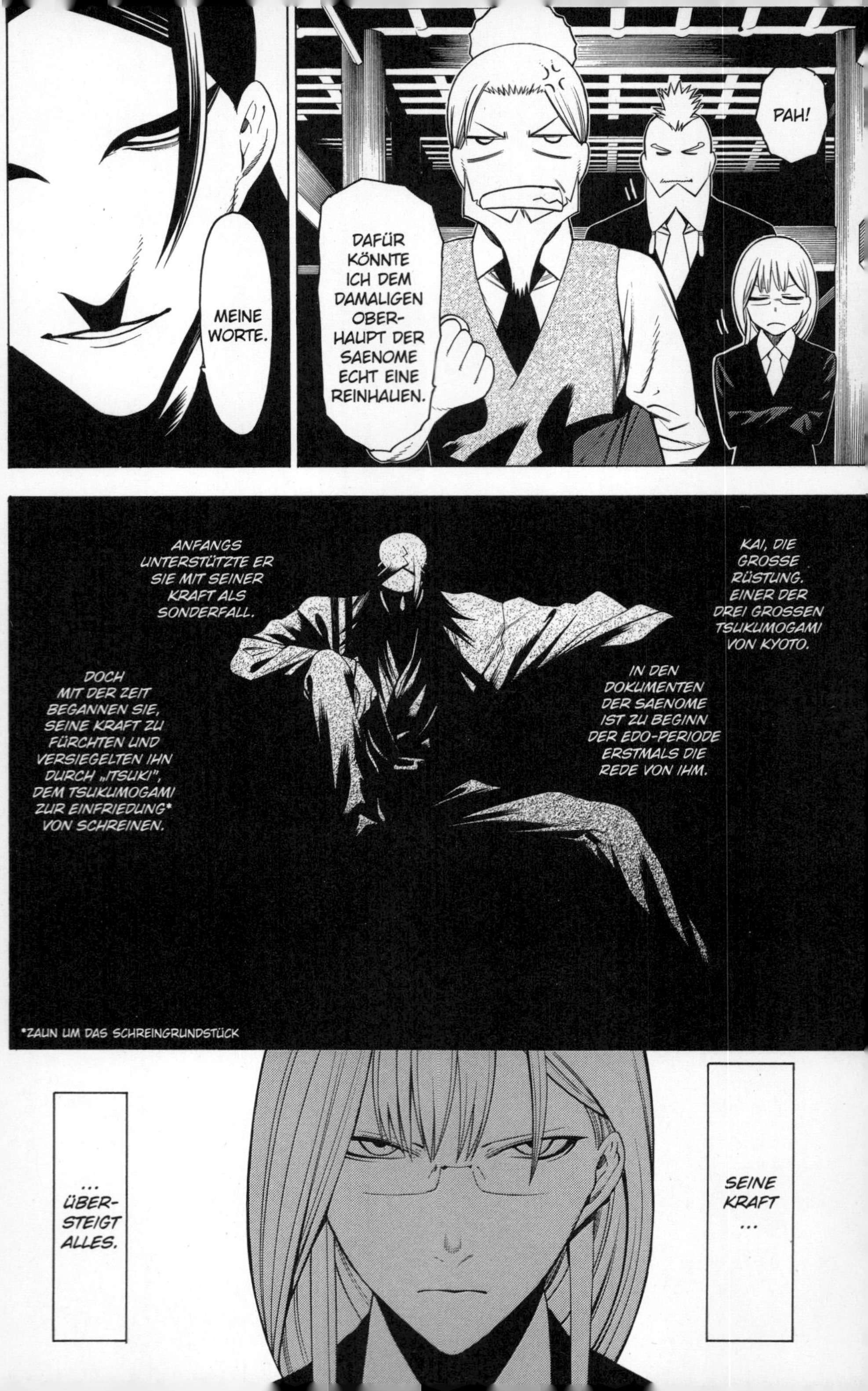

PAH!
DAFÜR KÖNNTE ICH DEM DAMALIGEN OBER-HAUPT DER SAENOME ECHT EINE REINHAUEN.
MEINE WORTE.
KAI, DIE GROSSE RÜSTUNG. EINER DER DREI GROSSEN TSUKUMOGAMI VON KYOTO.
IN DEN DOKUMENTEN DER SAENOME IST ZU BEGINN DER EDO-PERIODE ERSTMALS DIE REDE VON IHM.
ANFANGS UNTERSTÜTZTE ER SIE MIT SEINER KRAFT ALS SONDERFALL.
DOCH MIT DER ZEIT BEGANNEN SIE, SEINE KRAFT ZU FÜRCHTEN UND VERSIEGELTEN IHN DURCH „ITSUKI“, DEM TSUKUMOGAMI ZUR EINFRIEDUNG* VON SCHREINEN.
*ZAUN UM DAS SCHREINGRUNDSTÜCK
SEINE KRAFT …
… ÜBER-STEIGT ALLES.

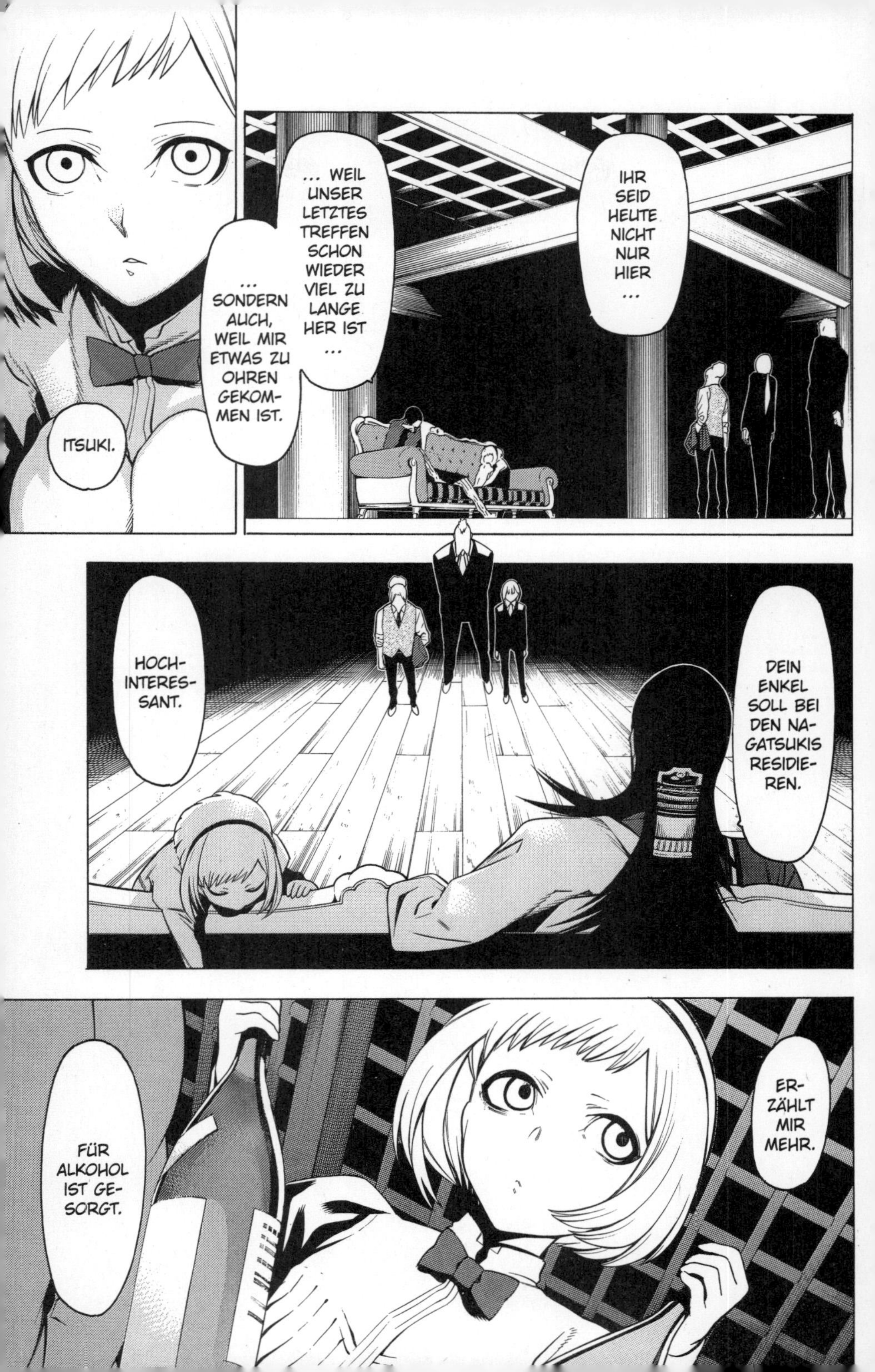
IHR SEID HEUTE NICHT NUR HIER ...
... WEIL UNSER LETZTES TREFFEN SCHON WIEDER VIEL ZU LANGE HER IST ...
... SONDERN AUCH, WEIL MIR ETWAS ZU OHREN GEKOMMEN IST.
ITSUKI.
DEIN ENKEL SOLL BEI DEN NAGATSUKIS RESIDIEREN.
HOCHINTERESSANT.
ERZÄHLT MIR MEHR.
FÜR ALKOHOL IST GESORGT.

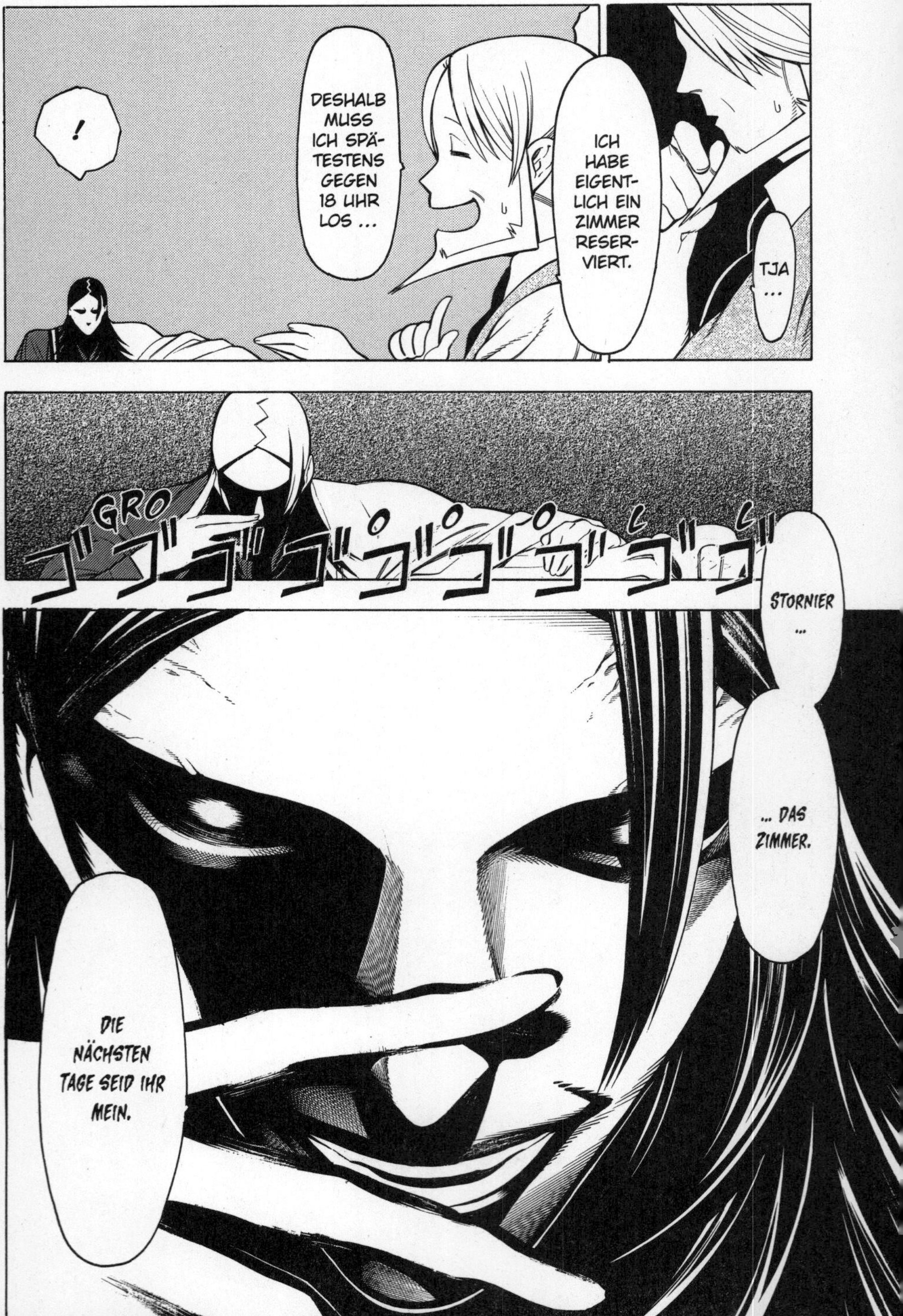
TJA ...
ICH HABE EIGENTLICH EIN ZIMMER RESERVIERT.
DESHALB MUSS ICH SPÄTESTENS GEGEN 18 UHR LOS ...
!
GRO
STORNIER ...
... DAS ZIMMER.
DIE NÄCHSTEN TAGE SEID IHR MEIN.

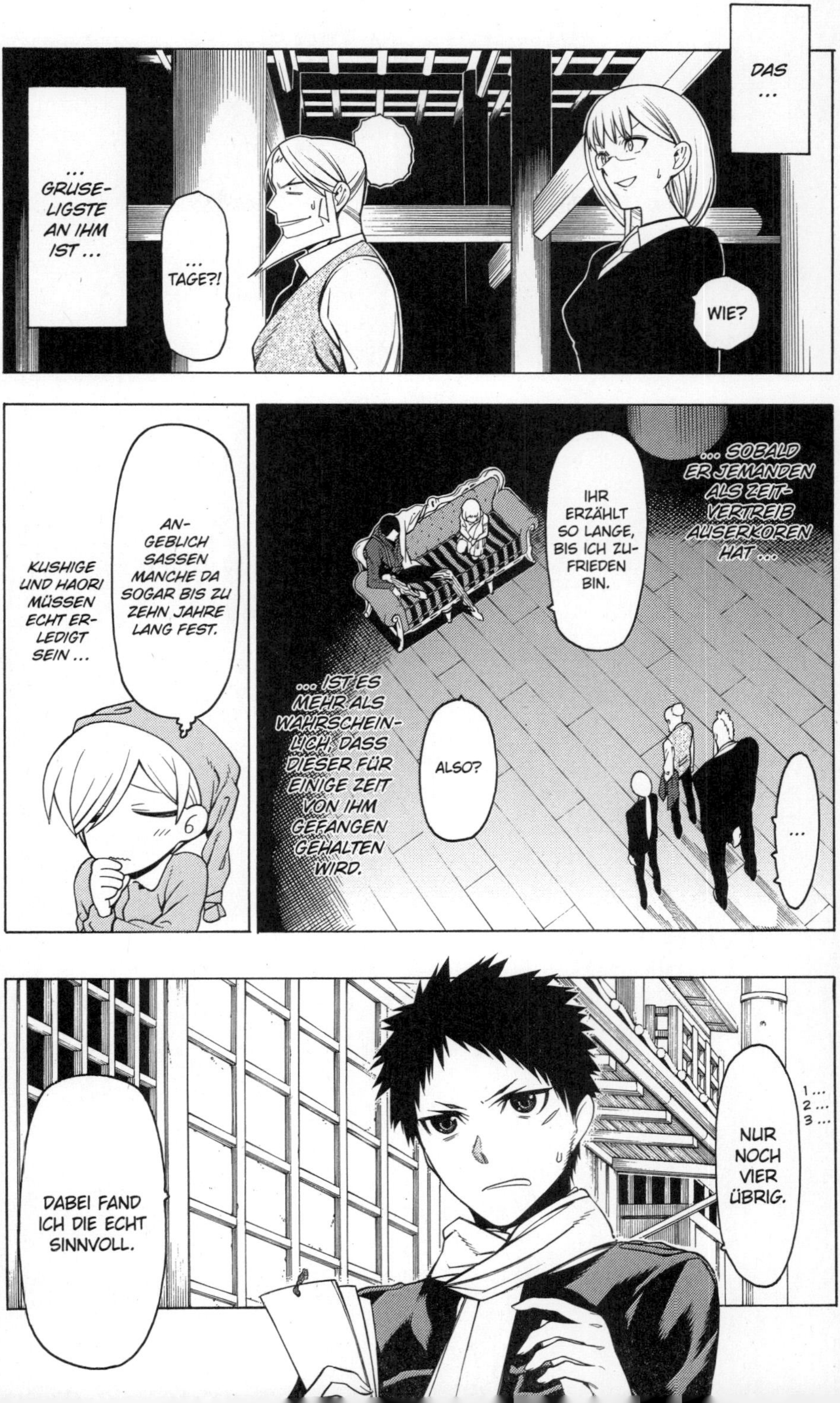

DAS ...
WIE?
... TAGE?!
... GRUSE-LIGSTE AN IHM IST ...
... SOBALD ER JEMANDEN ALS ZEIT-VERTREIB AUSERKOREN HAT ...
IHR ERZÄHLT SO LANGE, BIS ICH ZU-FRIEDEN BIN.
...
ALSO?
... IST ES MEHR ALS WAHRSCHEIN-LICH, DASS DIESER FÜR EINIGE ZEIT VON IHM GEFANGEN GEHALTEN WIRD.
AN-GEBLICH SASSEN MANCHE DA SOGAR BIS ZU ZEHN JAHRE LANG FEST.
KUSHIGE UND HAORI MÜSSEN ECHT ER-LEDIGT SEIN ...
1 ... 2 ... 3 ...
NUR NOCH VIER ÜBRIG.
DABEI FAND ICH DIE ECHT SINNVOLL.

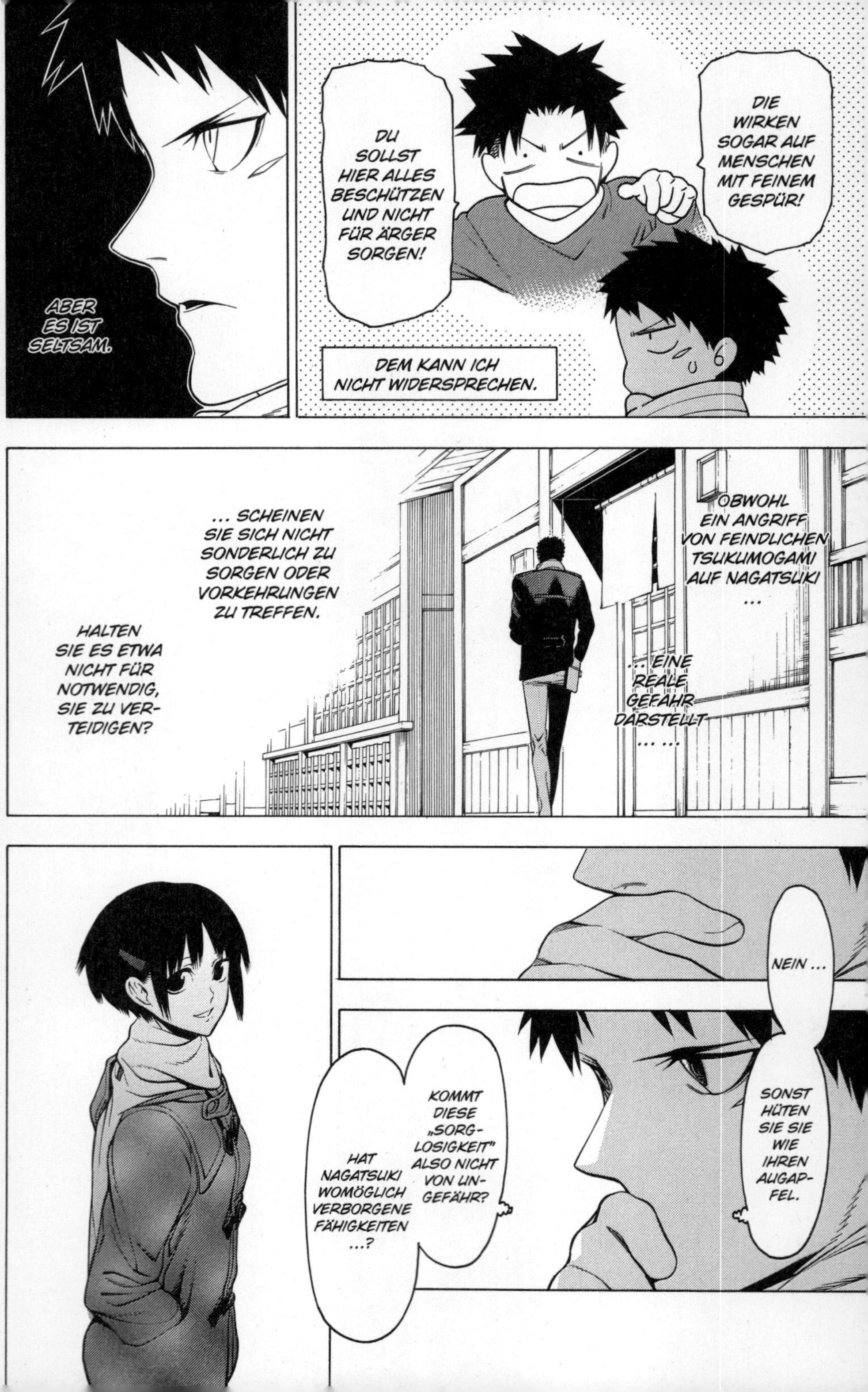
DIE WIRKEN SOGAR AUF MENSCHEN MIT FEINEM GESPÜR!
DU SOLLST HIER ALLES BESCHÜTZEN UND NICHT FÜR ÄRGER SORGEN!
DEM KANN ICH NICHT WIDERSPRECHEN.
ABER ES IST SELTSAM.
OBWOHL EIN ANGRIFF VON FEINDLICHEN TSUKUMOGAMI AUF NAGATSUKI …
… EINE REALE GEFAHR DARSTELLT … …
… SCHEINEN SIE SICH NICHT SONDERLICH ZU SORGEN ODER VORKEHRUNGEN ZU TREFFEN.
HALTEN SIE ES ETWA NICHT FÜR NOTWENDIG, SIE ZU VERTEIDIGEN?
NEIN …
SONST HÜTEN SIE SIE WIE IHREN AUGAPFEL.
KOMMT DIESE „SORGLOSIGKEIT" ALSO NICHT VON UNGEFÄHR?
HAT NAGATSUKI WOMÖGLICH VERBORGENE FÄHIGKEITEN …?

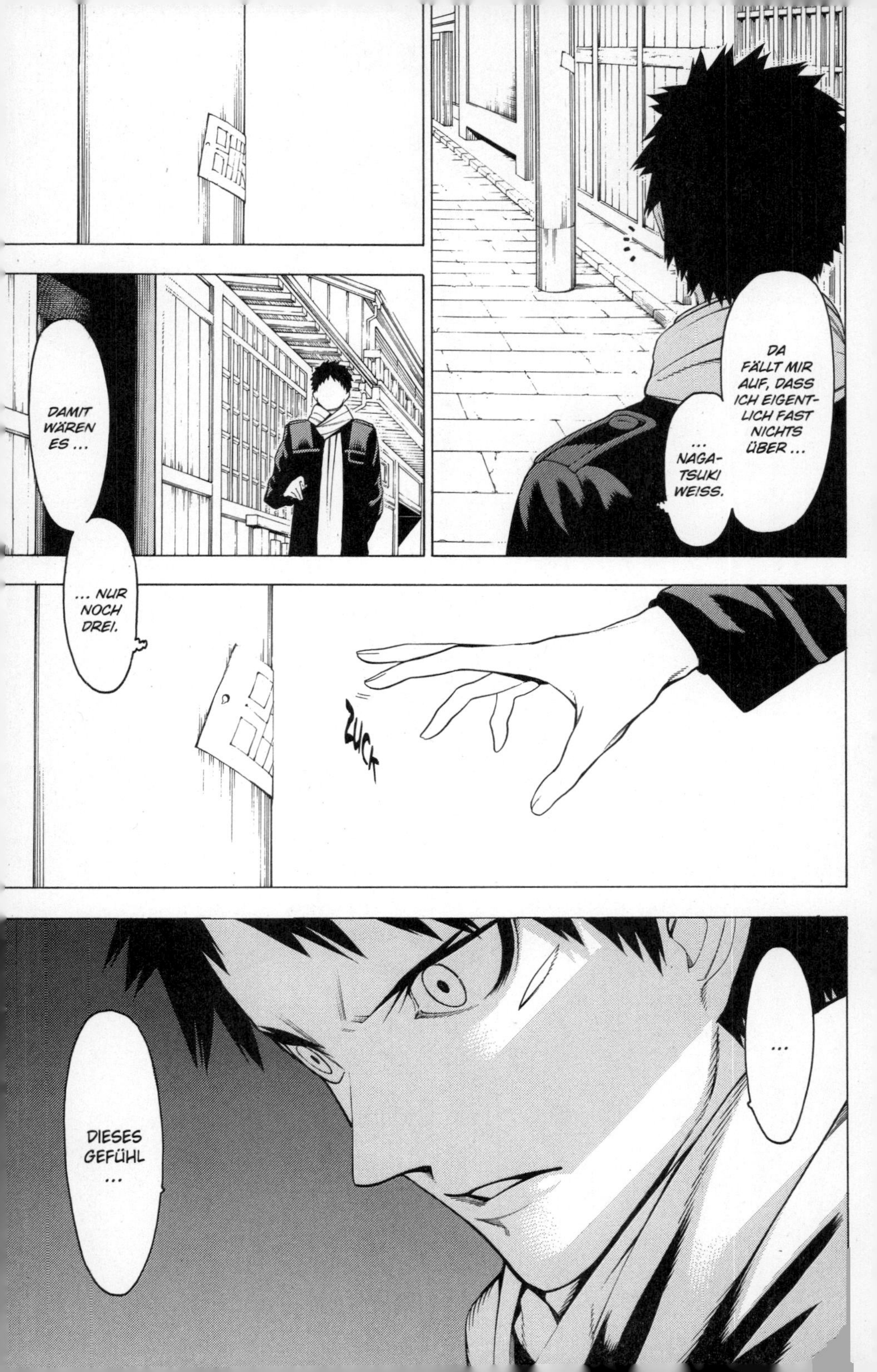
DA FÄLLT MIR AUF, DASS ICH EIGENTLICH FAST NICHTS ÜBER …
… NAGATSUKI WEISS.
DAMIT WÄREN ES …
… NUR NOCH DREI.
ZUCK
…
DIESES GEFÜHL …

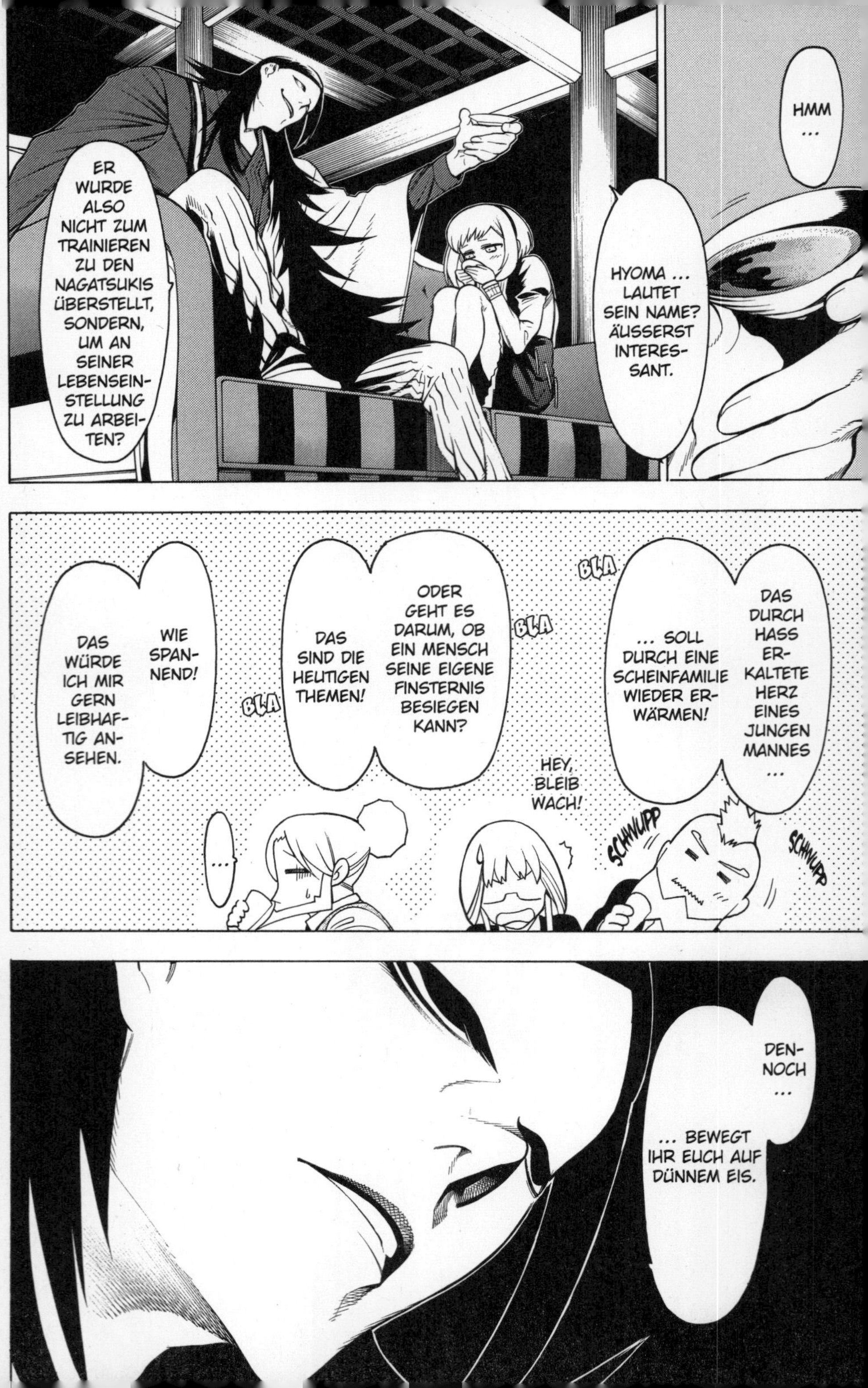
HMM …
HYOMA … LAUTET SEIN NAME? ÄUSSERST INTERES-SANT.
ER WURDE ALSO NICHT ZUM TRAINIEREN ZU DEN NAGATSUKIS ÜBERSTELLT, SONDERN, UM AN SEINER LEBENSEIN-STELLUNG ZU ARBEI-TEN?
DAS DURCH HASS ER-KALTETE HERZ EINES JUNGEN MANNES …
… SOLL DURCH EINE SCHEINFAMILIE WIEDER ER-WÄRMEN!
BLA
BLA
ODER GEHT ES DARUM, OB EIN MENSCH SEINE EIGENE FINSTERNIS BESIEGEN KANN?
DAS SIND DIE HEUTIGEN THEMEN!
BLA
WIE SPAN-NEND!
DAS WÜRDE ICH MIR GERN LEIBHAF-TIG AN-SEHEN.
SCHNUPP
SCHNUPP
HEY, BLEIB WACH!
…
DEN-NOCH …
… BEWEGT IHR EUCH AUF DÜNNEM EIS.

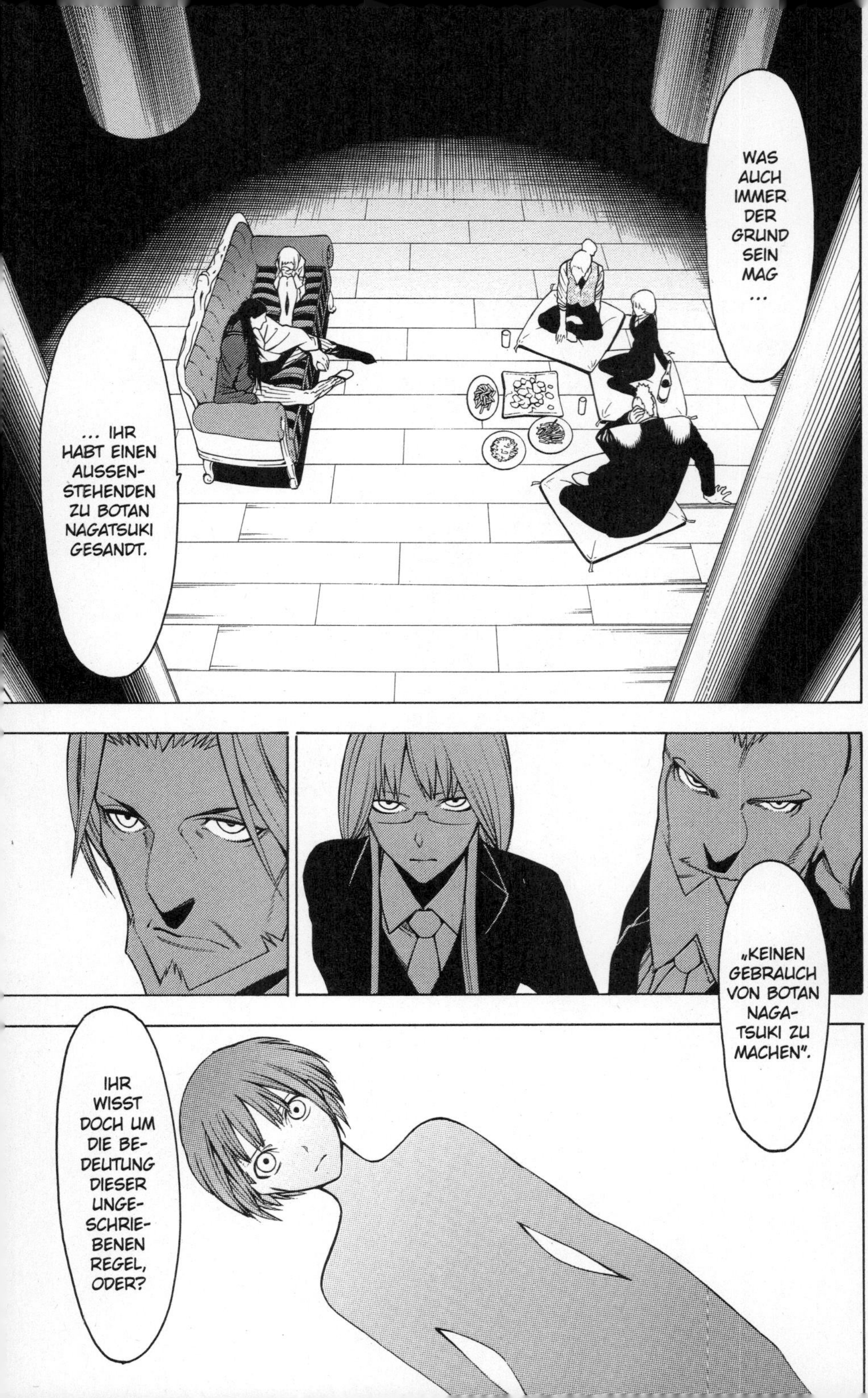
WAS AUCH IMMER DER GRUND SEIN MAG ...
... IHR HABT EINEN AUSSEN-STEHENDEN ZU BOTAN NAGATSUKI GESANDT.
„KEINEN GEBRAUCH VON BOTAN NAGA-TSUKI ZU MACHEN".
IHR WISST DOCH UM DIE BE-DEUTUNG DIESER UNGE-SCHRIE-BENEN REGEL, ODER?

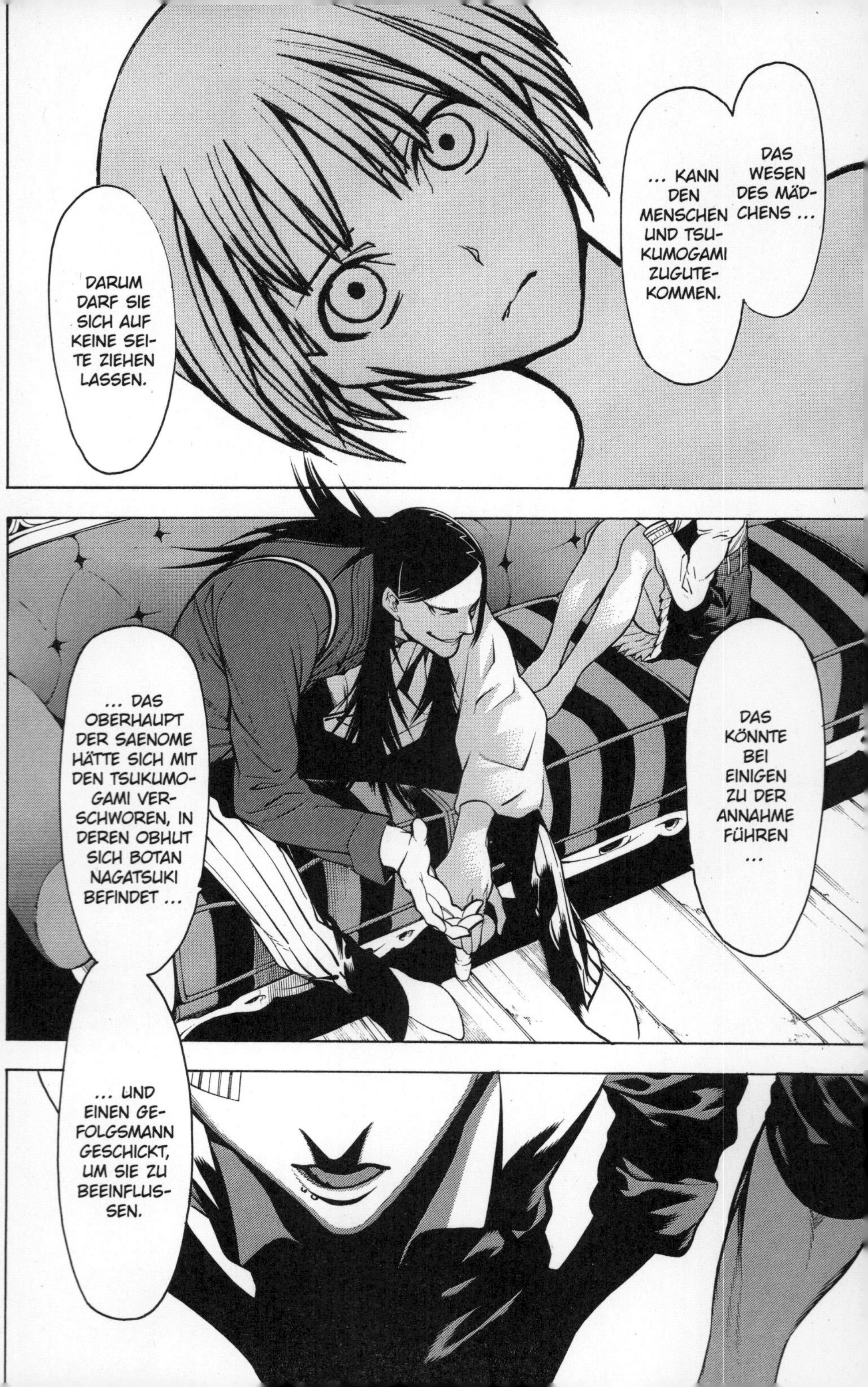
DAS WESEN DES MÄD-CHENS ...
... KANN DEN MENSCHEN UND TSU-KUMOGAMI ZUGUTE-KOMMEN.
DARUM DARF SIE SICH AUF KEINE SEI-TE ZIEHEN LASSEN.
DAS KÖNNTE BEI EINIGEN ZU DER ANNAHME FÜHREN ...
... DAS OBERHAUPT DER SAENOME HÄTTE SICH MIT DEN TSUKUMO-GAMI VER-SCHWOREN, IN DEREN OBHUT SICH BOTAN NAGATSUKI BEFINDET ...
... UND EINEN GE-FOLGSMANN GESCHICKT, UM SIE ZU BEEINFLUS-SEN.

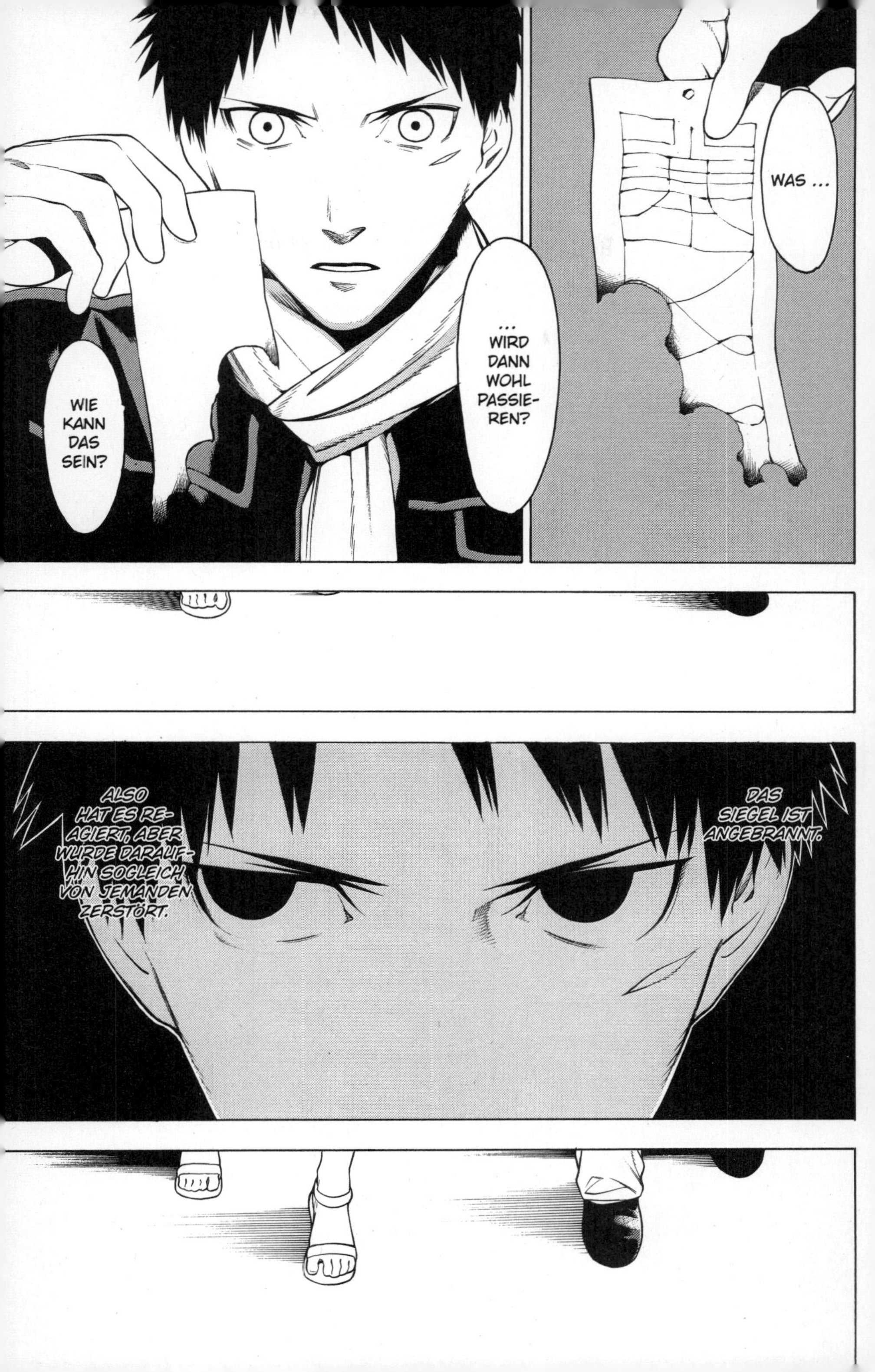
WAS …
… WIRD DANN WOHL PASSIEREN?
WIE KANN DAS SEIN?
DAS SIEGEL IST ANGEBRANNT.
ALSO HAT ES REAGIERT, ABER WURDE DARAUFHIN SOGLEICH VON JEMANDEN ZERSTÖRT.

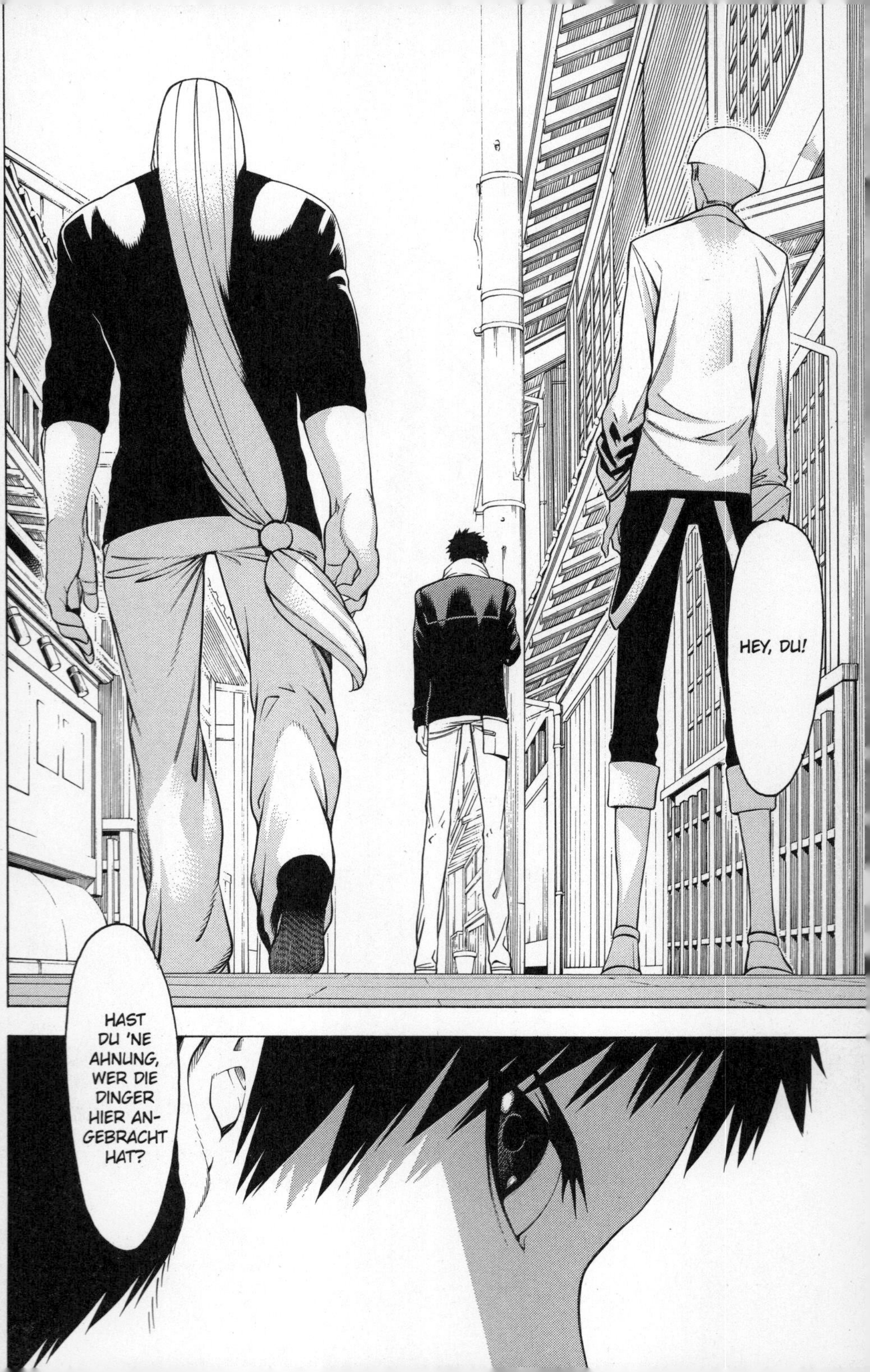
HEY, DU!
HAST DU 'NE AHNUNG, WER DIE DINGER HIER ANGEBRACHT HAT?

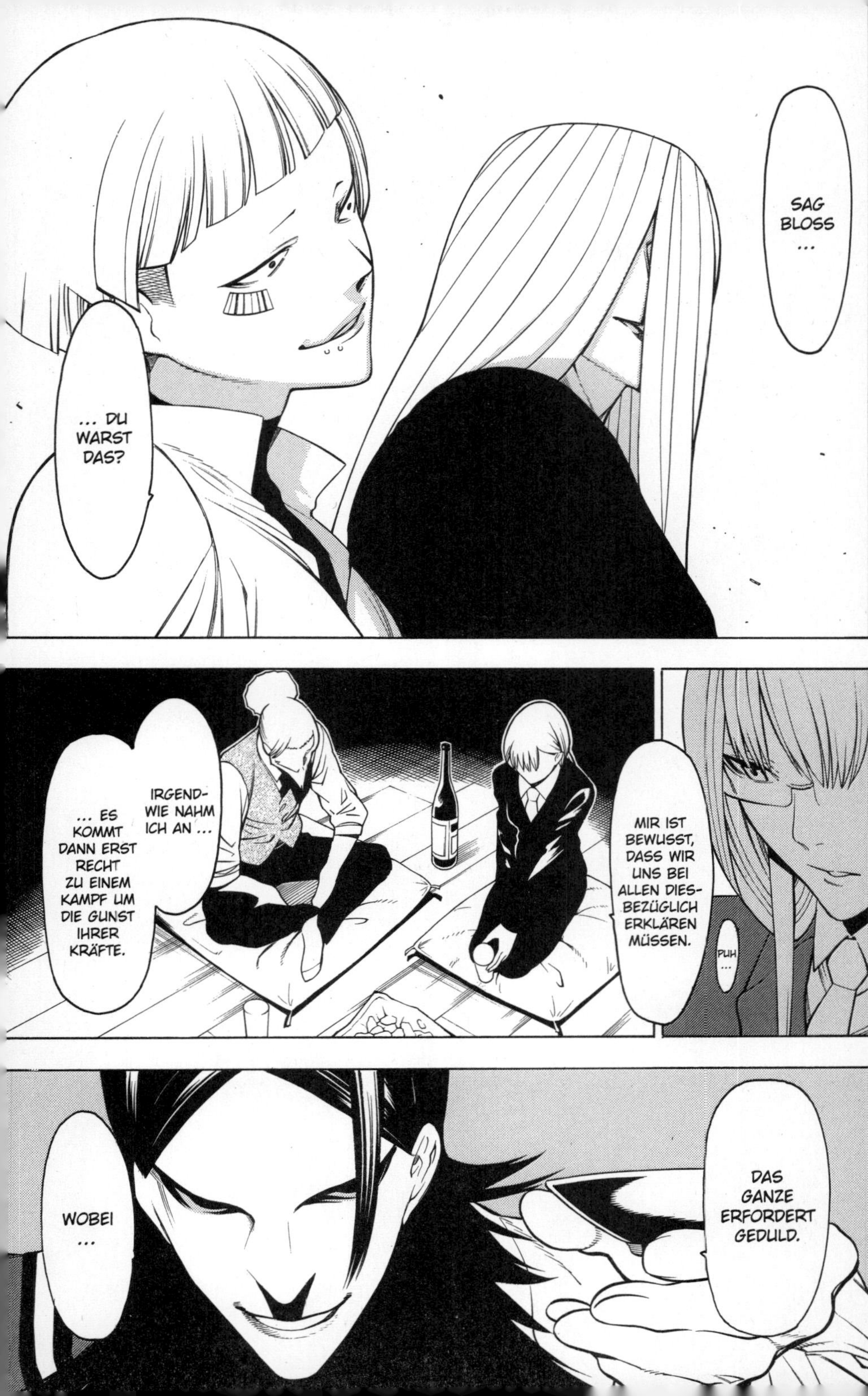
SAG BLOSS …
… DU WARST DAS?
MIR IST BEWUSST, DASS WIR UNS BEI ALLEN DIESBEZÜGLICH ERKLÄREN MÜSSEN.
PUH …
IRGENDWIE NAHM ICH AN …
… ES KOMMT DANN ERST RECHT ZU EINEM KAMPF UM DIE GUNST IHRER KRÄFTE.
DAS GANZE ERFORDERT GEDULD.
WOBEI …

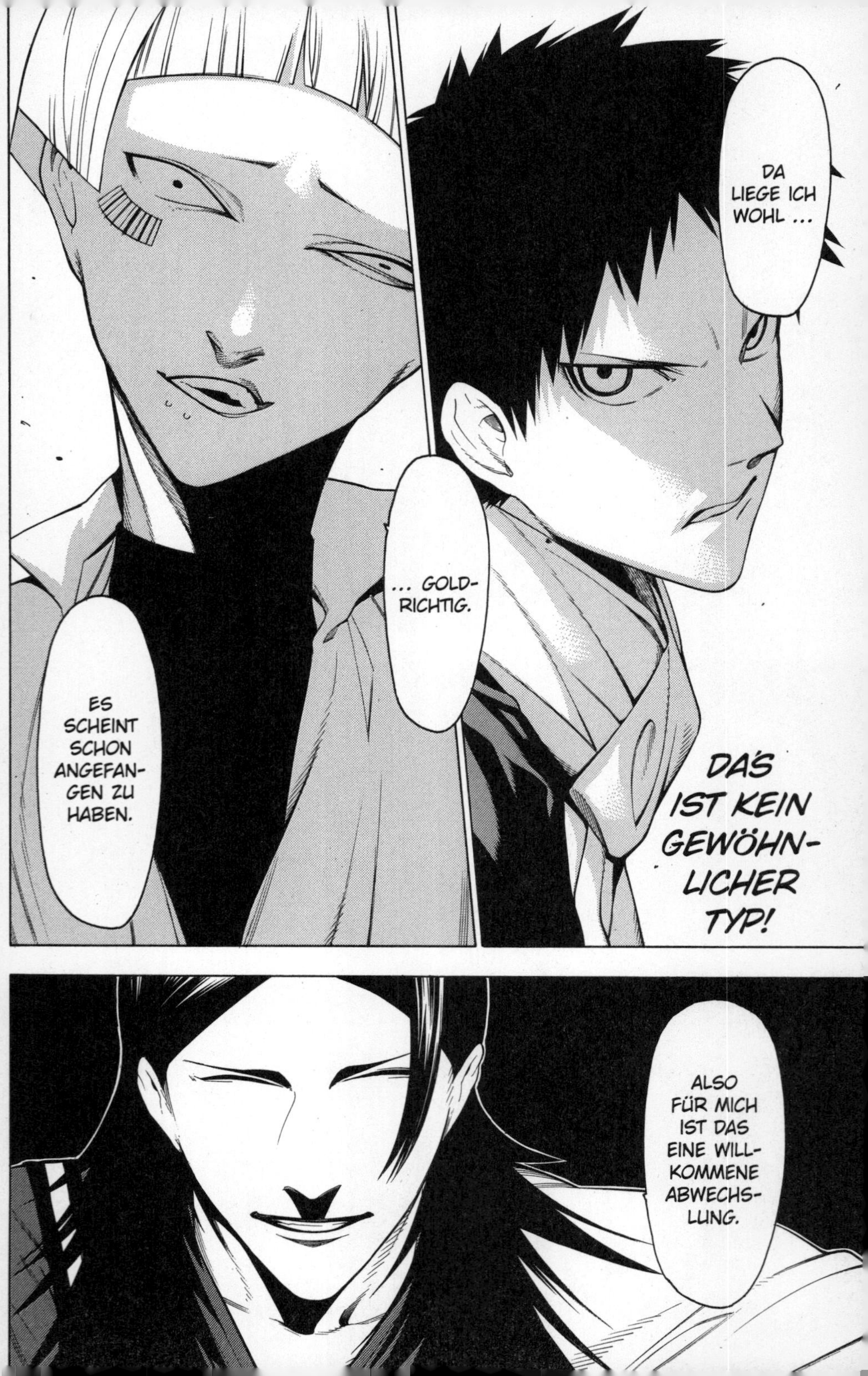
DA LIEGE ICH WOHL ...
... GOLDRICHTIG.
DAS IST KEIN GEWÖHNLICHER TYP!
ES SCHEINT SCHON ANGEFANGEN ZU HABEN.
ALSO FÜR MICH IST DAS EINE WILLKOMMENE ABWECHSLUNG.

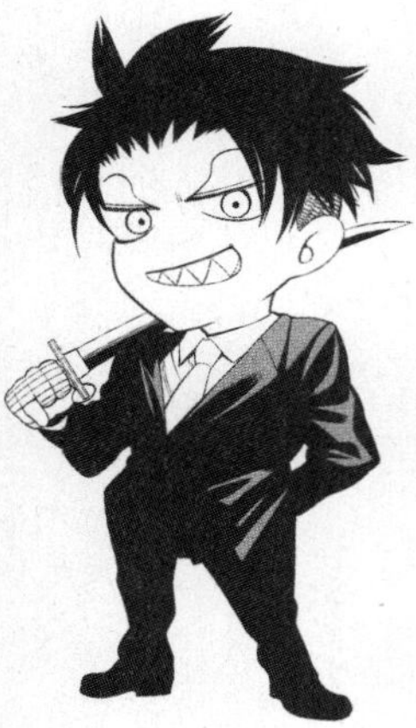

MONONOGATARI

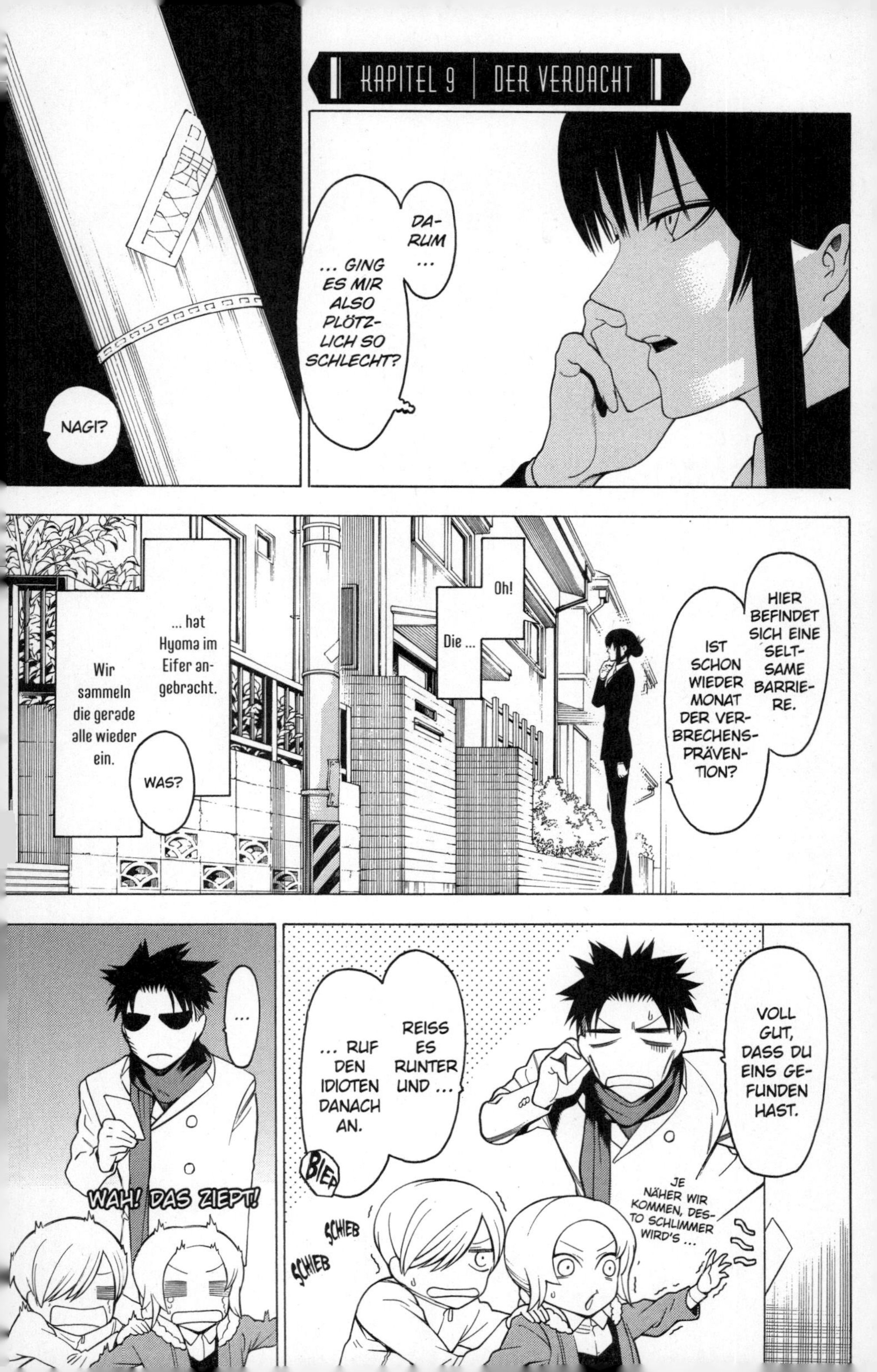
KAPITEL 9 | DER VERDACHT
DA- RUM …
… GING ES MIR ALSO PLÖTZ- LICH SO SCHLECHT?
NAGI?
HIER BEFINDET SICH EINE SELT- SAME BARRIE- RE.
IST SCHON WIEDER MONAT DER VER- BRECHENS- PRÄVEN- TION?
Oh!
Die …
… hat Hyoma im Eifer an- gebracht.
WAS?
Wir sammeln die gerade alle wieder ein.
VOLL GUT, DASS DU EINS GE- FUNDEN HAST.
JE NÄHER WIR KOMMEN, DES- TO SCHLIMMER WIRD'S …
REISS ES RUNTER UND …
… RUF DEN IDIOTEN DANACH AN.
BIEP
SCHIEB
SCHIEB
…
WAH! DAS ZIEPT!

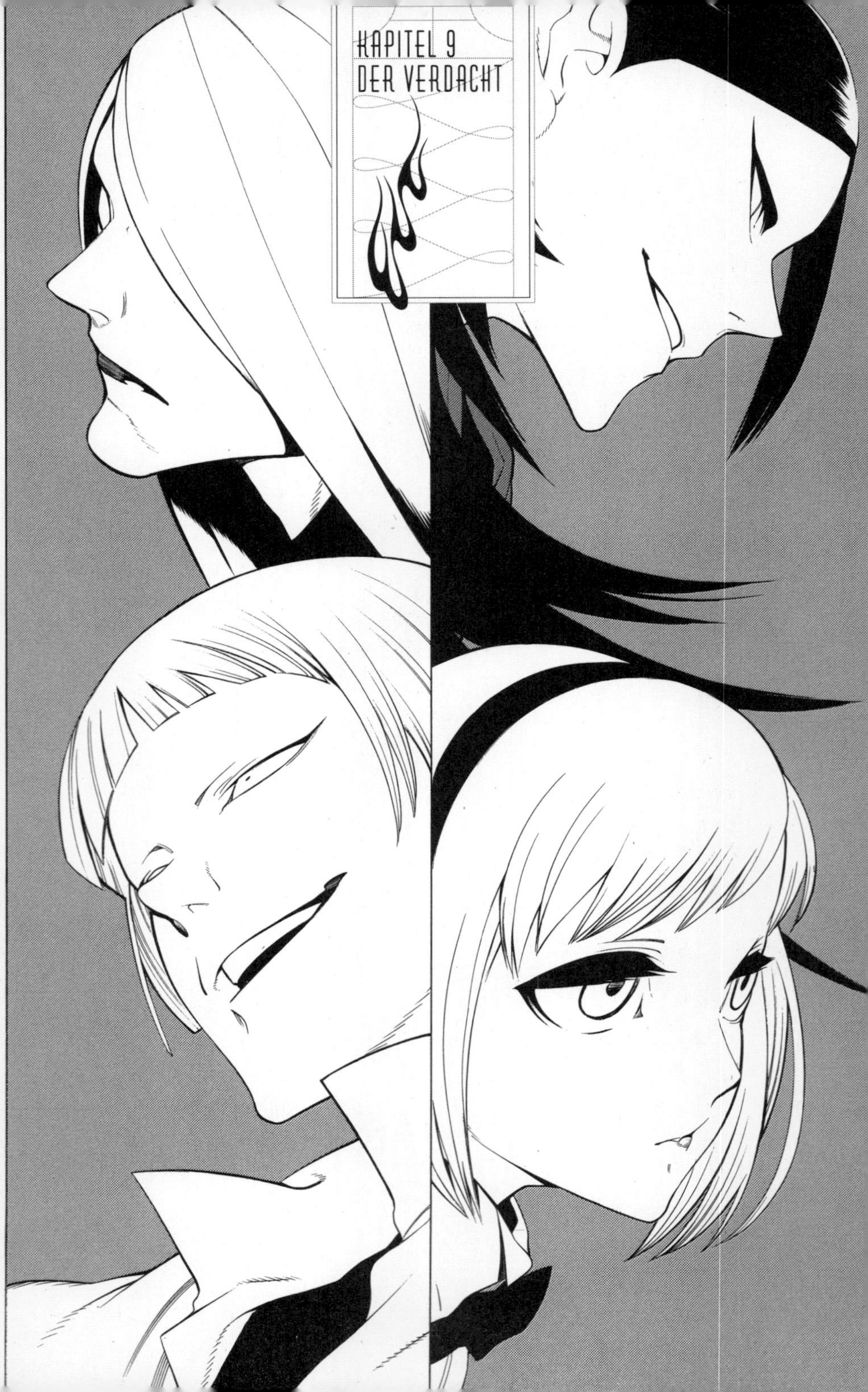
KAPITEL 9
DER VERDACHT

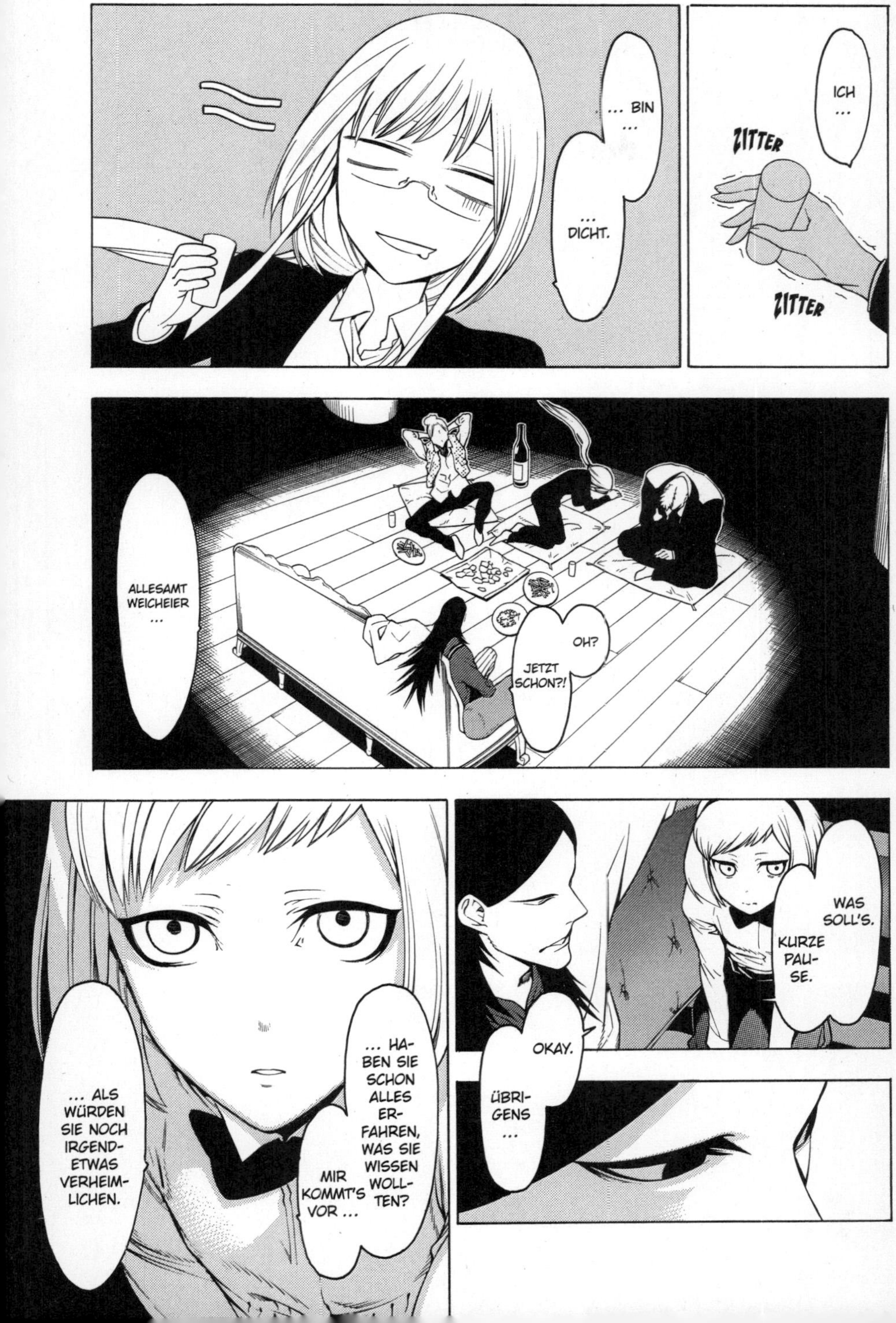
ICH …
ZITTER
ZITTER
… BIN …
… DICHT.
ALLESAMT WEICHEIER …
OH?
JETZT SCHON?!
WAS SOLL'S.
KURZE PAU-SE.
OKAY.
ÜBRI-GENS …
… HA-BEN SIE SCHON ALLES ER-FAHREN, WAS SIE WISSEN WOLL-TEN?
MIR KOMMT'S VOR …
… ALS WÜRDEN SIE NOCH IRGEND-ETWAS VERHEIM-LICHEN.

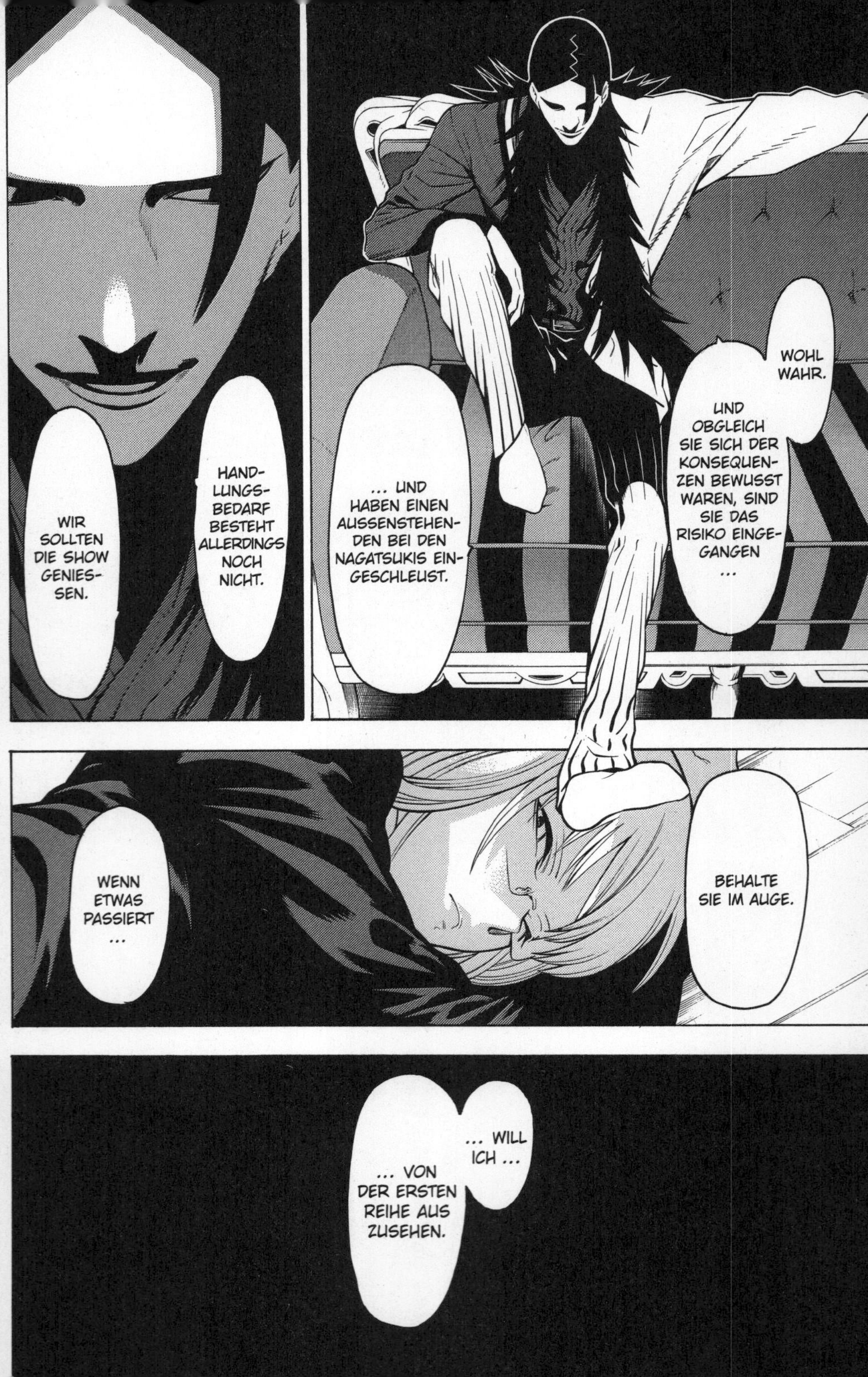
WOHL WAHR.
UND OBGLEICH SIE SICH DER KONSEQUENZEN BEWUSST WAREN, SIND SIE DAS RISIKO EINGEGANGEN ...
... UND HABEN EINEN AUSSENSTEHENDEN BEI DEN NAGATSUKIS EINGESCHLEUST.
HANDLUNGSBEDARF BESTEHT ALLERDINGS NOCH NICHT.
WIR SOLLTEN DIE SHOW GENIESSEN.
BEHALTE SIE IM AUGE.
WENN ETWAS PASSIERT ...
... WILL ICH ...
... VON DER ERSTEN REIHE AUS ZUSEHEN.

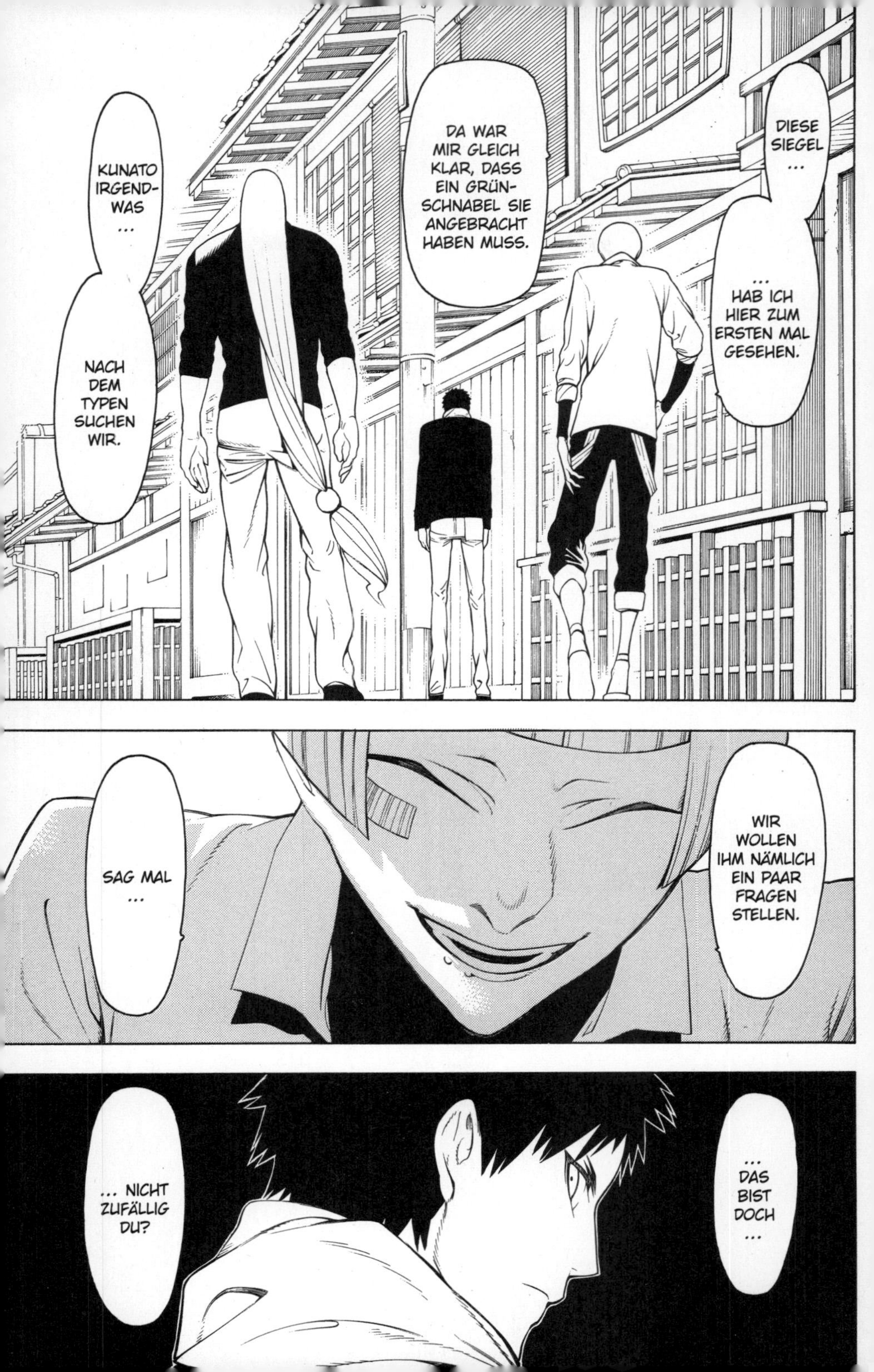
DIESE SIEGEL …
… HAB ICH HIER ZUM ERSTEN MAL GESEHEN.
DA WAR MIR GLEICH KLAR, DASS EIN GRÜNSCHNABEL SIE ANGEBRACHT HABEN MUSS.
KUNATO IRGENDWAS …
NACH DEM TYPEN SUCHEN WIR.
WIR WOLLEN IHM NÄMLICH EIN PAAR FRAGEN STELLEN.
SAG MAL …
… DAS BIST DOCH …
… NICHT ZUFÄLLIG DU?

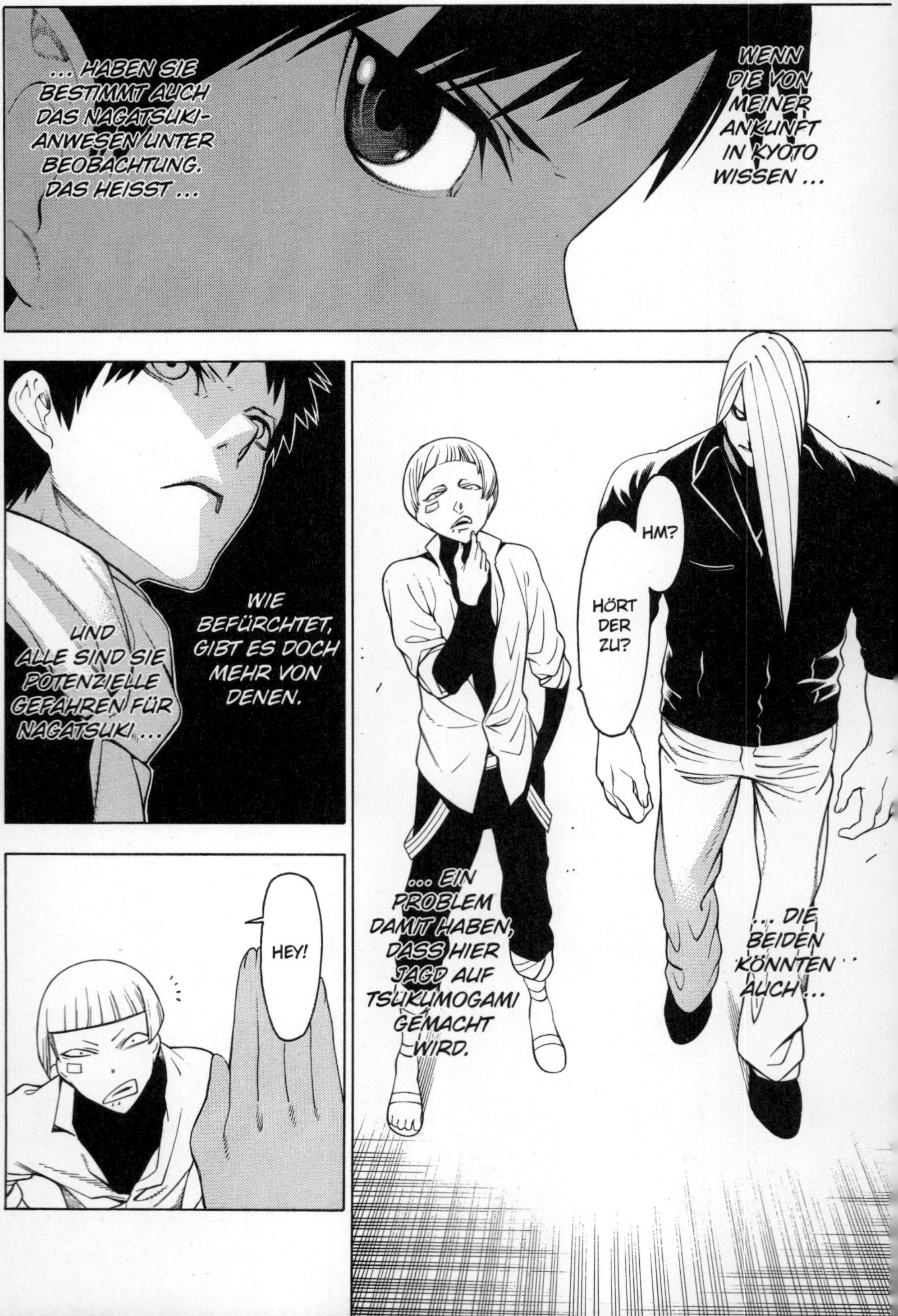
WENN DIE VON MEINER ANKUNFT IN KYOTO WISSEN ...
... HABEN SIE BESTIMMT AUCH DAS NAGATSUKI-ANWESEN UNTER BEOBACHTUNG. DAS HEISST ...
HM?
HÖRT DER ZU?
WIE BEFÜRCHTET, GIBT ES DOCH MEHR VON DENEN.
UND ALLE SIND SIE POTENZIELLE GEFAHREN FÜR NAGATSUKI ...
... DIE BEIDEN KÖNNTEN AUCH ...
... EIN PROBLEM DAMIT HABEN, DASS HIER JAGD AUF TSUKUMOGAMI GEMACHT WIRD.
HEY!

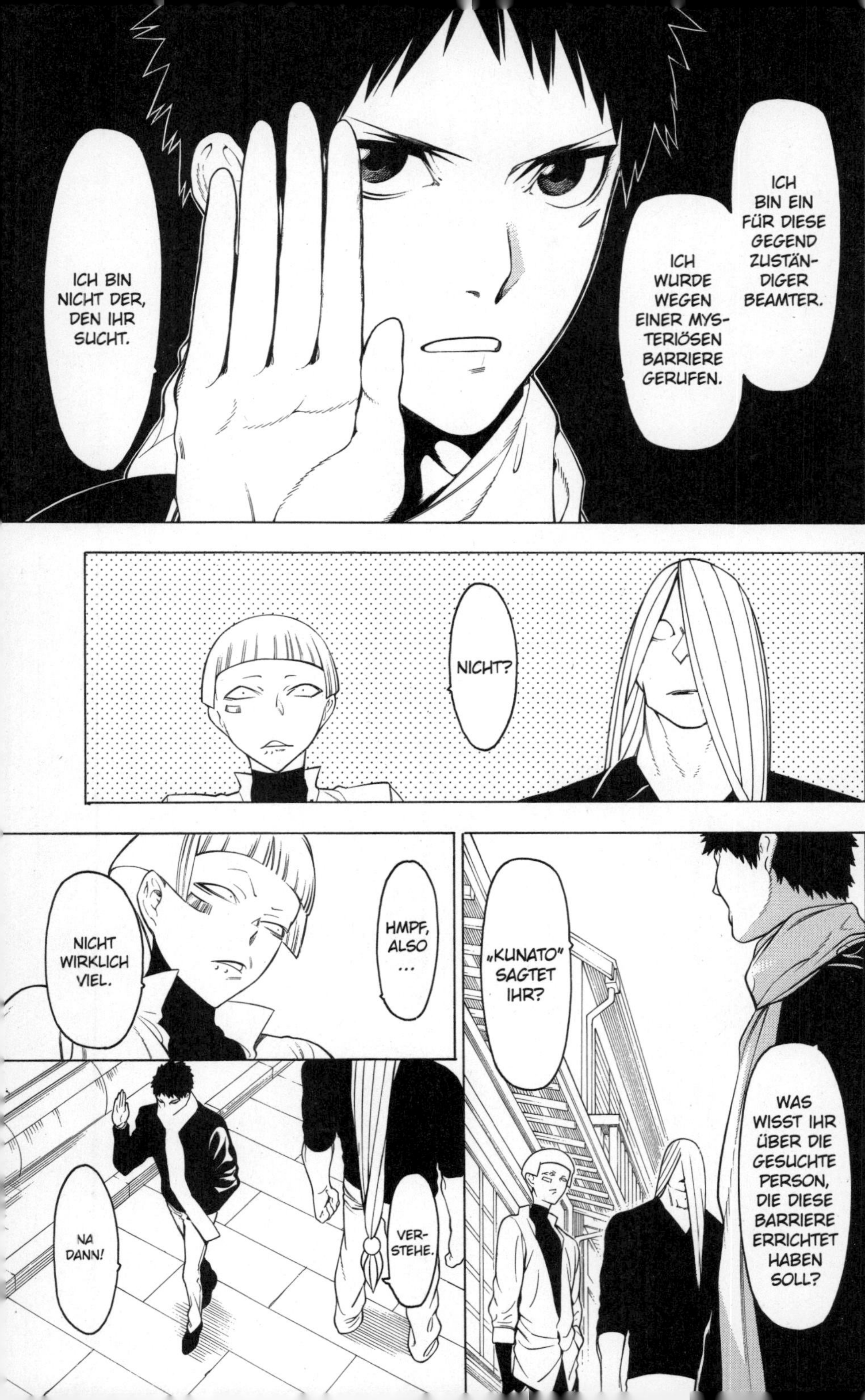
ICH BIN EIN FÜR DIESE GEGEND ZUSTÄNDIGER BEAMTER.
ICH WURDE WEGEN EINER MYSTERIÖSEN BARRIERE GERUFEN.
ICH BIN NICHT DER, DEN IHR SUCHT.
NICHT?
„KUNATO" SAGTET IHR?
WAS WISST IHR ÜBER DIE GESUCHTE PERSON, DIE DIESE BARRIERE ERRICHTET HABEN SOLL?
HMPF, ALSO ...
NICHT WIRKLICH VIEL.
VERSTEHE.
NA DANN!

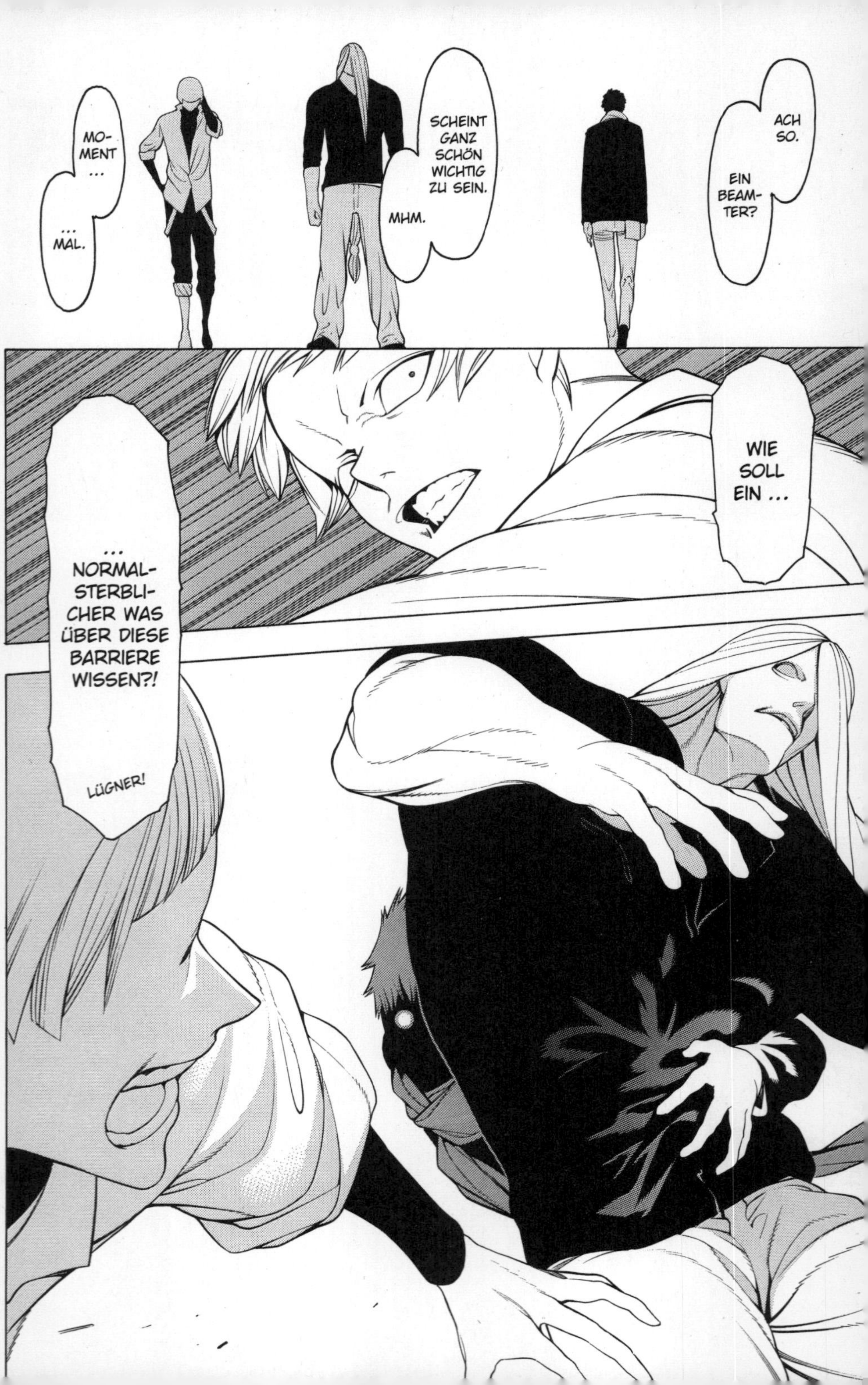
ACH SO.
EIN BEAMTER?
SCHEINT GANZ SCHÖN WICHTIG ZU SEIN.
MHM.
MOMENT …
… MAL.
WIE SOLL EIN …
… NORMALSTERBLICHER WAS ÜBER DIESE BARRIERE WISSEN?!
LÜGNER!

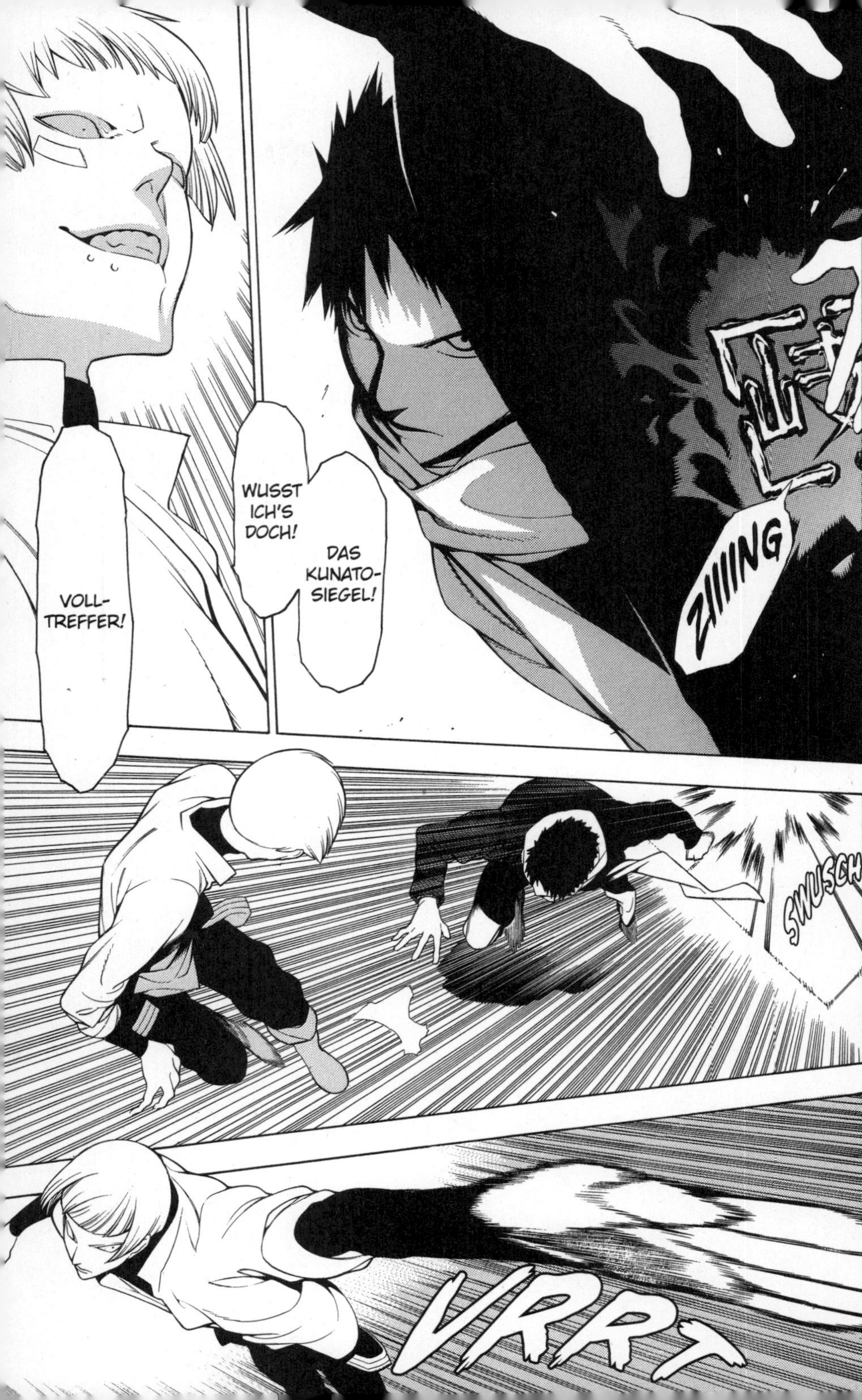
ZIIIING
WUSST ICH'S DOCH!
DAS KUNATO-SIEGEL!
VOLL-TREFFER!
SWUSCH
VRRT

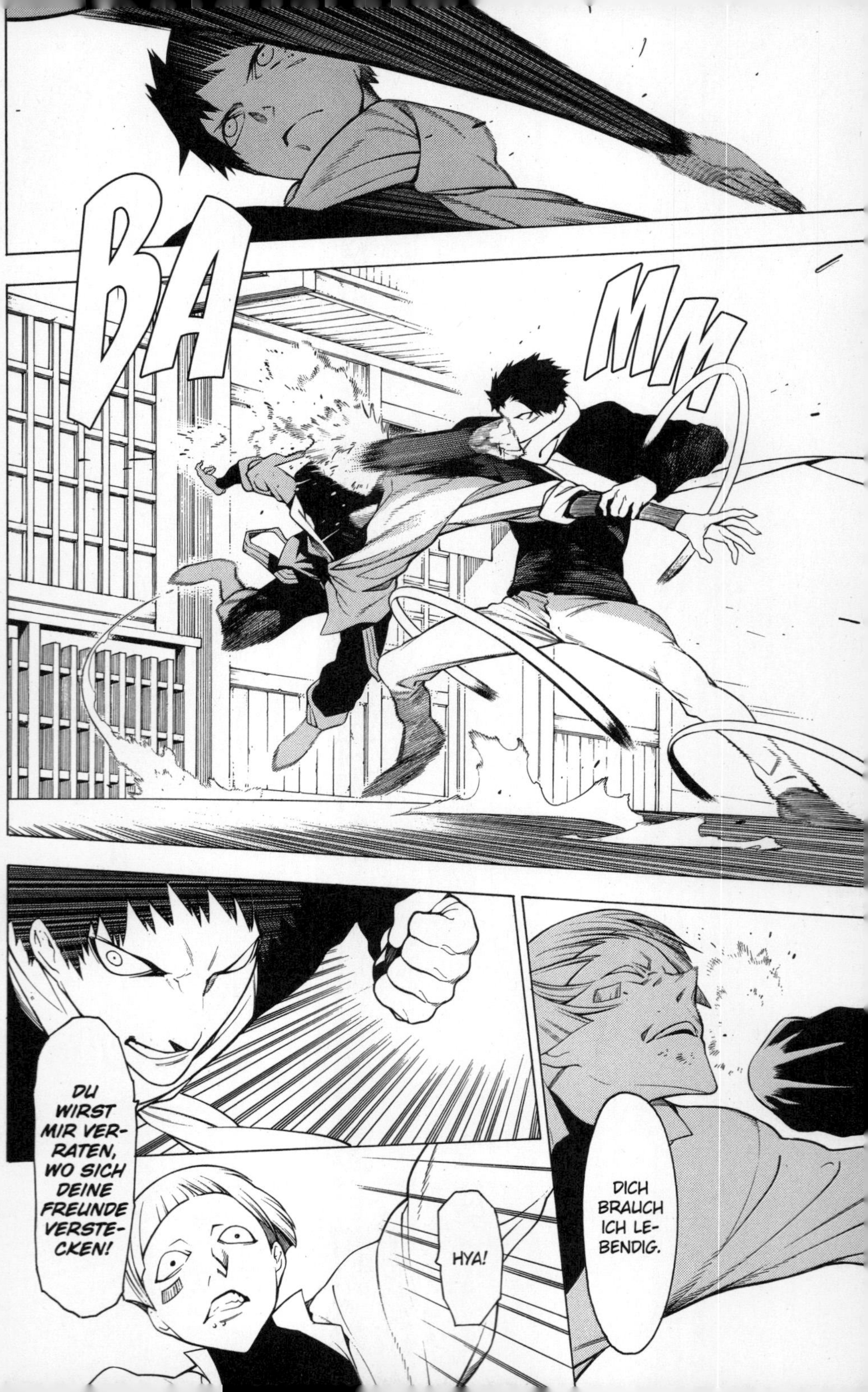
BA
MM
DICH BRAUCH ICH LE-BENDIG.
DU WIRST MIR VER-RATEN, WO SICH DEINE FREUNDE VERSTE-CKEN!
HYA!

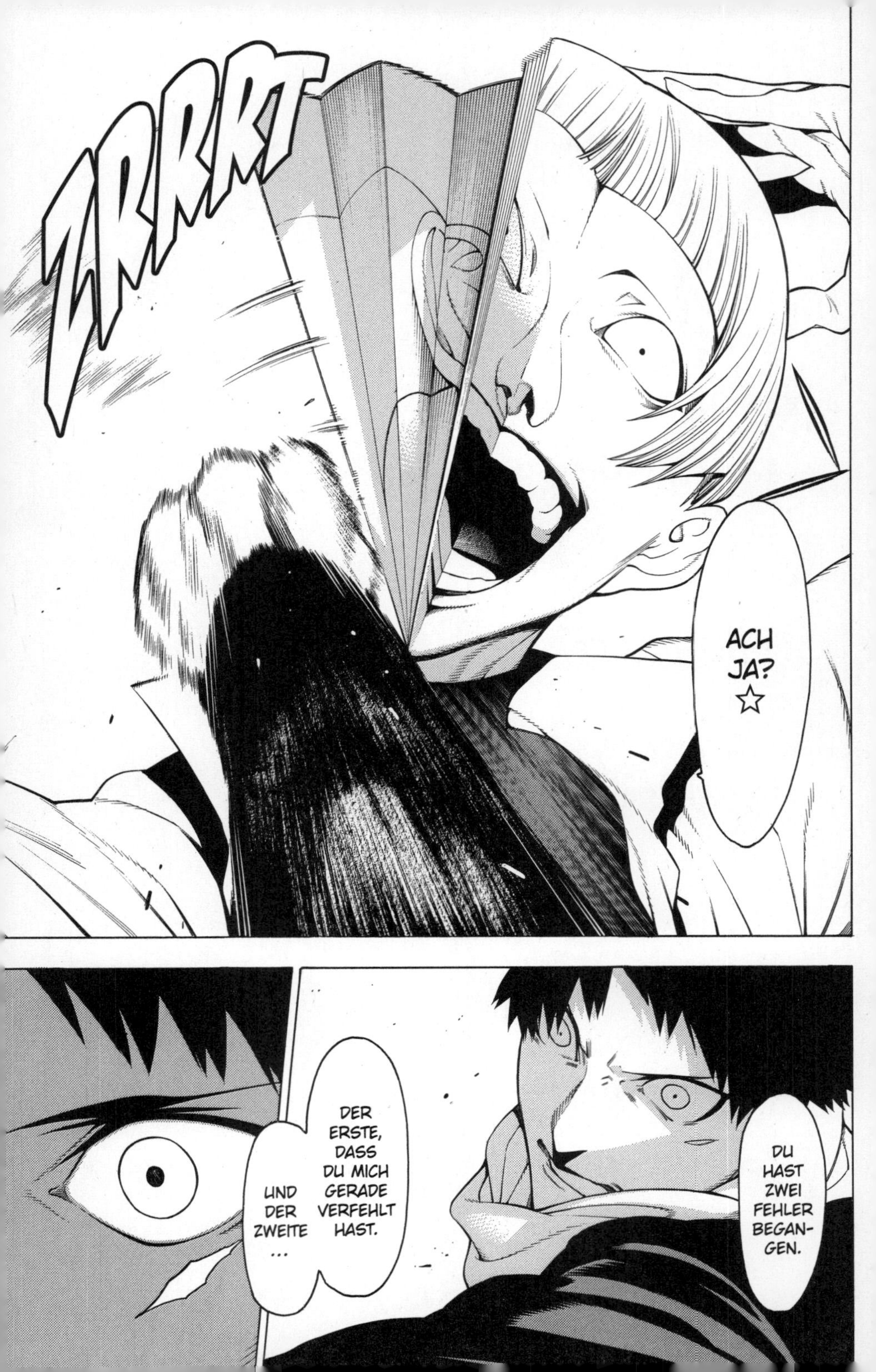
ZRRRT
ACH JA? ☆
DU HAST ZWEI FEHLER BEGANGEN.
DER ERSTE, DASS DU MICH GERADE VERFEHLT HAST.
UND DER ZWEITE …

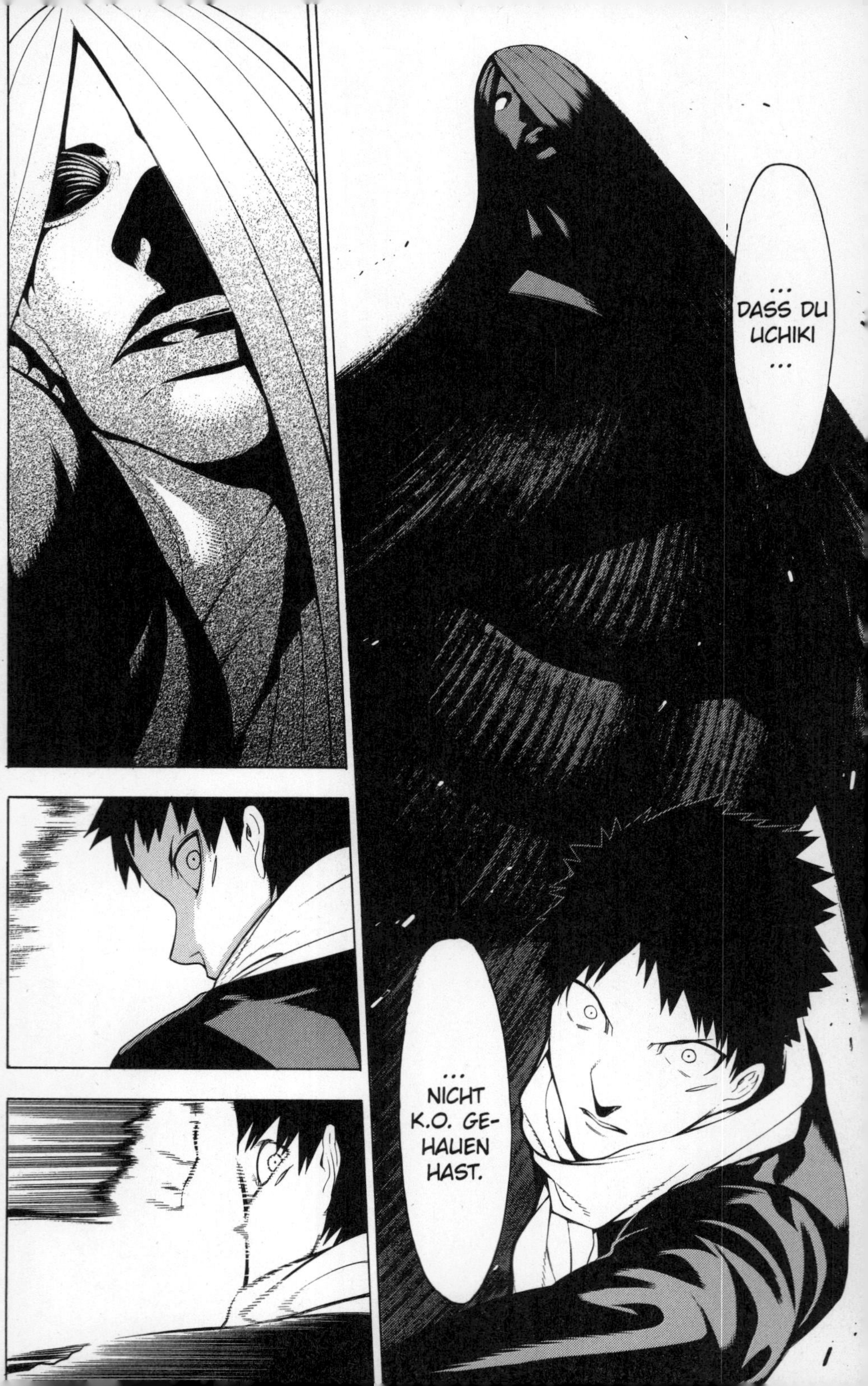
... DASS DU UCHIKI ...
... NICHT K.O. GE-HAUEN HAST.

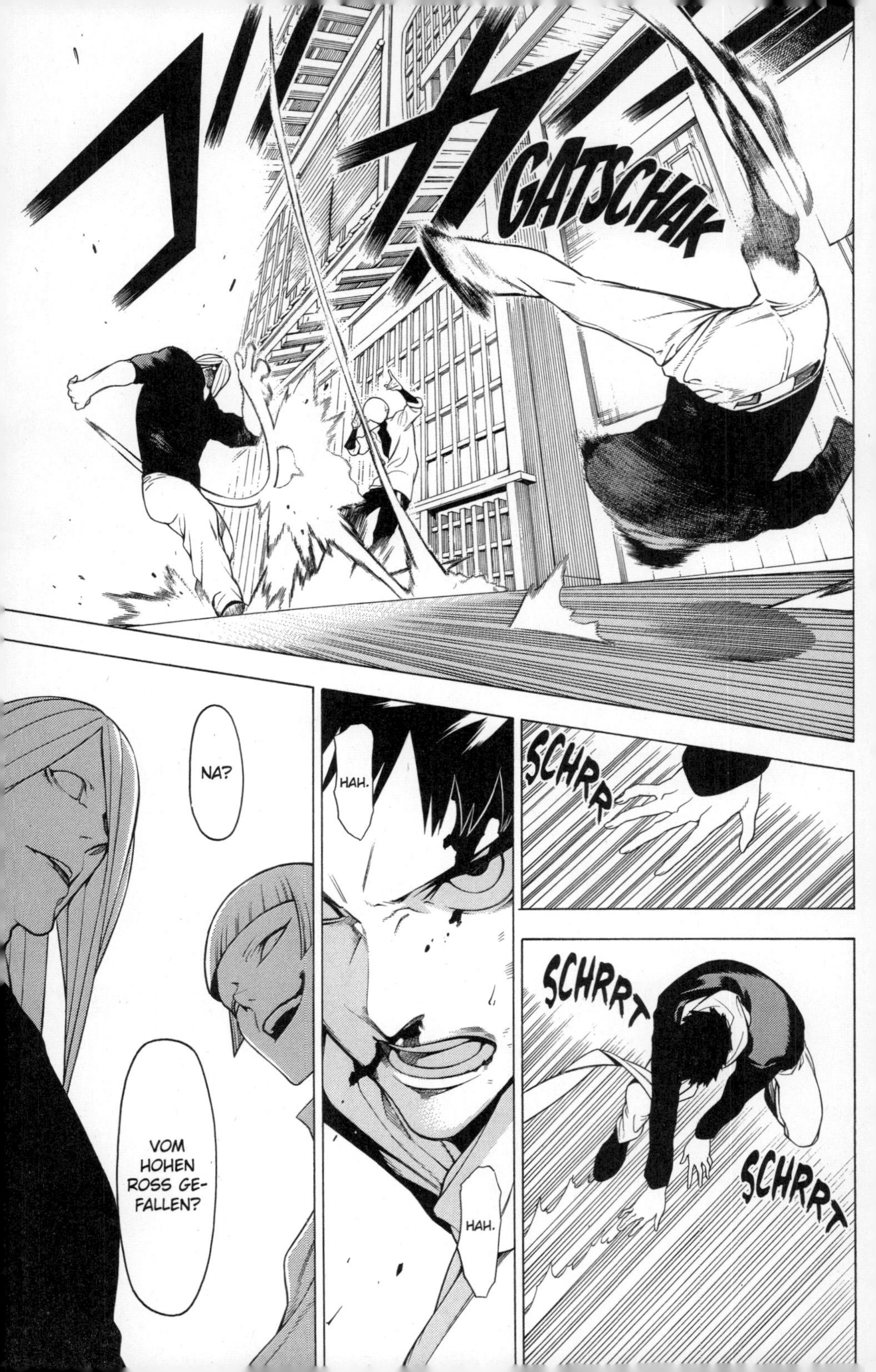
GATSCHAK
SCHRR
HAH.
NA?
SCHRRT
SCHRRT
HAH.
VOM HOHEN ROSS GE- FALLEN?

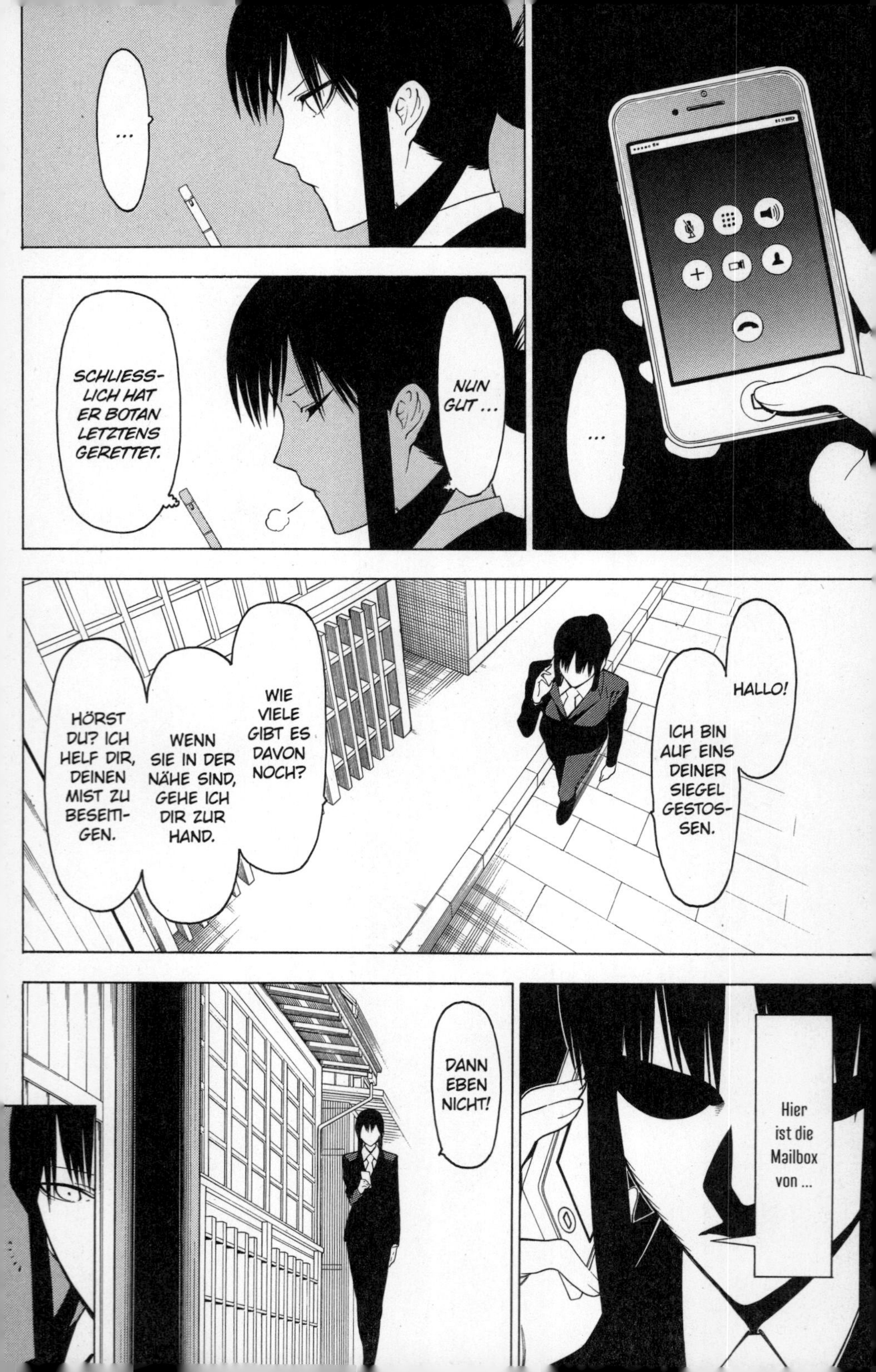
...
...
NUN GUT ...
SCHLIESSLICH HAT ER BOTAN LETZTENS GERETTET.
HALLO!
ICH BIN AUF EINS DEINER SIEGEL GESTOSSEN.
WIE VIELE GIBT ES DAVON NOCH?
WENN SIE IN DER NÄHE SIND, GEHE ICH DIR ZUR HAND.
HÖRST DU? ICH HELF DIR, DEINEN MIST ZU BESEITIGEN.
Hier ist die Mailbox von ...
DANN EBEN NICHT!

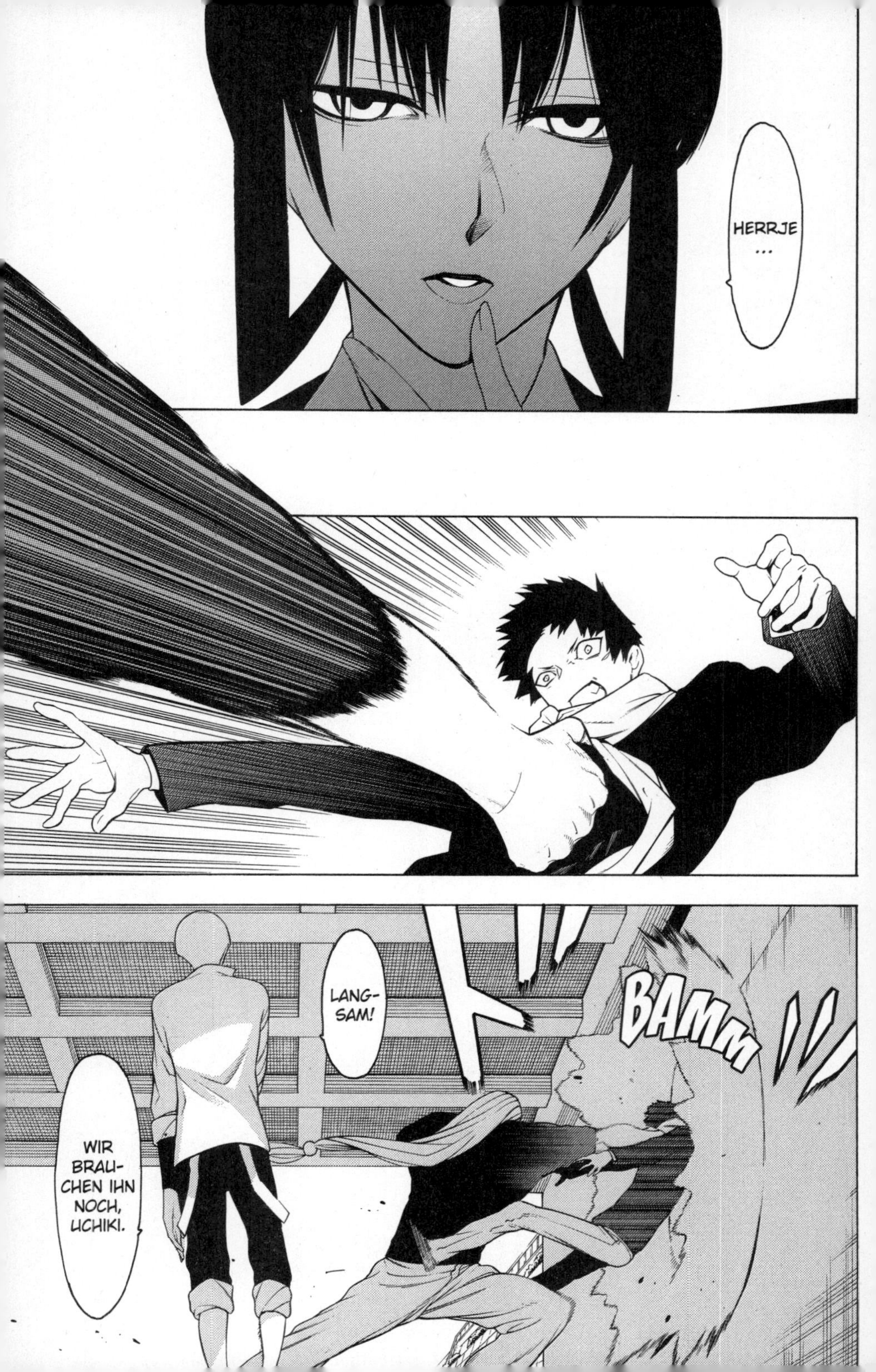
HERRJE ...
BAMM
LANG-SAM!
WIR BRAU-CHEN IHN NOCH, UCHIKI.

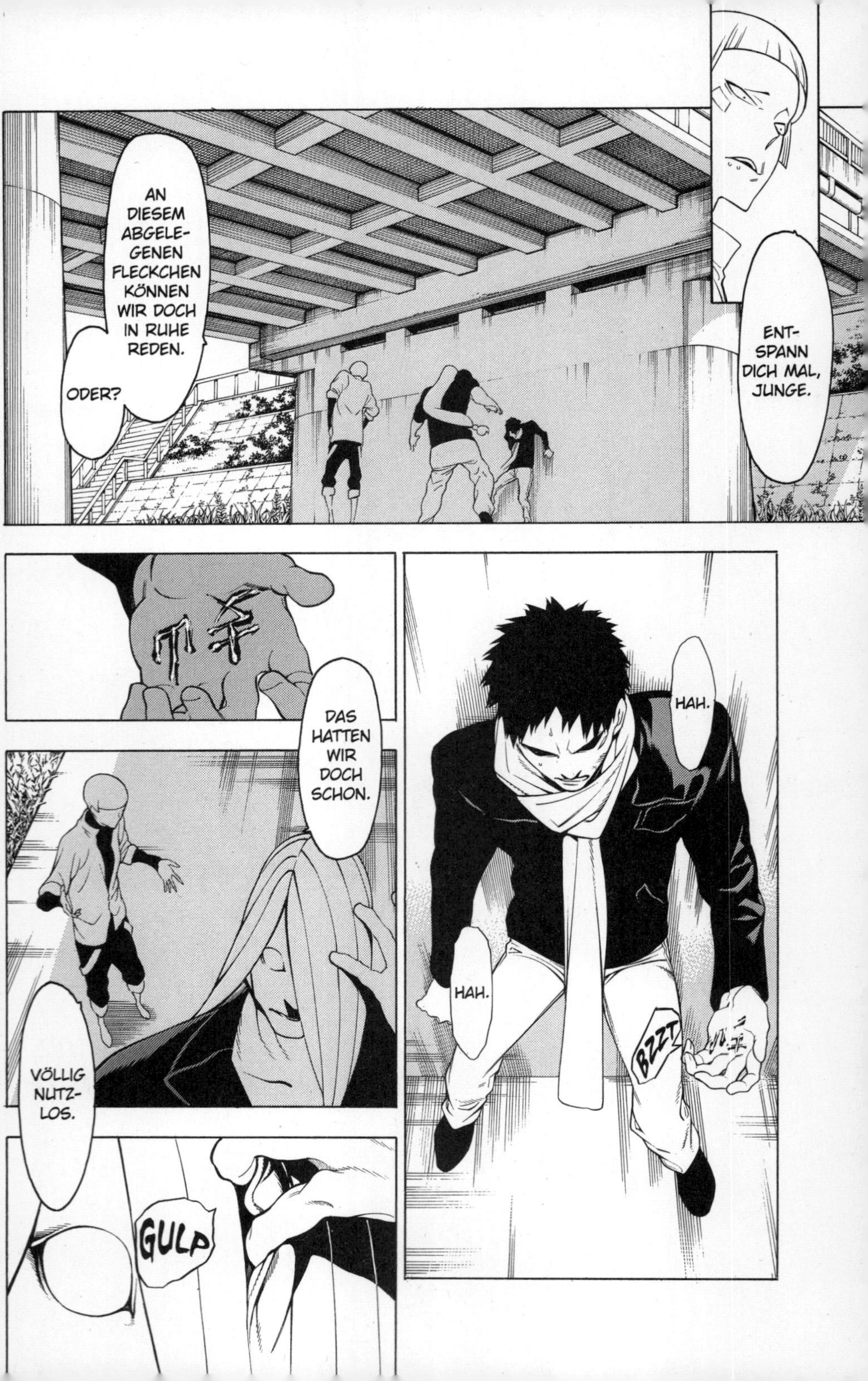
ENT-SPANN DICH MAL, JUNGE.
AN DIESEM ABGELE-GENEN FLECKCHEN KÖNNEN WIR DOCH IN RUHE REDEN.
ODER?
HAH.
HAH.
BZZT
DAS HATTEN WIR DOCH SCHON.
VÖLLIG NUTZ-LOS.
GULP

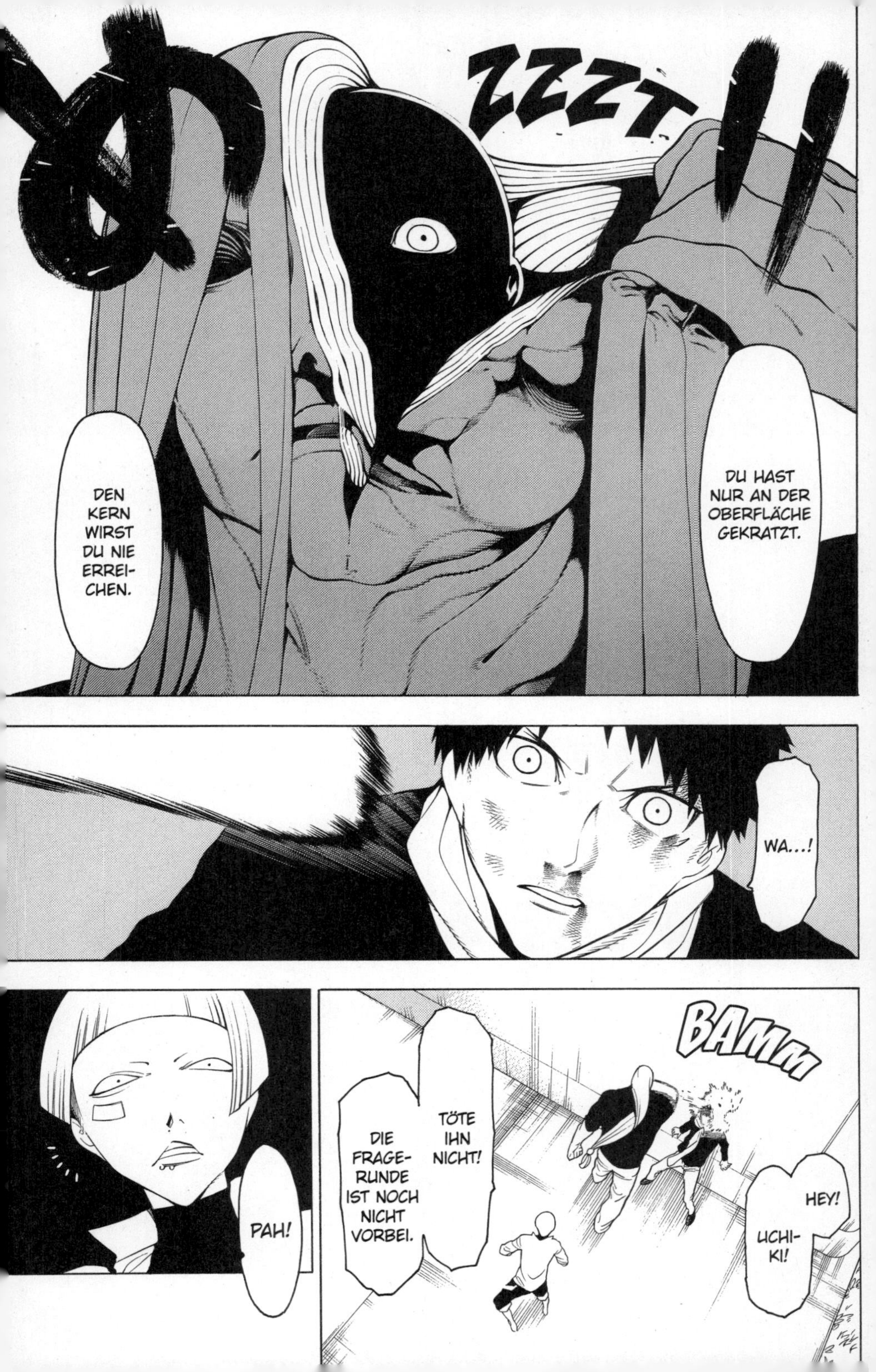
ZZZT!!
DU HAST NUR AN DER OBERFLÄCHE GEKRATZT.
DEN KERN WIRST DU NIE ERREI-CHEN.
WA…!
BAMM
HEY! UCHI-KI!
TÖTE IHN NICHT!
DIE FRAGE-RUNDE IST NOCH NICHT VORBEI.
PAH!

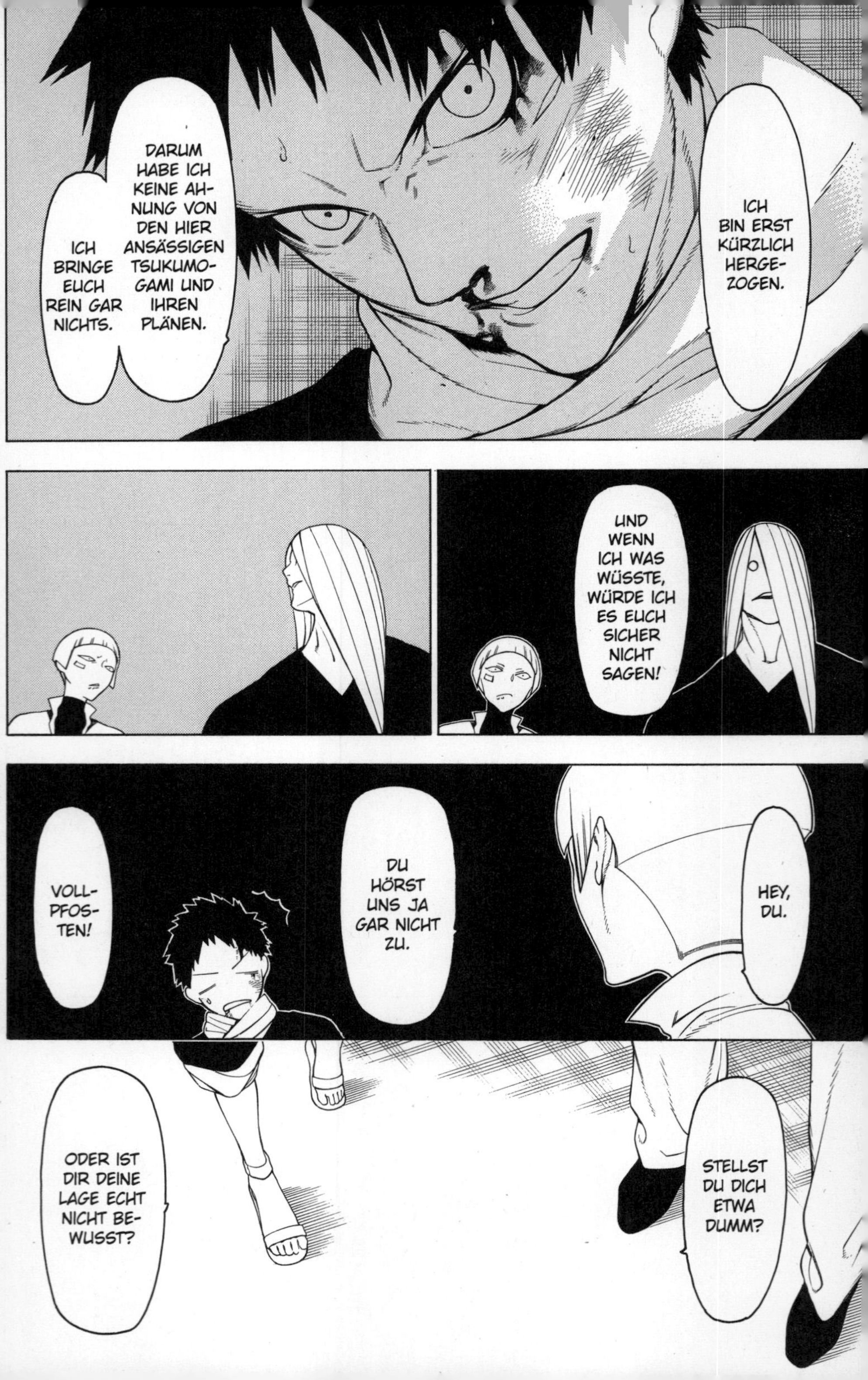
ICH BIN ERST KÜRZLICH HERGEZOGEN.
DARUM HABE ICH KEINE AHNUNG VON DEN HIER ANSÄSSIGEN TSUKUMOGAMI UND IHREN PLÄNEN.
ICH BRINGE EUCH REIN GAR NICHTS.
UND WENN ICH WAS WÜSSTE, WÜRDE ICH ES EUCH SICHER NICHT SAGEN!
HEY, DU.
DU HÖRST UNS JA GAR NICHT ZU.
VOLLPFOSTEN!
STELLST DU DICH ETWA DUMM?
ODER IST DIR DEINE LAGE ECHT NICHT BEWUSST?

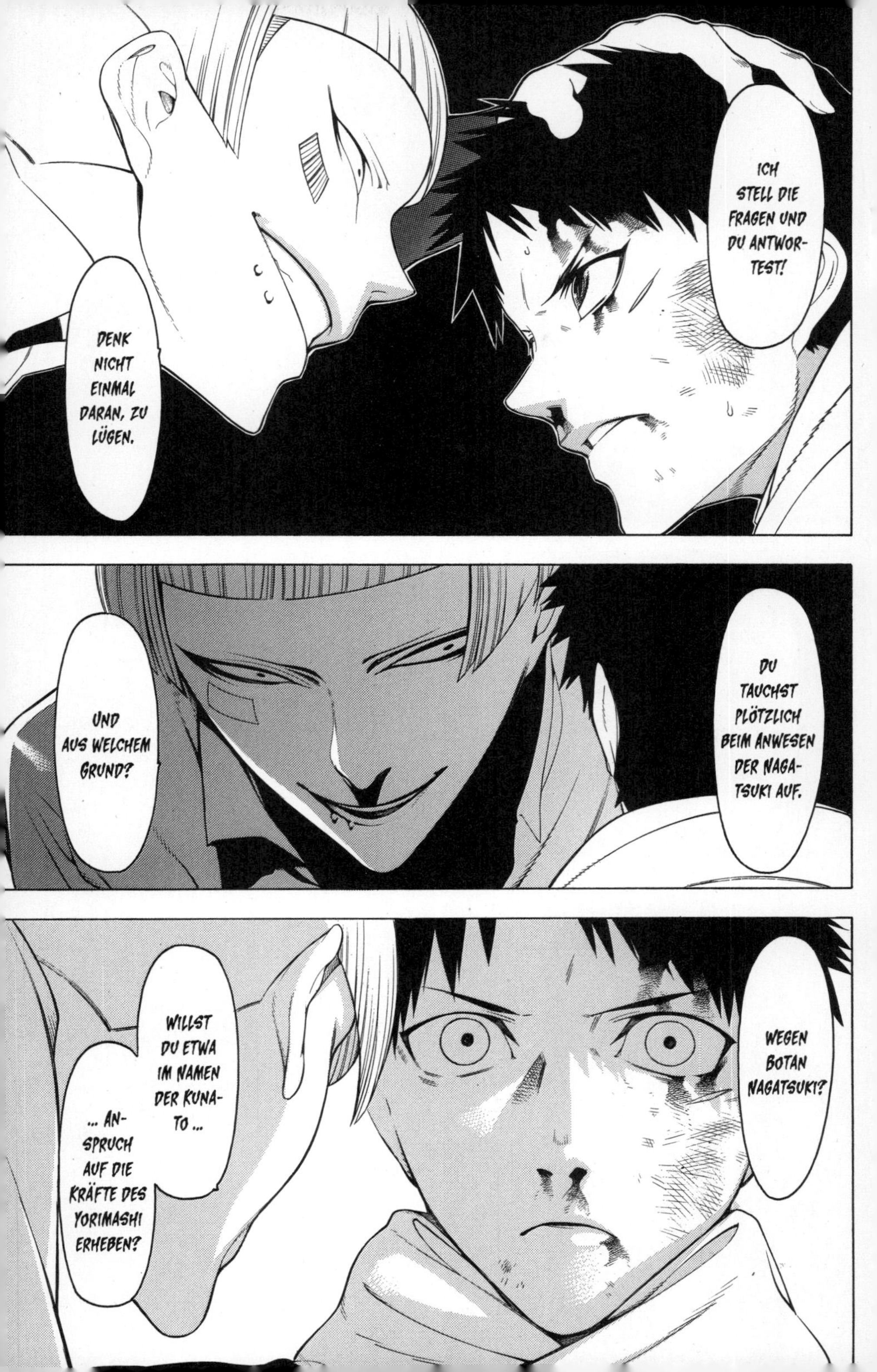
ICH STELL DIE FRAGEN UND DU ANTWORTEST!
DENK NICHT EINMAL DARAN, ZU LÜGEN.
DU TAUCHST PLÖTZLICH BEIM ANWESEN DER NAGATSUKI AUF.
UND AUS WELCHEM GRUND?
WEGEN BOTAN NAGATSUKI?
WILLST DU ETWA IM NAMEN DER KUNATO ...
... ANSPRUCH AUF DIE KRÄFTE DES YORIMASHI ERHEBEN?

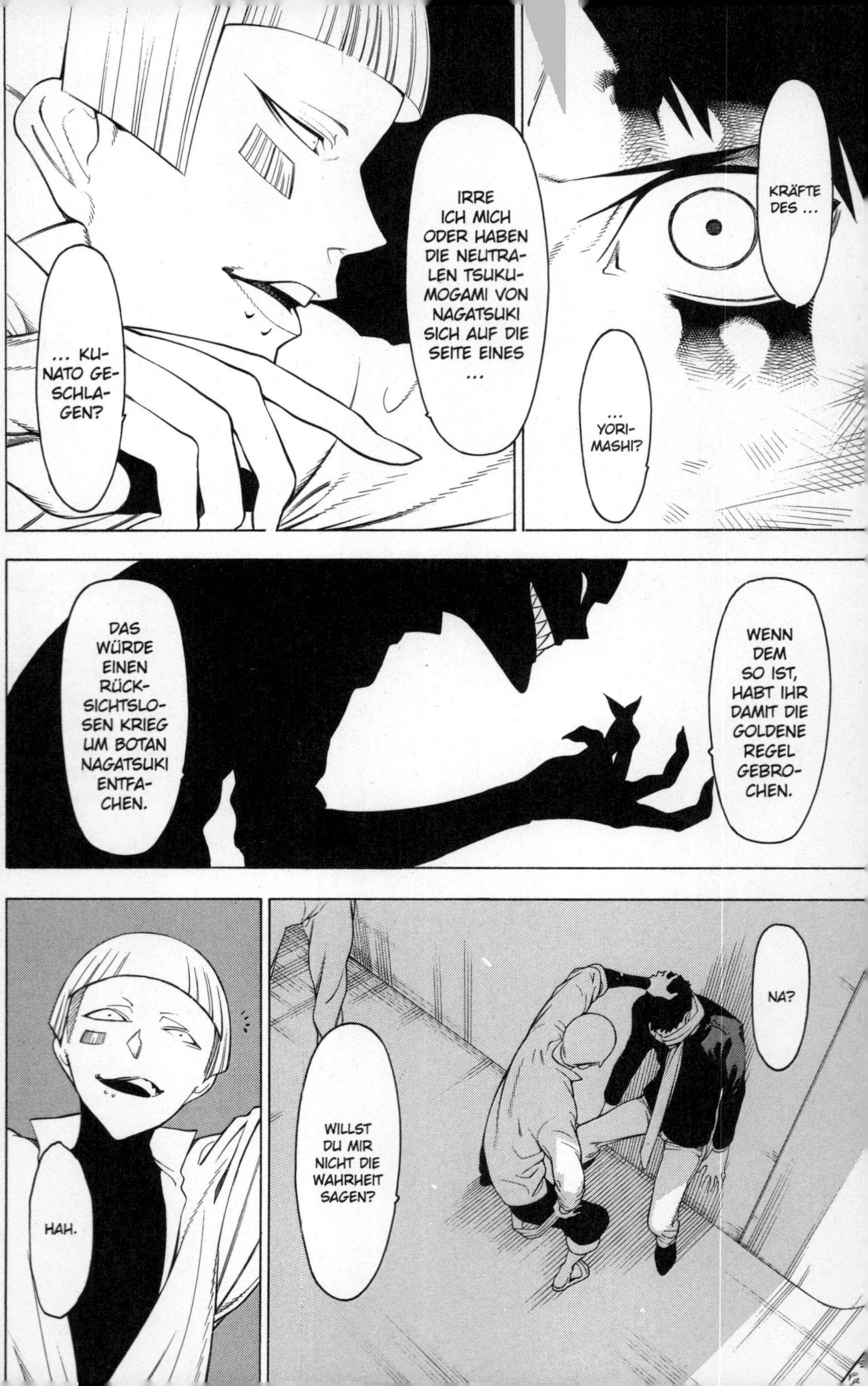
KRÄFTE DES ...
... YORI-MASHI?
IRRE ICH MICH ODER HABEN DIE NEUTRA-LEN TSUKU-MOGAMI VON NAGATSUKI SICH AUF DIE SEITE EINES ...
... KU-NATO GE-SCHLA-GEN?
WENN DEM SO IST, HABT IHR DAMIT DIE GOLDENE REGEL GEBRO-CHEN.
DAS WÜRDE EINEN RÜCK-SICHTSLO-SEN KRIEG UM BOTAN NAGATSUKI ENTFA-CHEN.
NA?
WILLST DU MIR NICHT DIE WAHRHEIT SAGEN?
HAH.

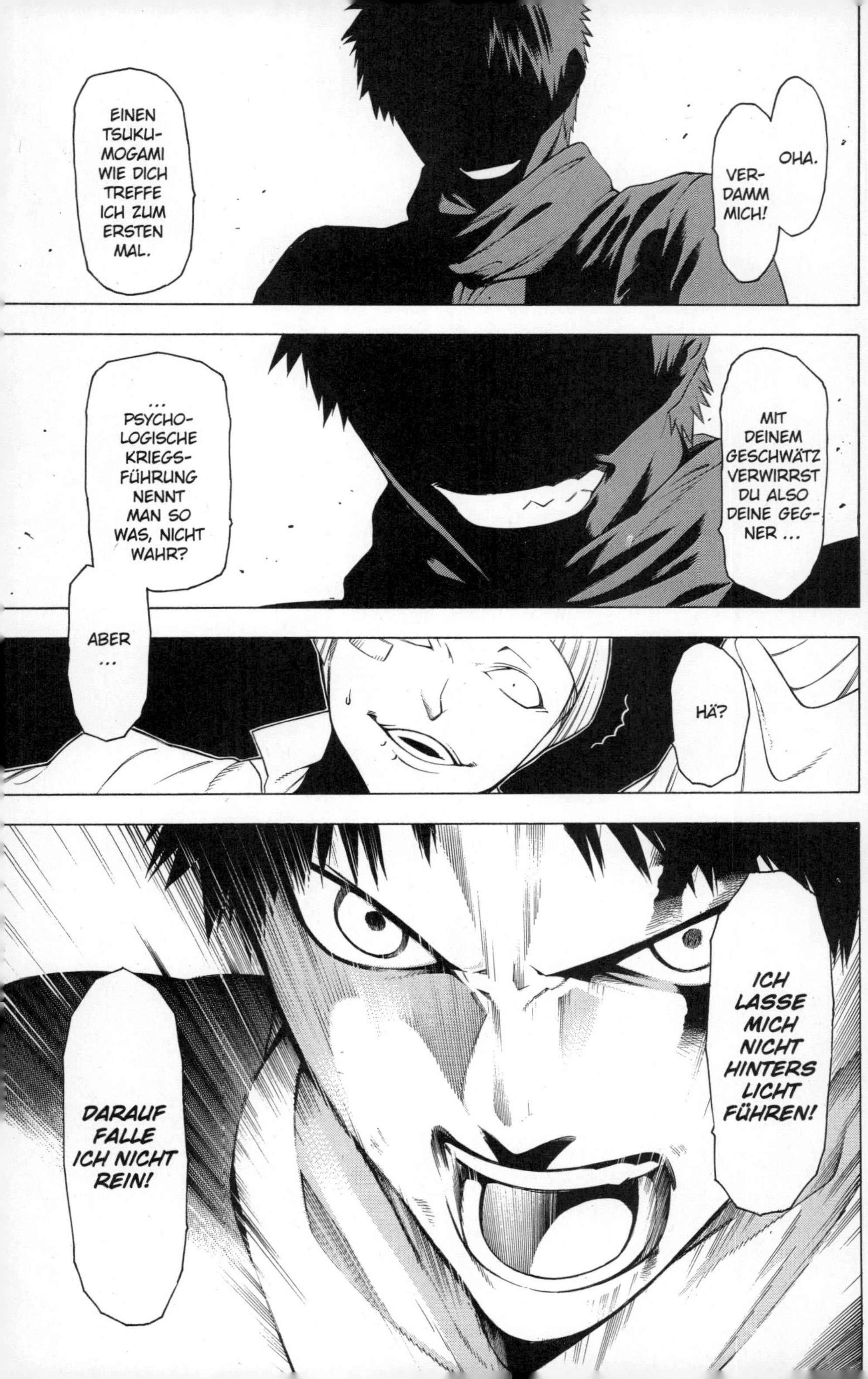
OHA. VERDAMM MICH!
EINEN TSUKUMOGAMI WIE DICH TREFFE ICH ZUM ERSTEN MAL.
MIT DEINEM GESCHWÄTZ VERWIRRST DU ALSO DEINE GEGNER ...
... PSYCHOLOGISCHE KRIEGSFÜHRUNG NENNT MAN SO WAS, NICHT WAHR?
HÄ?
ABER ...
ICH LASSE MICH NICHT HINTERS LICHT FÜHREN!
DARAUF FALLE ICH NICHT REIN!

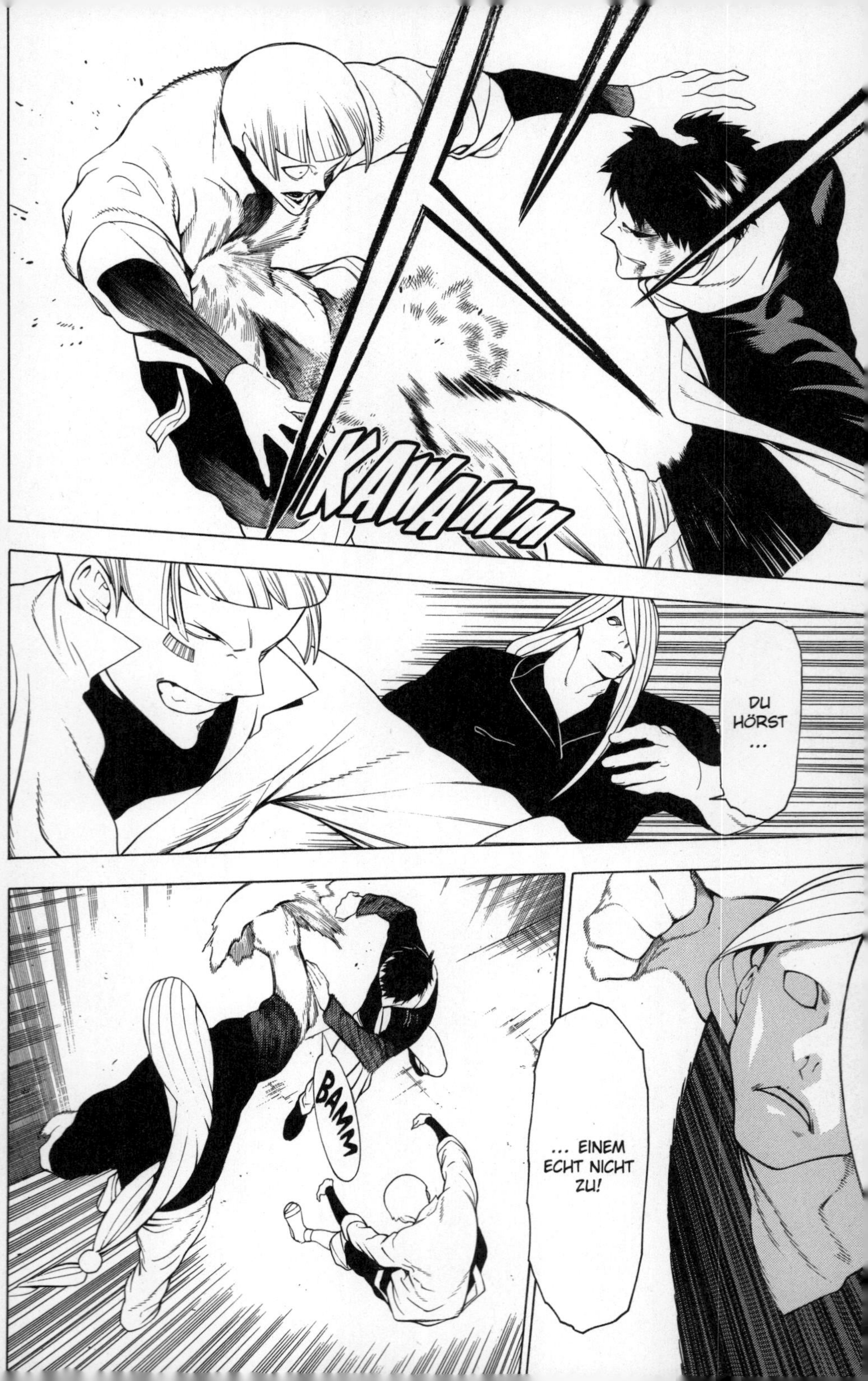

KAWAMM
DU HÖRST ...
... EINEM ECHT NICHT ZU!
BAMM

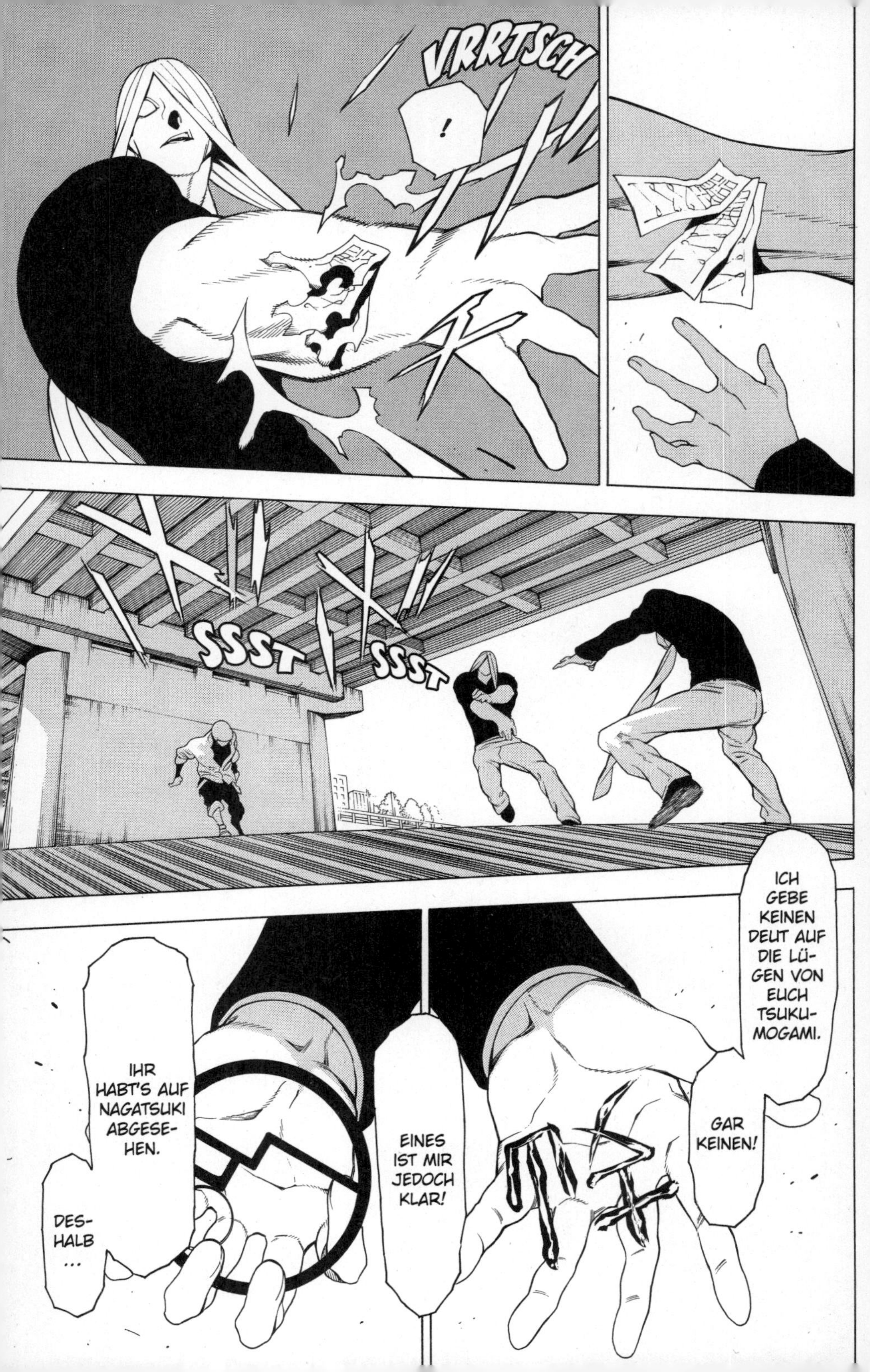
VRRTSCH
!
SSST
SSST
ICH GEBE KEINEN DEUT AUF DIE LÜGEN VON EUCH TSUKUMOGAMI.
GAR KEINEN!
EINES IST MIR JEDOCH KLAR!
IHR HABT'S AUF NAGATSUKI ABGESEHEN.
DESHALB ...

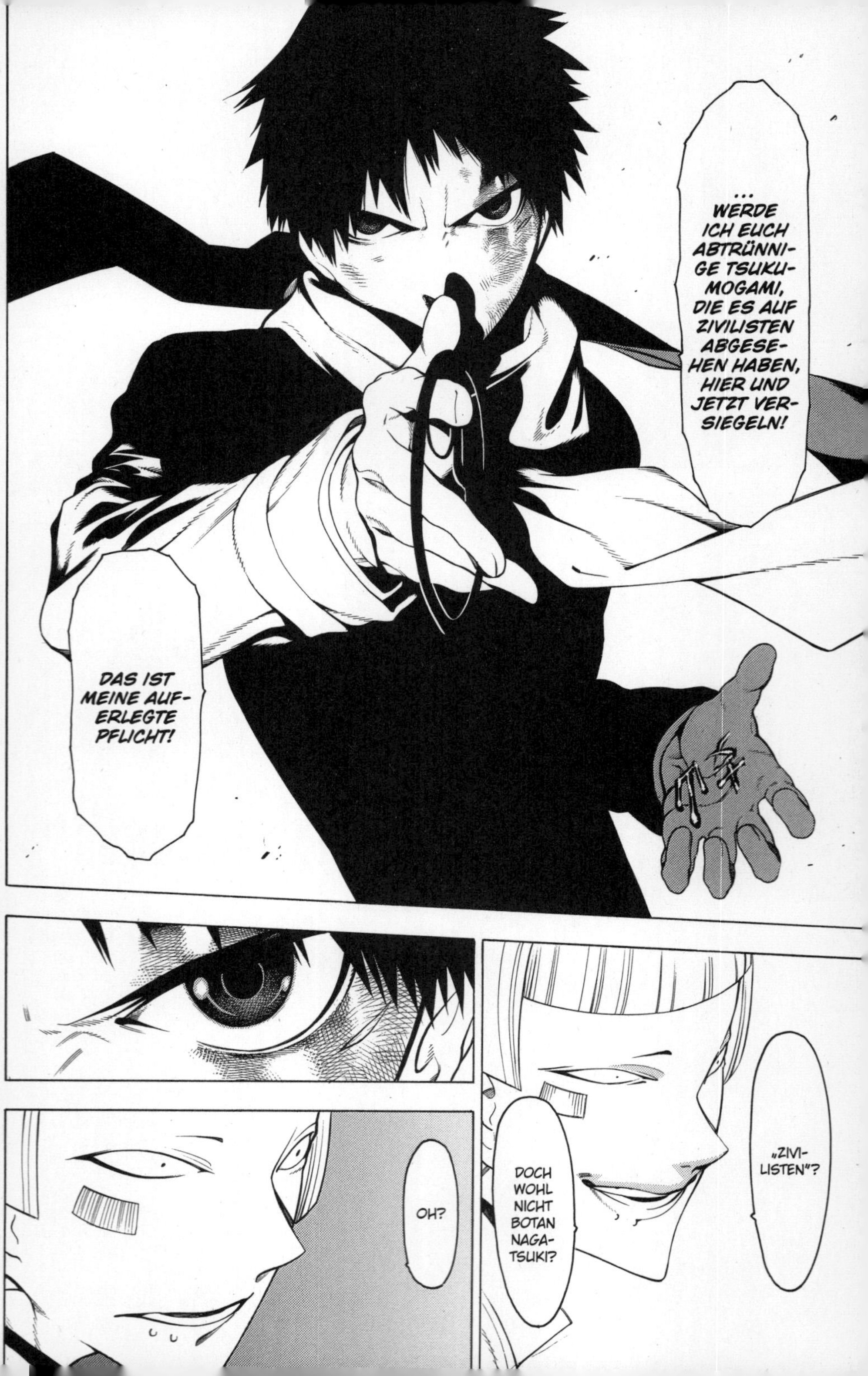
...WERDE ICH EUCH ABTRÜNNIGE TSUKUMOGAMI, DIE ES AUF ZIVILISTEN ABGESEHEN HABEN, HIER UND JETZT VERSIEGELN!
DAS IST MEINE AUFERLEGTE PFLICHT!
„ZIVILISTEN"?
DOCH WOHL NICHT BOTAN NAGATSUKI?
OH?

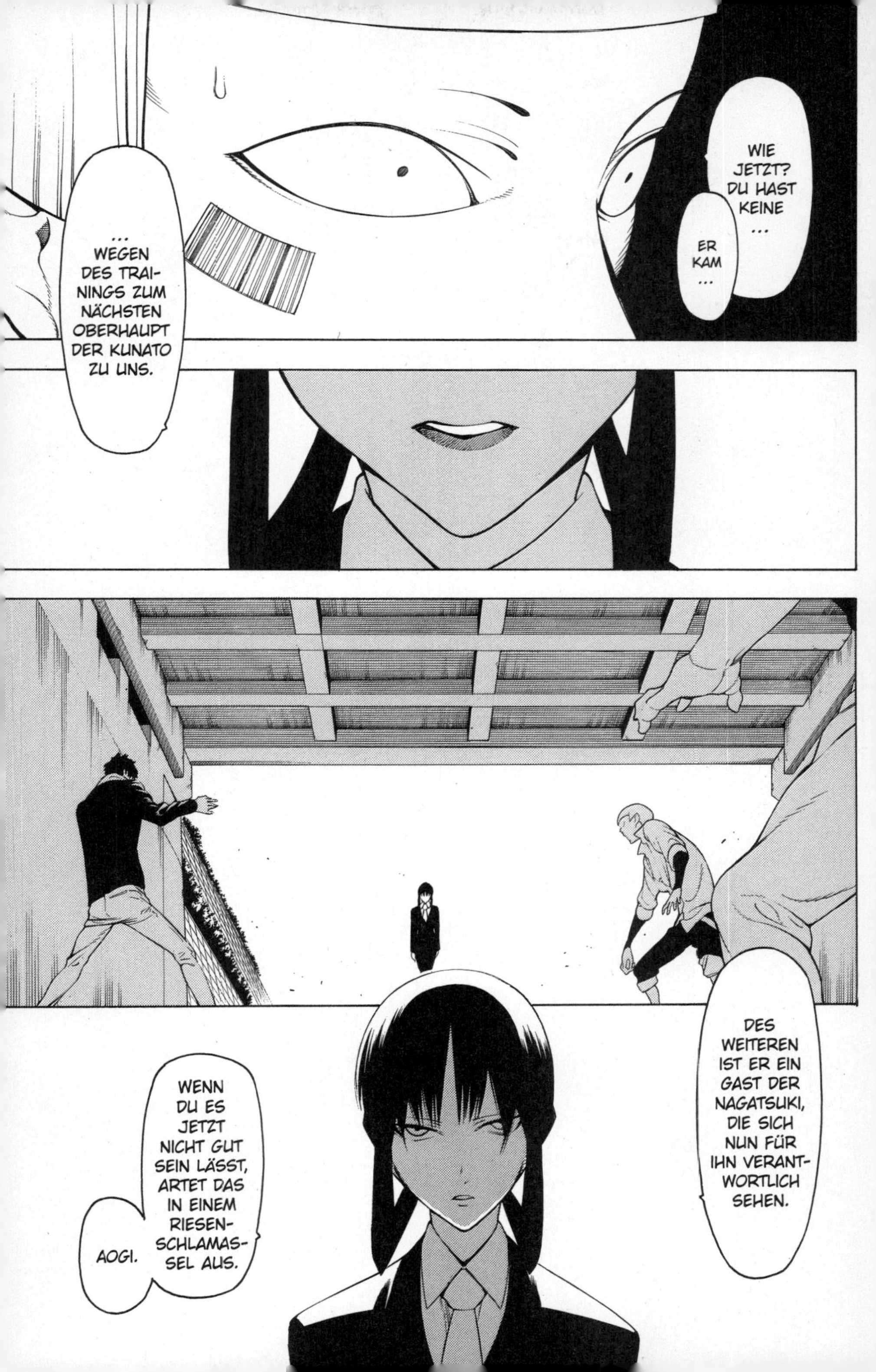

WIE JETZT? DU HAST KEINE ...
ER KAM ...
... WEGEN DES TRAININGS ZUM NÄCHSTEN OBERHAUPT DER KUNATO ZU UNS.
DES WEITEREN IST ER EIN GAST DER NAGATSUKI, DIE SICH NUN FÜR IHN VERANTWORTLICH SEHEN.
WENN DU ES JETZT NICHT GUT SEIN LÄSST, ARTET DAS IN EINEM RIESENSCHLAMASSEL AUS.
AOGI.

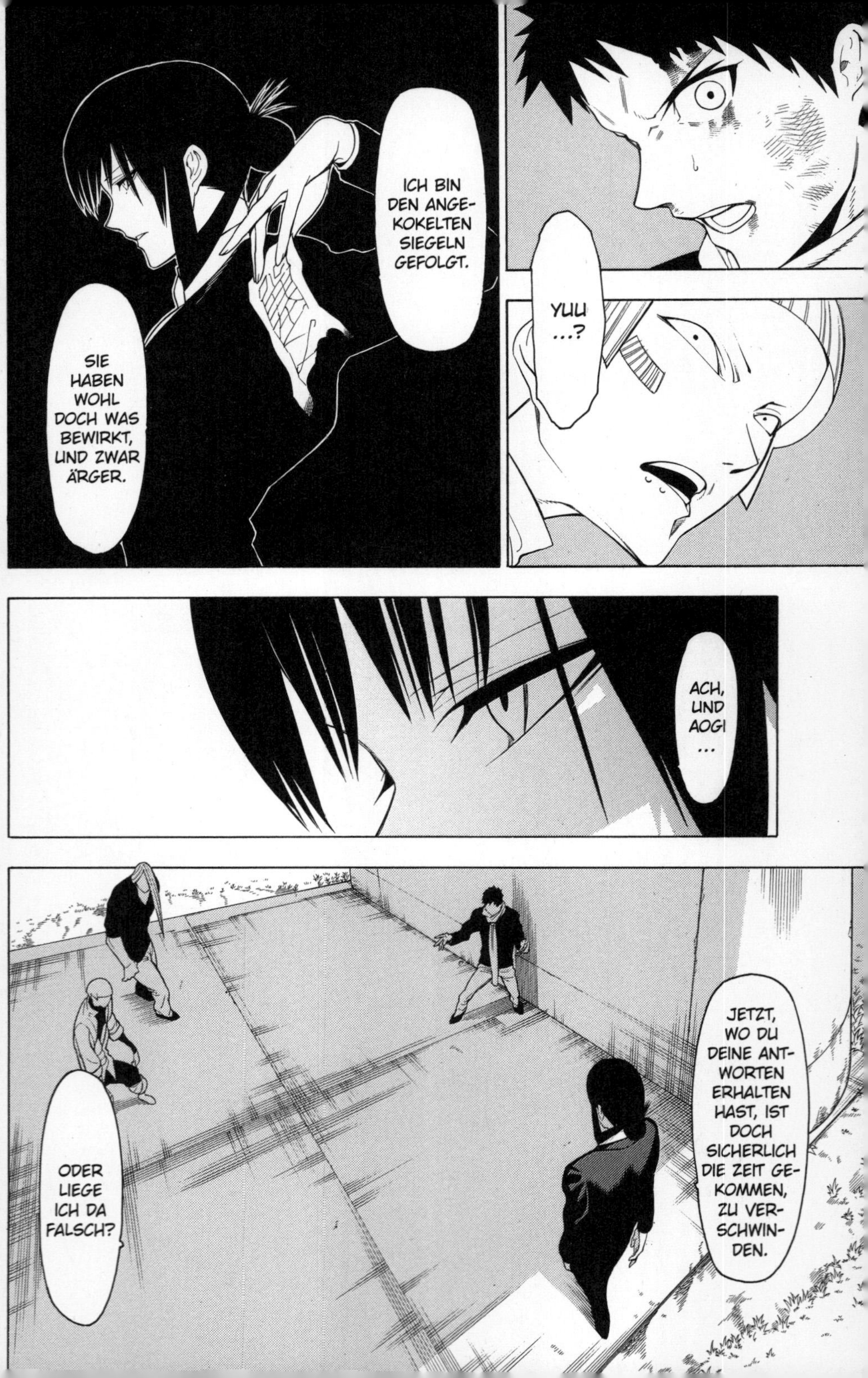
YUU ...?
ICH BIN DEN ANGE-KOKELTEN SIEGELN GEFOLGT.
SIE HABEN WOHL DOCH WAS BEWIRKT, UND ZWAR ÄRGER.
ACH, UND AOGI ...
JETZT, WO DU DEINE ANT-WORTEN ERHALTEN HAST, IST DOCH SICHERLICH DIE ZEIT GE-KOMMEN, ZU VER-SCHWIN-DEN.
ODER LIEGE ICH DA FALSCH?

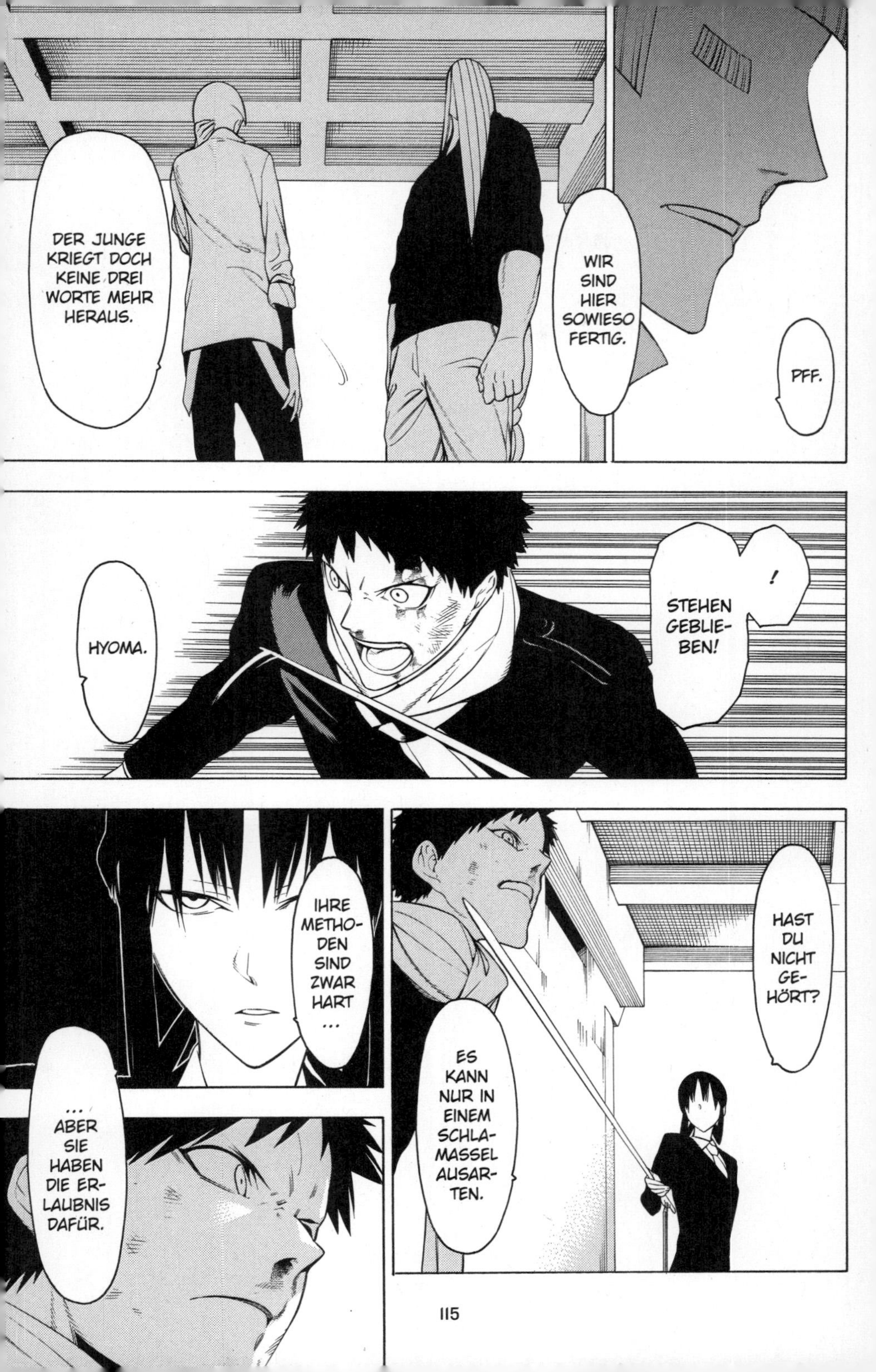
PFF.
WIR SIND HIER SOWIESO FERTIG.
DER JUNGE KRIEGT DOCH KEINE DREI WORTE MEHR HERAUS.
!
STEHEN GEBLIE-BEN!
HYOMA.
HAST DU NICHT GE-HÖRT?
ES KANN NUR IN EINEM SCHLA-MASSEL AUSAR-TEN.
IHRE METHO-DEN SIND ZWAR HART …
… ABER SIE HABEN DIE ER-LAUBNIS DAFÜR.

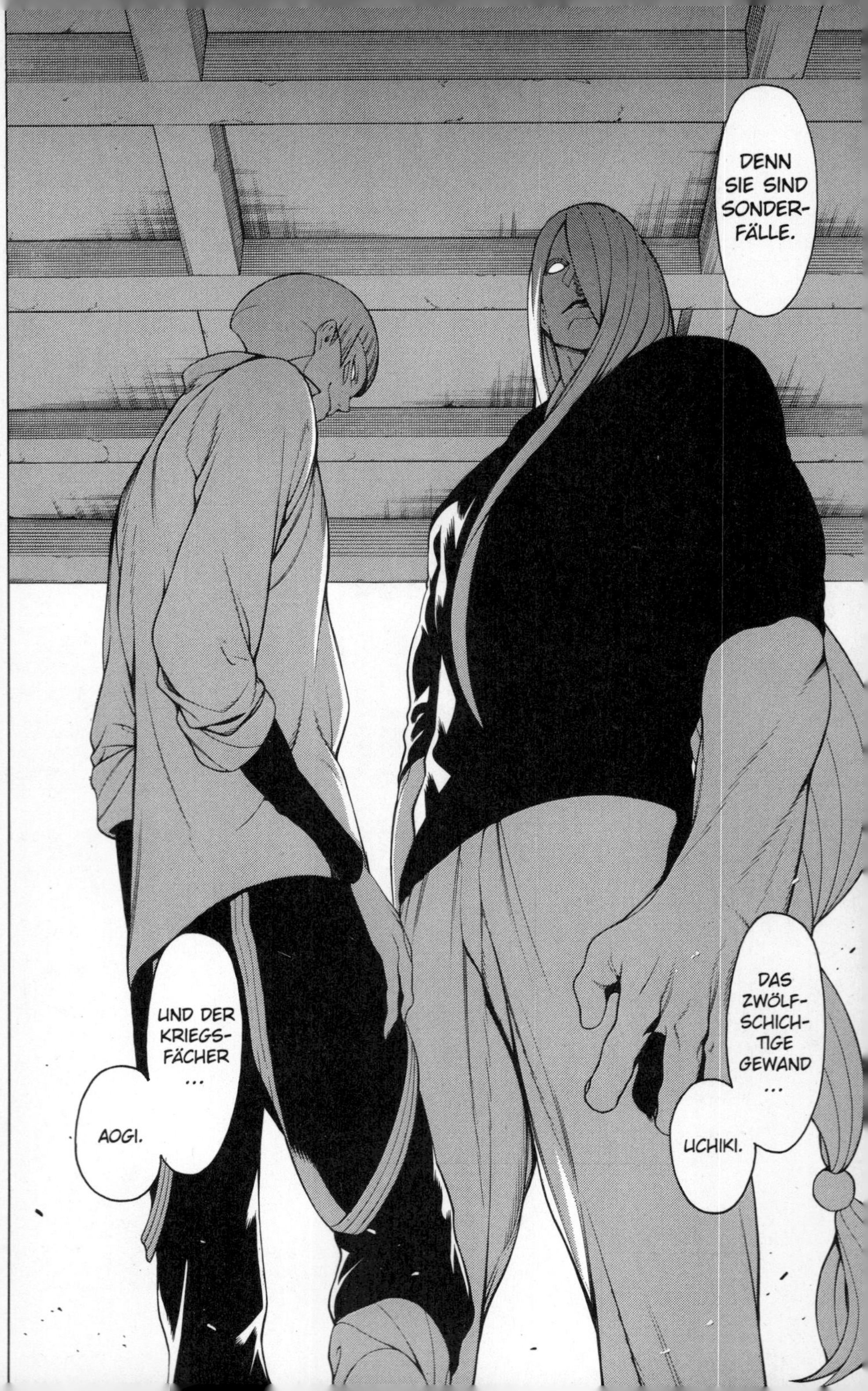
DENN SIE SIND SONDER-FÄLLE.
DAS ZWÖLF-SCHICH-TIGE GEWAND ...
UCHIKI.
UND DER KRIEGS-FÄCHER ...
AOGI.

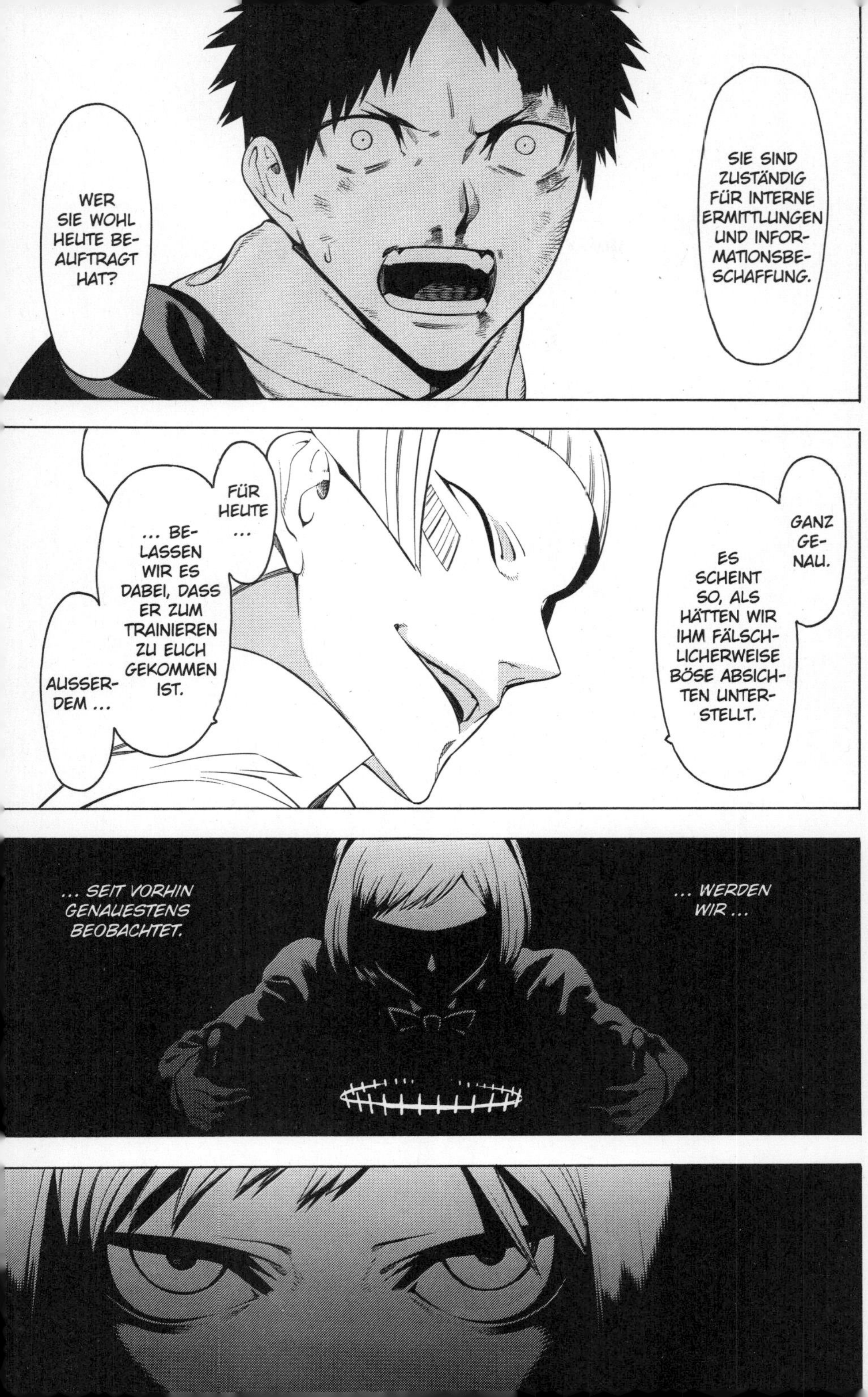
SIE SIND ZUSTÄNDIG FÜR INTERNE ERMITTLUNGEN UND INFORMATIONSBESCHAFFUNG.
WER SIE WOHL HEUTE BEAUFTRAGT HAT?
GANZ GENAU.
ES SCHEINT SO, ALS HÄTTEN WIR IHM FÄLSCHLICHERWEISE BÖSE ABSICHTEN UNTERSTELLT.
FÜR HEUTE …
… BELASSEN WIR ES DABEI, DASS ER ZUM TRAINIEREN ZU EUCH GEKOMMEN IST.
AUSSERDEM …
… WERDEN WIR …
… SEIT VORHIN GENAUESTENS BEOBACHTET.

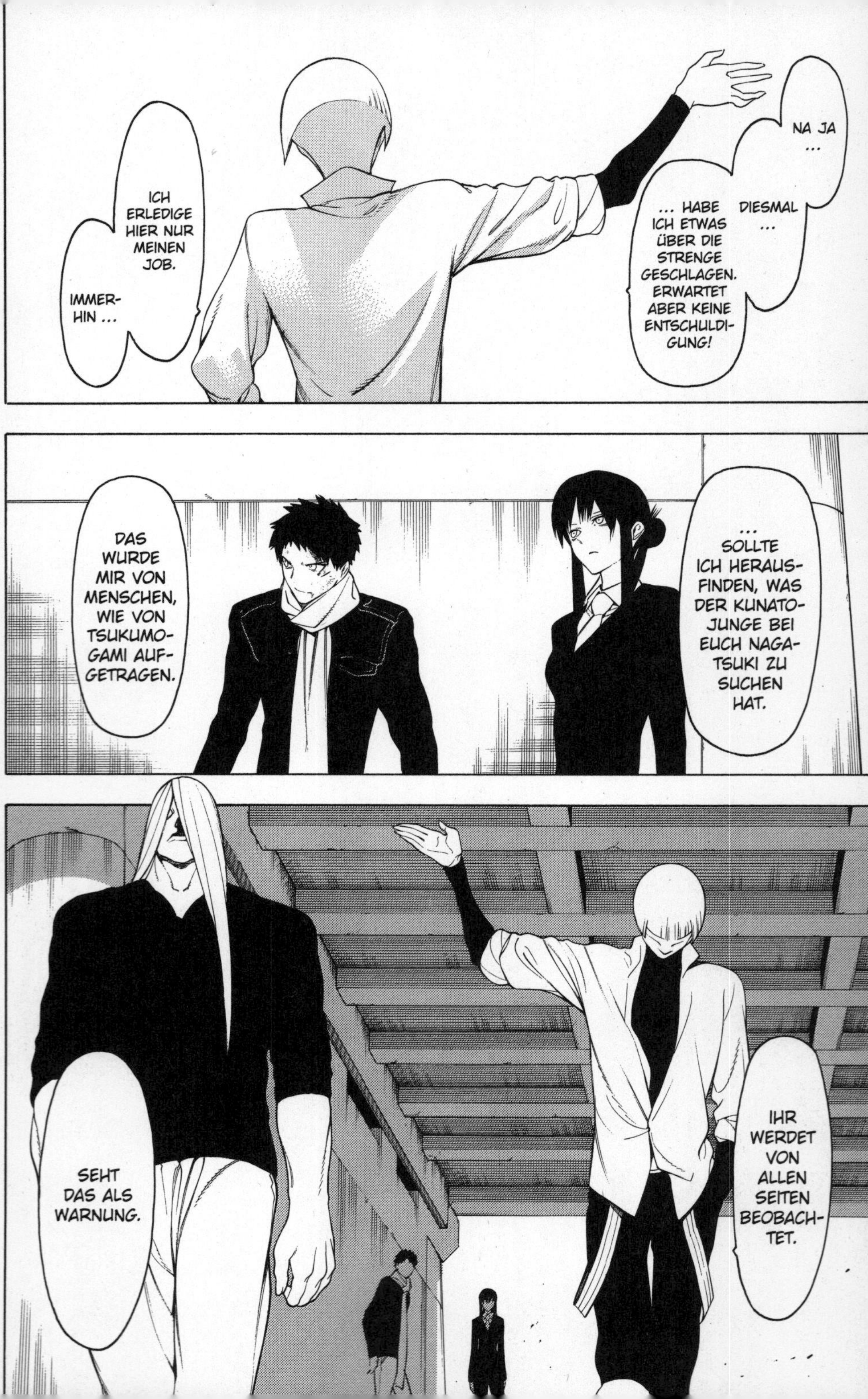
NA JA …
DIESMAL …
… HABE ICH ETWAS ÜBER DIE STRENGE GESCHLAGEN. ERWARTET ABER KEINE ENTSCHULDIGUNG!
ICH ERLEDIGE HIER NUR MEINEN JOB.
IMMERHIN …
… SOLLTE ICH HERAUSFINDEN, WAS DER KUNATO-JUNGE BEI EUCH NAGATSUKI ZU SUCHEN HAT.
DAS WURDE MIR VON MENSCHEN, WIE VON TSUKUMOGAMI AUFGETRAGEN.
IHR WERDET VON ALLEN SEITEN BEOBACHTET.
SEHT DAS ALS WARNUNG.

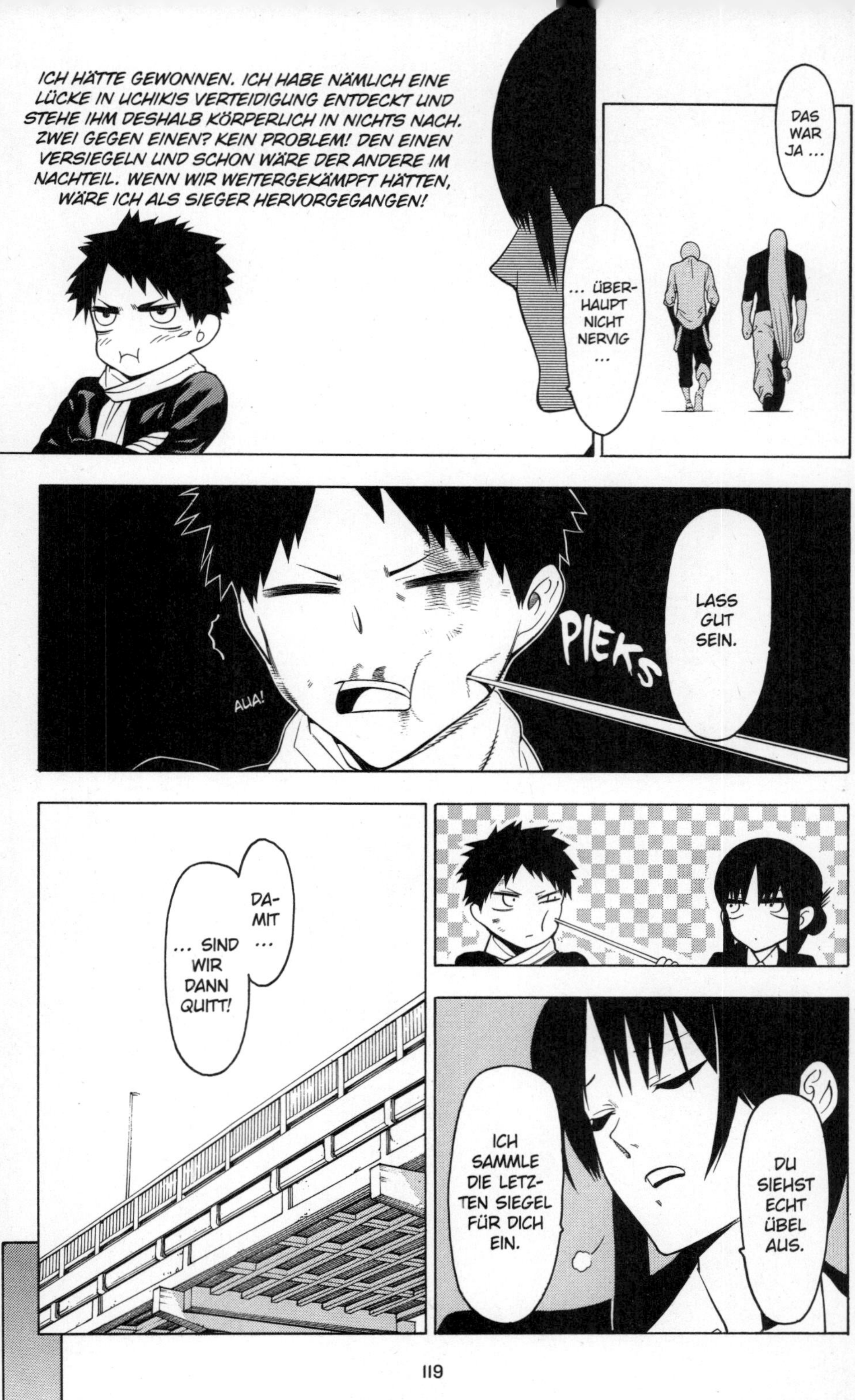
DAS WAR JA …
… ÜBERHAUPT NICHT NERVIG …
ICH HÄTTE GEWONNEN. ICH HABE NÄMLICH EINE LÜCKE IN UCHIKIS VERTEIDIGUNG ENTDECKT UND STEHE IHM DESHALB KÖRPERLICH IN NICHTS NACH. ZWEI GEGEN EINEN? KEIN PROBLEM! DEN EINEN VERSIEGELN UND SCHON WÄRE DER ANDERE IM NACHTEIL. WENN WIR WEITERGEKÄMPFT HÄTTEN, WÄRE ICH ALS SIEGER HERVORGEGANGEN!
LASS GUT SEIN.
PIEKS
AUA!
DU SIEHST ECHT ÜBEL AUS.
ICH SAMMLE DIE LETZTEN SIEGEL FÜR DICH EIN.
DAMIT …
… SIND WIR DANN QUITT!

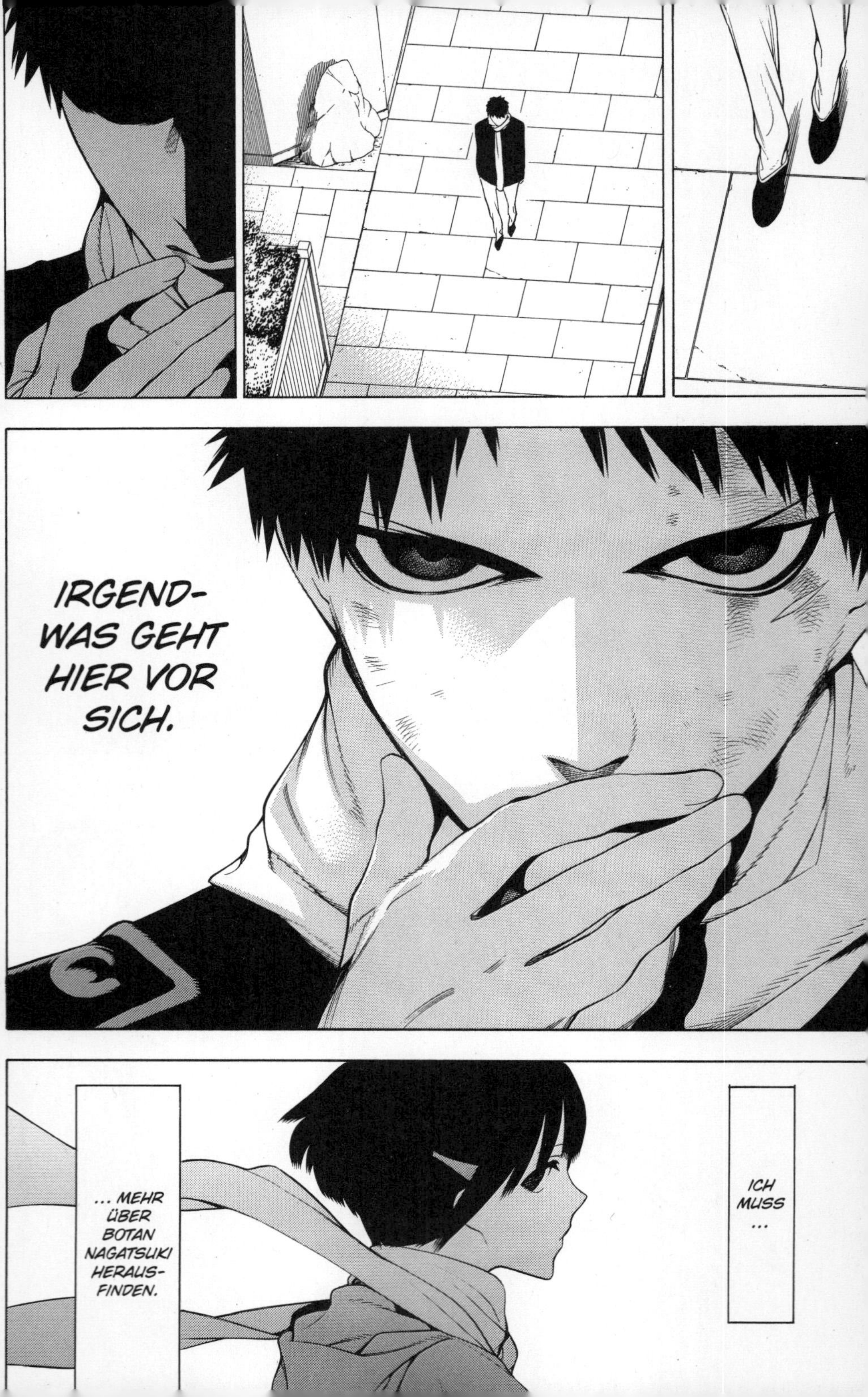
IRGEND-
WAS GEHT
HIER VOR
SICH.
ICH
MUSS
...
... MEHR
ÜBER
BOTAN
NAGATSUKI
HERAUS-
FINDEN.

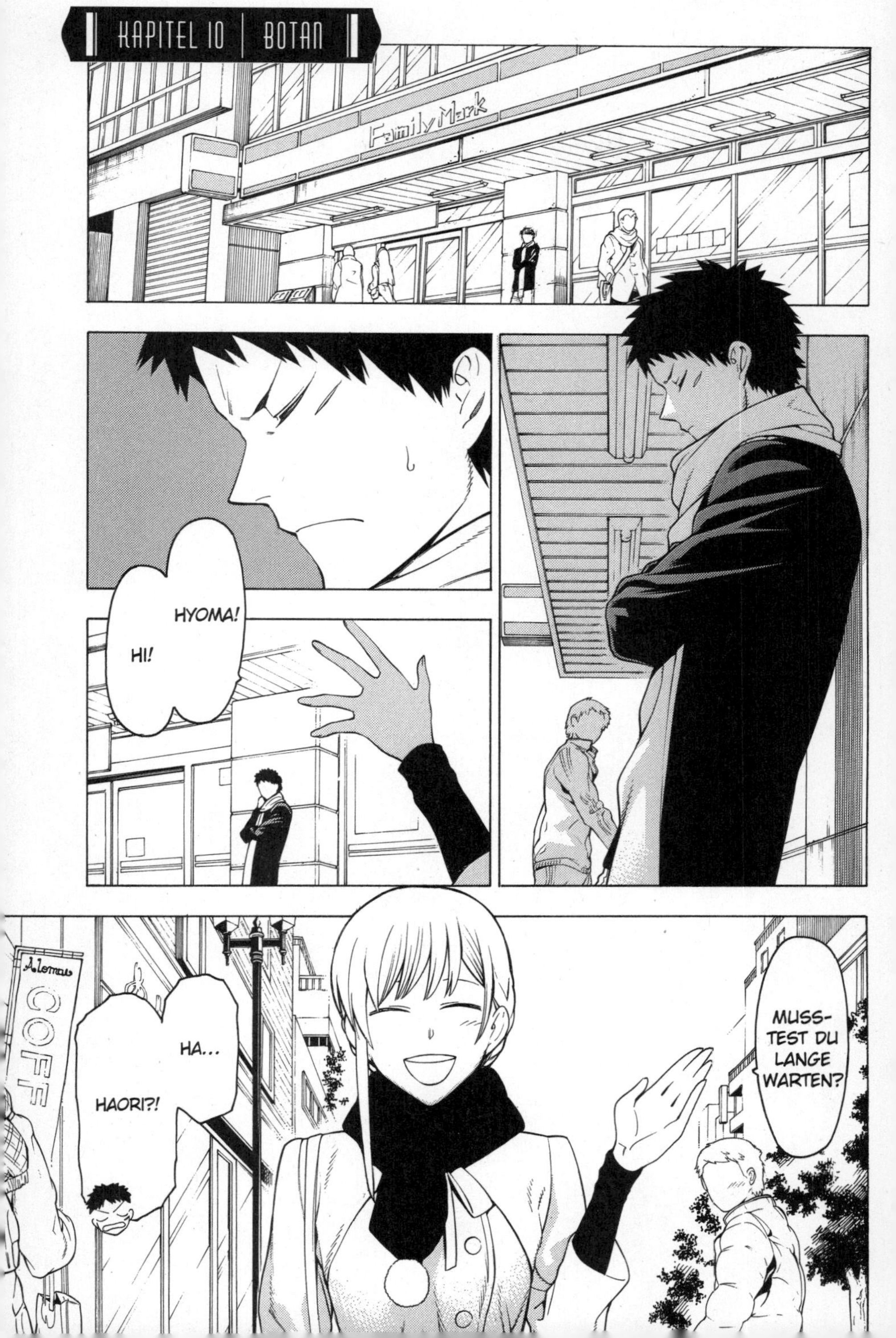
KAPITEL 10 | BOTAN
Family Mark
HYOMA!
HI!
MUSS-TEST DU LANGE WARTEN?
HA…
HAORI?!

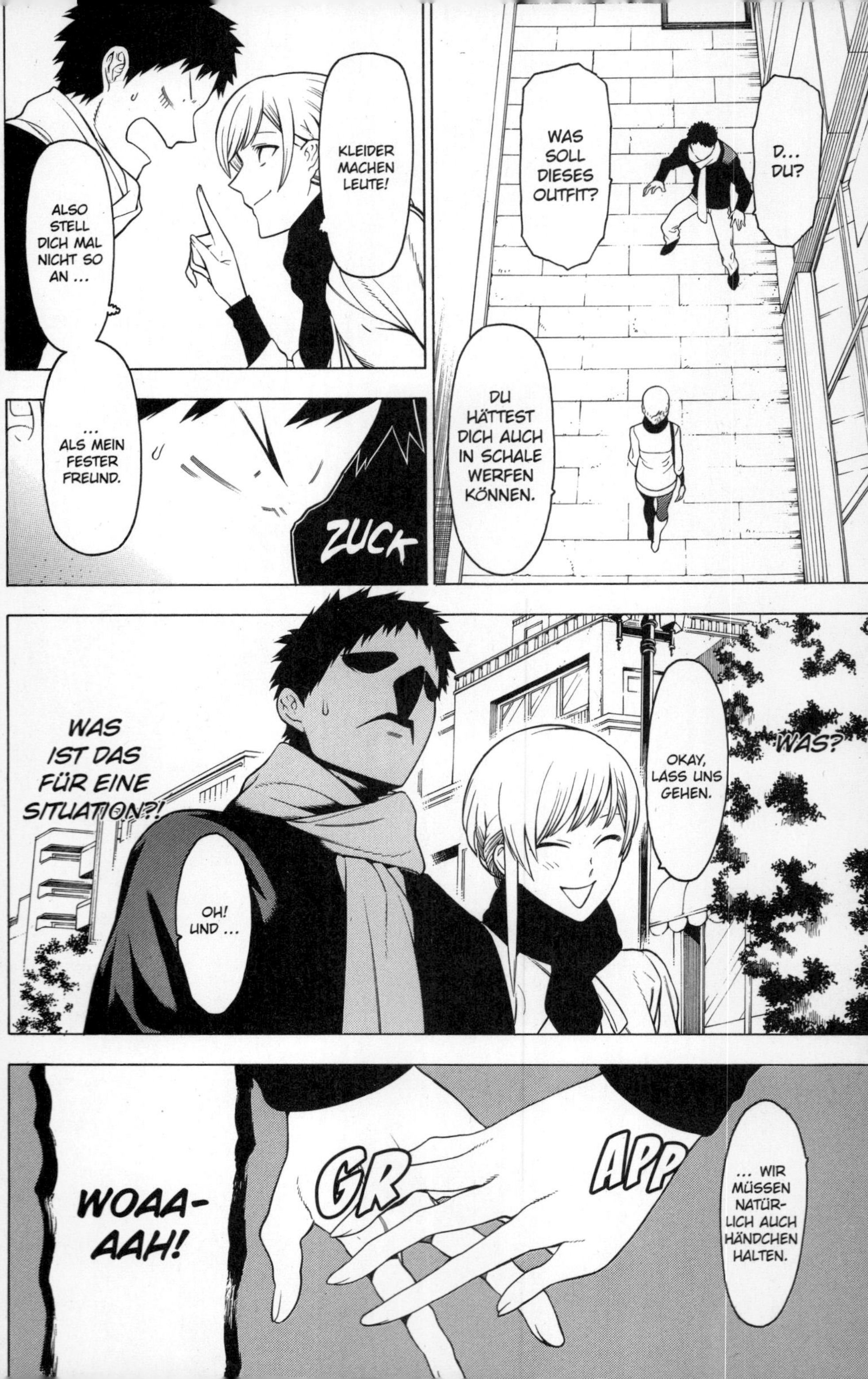
D... DU?
WAS SOLL DIESES OUTFIT?
DU HÄTTEST DICH AUCH IN SCHALE WERFEN KÖNNEN.
KLEIDER MACHEN LEUTE!
ALSO STELL DICH MAL NICHT SO AN ...
... ALS MEIN FESTER FREUND.
ZUCK
WAS?
OKAY, LASS UNS GEHEN.
WAS IST DAS FÜR EINE SITUATION?!
OH! UND ...
... WIR MÜSSEN NATÜR-LICH AUCH HÄNDCHEN HALTEN.
APP
GR
WOAAA-AAH!

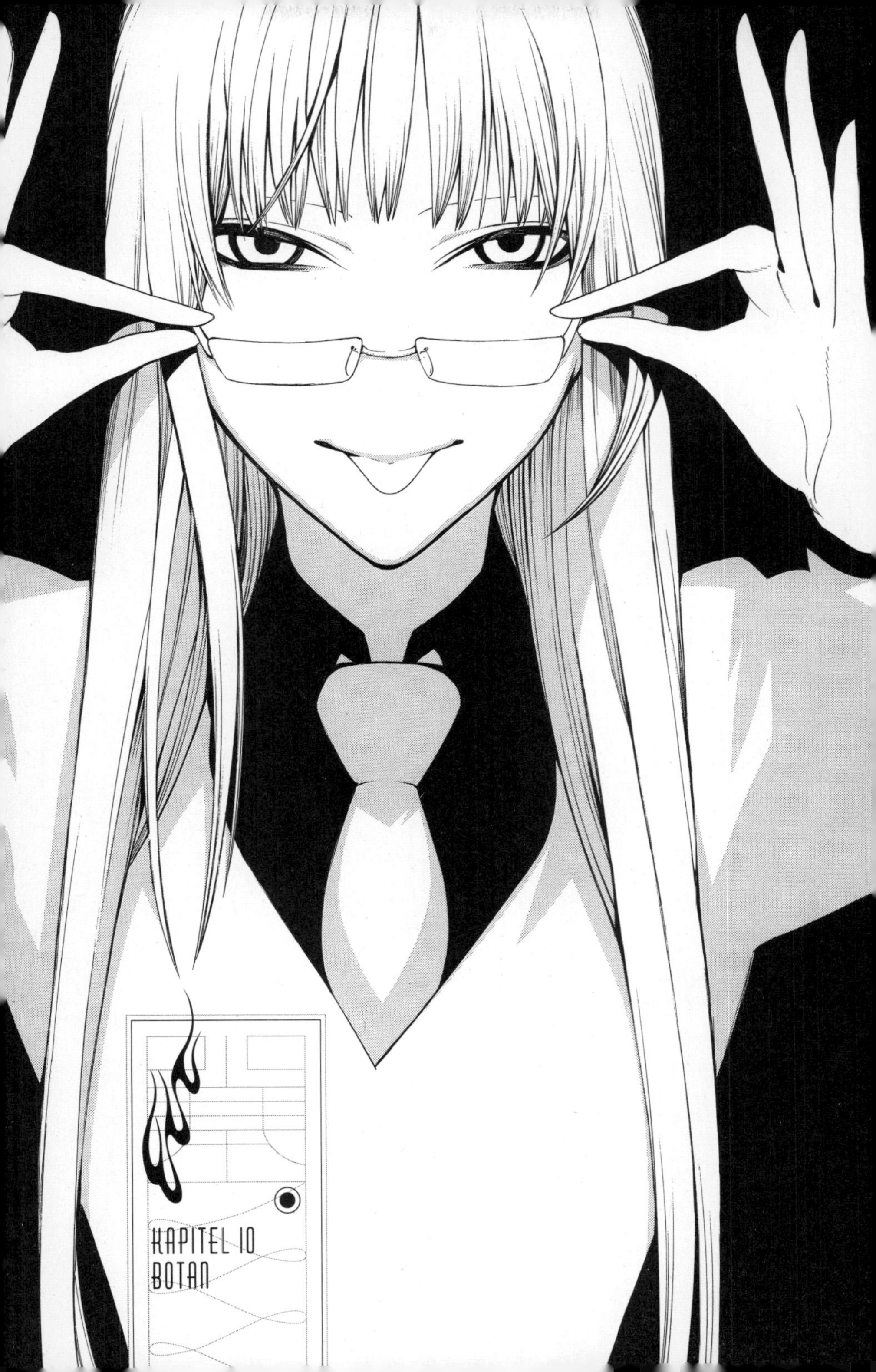
KAPITEL 10
BOTAN

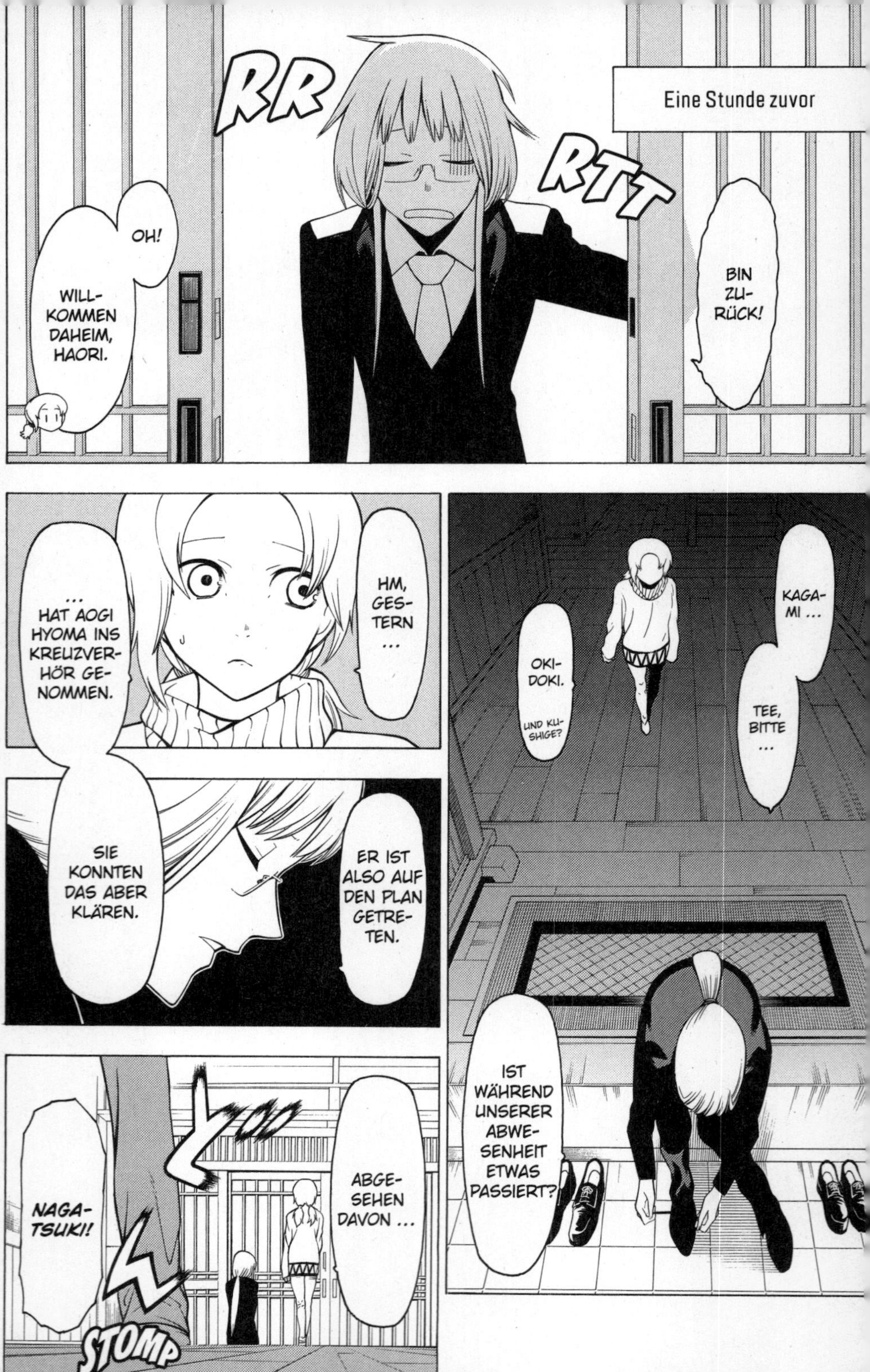
Eine Stunde zuvor
RRRTT
BIN ZURÜCK!
OH!
WILLKOMMEN DAHEIM, HAORI.
KAGAMI ...
TEE, BITTE ...
OKIDOKI.
UND KUSHIGE?
IST WÄHREND UNSERER ABWESENHEIT ETWAS PASSIERT?
HM, GESTERN ...
... HAT AOGI HYOMA INS KREUZVERHÖR GENOMMEN.
ER IST ALSO AUF DEN PLAN GETRETEN.
SIE KONNTEN DAS ABER KLÄREN.
ABGESEHEN DAVON ...
YO
NAGATSUKI!
STOMP

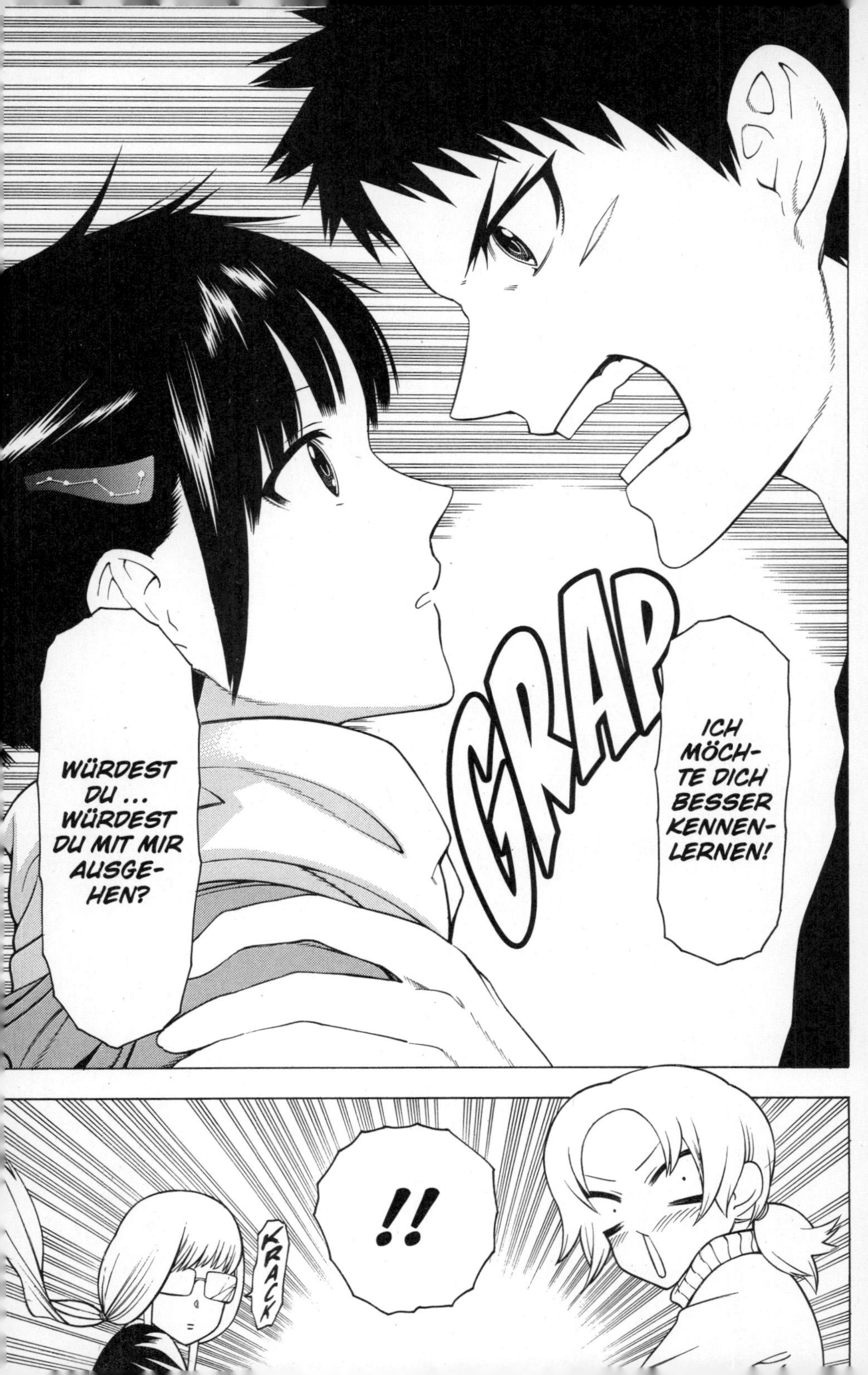
ICH MÖCHTE DICH BESSER KENNENLERNEN!
GRAP
WÜRDEST DU ... WÜRDEST DU MIT MIR AUSGEHEN?
!!
KRACK

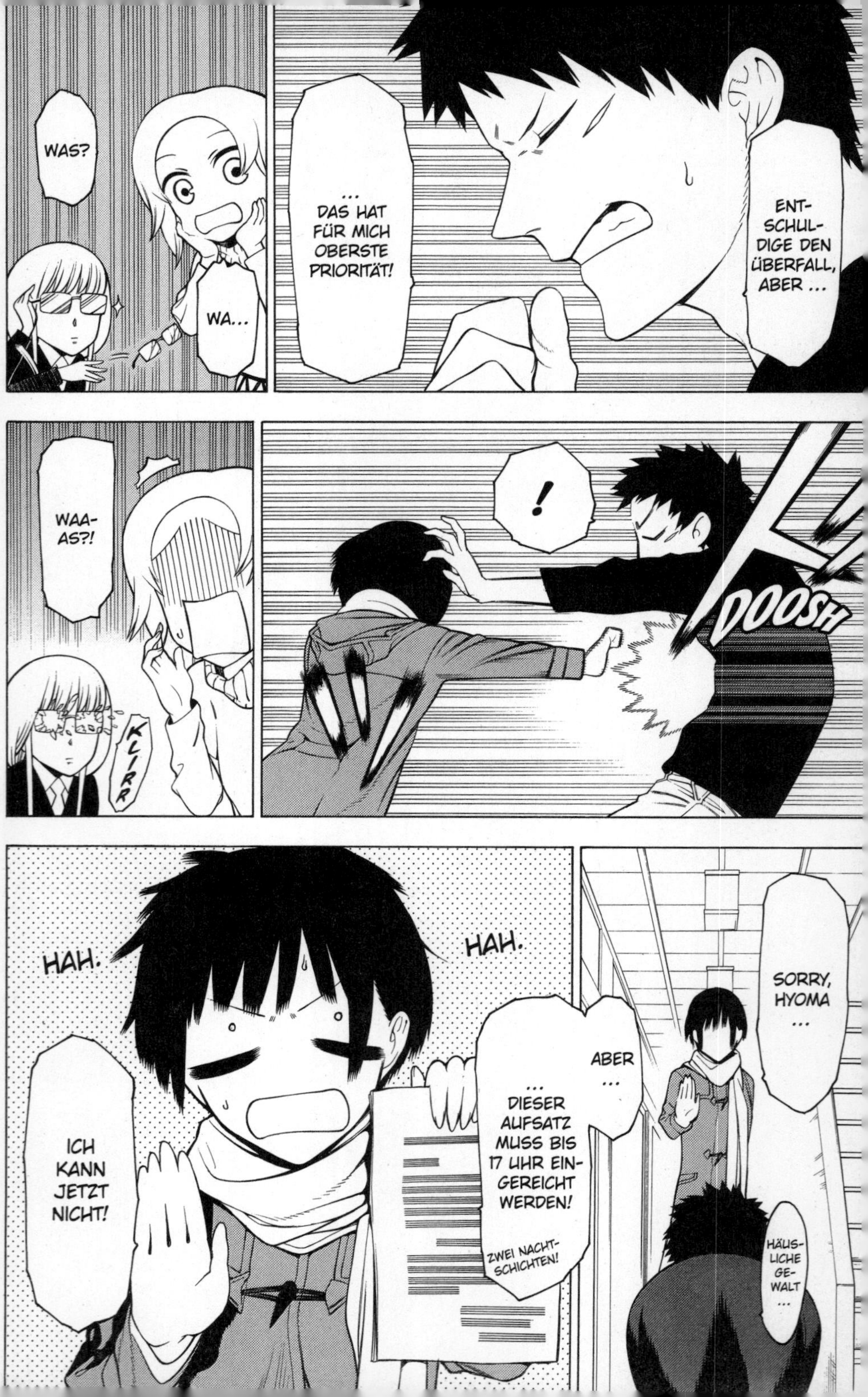
ENT-SCHUL-DIGE DEN ÜBERFALL, ABER …
… DAS HAT FÜR MICH OBERSTE PRIORITÄT!
WAS?
WA…
!
DOOSH
WAA-AS?!
KLIRR
SORRY, HYOMA …
HÄUS-LICHE GE-WALT …
ABER …
… DIESER AUFSATZ MUSS BIS 17 UHR EIN-GEREICHT WERDEN!
ZWEI NACHT-SCHICHTEN!
HAH.
HAH.
ICH KANN JETZT NICHT!

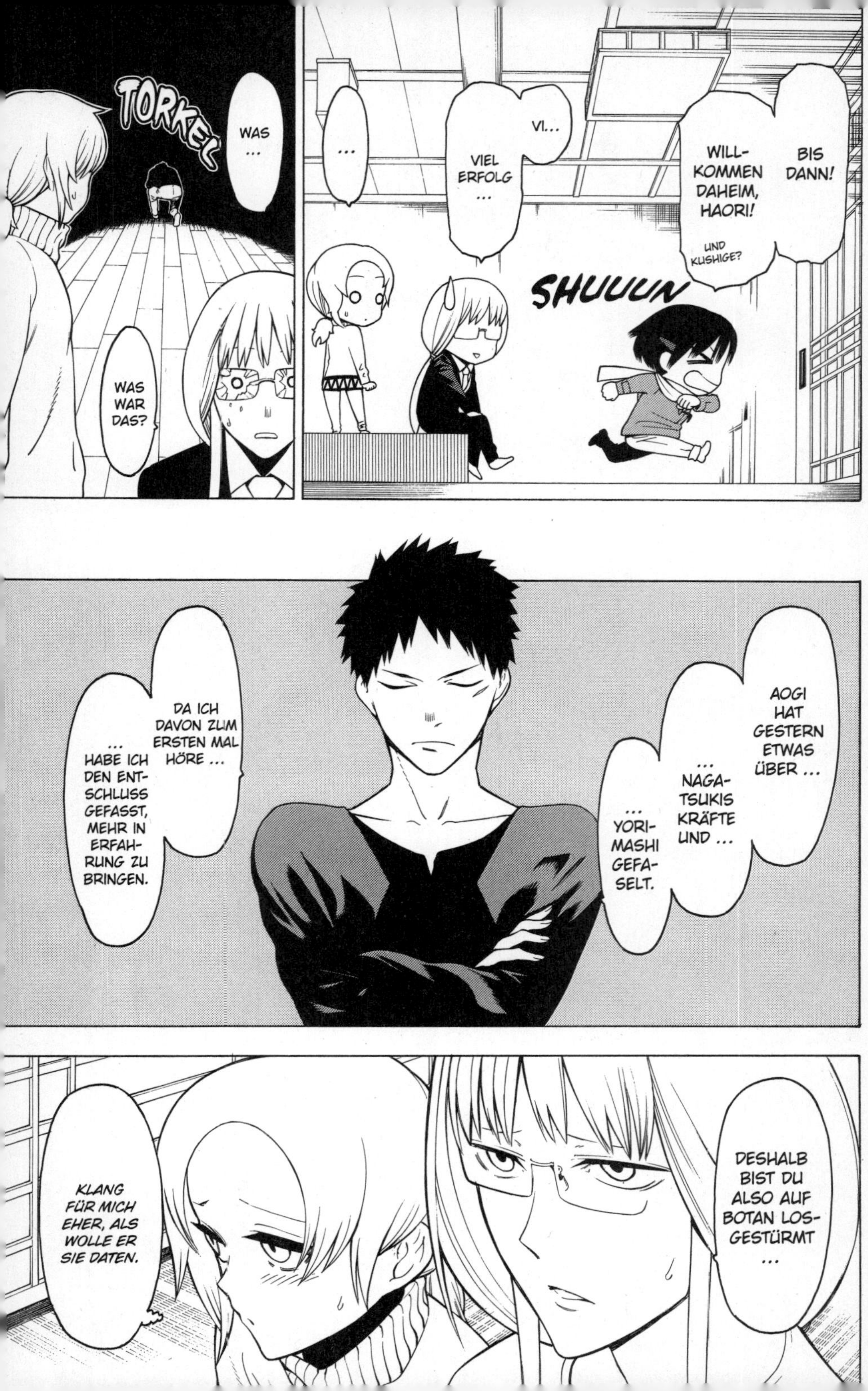
BIS DANN!
WILL-KOMMEN DAHEIM, HAORI!
UND KUSHIGE?
SHUUUN
VI…
VIEL ERFOLG …
…
WAS …
TORKEL
WAS WAR DAS?
AOGI HAT GESTERN ETWAS ÜBER …
… NAGA-TSUKIS KRÄFTE UND …
… YORI-MASHI GEFA-SELT.
DA ICH DAVON ZUM ERSTEN MAL HÖRE …
… HABE ICH DEN ENT-SCHLUSS GEFASST, MEHR IN ERFAH-RUNG ZU BRINGEN.
DESHALB BIST DU ALSO AUF BOTAN LOS-GESTÜRMT …
KLANG FÜR MICH EHER, ALS WOLLE ER SIE DATEN.

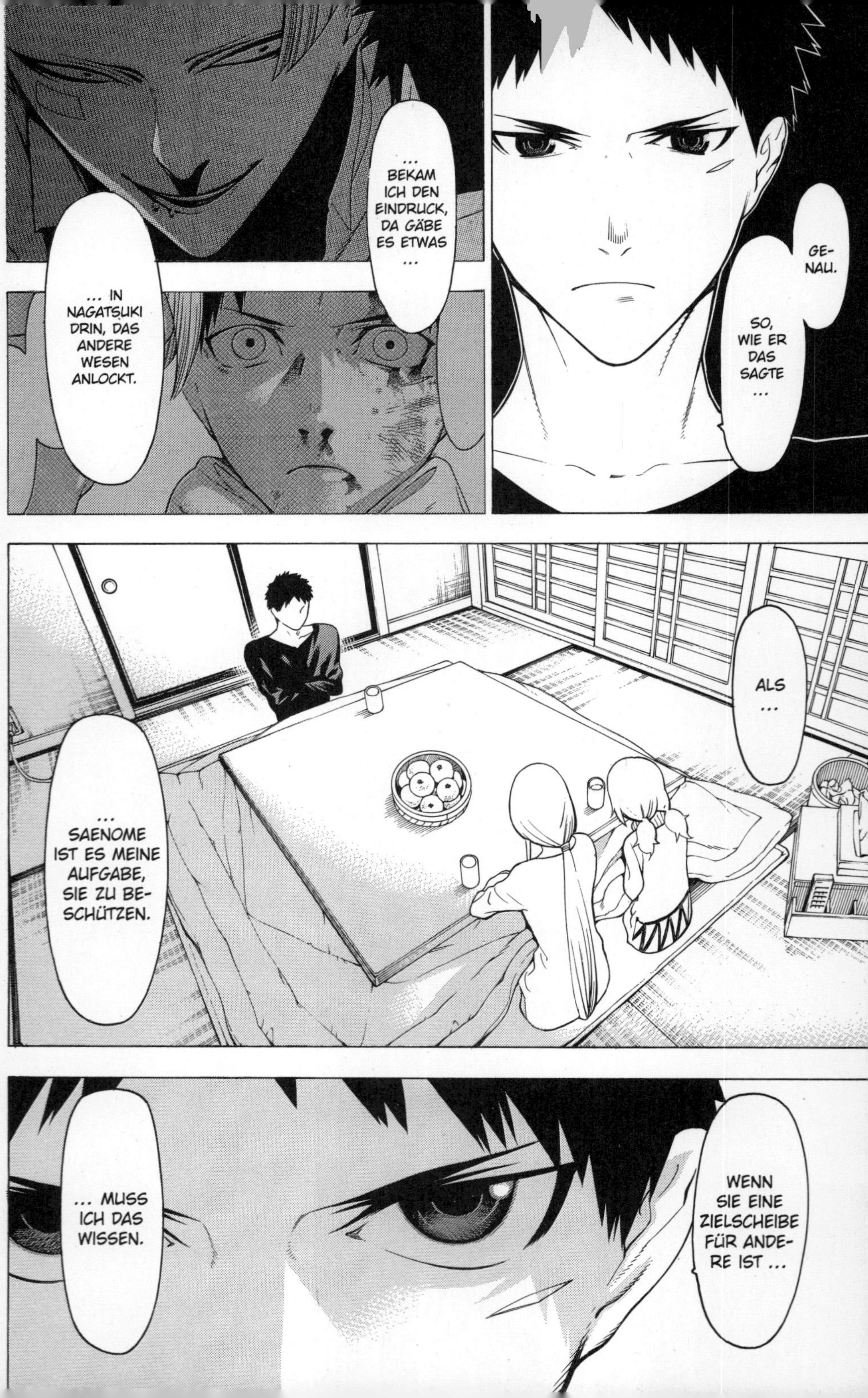
GE-NAU.
SO, WIE ER DAS SAGTE ...
... BEKAM ICH DEN EINDRUCK, DA GÄBE ES ETWAS ...
... IN NAGATSUKI DRIN, DAS ANDERE WESEN ANLOCKT.
ALS ...
... SAENOME IST ES MEINE AUFGABE, SIE ZU BE-SCHÜTZEN.
WENN SIE EINE ZIELSCHEIBE FÜR ANDE-RE IST ...
... MUSS ICH DAS WISSEN.

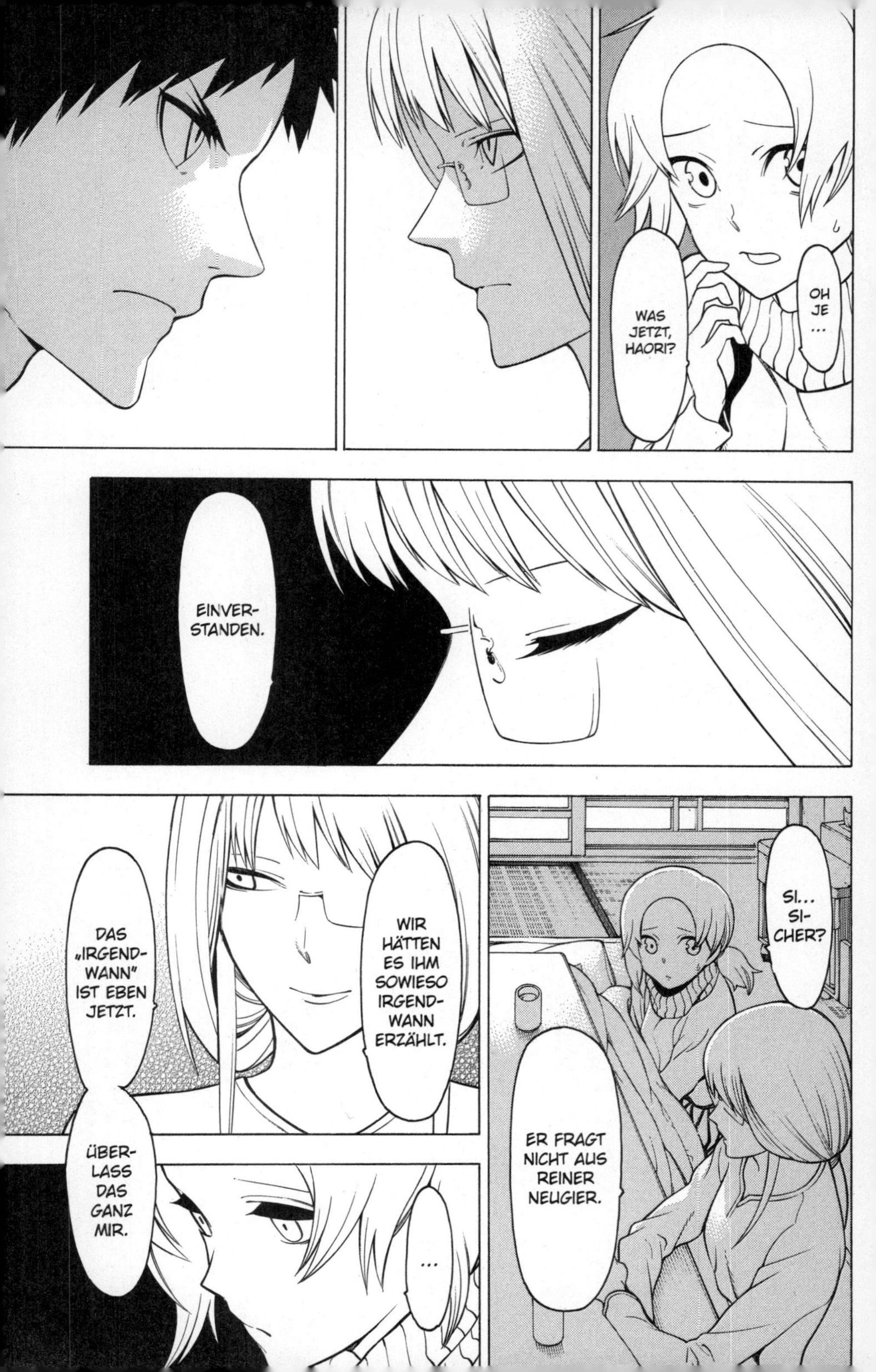
OH JE …
WAS JETZT, HAORI?
EINVER-STANDEN.
SI… SI-CHER?
ER FRAGT NICHT AUS REINER NEUGIER.
WIR HÄTTEN ES IHM SOWIESO IRGEND-WANN ERZÄHLT.
DAS „IRGEND-WANN" IST EBEN JETZT.
…
ÜBER-LASS DAS GANZ MIR.

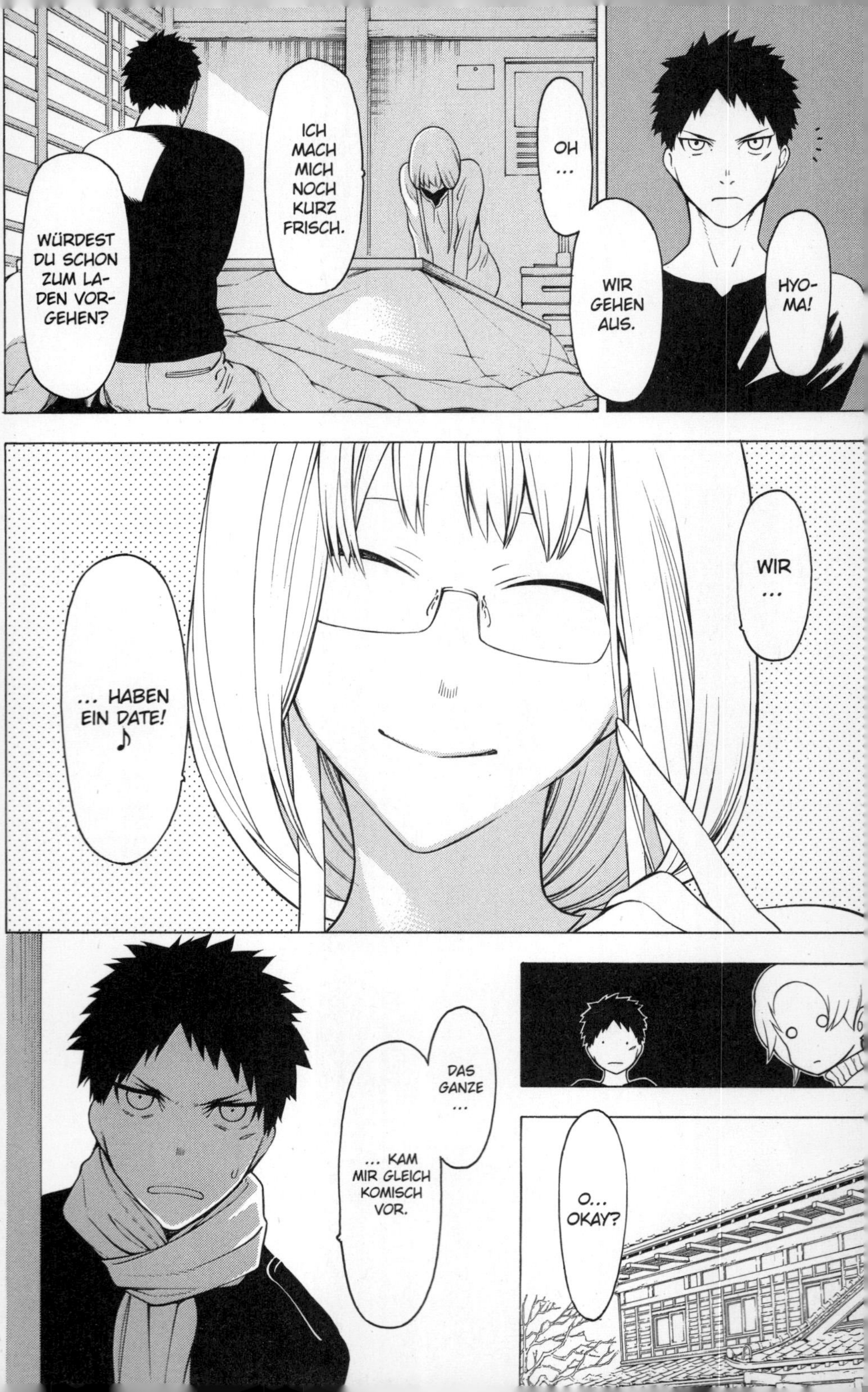
HYO-MA!
OH ...
WIR GEHEN AUS.
ICH MACH MICH NOCH KURZ FRISCH.
WÜRDEST DU SCHON ZUM LA-DEN VOR-GEHEN?
WIR ...
... HABEN EIN DATE! ♪
O... OKAY?
DAS GANZE ...
... KAM MIR GLEICH KOMISCH VOR.

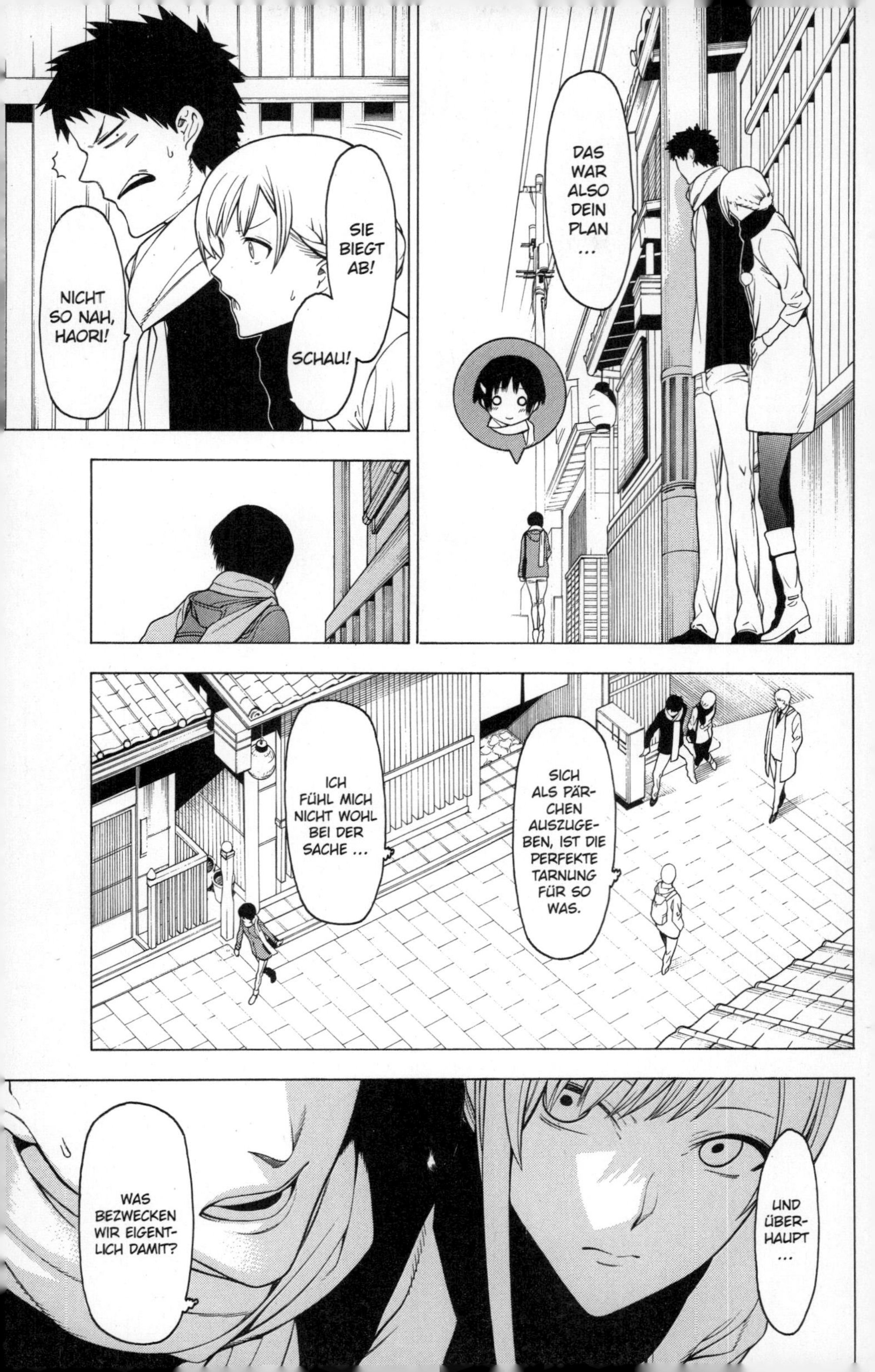
DAS WAR ALSO DEIN PLAN …
SIE BIEGT AB!
SCHAU!
NICHT SO NAH, HAORI!
SICH ALS PÄRCHEN AUSZUGEBEN, IST DIE PERFEKTE TARNUNG FÜR SO WAS.
ICH FÜHL MICH NICHT WOHL BEI DER SACHE …
UND ÜBERHAUPT …
WAS BEZWECKEN WIR EIGENTLICH DAMIT?

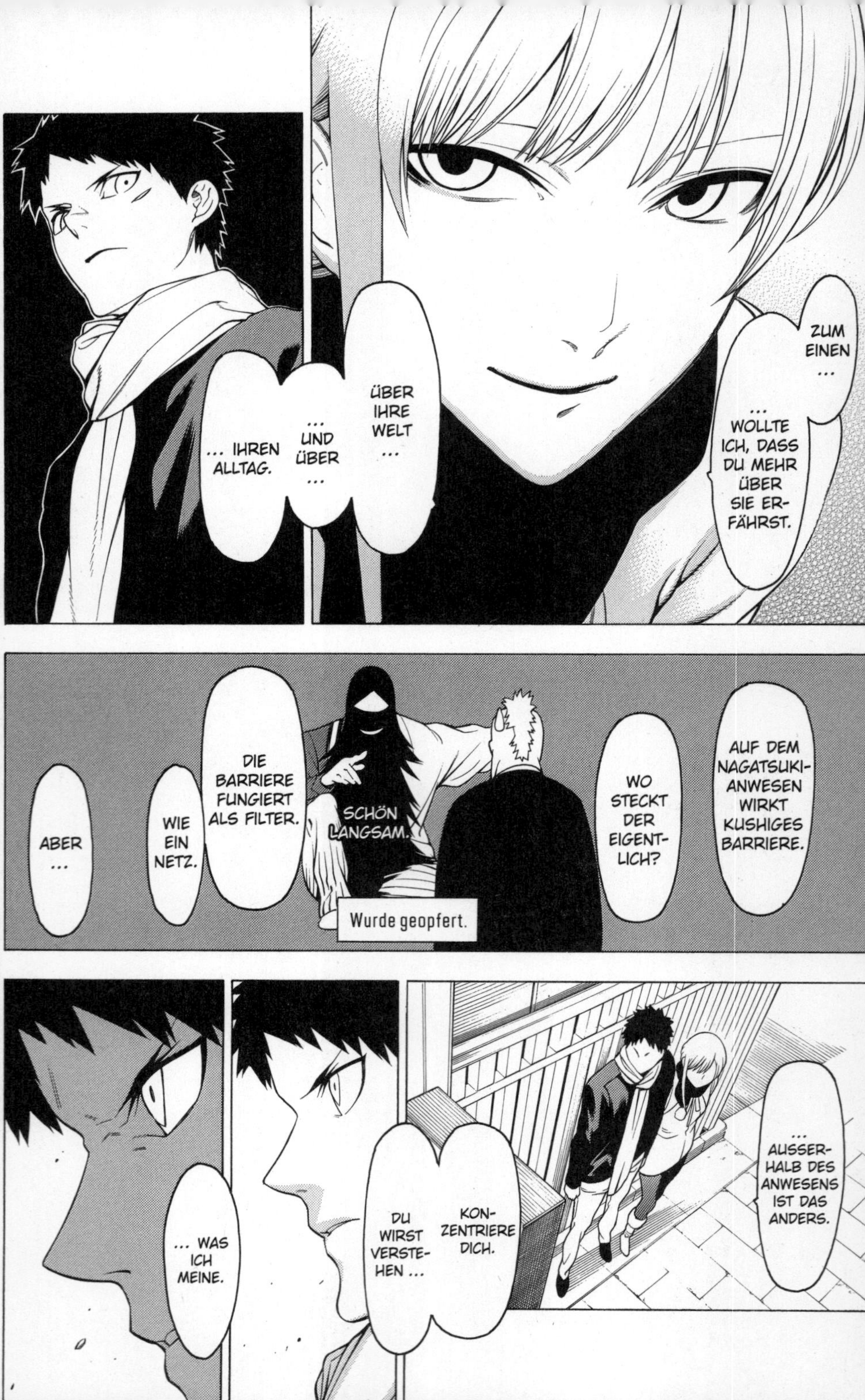
ZUM EINEN …
… WOLLTE ICH, DASS DU MEHR ÜBER SIE ERFÄHRST.
ÜBER IHRE WELT …
… UND ÜBER …
… IHREN ALLTAG.
AUF DEM NAGATSUKI-ANWESEN WIRKT KUSHIGES BARRIERE.
WO STECKT DER EIGENTLICH?
SCHÖN LANGSAM.
Wurde geopfert.
DIE BARRIERE FUNGIERT ALS FILTER.
WIE EIN NETZ.
ABER …
… AUSSERHALB DES ANWESENS IST DAS ANDERS.
KONZENTRIERE DICH.
DU WIRST VERSTEHEN …
… WAS ICH MEINE.

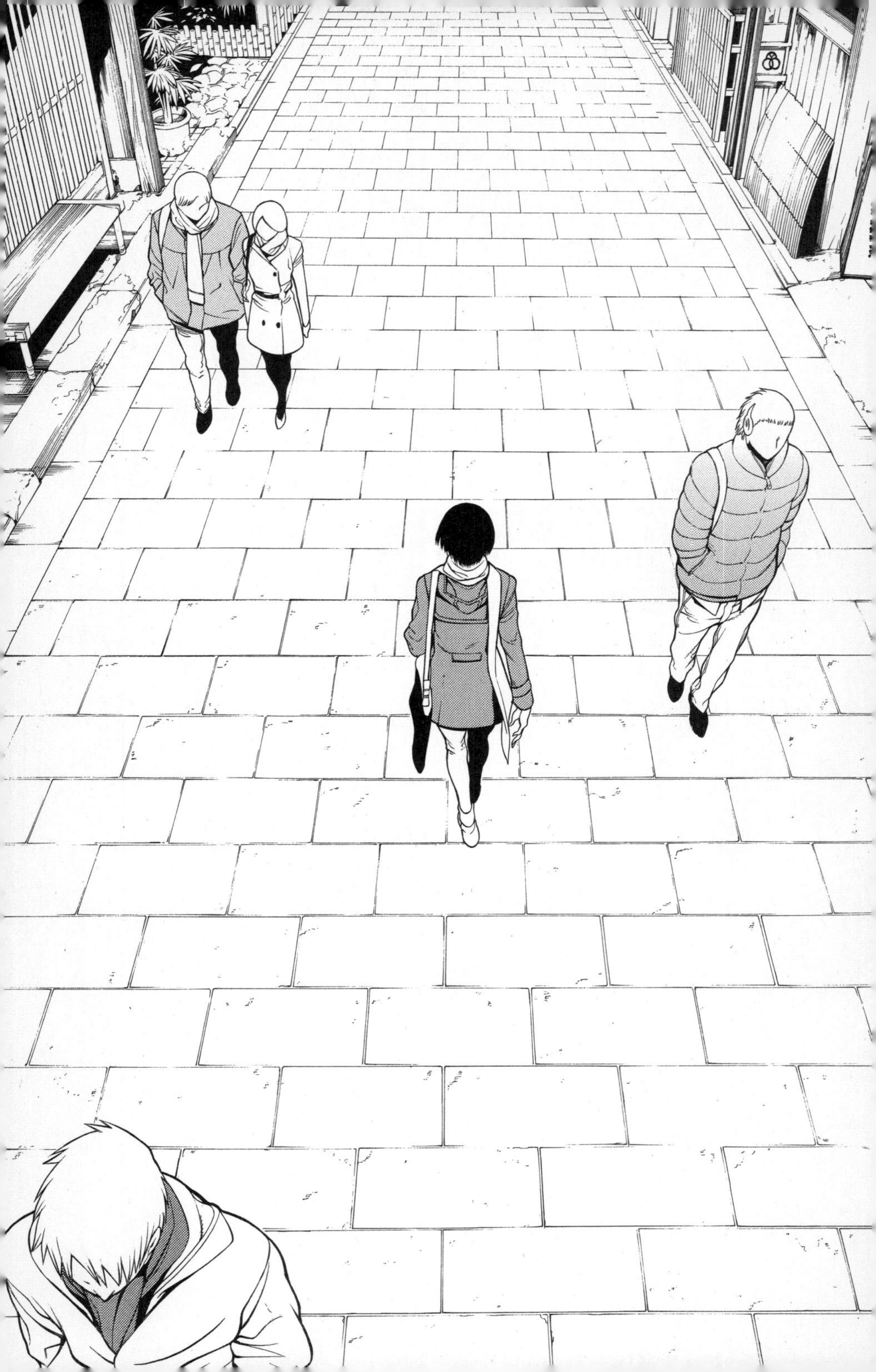

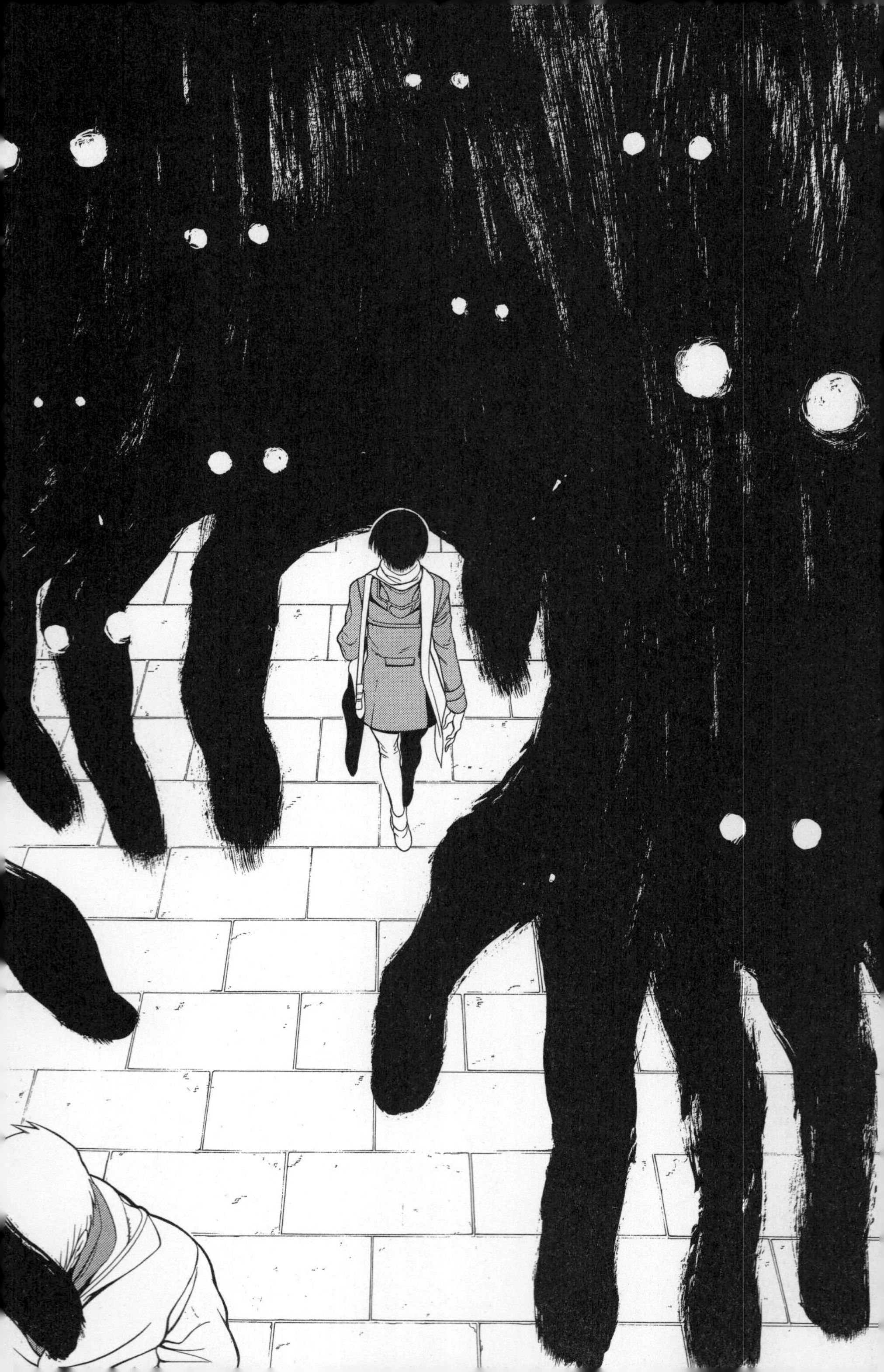

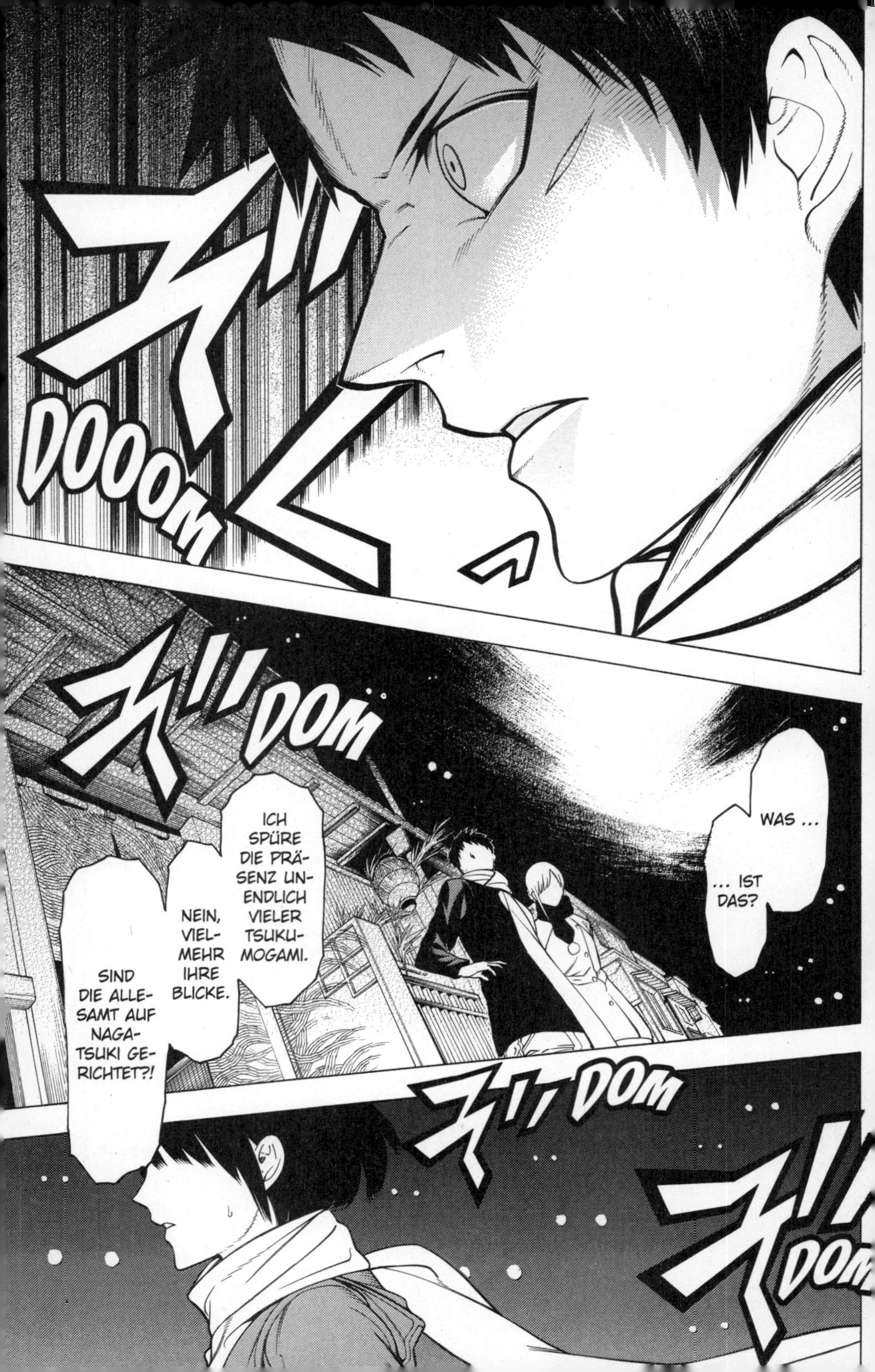
DOOOM
DOM
WAS …
… IST DAS?
ICH SPÜRE DIE PRÄSENZ UNENDLICH VIELER TSUKUMOGAMI.
NEIN, VIELMEHR IHRE BLICKE.
SIND DIE ALLESAMT AUF NAGATSUKI GERICHTET?!
DOM
DOM

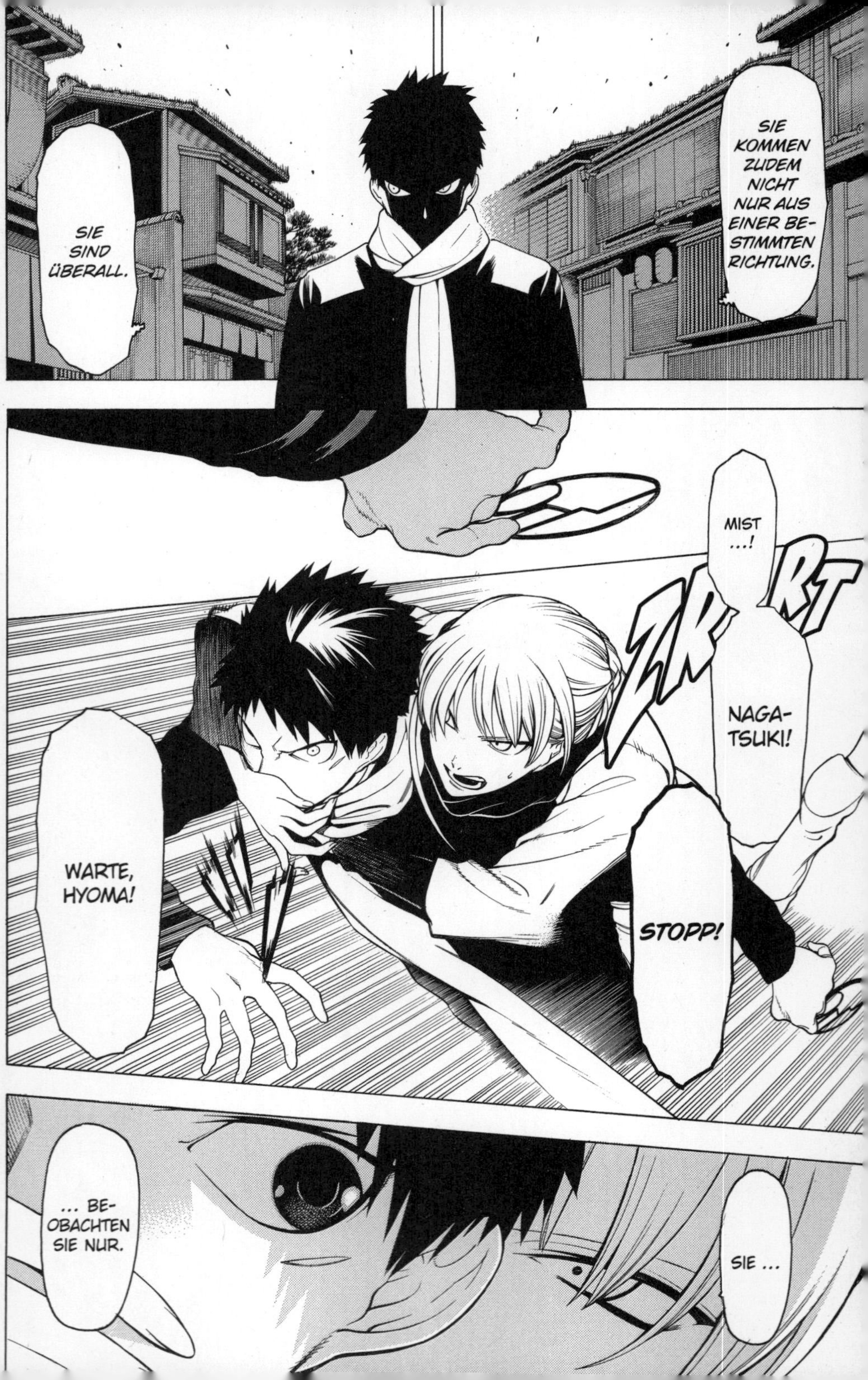
SIE KOMMEN ZUDEM NICHT NUR AUS EINER BE-STIMMTEN RICHTUNG.
SIE SIND ÜBERALL.
MIST …!
ZRRRT
NAGA-TSUKI!
STOPP!
WARTE, HYOMA!
SIE …
… BE-OBACHTEN SIE NUR.

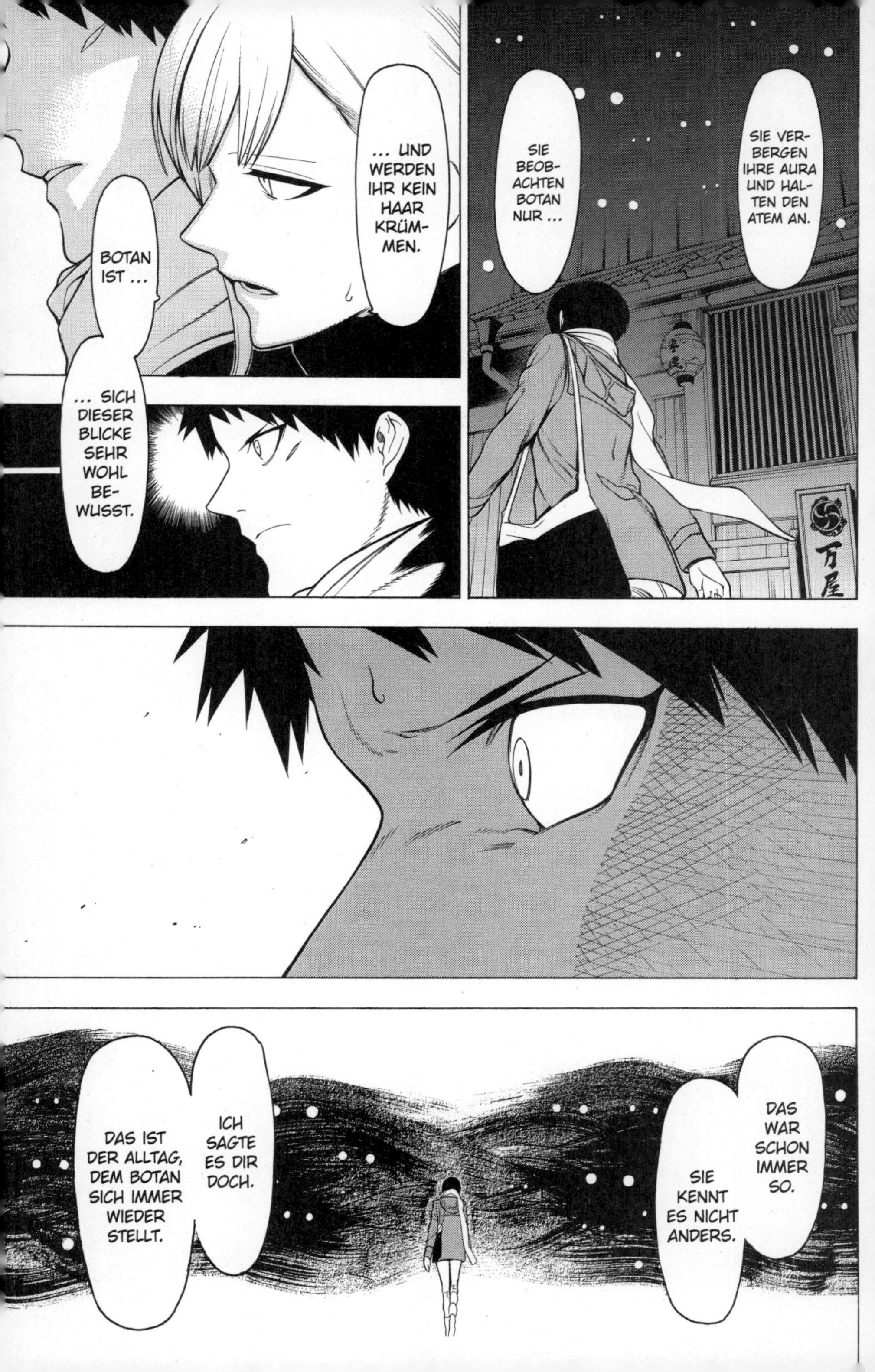
SIE VERBERGEN IHRE AURA UND HALTEN DEN ATEM AN.
SIE BEOBACHTEN BOTAN NUR …
… UND WERDEN IHR KEIN HAAR KRÜMMEN.
BOTAN IST …
… SICH DIESER BLICKE SEHR WOHL BEWUSST.
DAS WAR SCHON IMMER SO.
SIE KENNT ES NICHT ANDERS.
ICH SAGTE ES DIR DOCH.
DAS IST DER ALLTAG, DEM BOTAN SICH IMMER WIEDER STELLT.

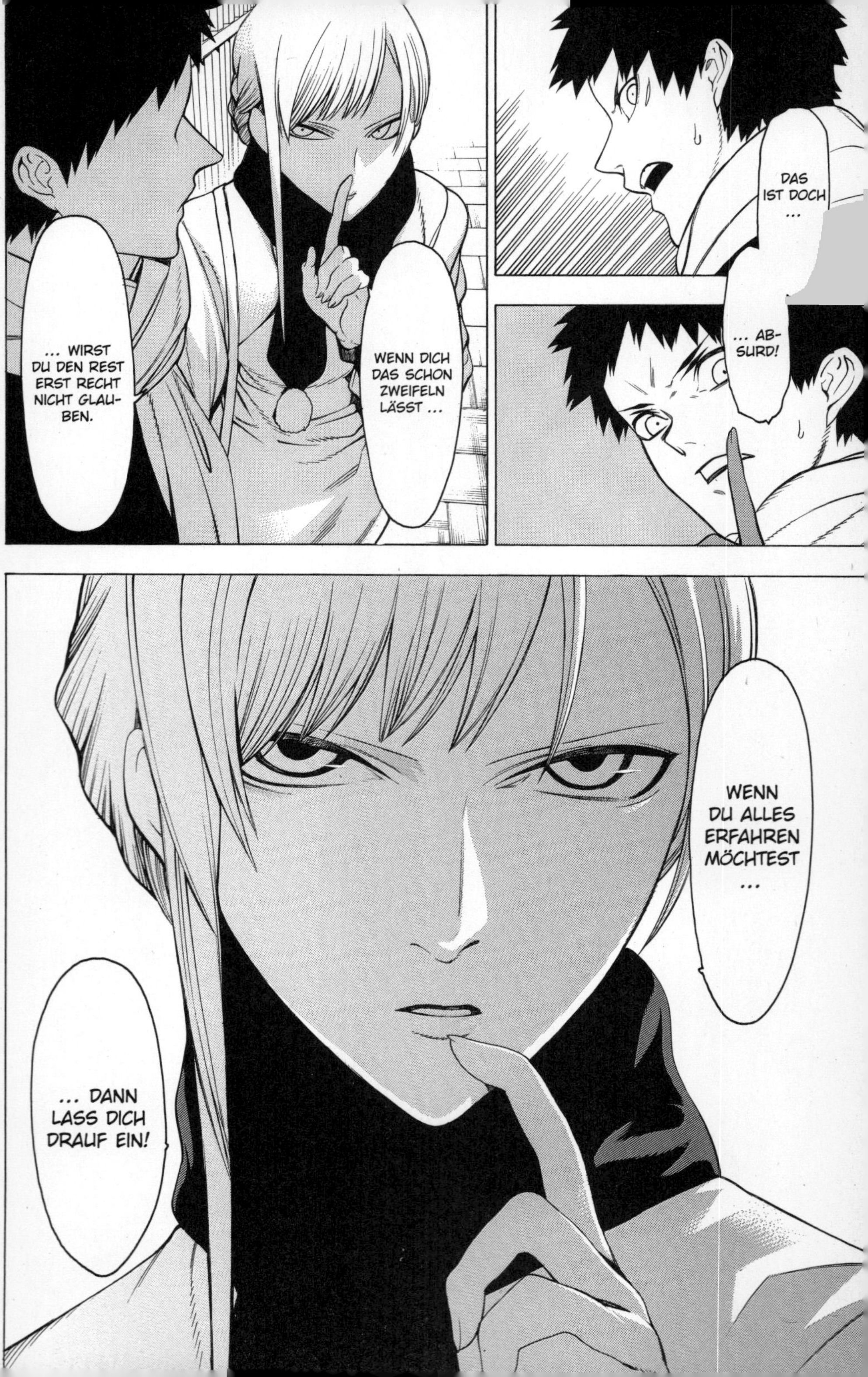
DAS IST DOCH …
… ABSURD!
WENN DICH DAS SCHON ZWEIFELN LÄSST …
… WIRST DU DEN REST ERST RECHT NICHT GLAUBEN.
WENN DU ALLES ERFAHREN MÖCHTEST …
… DANN LASS DICH DRAUF EIN!

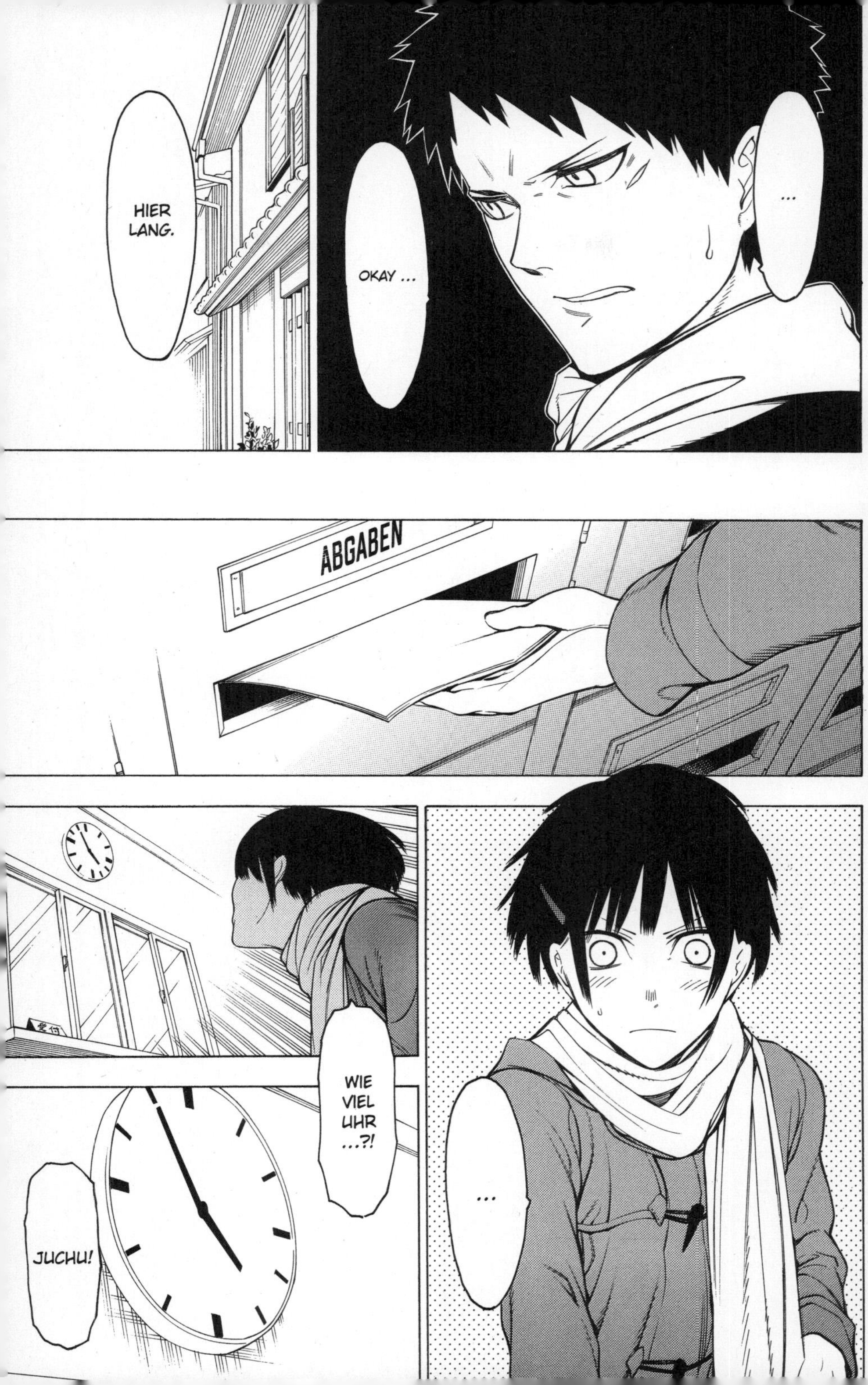
…
OKAY …
HIER LANG.
ABGABEN
…
WIE VIEL UHR …?!
JUCHU!

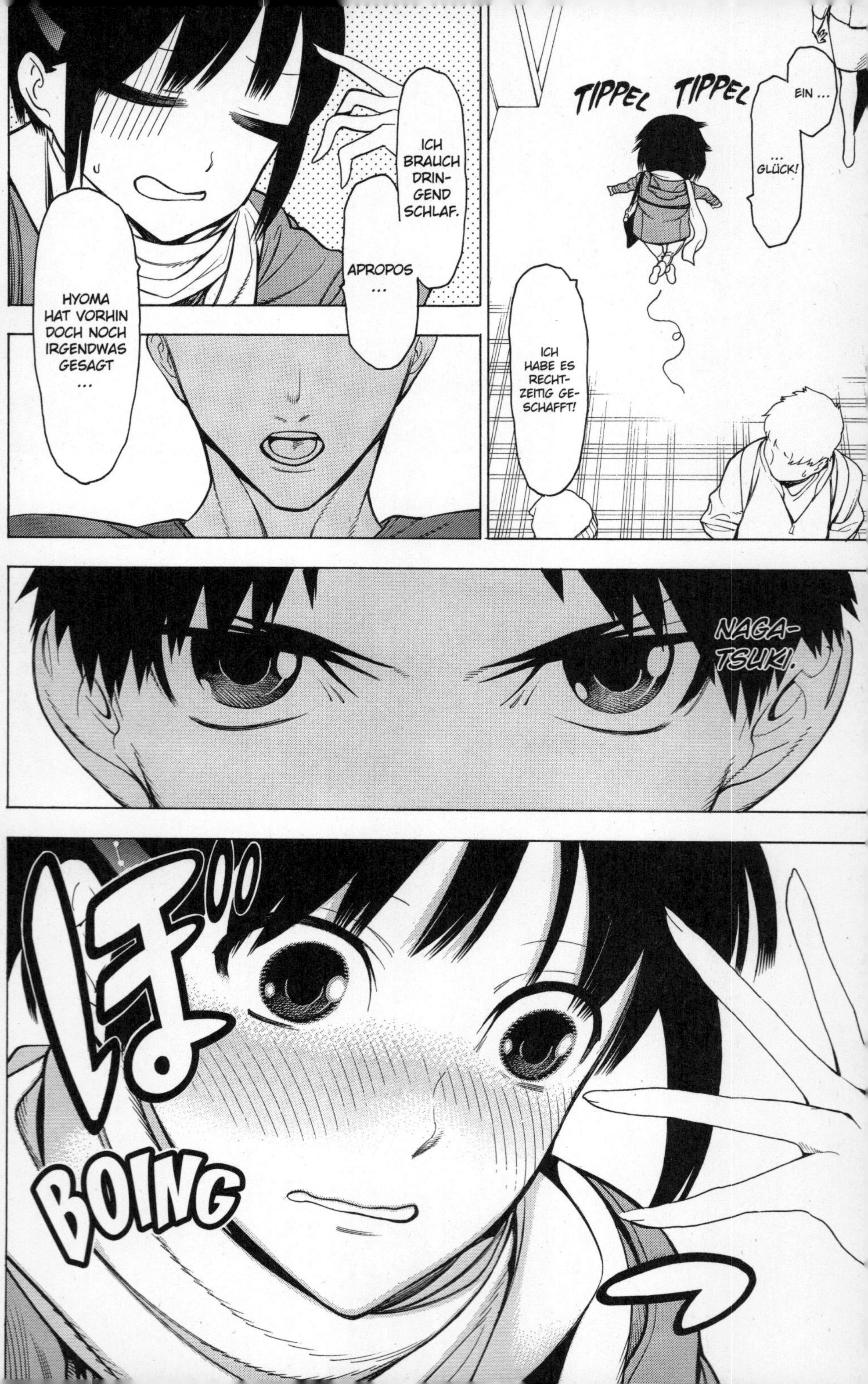
TIPPEL TIPPEL
EIN …
… GLÜCK!
ICH HABE ES RECHT-ZEITIG GE-SCHAFFT!
ICH BRAUCH DRIN-GEND SCHLAF.
APROPOS …
HYOMA HAT VORHIN DOCH NOCH IRGENDWAS GESAGT …
NAGA-TSUKI.
BOING

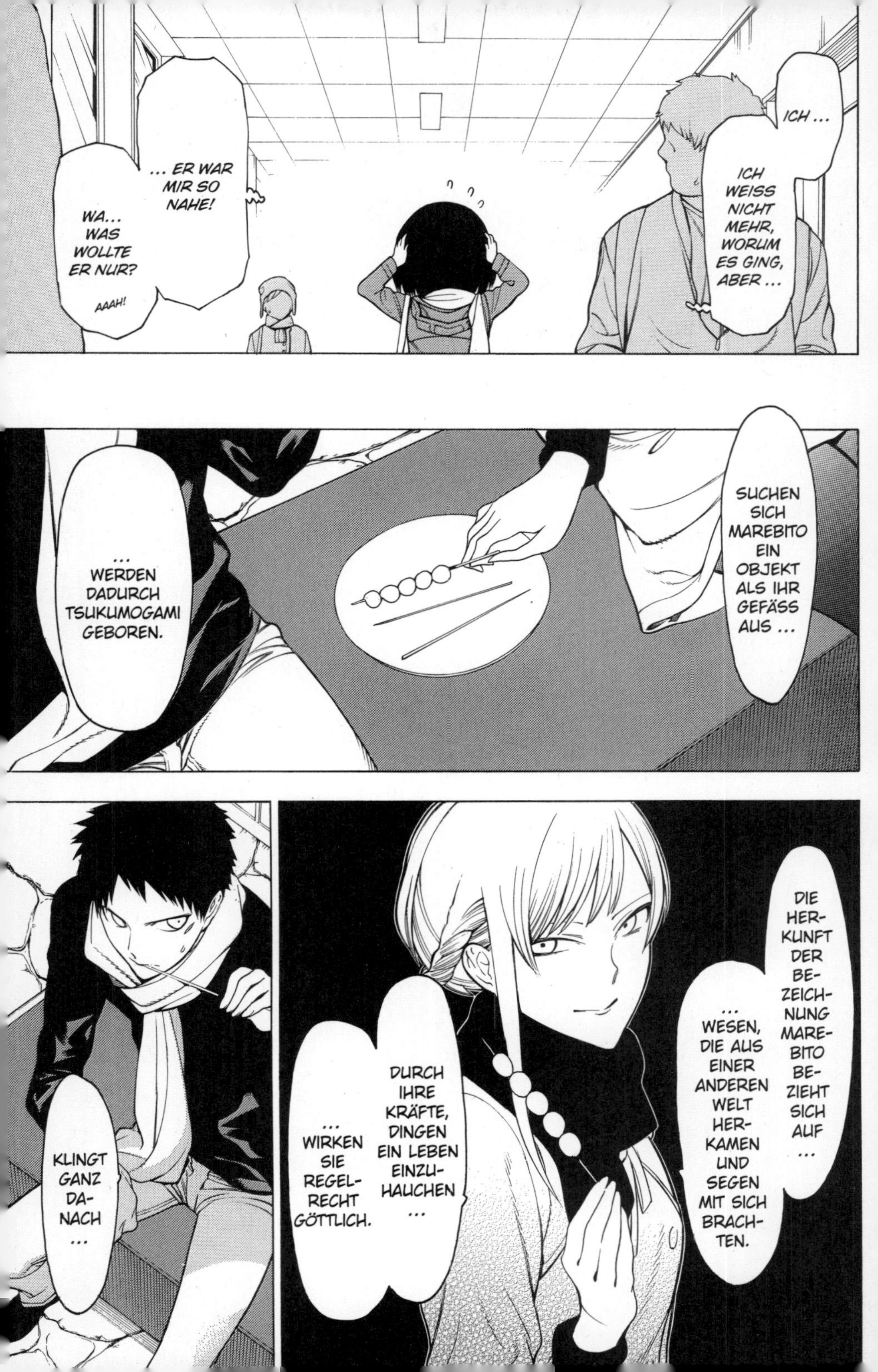

ICH …
ICH WEISS NICHT MEHR, WORUM ES GING, ABER …
… ER WAR MIR SO NAHE!
WA… WAS WOLLTE ER NUR?
AAAH!
SUCHEN SICH MAREBITO EIN OBJEKT ALS IHR GEFÄSS AUS …
… WERDEN DADURCH TSUKUMOGAMI GEBOREN.
DIE HERKUNFT DER BEZEICHNUNG MAREBITO BEZIEHT SICH AUF …
… WESEN, DIE AUS EINER ANDEREN WELT HERKAMEN UND SEGEN MIT SICH BRACHTEN.
DURCH IHRE KRÄFTE, DINGEN EIN LEBEN EINZUHAUCHEN …
… WIRKEN SIE REGELRECHT GÖTTLICH.
KLINGT GANZ DANACH …

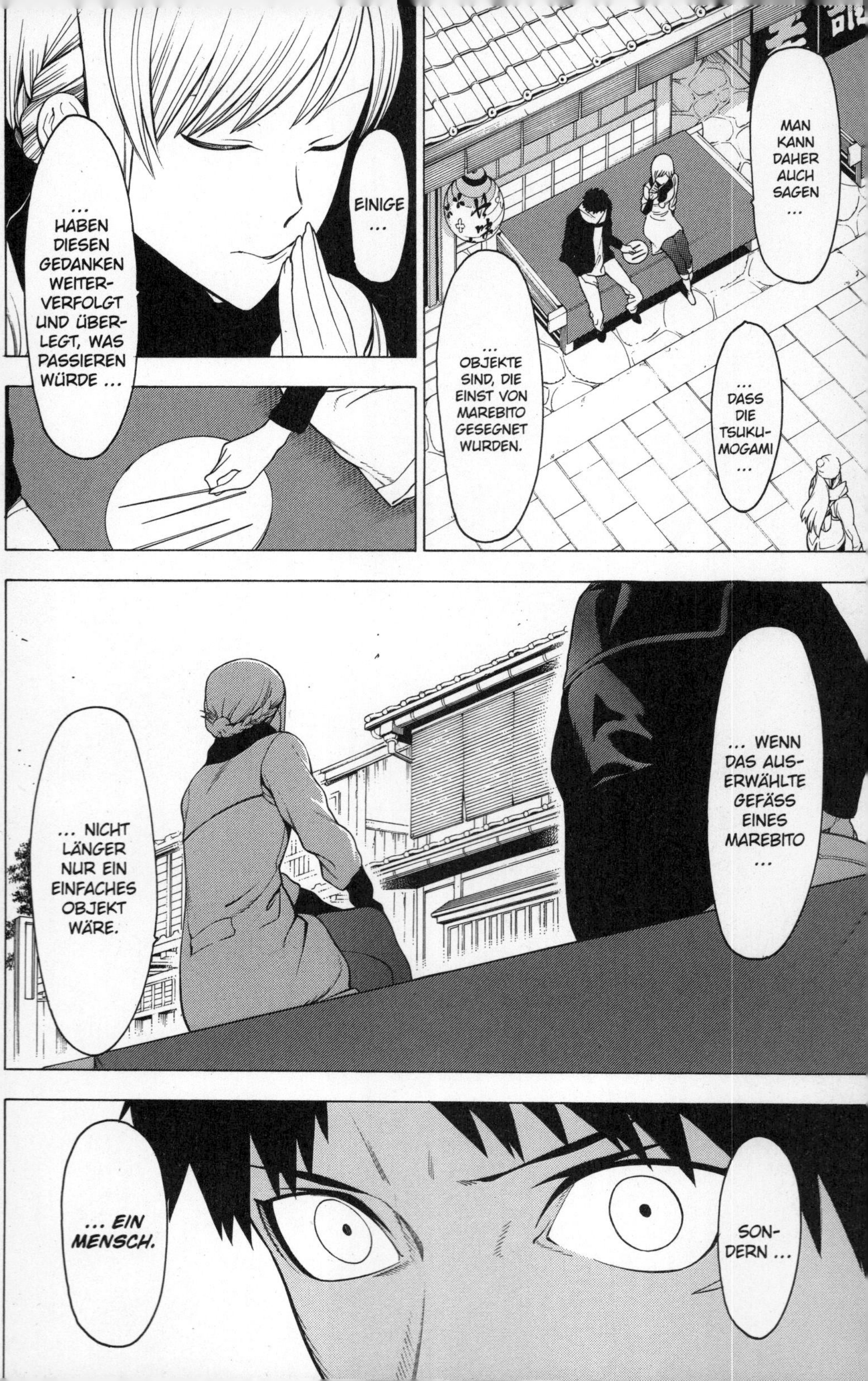
MAN KANN DAHER AUCH SAGEN …
… DASS DIE TSUKU-MOGAMI …
… OBJEKTE SIND, DIE EINST VON MAREBITO GESEGNET WURDEN.
EINIGE …
… HABEN DIESEN GEDANKEN WEITER-VERFOLGT UND ÜBER-LEGT, WAS PASSIEREN WÜRDE …
… WENN DAS AUS-ERWÄHLTE GEFÄSS EINES MAREBITO …
… NICHT LÄNGER NUR EIN EINFACHES OBJEKT WÄRE.
SON-DERN …
… EIN MENSCH.

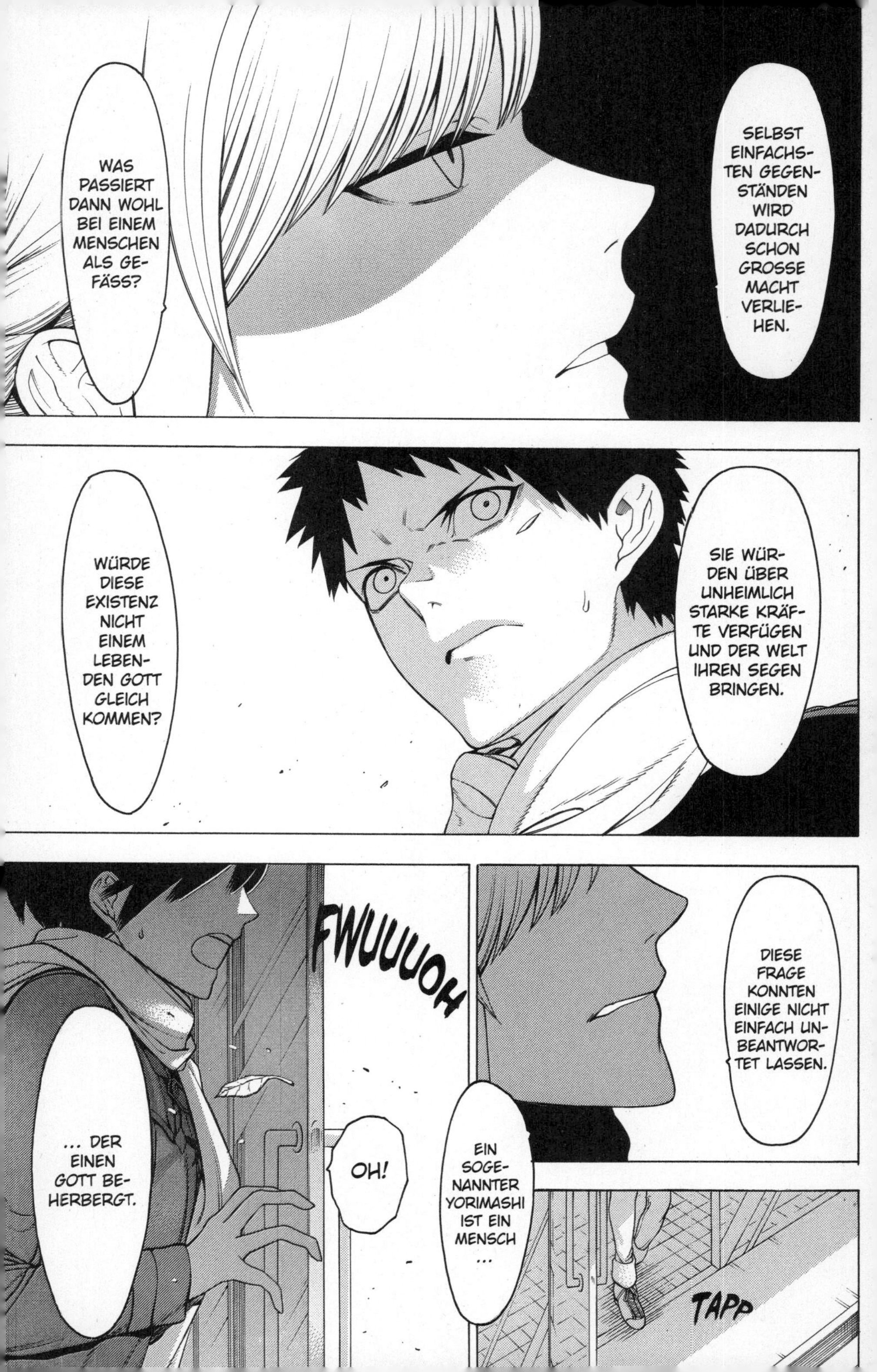
SELBST EINFACHSTEN GEGENSTÄNDEN WIRD DADURCH SCHON GROSSE MACHT VERLIEHEN.
WAS PASSIERT DANN WOHL BEI EINEM MENSCHEN ALS GEFÄSS?
SIE WÜRDEN ÜBER UNHEIMLICH STARKE KRÄFTE VERFÜGEN UND DER WELT IHREN SEGEN BRINGEN.
WÜRDE DIESE EXISTENZ NICHT EINEM LEBENDEN GOTT GLEICH KOMMEN?
DIESE FRAGE KONNTEN EINIGE NICHT EINFACH UNBEANTWORTET LASSEN.
FWUUUOH
TAPP
EIN SOGENANNTER YORIMASHI IST EIN MENSCH …
OH!
… DER EINEN GOTT BEHERBERGT.

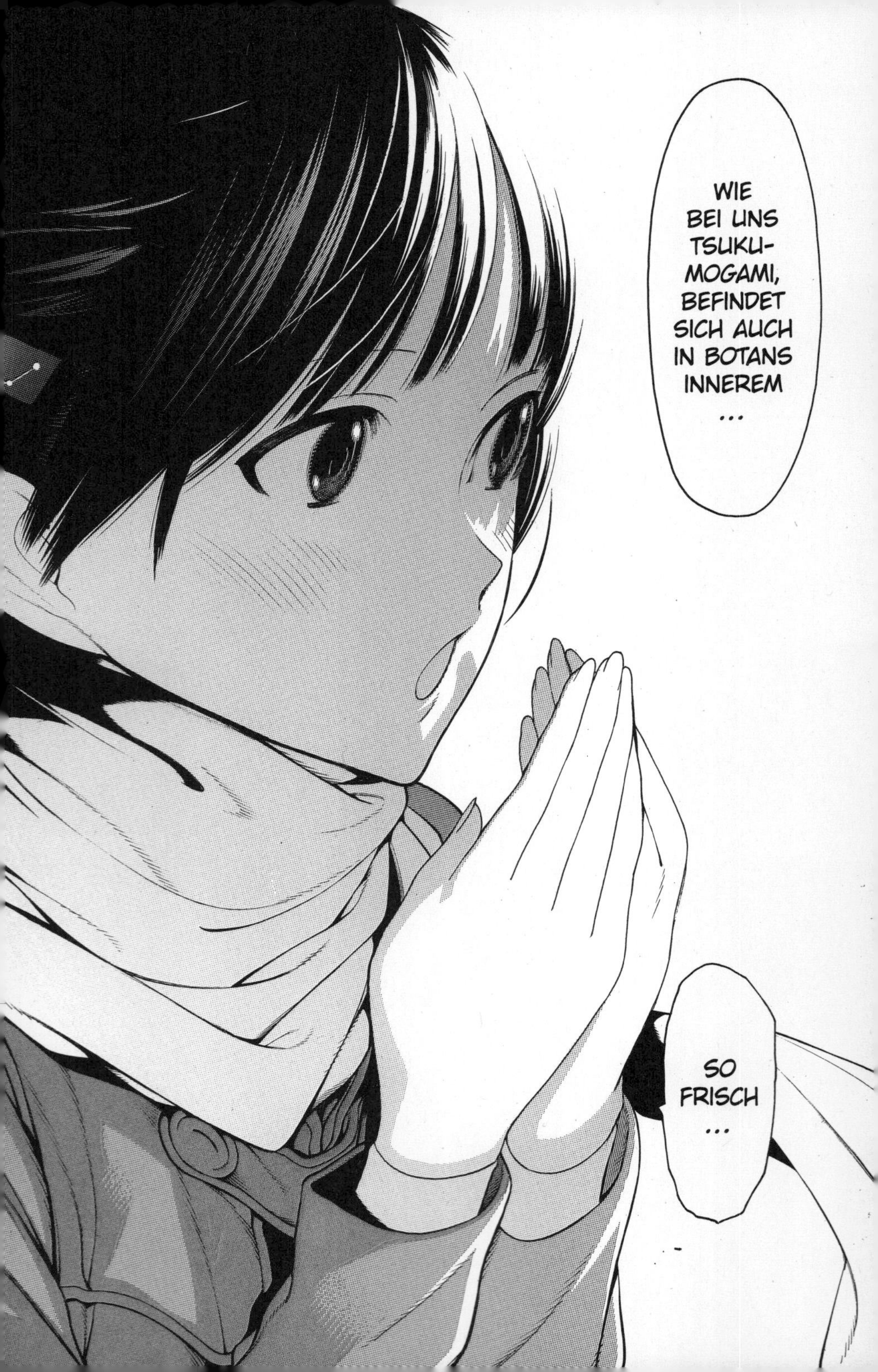
WIE BEI UNS TSUKU-MOGAMI, BEFINDET SICH AUCH IN BOTANS INNEREM …
SO FRISCH …

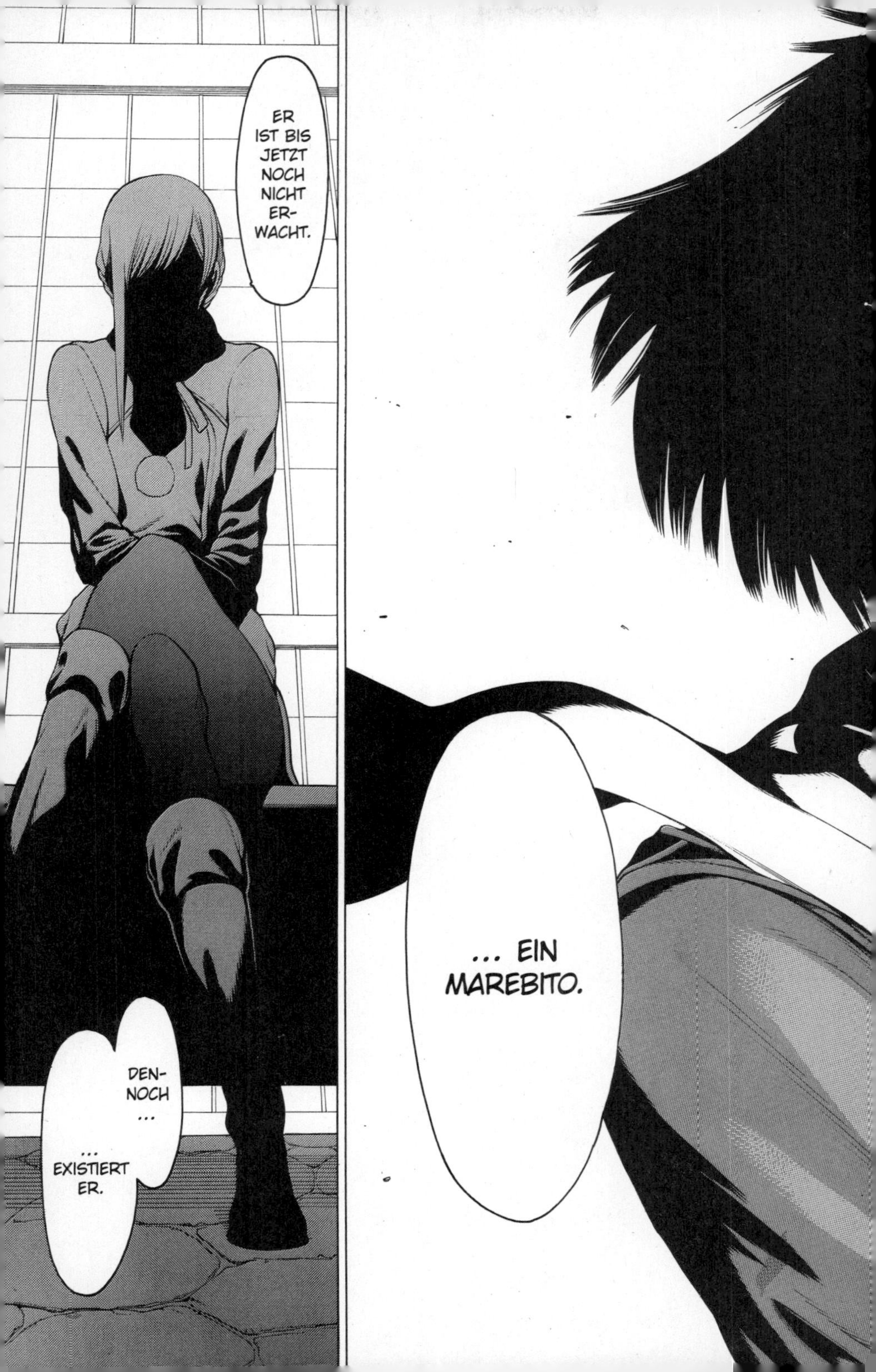

... EIN MAREBITO.
ER IST BIS JETZT NOCH NICHT ER-WACHT.
DEN-NOCH ...
... EXISTIERT ER.

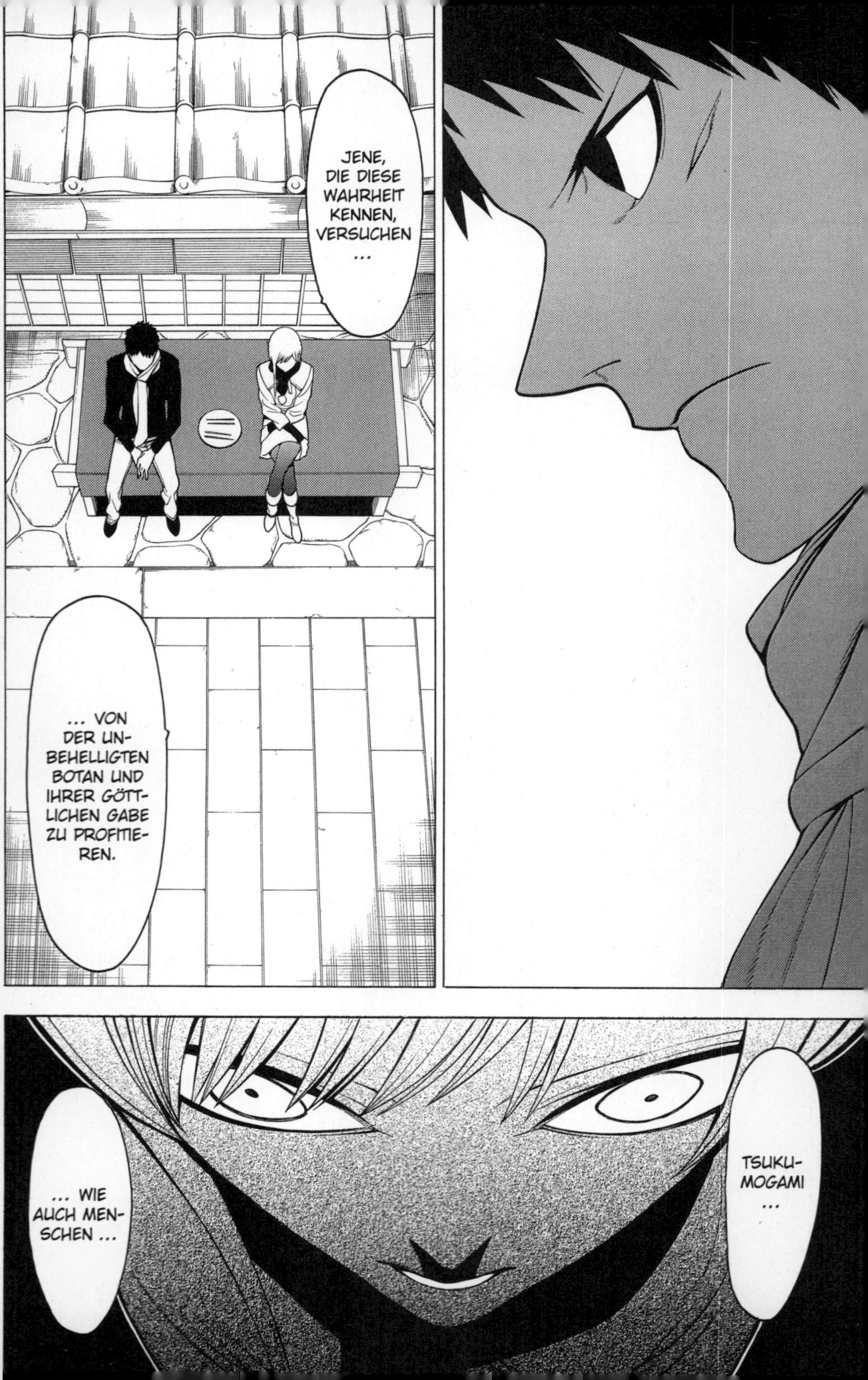
JENE, DIE DIESE WAHRHEIT KENNEN, VERSUCHEN …
… VON DER UNBEHELLIGTEN BOTAN UND IHRER GÖTTLICHEN GABE ZU PROFITIEREN.
TSUKUMOGAMI …
… WIE AUCH MENSCHEN …

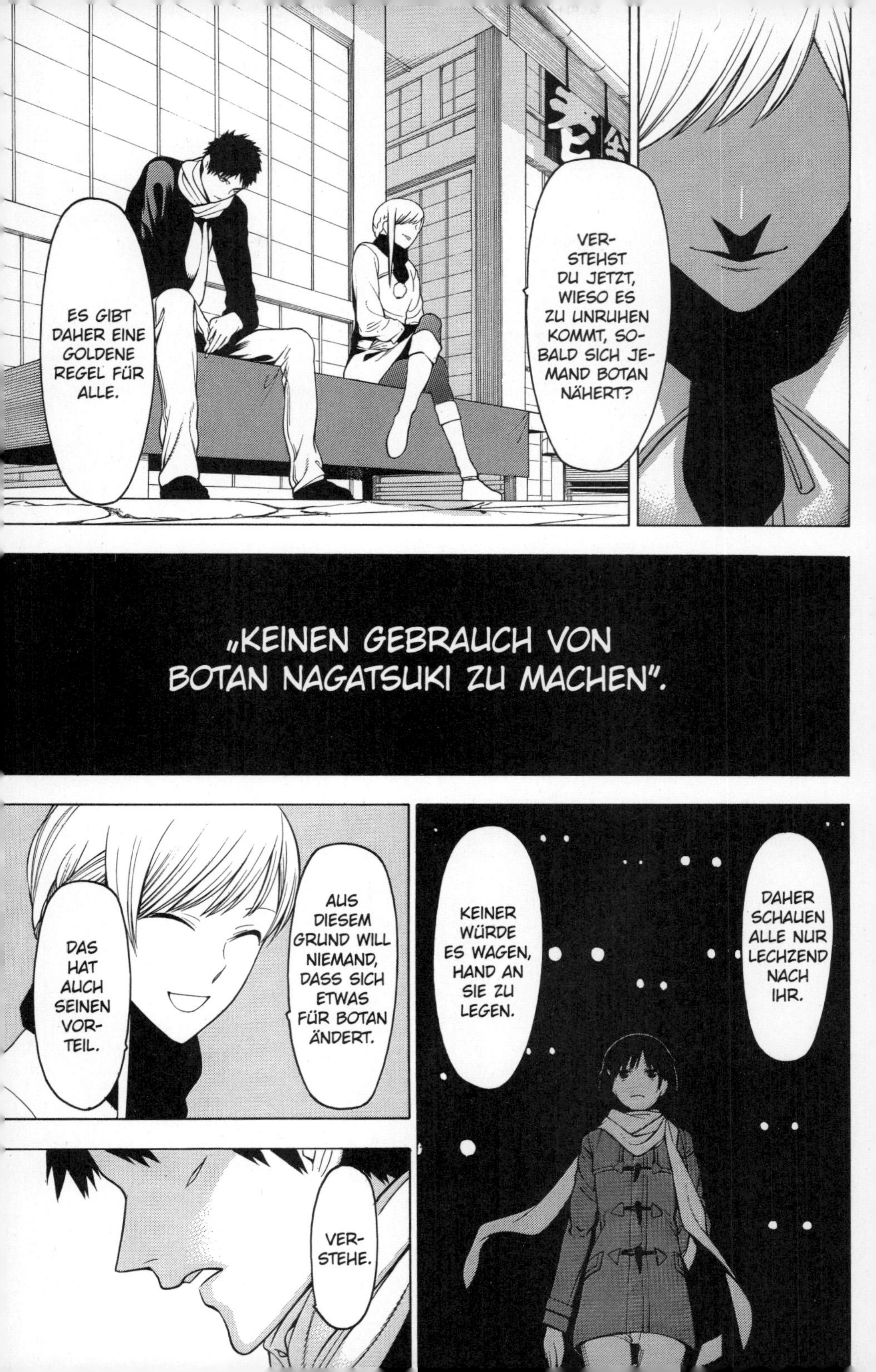
VER-STEHST DU JETZT, WIESO ES ZU UNRUHEN KOMMT, SO-BALD SICH JE-MAND BOTAN NÄHERT?
ES GIBT DAHER EINE GOLDENE REGEL FÜR ALLE.
„KEINEN GEBRAUCH VON BOTAN NAGATSUKI ZU MACHEN“.
DAHER SCHAUEN ALLE NUR LECHZEND NACH IHR.
KEINER WÜRDE ES WAGEN, HAND AN SIE ZU LEGEN.
AUS DIESEM GRUND WILL NIEMAND, DASS SICH ETWAS FÜR BOTAN ÄNDERT.
DAS HAT AUCH SEINEN VOR-TEIL.
VER-STEHE.

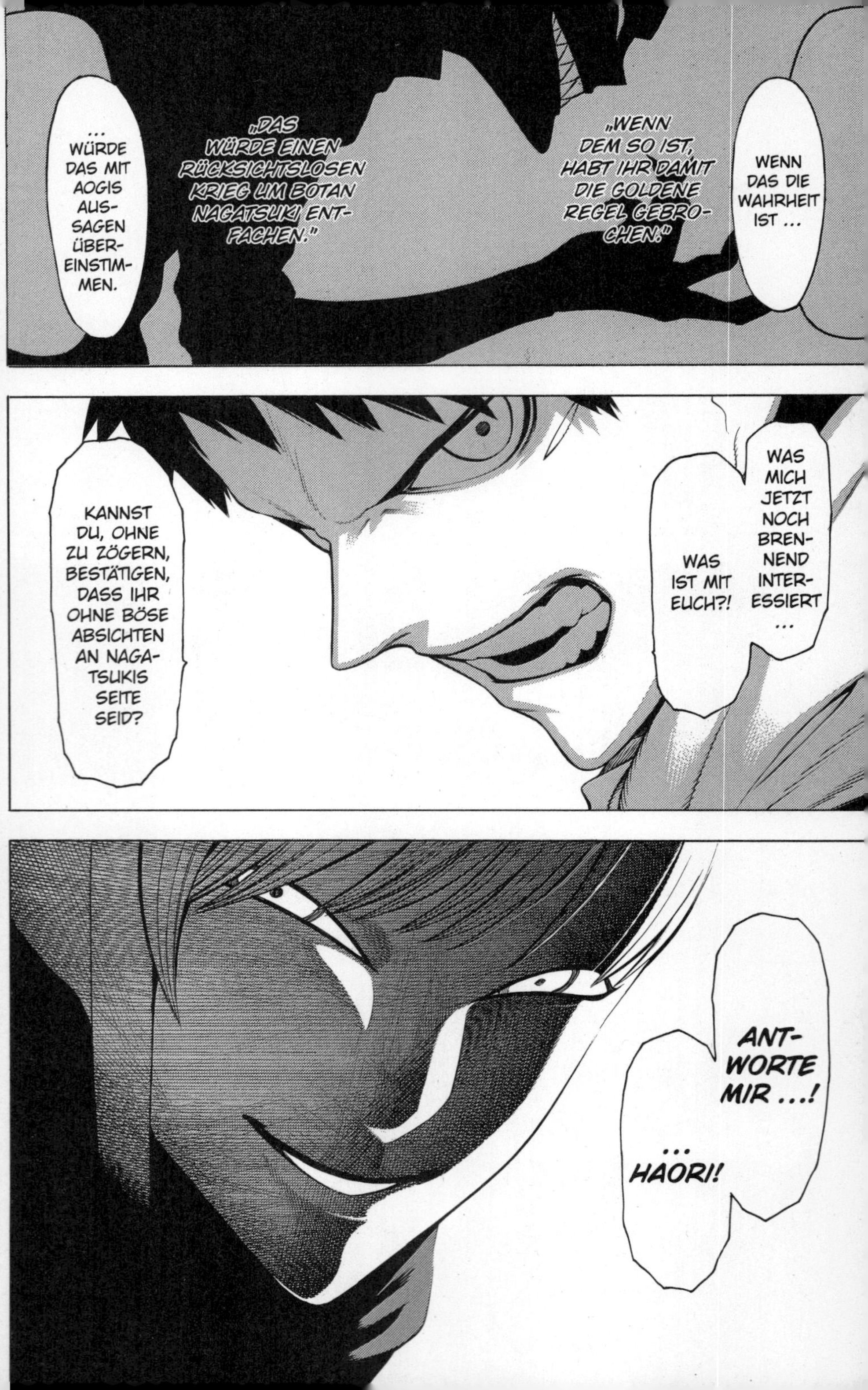
WENN DAS DIE WAHRHEIT IST …
„WENN DEM SO IST, HABT IHR DAMIT DIE GOLDENE REGEL GEBROCHEN."
„DAS WÜRDE EINEN RÜCKSICHTSLOSEN KRIEG UM BOTAN NAGATSUKI ENTFACHEN."
… WÜRDE DAS MIT AOGIS AUSSAGEN ÜBEREINSTIMMEN.
WAS MICH JETZT NOCH BRENNEND INTERESSIERT …
WAS IST MIT EUCH?!
KANNST DU, OHNE ZU ZÖGERN, BESTÄTIGEN, DASS IHR OHNE BÖSE ABSICHTEN AN NAGATSUKIS SEITE SEID?
ANTWORTE MIR …!
… HÄORI!

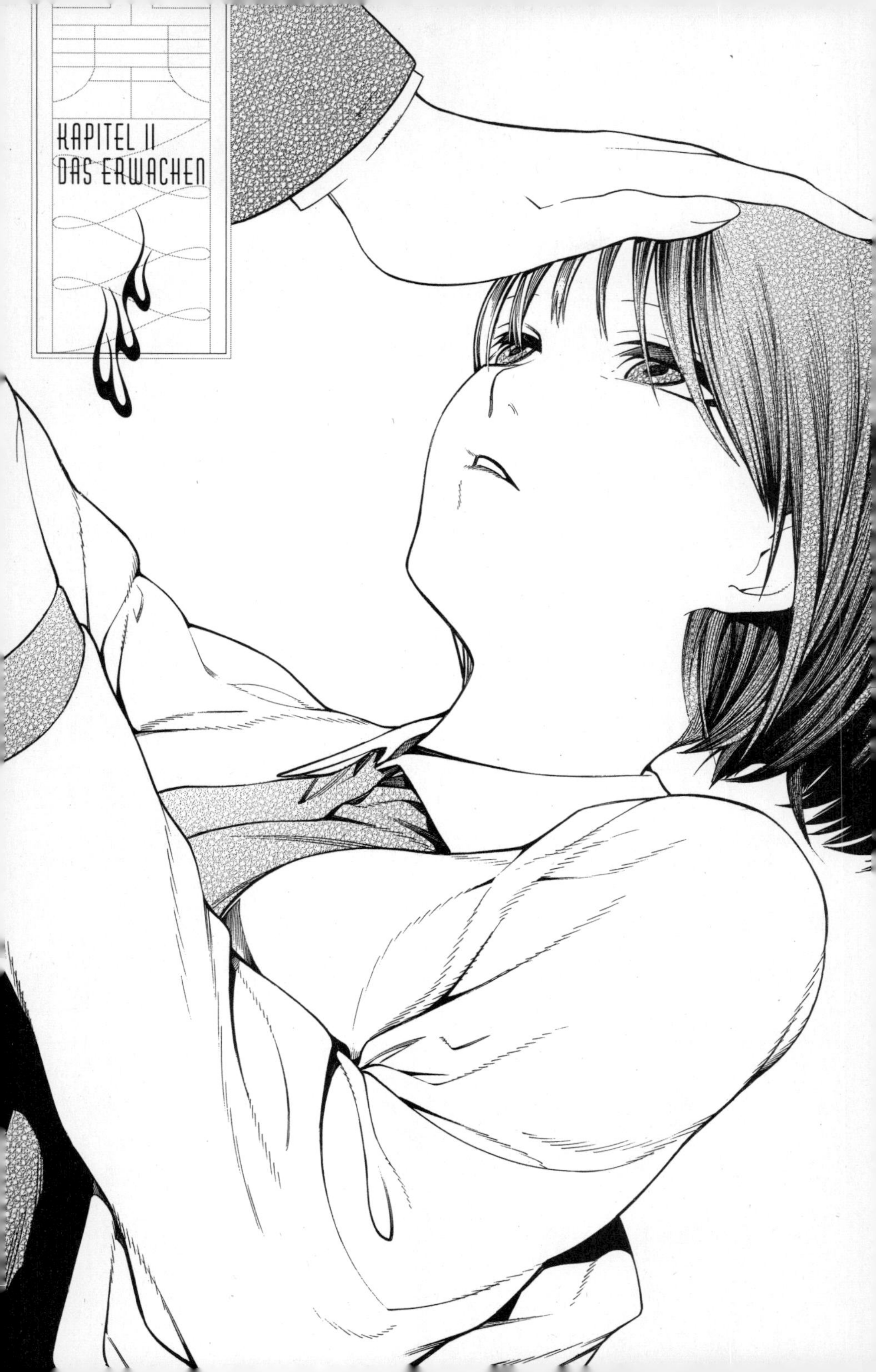
KAPITEL II
DAS ERWACHEN

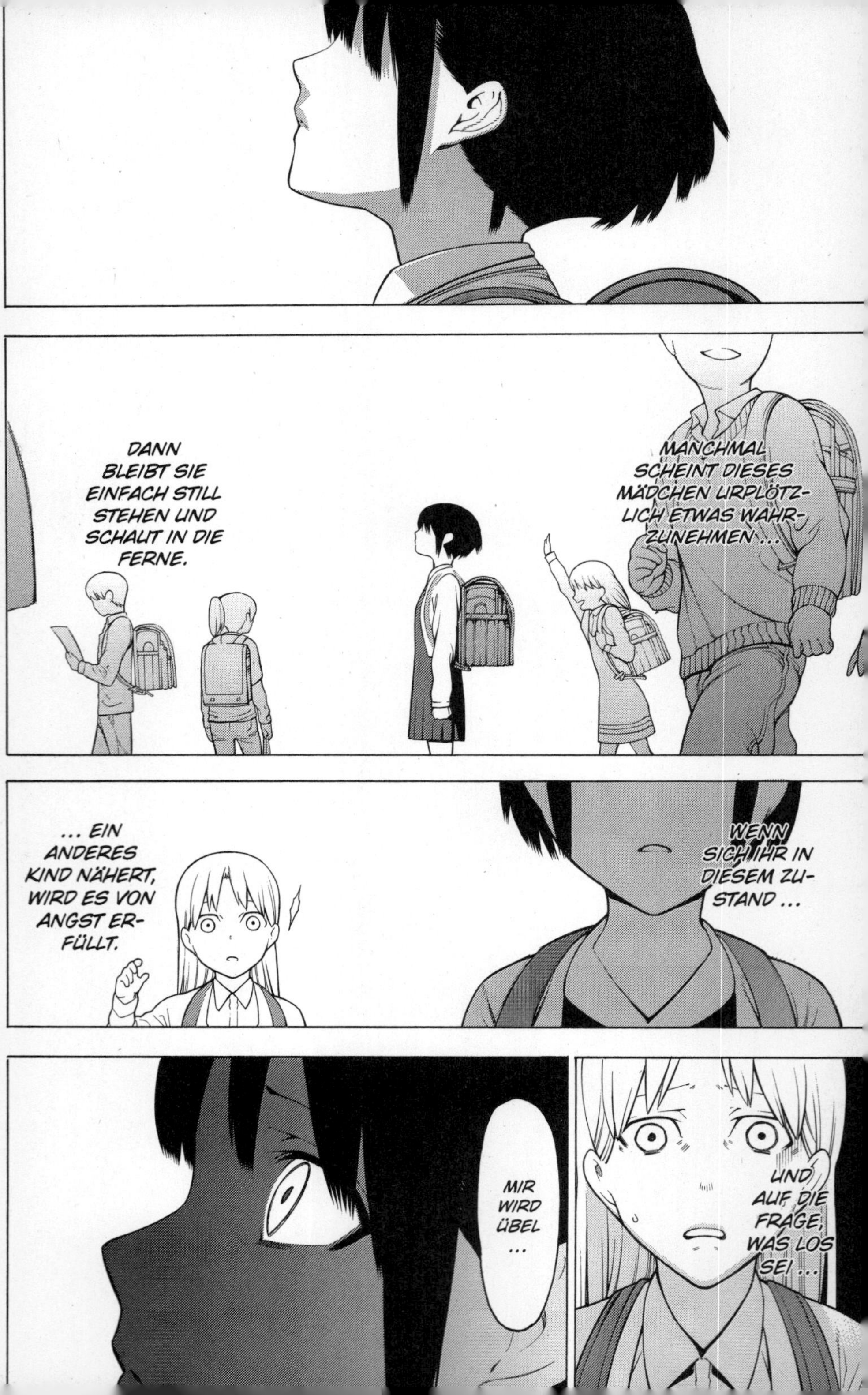
MANCHMAL SCHEINT DIESES MÄDCHEN URPLÖTZLICH ETWAS WAHRZUNEHMEN …
DANN BLEIBT SIE EINFACH STILL STEHEN UND SCHAUT IN DIE FERNE.
WENN SICH IHR IN DIESEM ZUSTAND …
… EIN ANDERES KIND NÄHERT, WIRD ES VON ANGST ERFÜLLT.
UND AUF DIE FRAGE, WAS LOS SEI …
MIR WIRD ÜBEL …

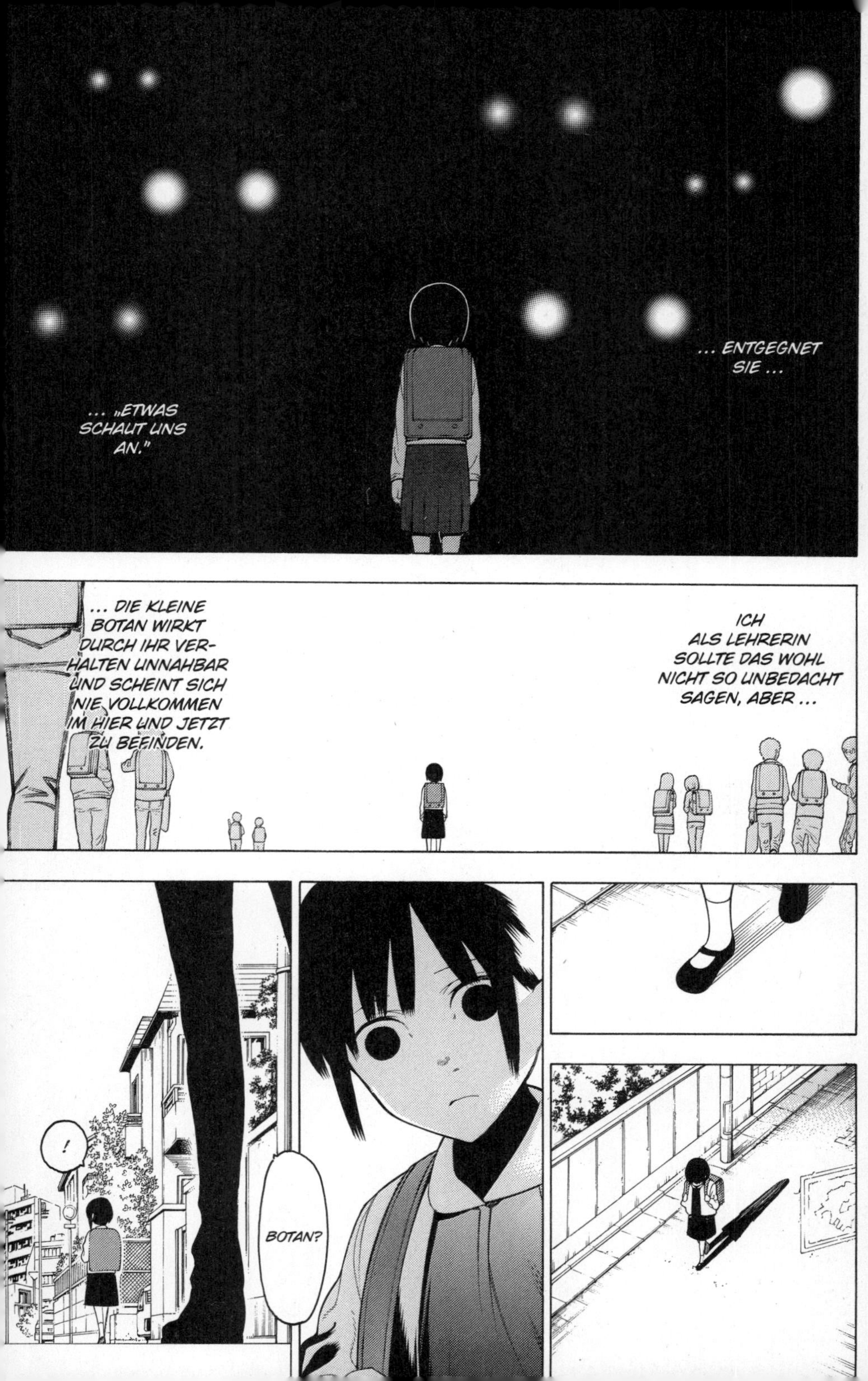
... ENTGEGNET SIE ...
... „ETWAS SCHAUT UNS AN."
ICH ALS LEHRERIN SOLLTE DAS WOHL NICHT SO UNBEDACHT SAGEN, ABER ...
... DIE KLEINE BOTAN WIRKT DURCH IHR VERHALTEN UNNAHBAR UND SCHEINT SICH NIE VOLLKOMMEN IM HIER UND JETZT ZU BEFINDEN.
BOTAN?
!

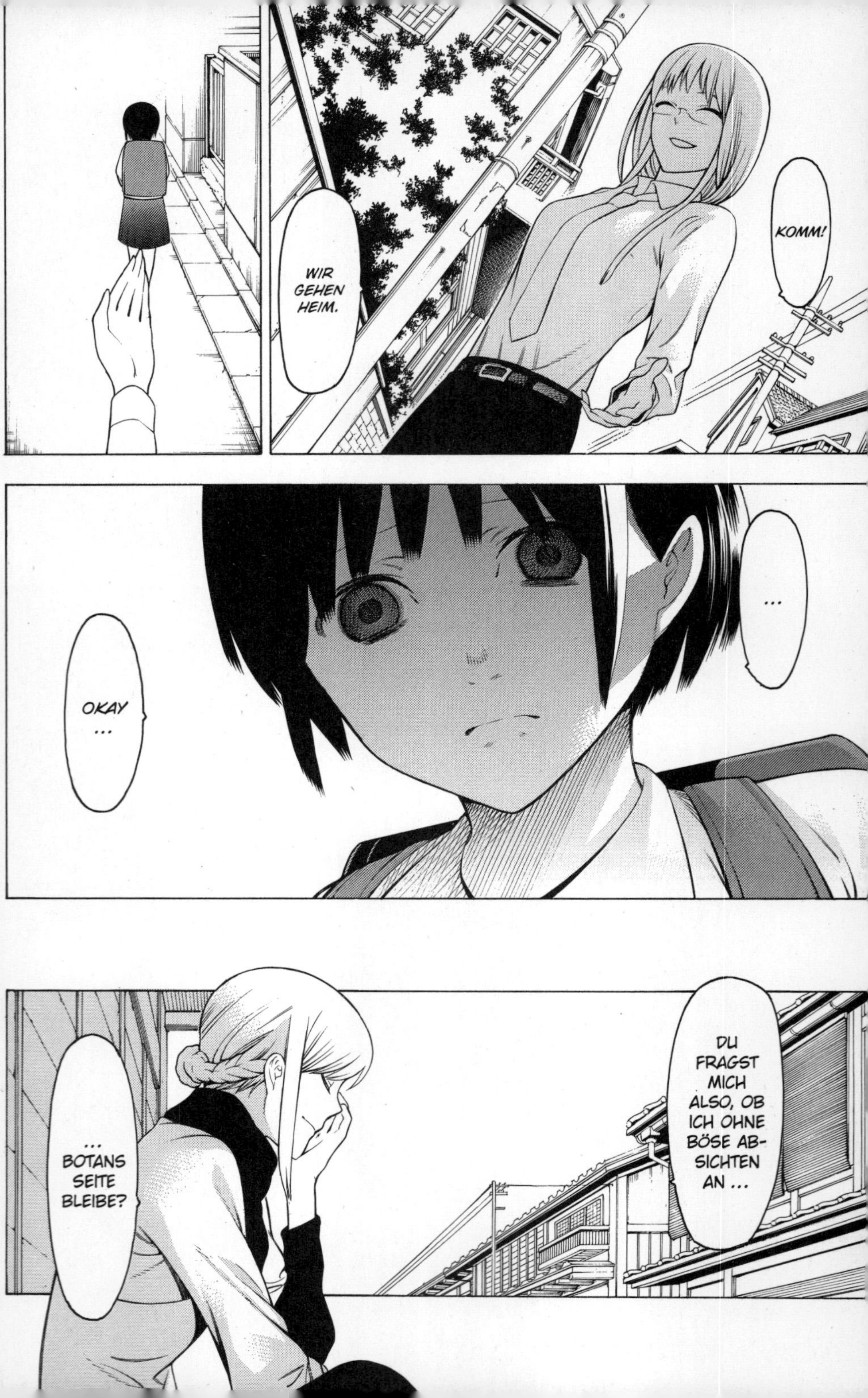
KOMM!
WIR GEHEN HEIM.
...
OKAY ...
DU FRAGST MICH ALSO, OB ICH OHNE BÖSE ABSICHTEN AN ...
... BOTANS SEITE BLEIBE?

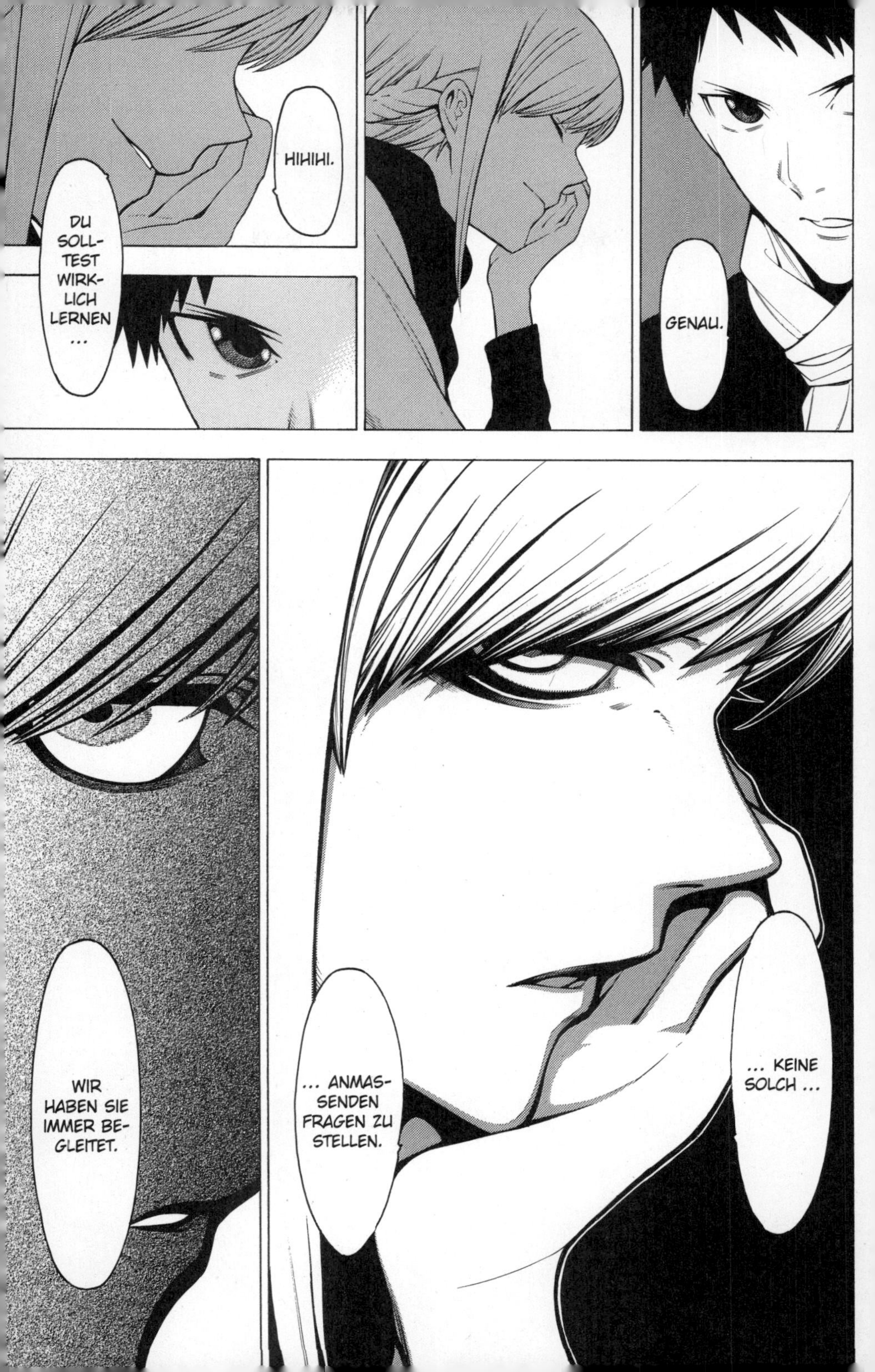
GENAU.
HIHIHI.
DU SOLLTEST WIRKLICH LERNEN ...
... KEINE SOLCH ...
... ANMASSENDEN FRAGEN ZU STELLEN.
WIR HABEN SIE IMMER BEGLEITET.

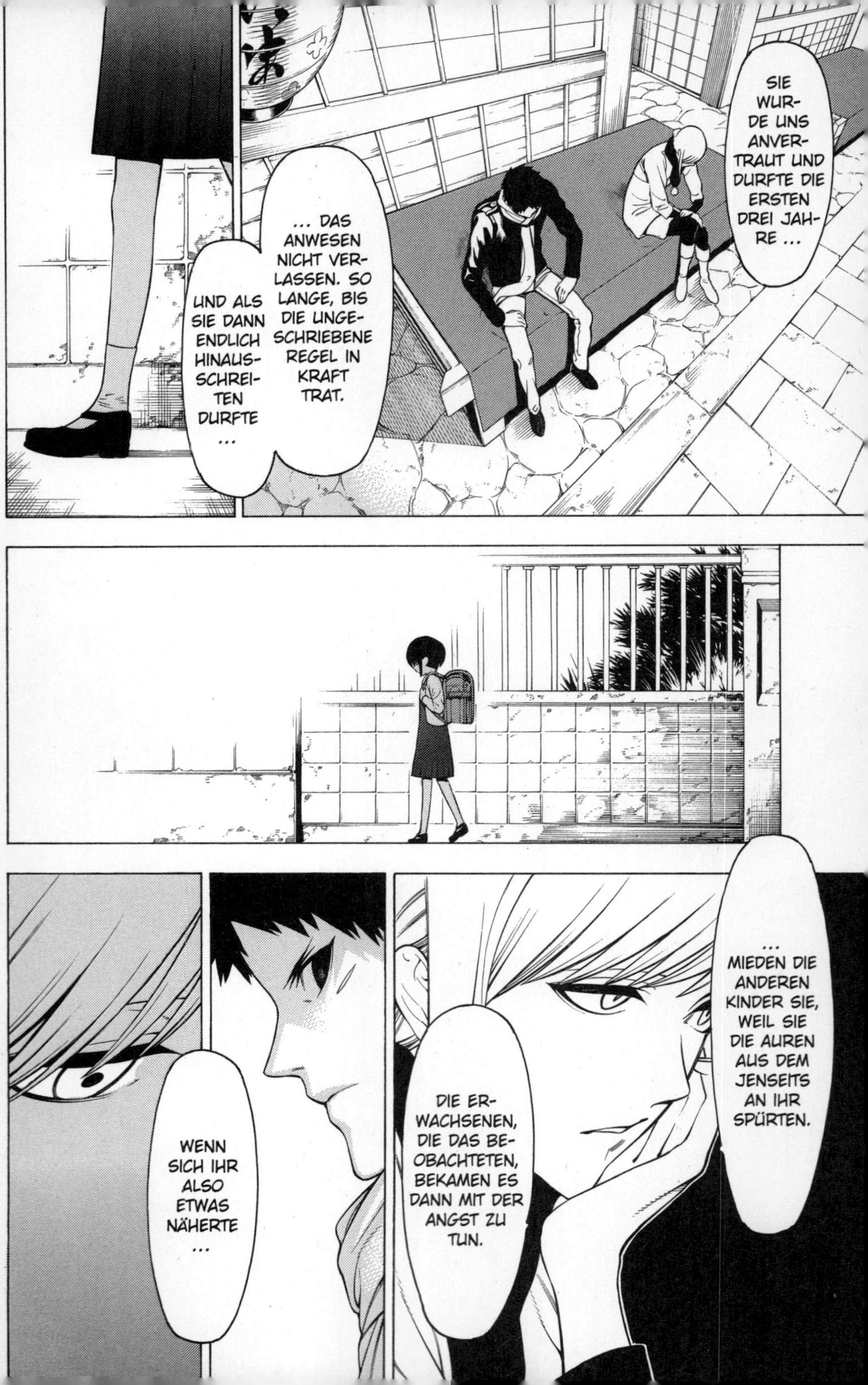
SIE WURDE UNS ANVERTRAUT UND DURFTE DIE ERSTEN DREI JAHRE ...
... DAS ANWESEN NICHT VERLASSEN. SO LANGE, BIS DIE UNGESCHRIEBENE REGEL IN KRAFT TRAT.
UND ALS SIE DANN ENDLICH HINAUSSCHREITEN DURFTE ...
... MIEDEN DIE ANDEREN KINDER SIE, WEIL SIE DIE AUREN AUS DEM JENSEITS AN IHR SPÜRTEN.
DIE ERWACHSENEN, DIE DAS BEOBACHTETEN, BEKAMEN ES DANN MIT DER ANGST ZU TUN.
WENN SICH IHR ALSO ETWAS NÄHERTE ...

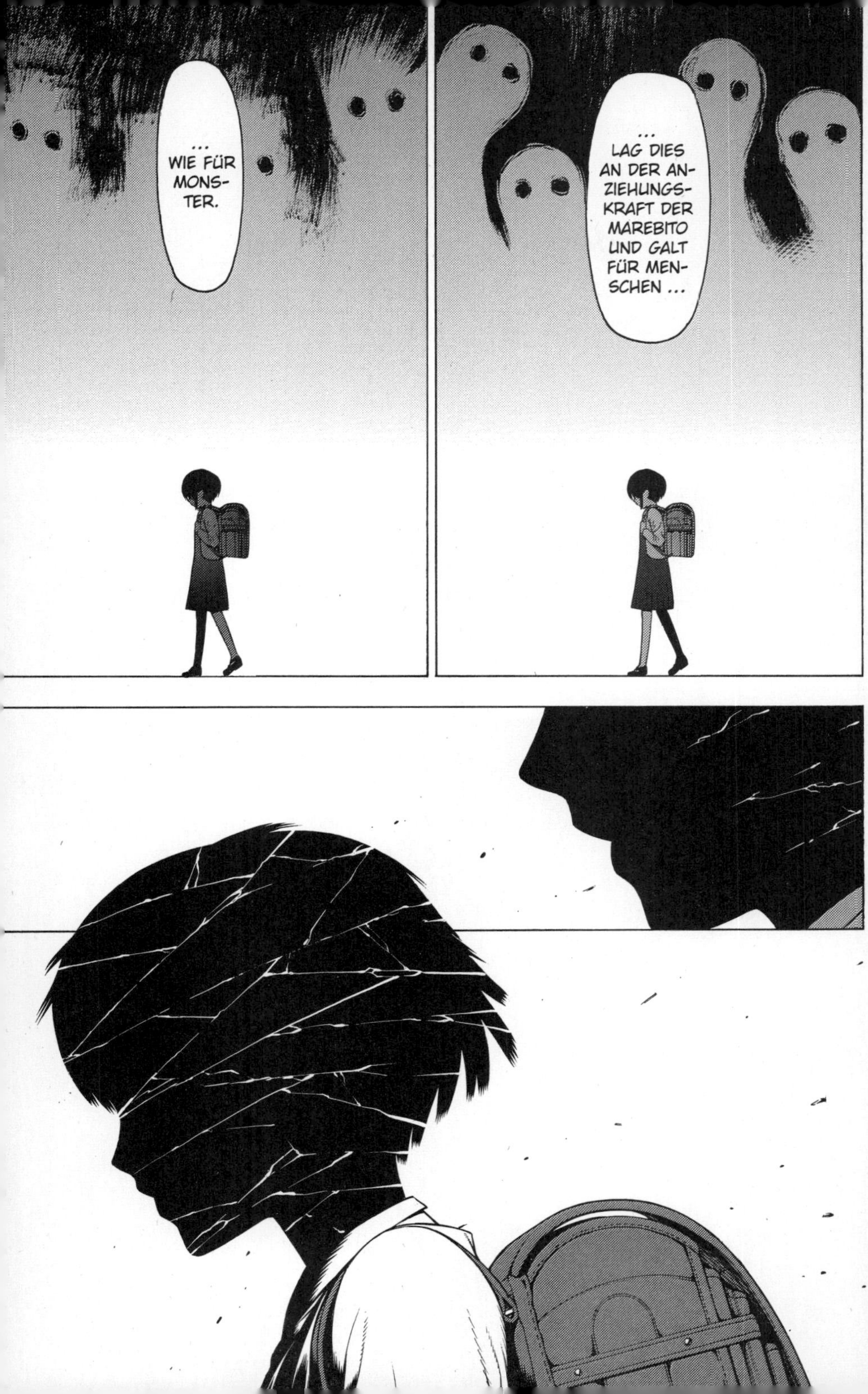
… LAG DIES AN DER ANZIEHUNGSKRAFT DER MAREBITO UND GALT FÜR MENSCHEN …
… WIE FÜR MONSTER.

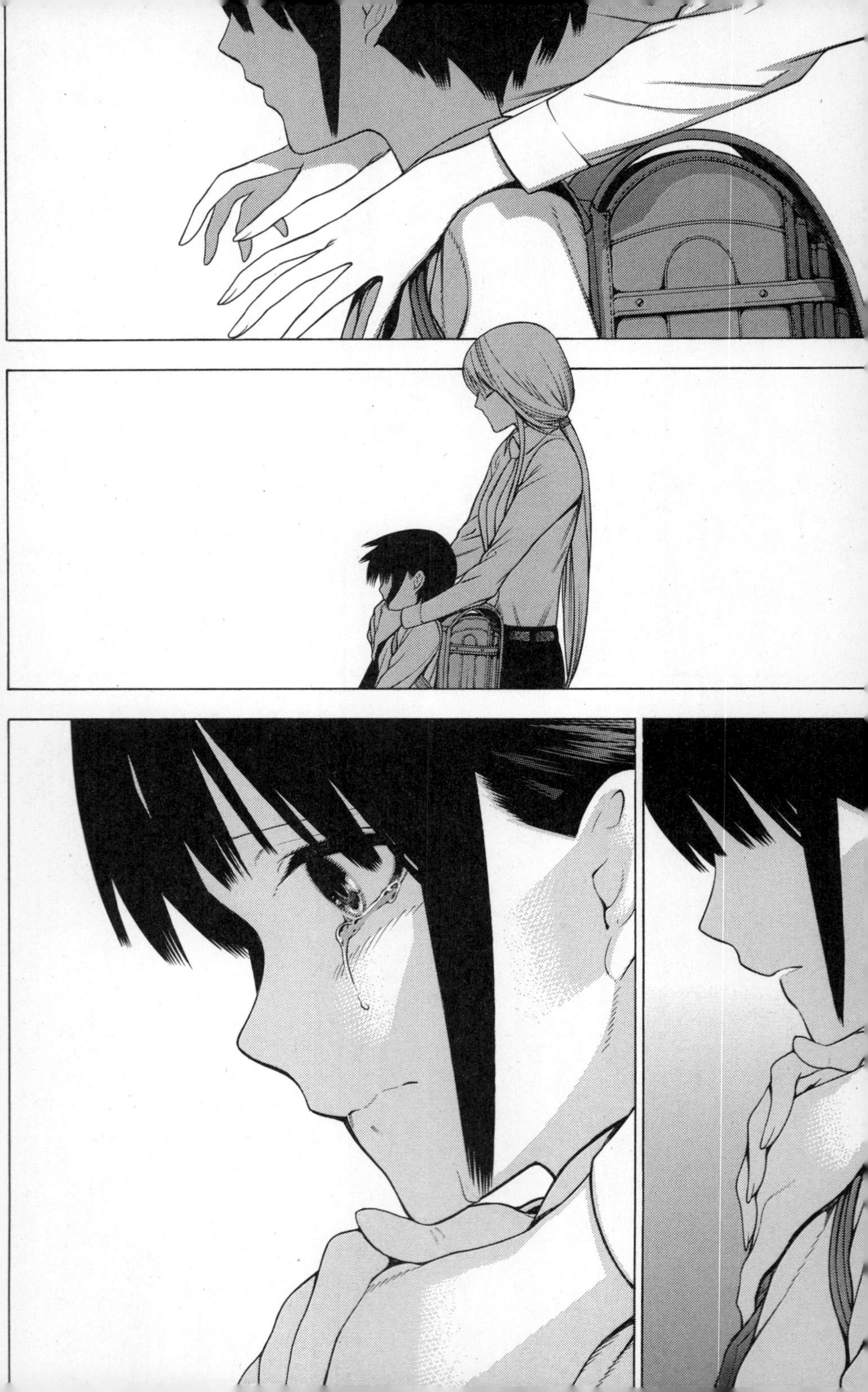

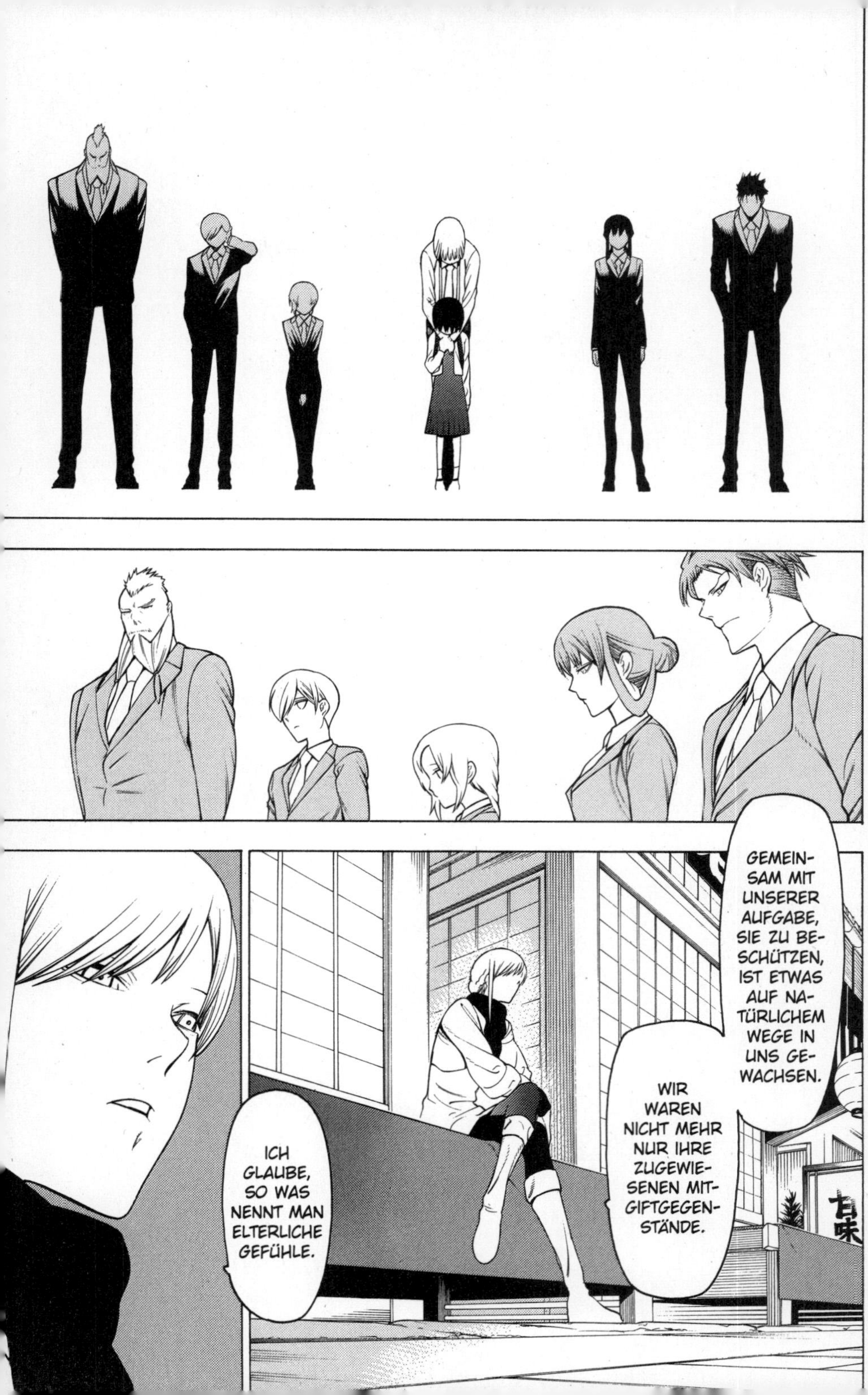
GEMEINSAM MIT UNSERER AUFGABE, SIE ZU BESCHÜTZEN, IST ETWAS AUF NATÜRLICHEM WEGE IN UNS GEWACHSEN.
WIR WAREN NICHT MEHR NUR IHRE ZUGEWIESENEN MITGIFTGEGENSTÄNDE.
ICH GLAUBE, SO WAS NENNT MAN ELTERLICHE GEFÜHLE.

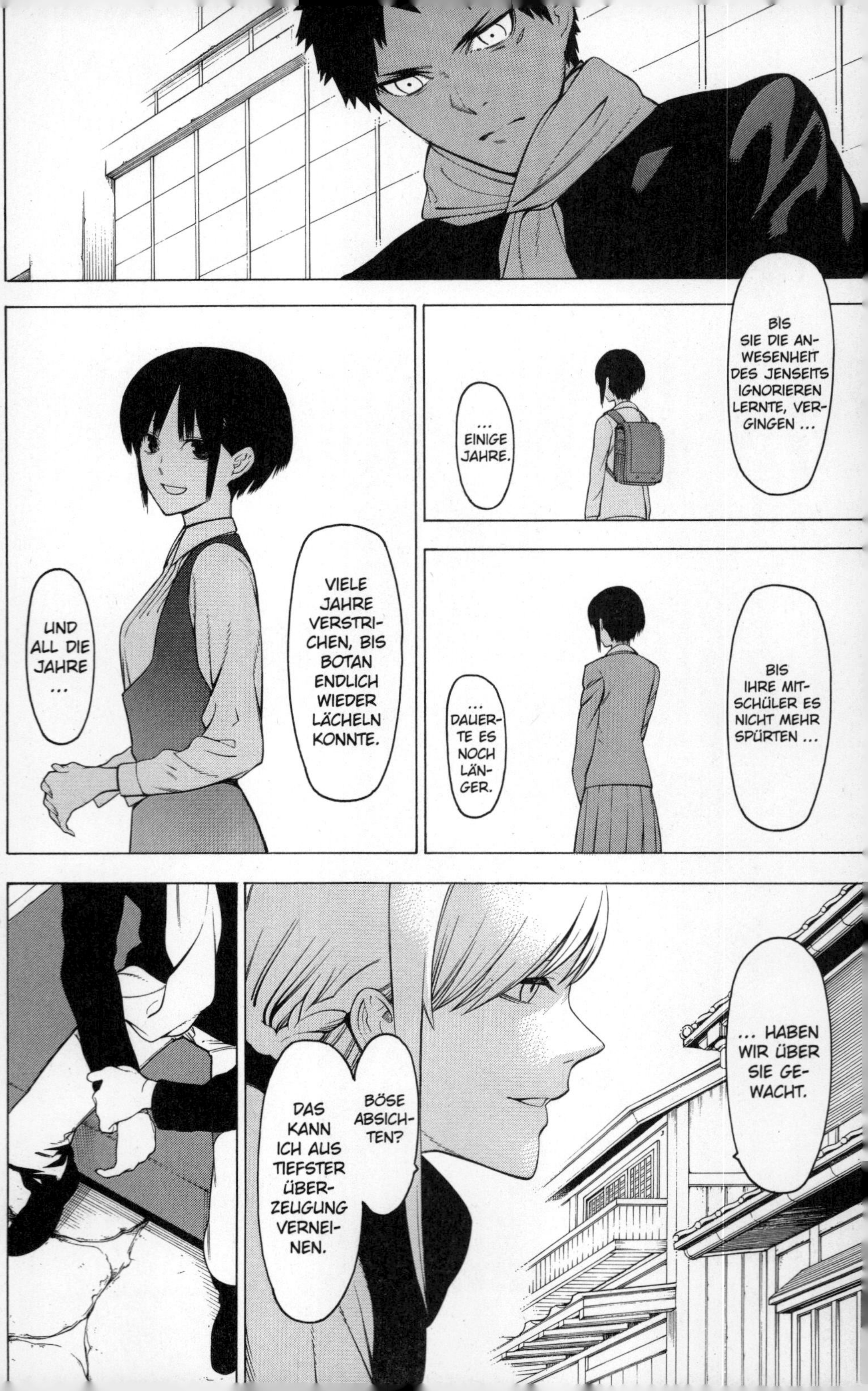

BIS SIE DIE ANWESENHEIT DES JENSEITS IGNORIEREN LERNTE, VERGINGEN …
… EINIGE JAHRE.
BIS IHRE MITSCHÜLER ES NICHT MEHR SPÜRTEN …
… DAUERTE ES NOCH LÄNGER.
VIELE JAHRE VERSTRICHEN, BIS BOTAN ENDLICH WIEDER LÄCHELN KONNTE.
UND ALL DIE JAHRE …
… HABEN WIR ÜBER SIE GEWACHT.
BÖSE ABSICHTEN?
DAS KANN ICH AUS TIEFSTER ÜBERZEUGUNG VERNEINEN.

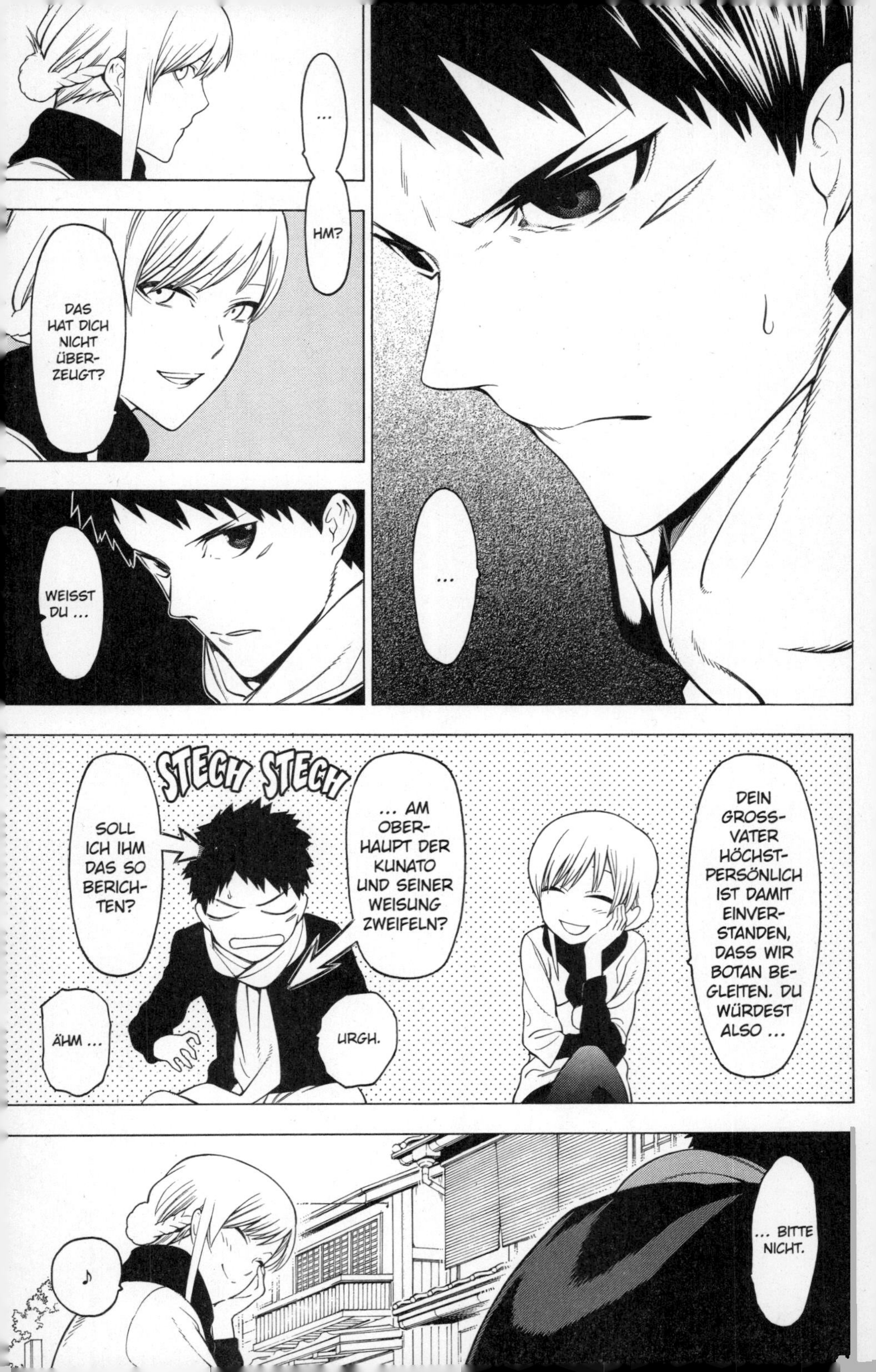
...
HM?
DAS HAT DICH NICHT ÜBERZEUGT?
WEISST DU ...
...
DEIN GROSSVATER HÖCHSTPERSÖNLICH IST DAMIT EINVERSTANDEN, DASS WIR BOTAN BEGLEITEN. DU WÜRDEST ALSO ...
... AM OBERHAUPT DER KUNATO UND SEINER WEISUNG ZWEIFELN?
URGH.
STECH STECH
SOLL ICH IHM DAS SO BERICHTEN?
ÄHM ...
... BITTE NICHT.
♪

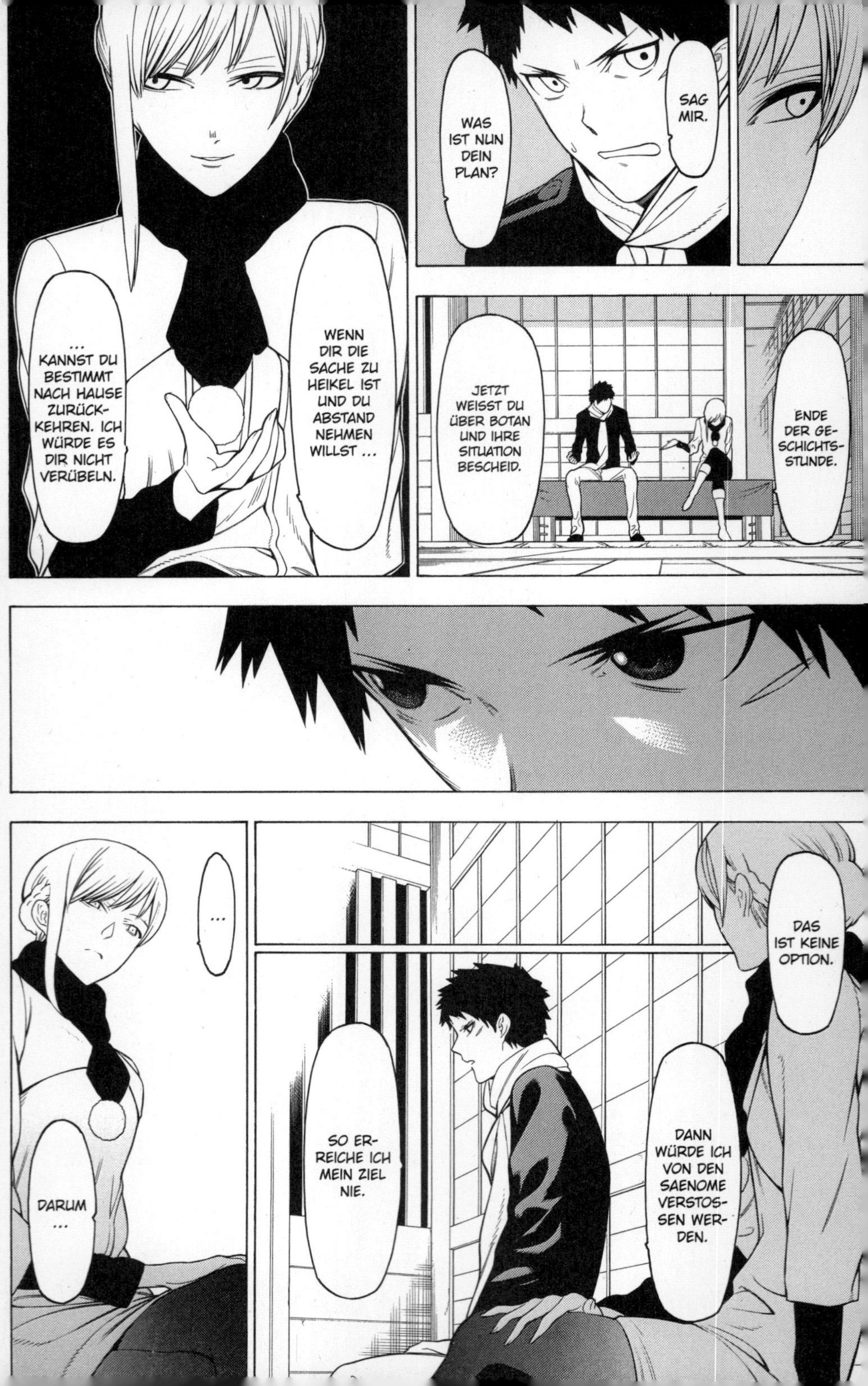
SAG MIR.
WAS IST NUN DEIN PLAN?
ENDE DER GESCHICHTSSTUNDE.
JETZT WEISST DU ÜBER BOTAN UND IHRE SITUATION BESCHEID.
WENN DIR DIE SACHE ZU HEIKEL IST UND DU ABSTAND NEHMEN WILLST …
… KANNST DU BESTIMMT NACH HAUSE ZURÜCKKEHREN. ICH WÜRDE ES DIR NICHT VERÜBELN.
…
DAS IST KEINE OPTION.
DANN WÜRDE ICH VON DEN SAENOME VERSTOSSEN WERDEN.
SO ERREICHE ICH MEIN ZIEL NIE.
DARUM …

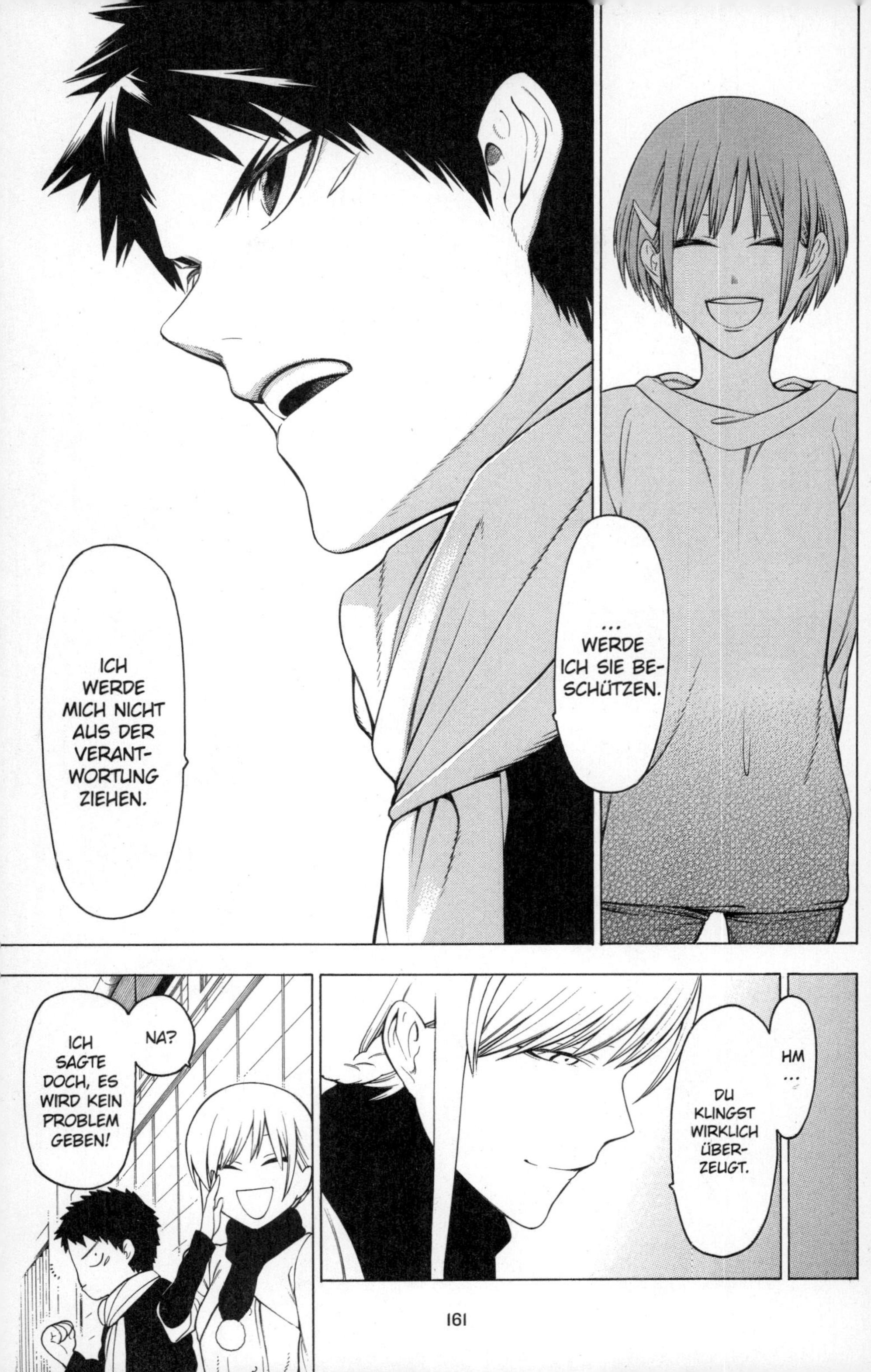
... WERDE ICH SIE BESCHÜTZEN.
ICH WERDE MICH NICHT AUS DER VERANTWORTUNG ZIEHEN.
HM ...
DU KLINGST WIRKLICH ÜBERZEUGT.
NA?
ICH SAGTE DOCH, ES WIRD KEIN PROBLEM GEBEN!

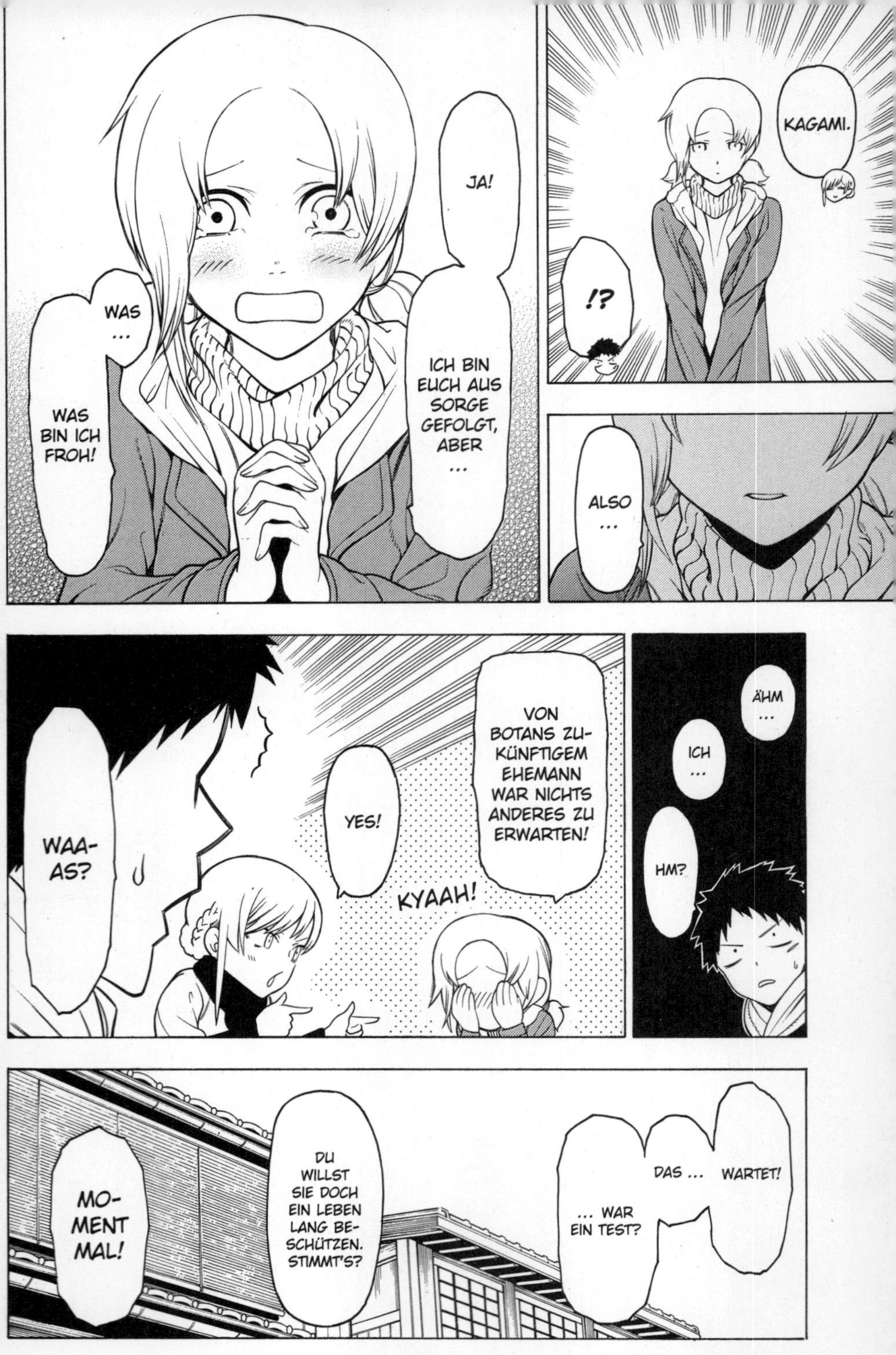

KAGAMI.
!?
ALSO ...
JA!
ICH BIN EUCH AUS SORGE GEFOLGT, ABER ...
WAS ...
WAS BIN ICH FROH!
ÄHM ...
ICH ...
HM?
VON BOTANS ZUKÜNFTIGEM EHEMANN WAR NICHTS ANDERES ZU ERWARTEN!
YES!
KYAAH!
WAAAS?
WARTET!
DAS ...
... WAR EIN TEST?
DU WILLST SIE DOCH EIN LEBEN LANG BESCHÜTZEN. STIMMT'S?
MOMENT MAL!

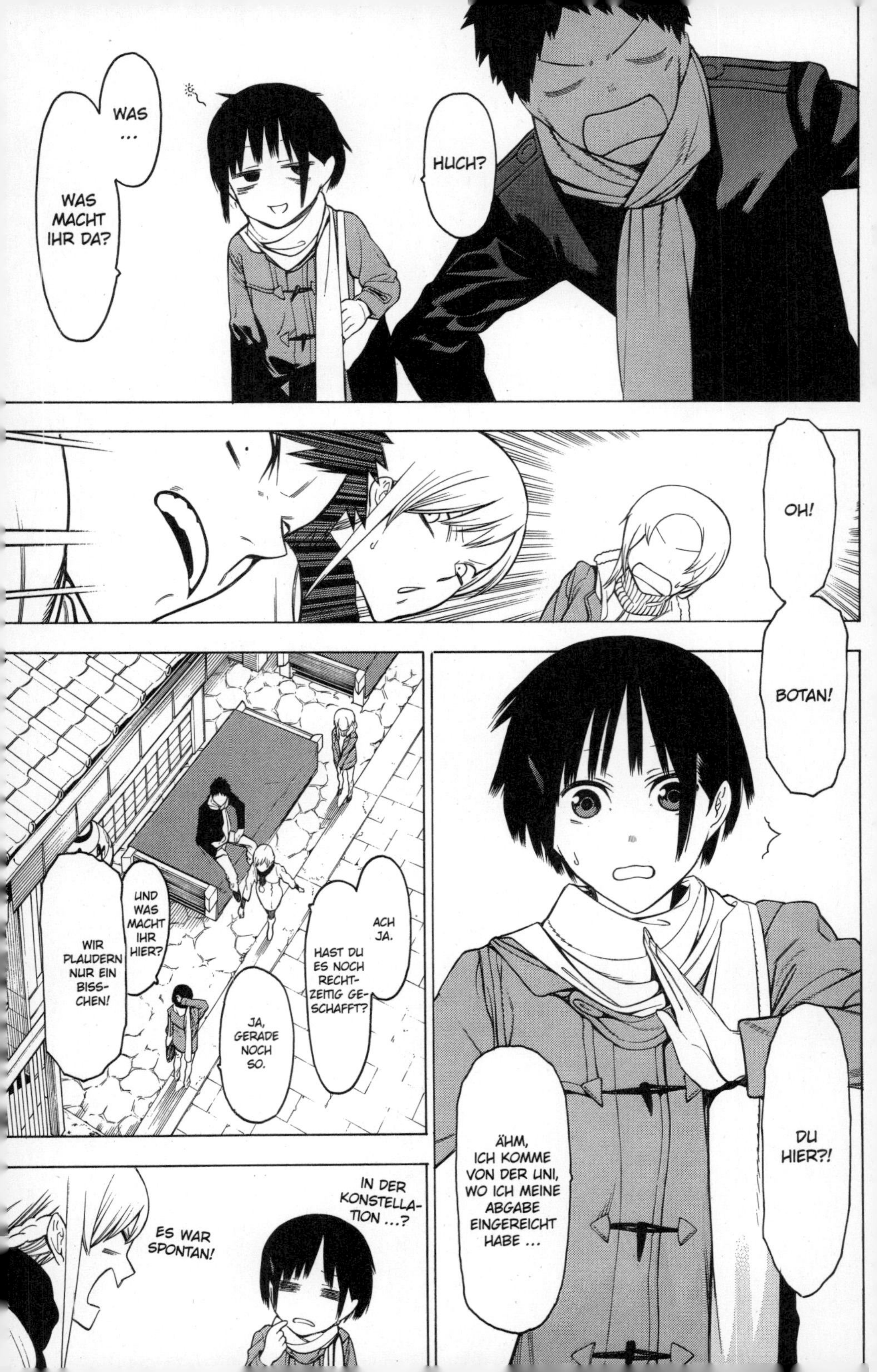
HUCH?
WAS ... WAS MACHT IHR DA?
OH! BOTAN!
DU HIER?!
ÄHM, ICH KOMME VON DER UNI, WO ICH MEINE ABGABE EINGEREICHT HABE ...
ACH JA. HAST DU ES NOCH RECHTZEITIG GESCHAFFT?
JA, GERADE NOCH SO.
UND WAS MACHT IHR HIER?
WIR PLAUDERN NUR EIN BISSCHEN!
IN DER KONSTELLATION ...?
ES WAR SPONTAN!

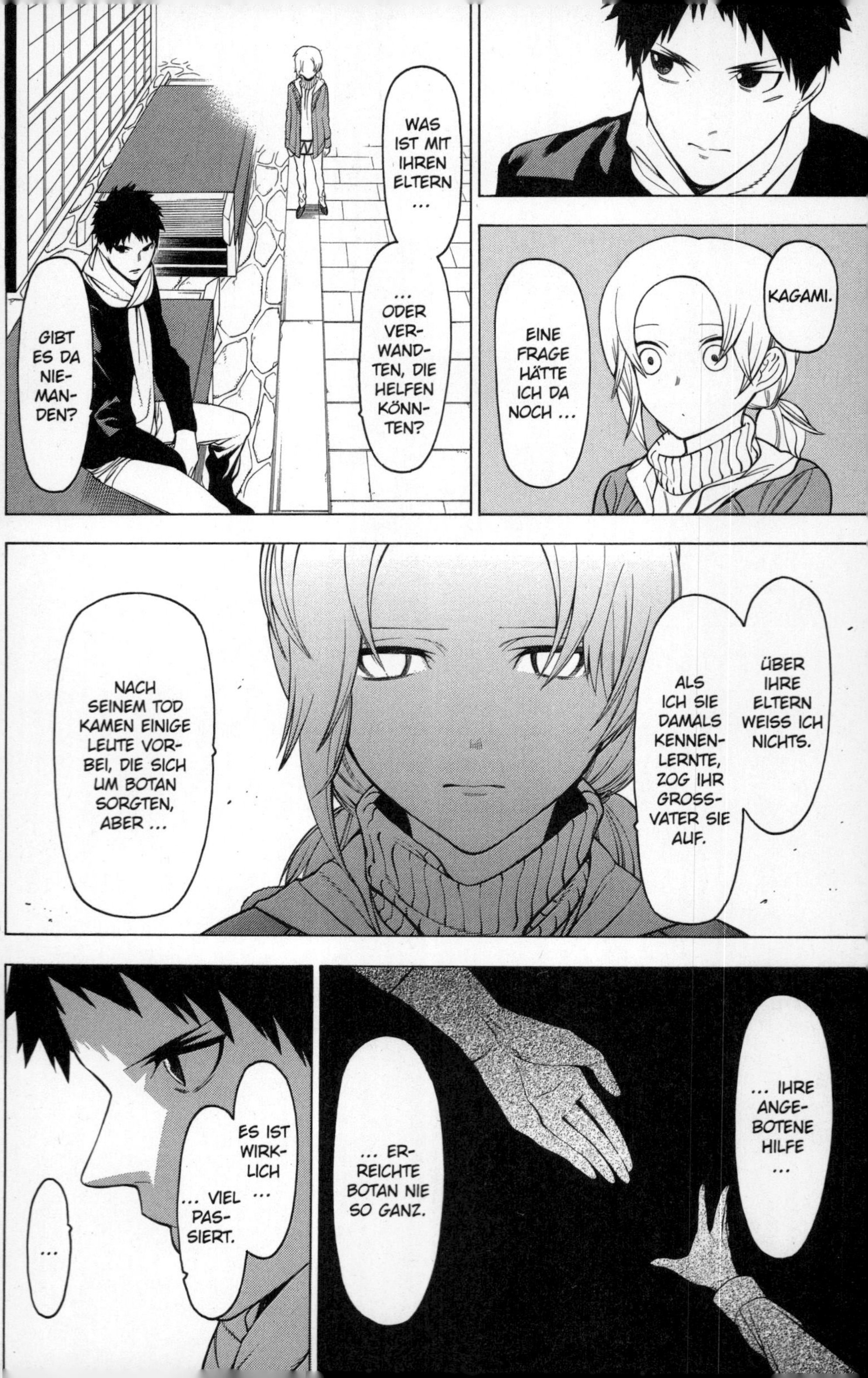
KAGAMI.
EINE FRAGE HÄTTE ICH DA NOCH …
WAS IST MIT IHREN ELTERN …
… ODER VERWANDTEN, DIE HELFEN KÖNNTEN?
GIBT ES DA NIEMANDEN?
ÜBER IHRE ELTERN WEISS ICH NICHTS.
ALS ICH SIE DAMALS KENNENLERNTE, ZOG IHR GROSSVATER SIE AUF.
NACH SEINEM TOD KAMEN EINIGE LEUTE VORBEI, DIE SICH UM BOTAN SORGTEN, ABER …
… IHRE ANGEBOTENE HILFE …
… ERREICHTE BOTAN NIE SO GANZ.
ES IST WIRKLICH … … VIEL PASSIERT.
…

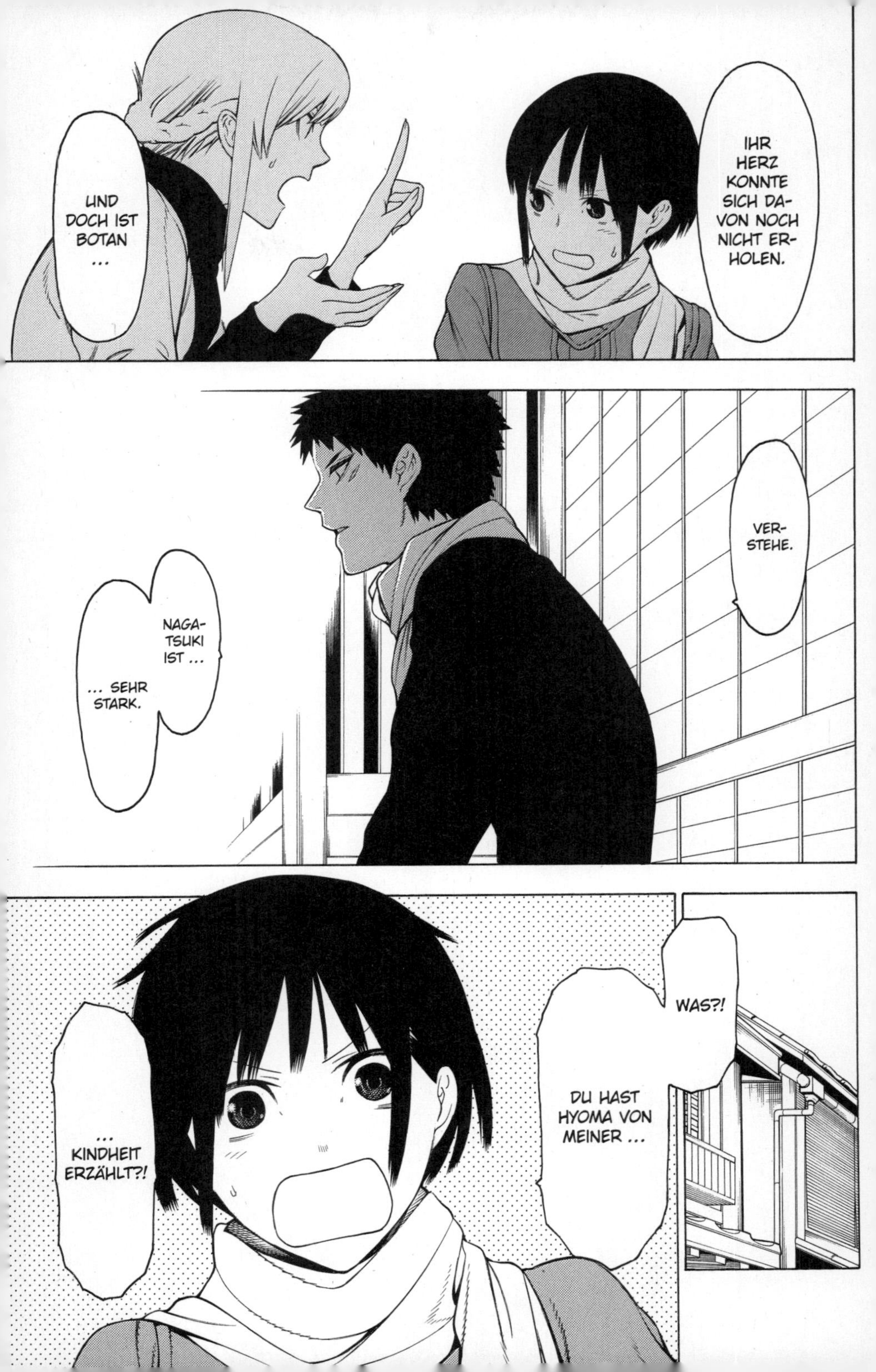
IHR HERZ KONNTE SICH DAVON NOCH NICHT ERHOLEN.
UND DOCH IST BOTAN …
VERSTEHE.
NAGATSUKI IST …
… SEHR STARK.
WAS?!
DU HAST HYOMA VON MEINER …
… KINDHEIT ERZÄHLT?!

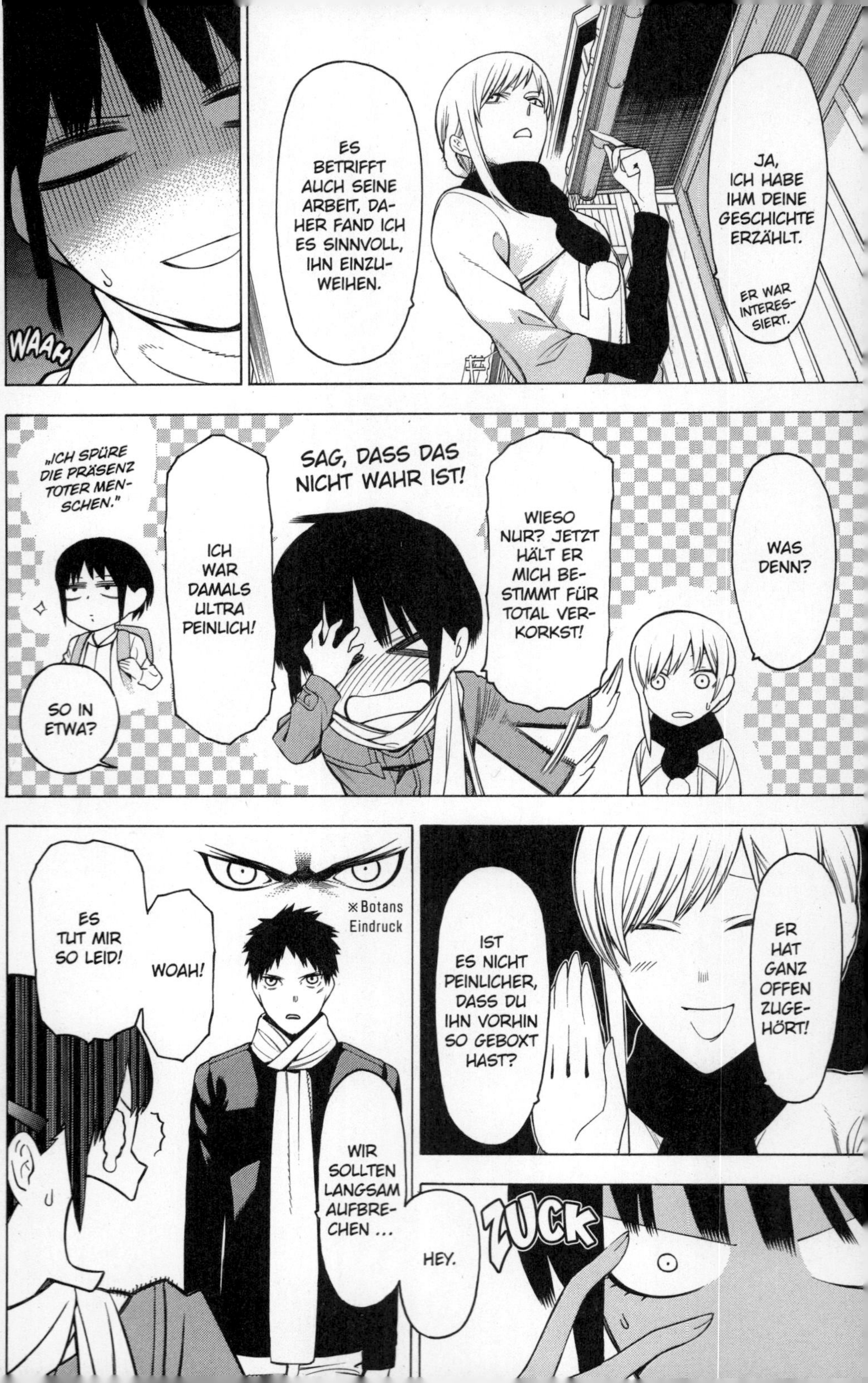
JA, ICH HABE IHM DEINE GESCHICHTE ERZÄHLT.
ER WAR INTERESSIERT.
ES BETRIFFT AUCH SEINE ARBEIT, DAHER FAND ICH ES SINNVOLL, IHN EINZUWEIHEN.
WAAH
WAS DENN?
WIESO NUR? JETZT HÄLT ER MICH BESTIMMT FÜR TOTAL VERKORKST!
SAG, DASS DAS NICHT WAHR IST!
ICH WAR DAMALS ULTRA PEINLICH!
„ICH SPÜRE DIE PRÄSENZ TOTER MENSCHEN."
SO IN ETWA?
ER HAT GANZ OFFEN ZUGEHÖRT!
IST ES NICHT PEINLICHER, DASS DU IHN VORHIN SO GEBOXT HAST?
※Botans Eindruck
WOAH!
ES TUT MIR SO LEID!
ZUCK
HEY.
WIR SOLLTEN LANGSAM AUFBRECHEN …

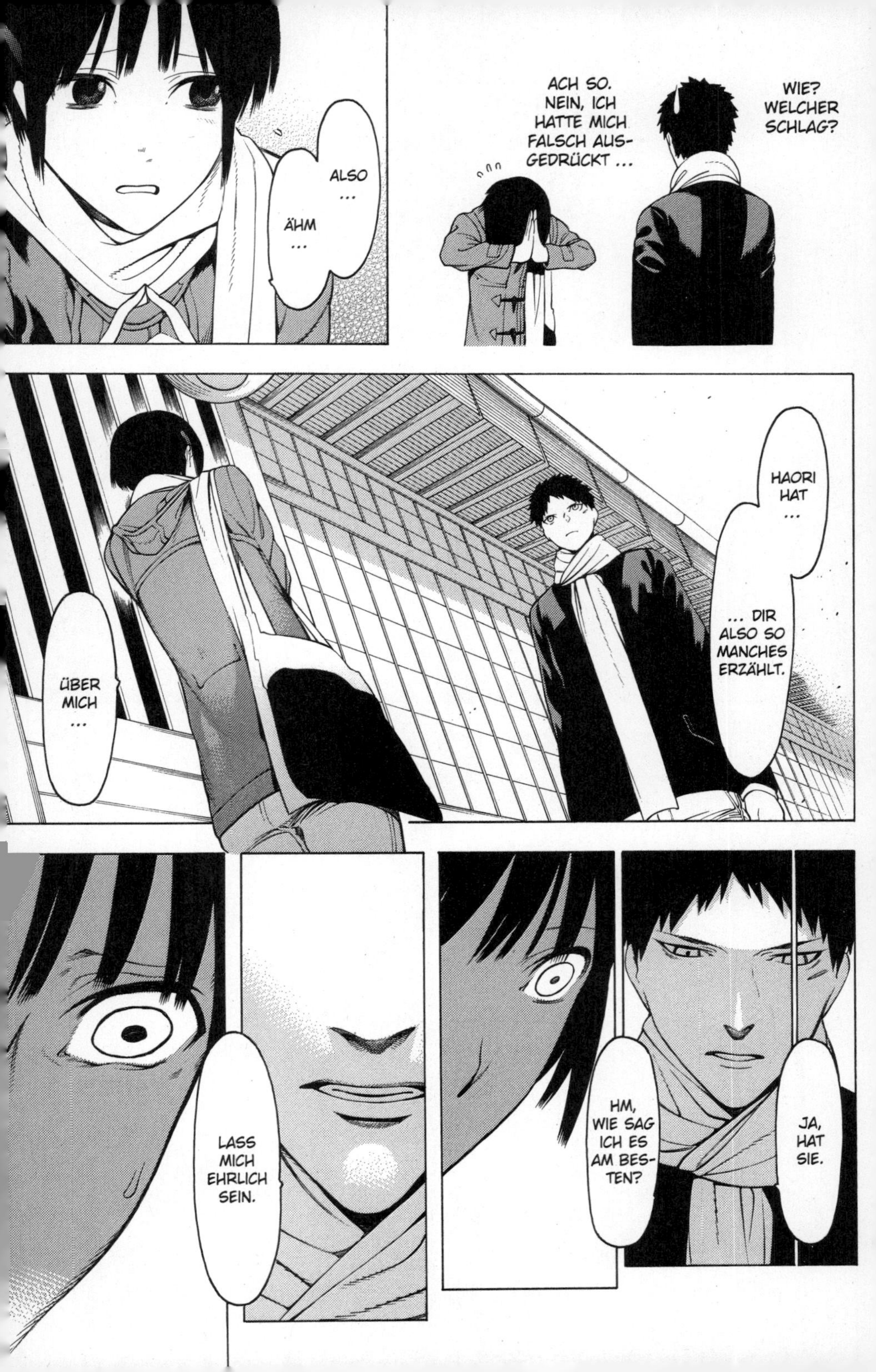
WIE? WELCHER SCHLAG?
ACH SO. NEIN, ICH HATTE MICH FALSCH AUS-GEDRÜCKT ...
ALSO ...
ÄHM ...
HAORI HAT ...
... DIR ALSO SO MANCHES ERZÄHLT.
ÜBER MICH ...
JA, HAT SIE.
HM, WIE SAG ICH ES AM BES-TEN?
LASS MICH EHRLICH SEIN.

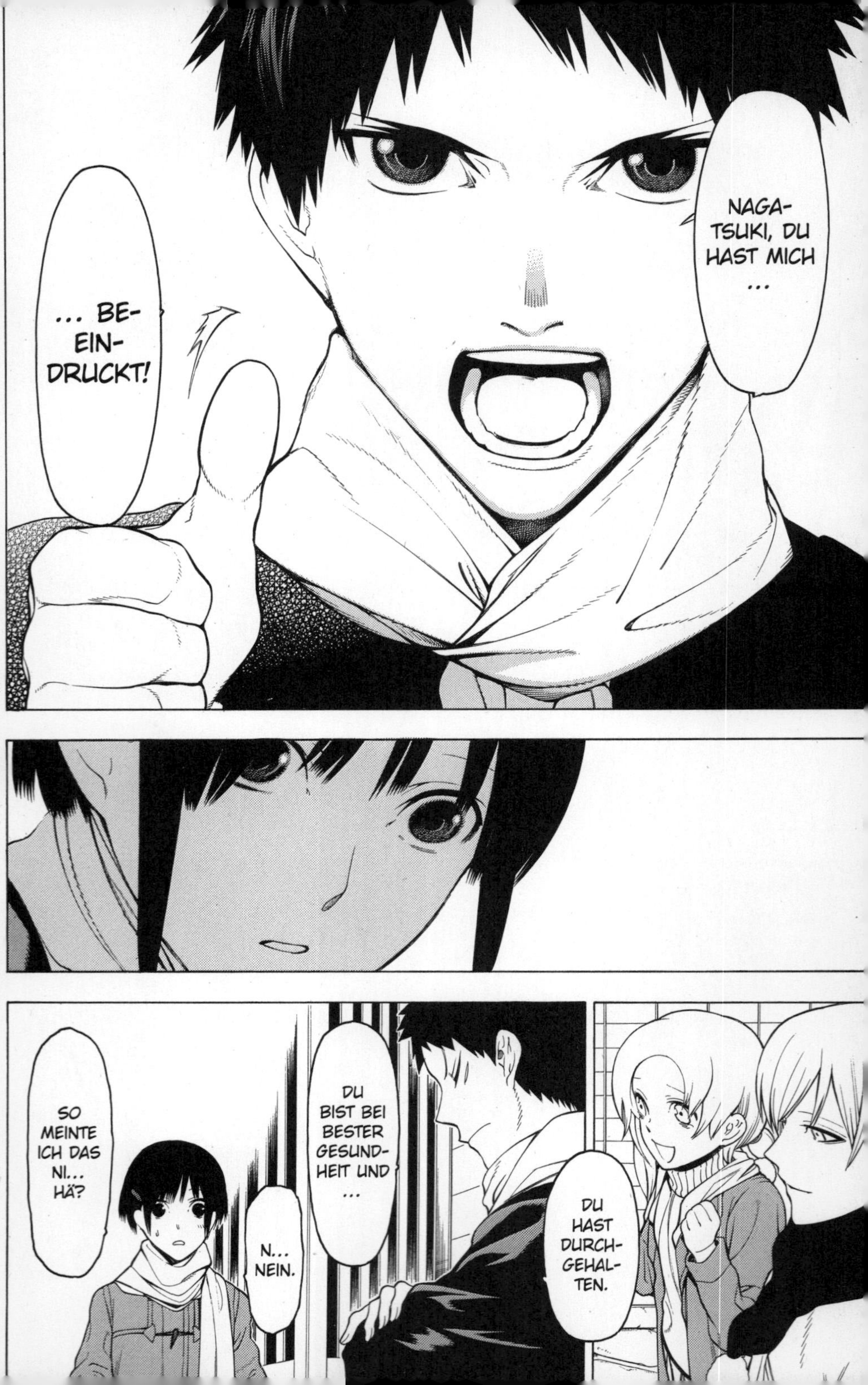
NAGA-TSUKI, DU HAST MICH ...
... BE-EIN-DRUCKT!
DU BIST BEI BESTER GESUND-HEIT UND ...
DU HAST DURCH-GEHAL-TEN.
N... NEIN.
SO MEINTE ICH DAS NI... HÄ?

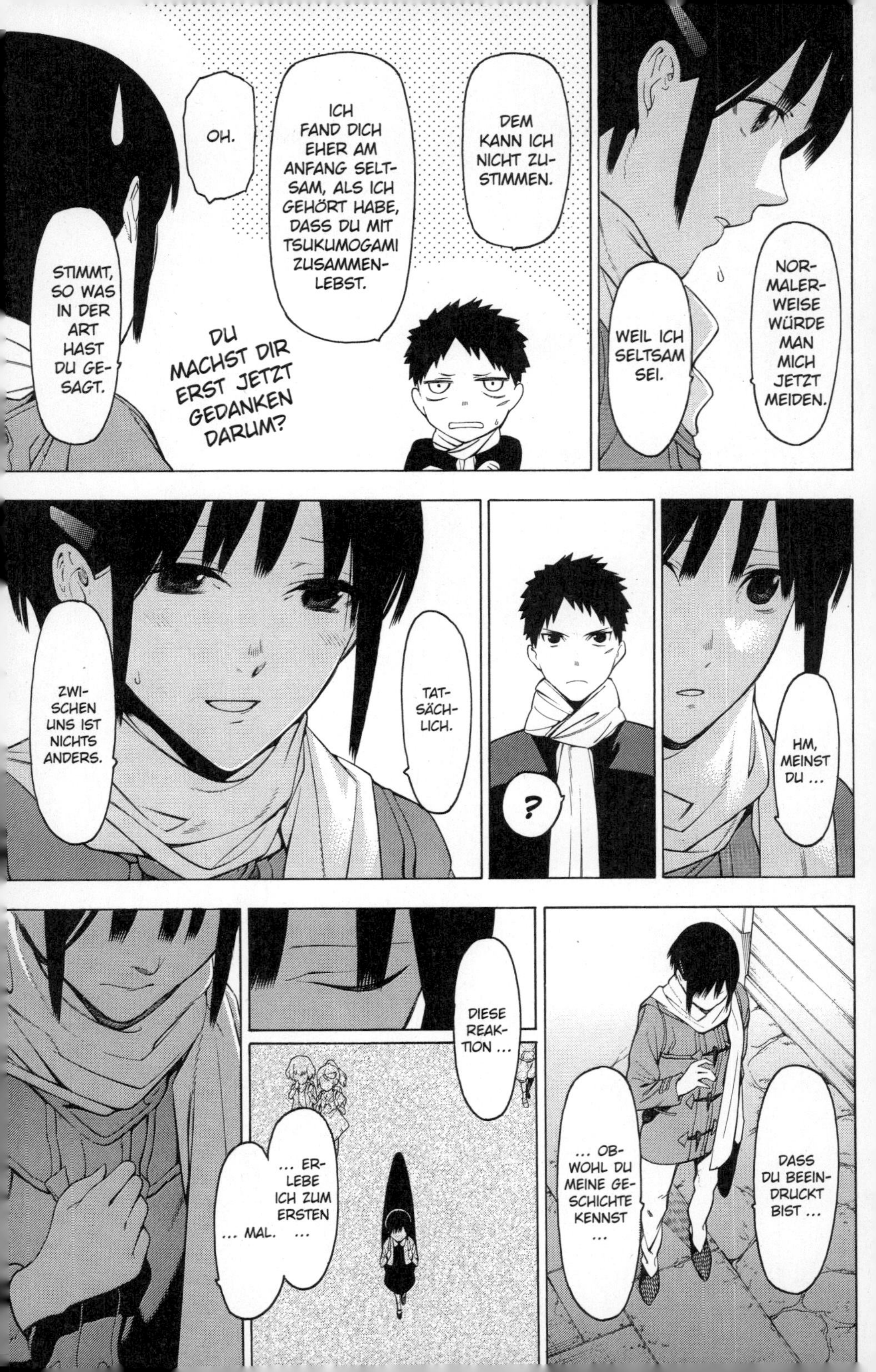
NORMALERWEISE WÜRDE MAN MICH JETZT MEIDEN.
WEIL ICH SELTSAM SEI.
DEM KANN ICH NICHT ZUSTIMMEN.
ICH FAND DICH EHER AM ANFANG SELTSAM, ALS ICH GEHÖRT HABE, DASS DU MIT TSUKUMOGAMI ZUSAMMENLEBST.
OH.
DU MACHST DIR ERST JETZT GEDANKEN DARUM?
STIMMT, SO WAS IN DER ART HAST DU GESAGT.
HM, MEINST DU …
?
TATSÄCHLICH.
ZWISCHEN UNS IST NICHTS ANDERS.
DASS DU BEEINDRUCKT BIST …
… OBWOHL DU MEINE GESCHICHTE KENNST …
DIESE REAKTION …
… ERLEBE ICH ZUM ERSTEN … … MAL.

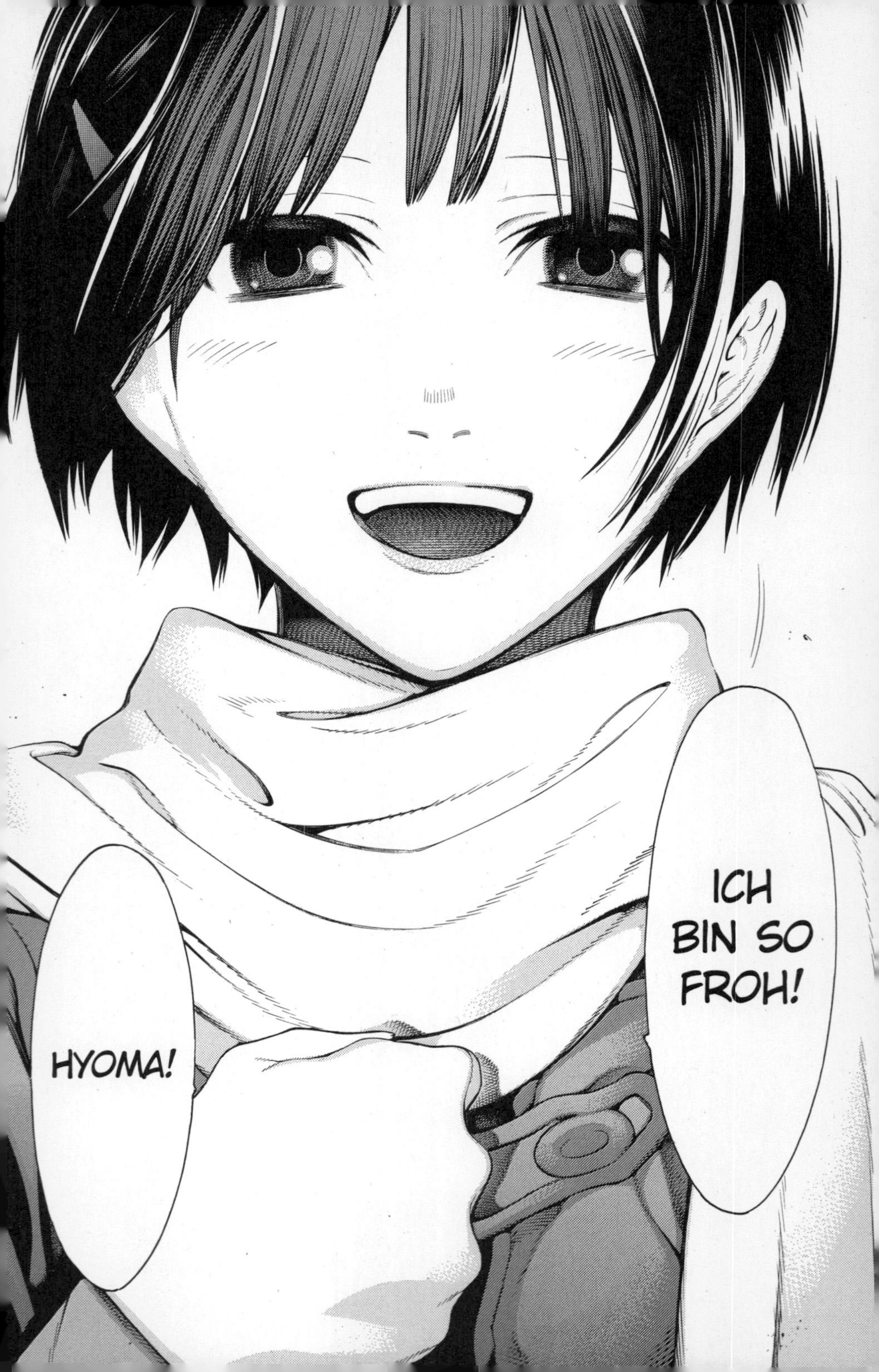
ICH BIN SO FROH!
HYOMA!

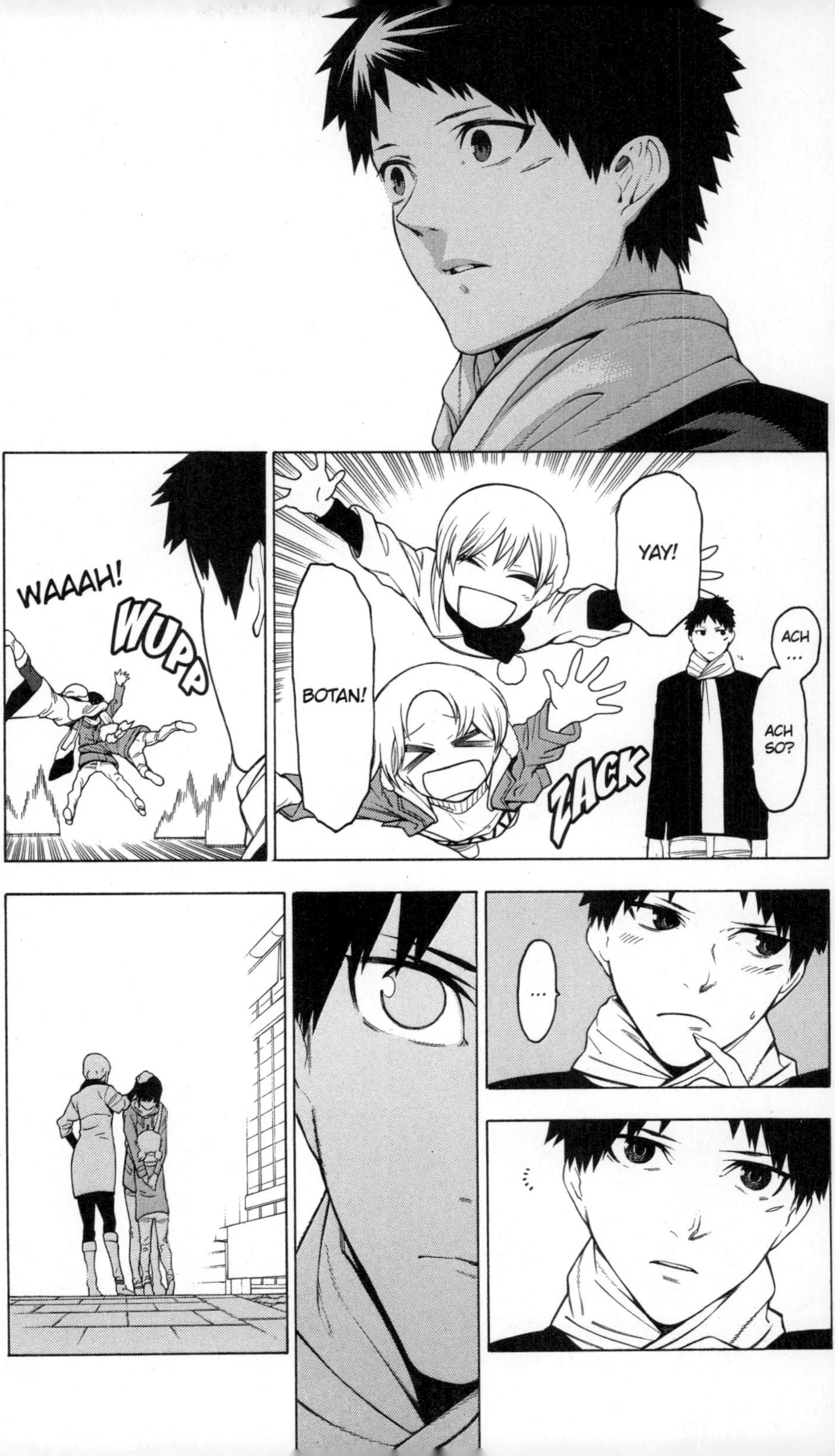
ACH … ACH SO?
YAY!
BOTAN!
ZACK
WUPP
WAAAH!
…

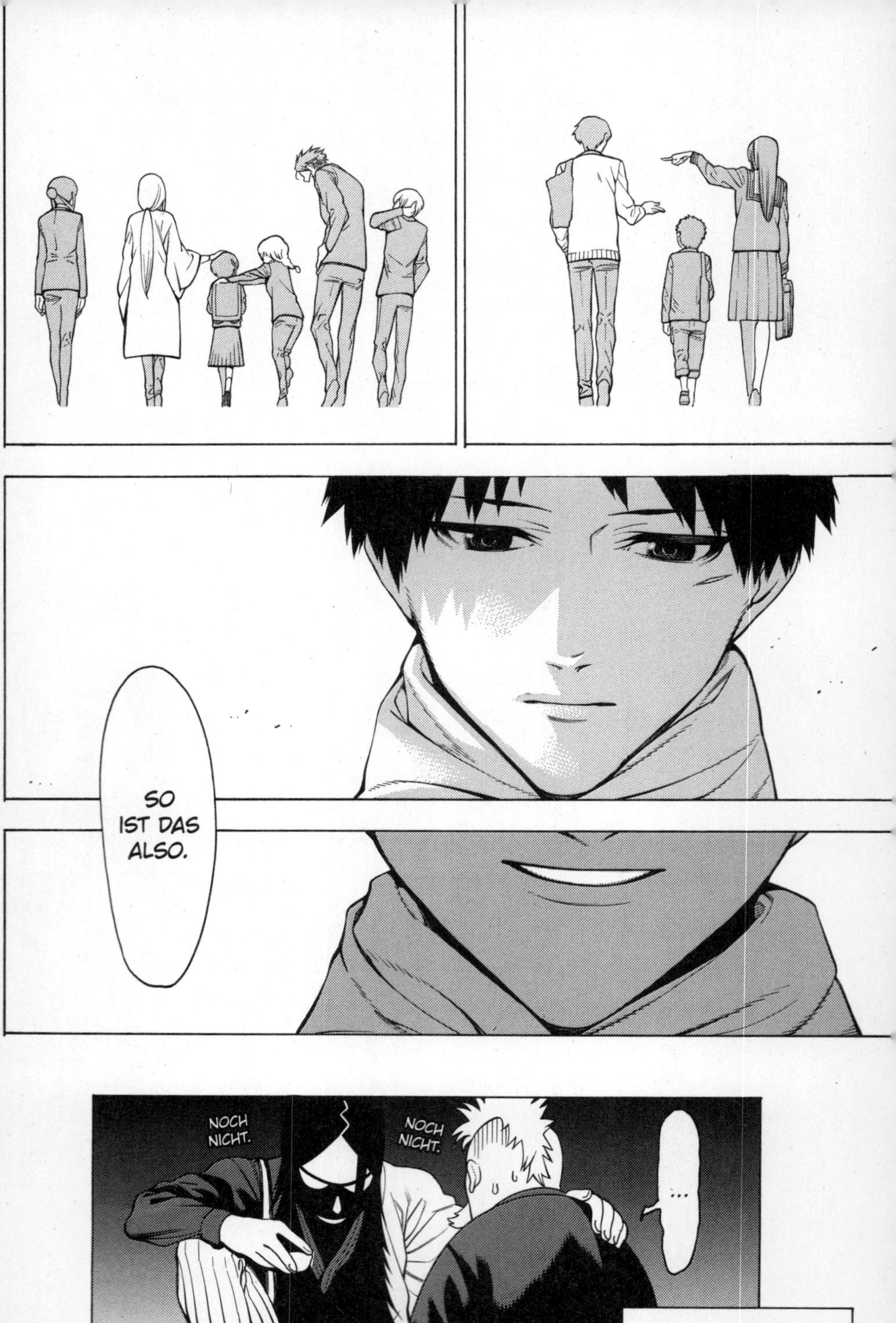
…
…
SO IST DAS ALSO.
…
NOCH NICHT.
NOCH NICHT.
In der Zwischenzeit …

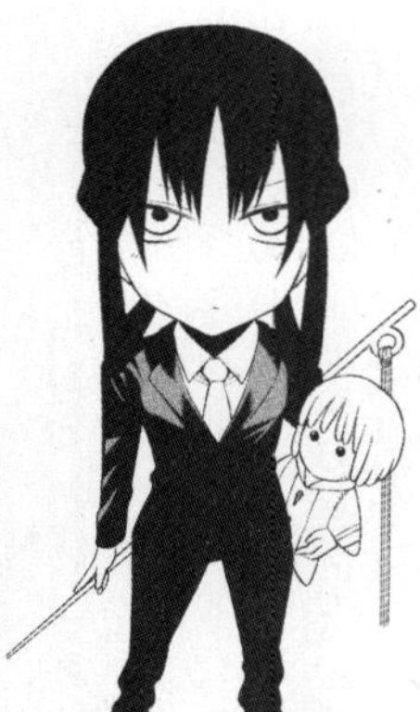

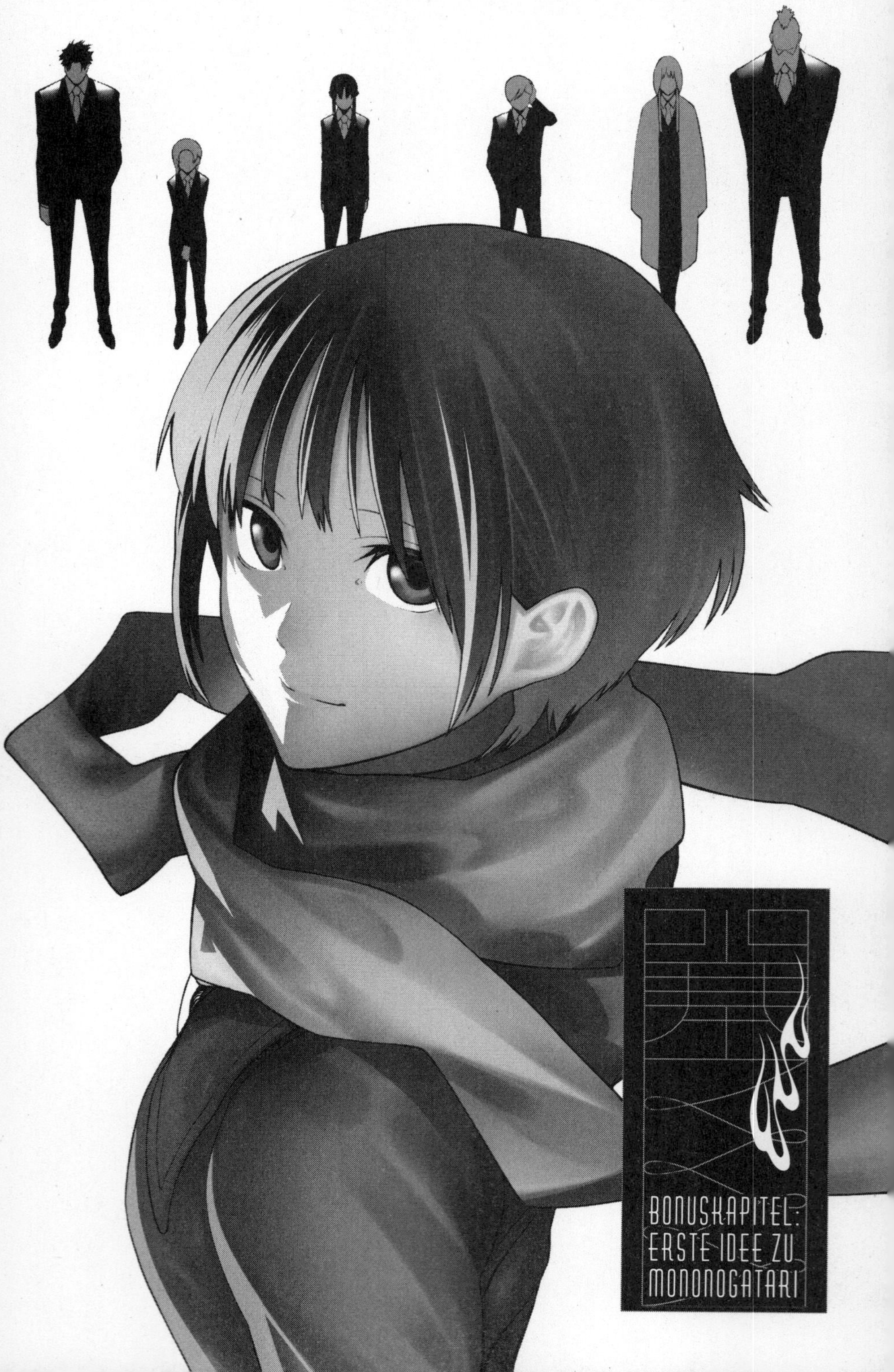
BONUSKAPITEL:
ERSTE IDEE ZU
MONONOGATARI

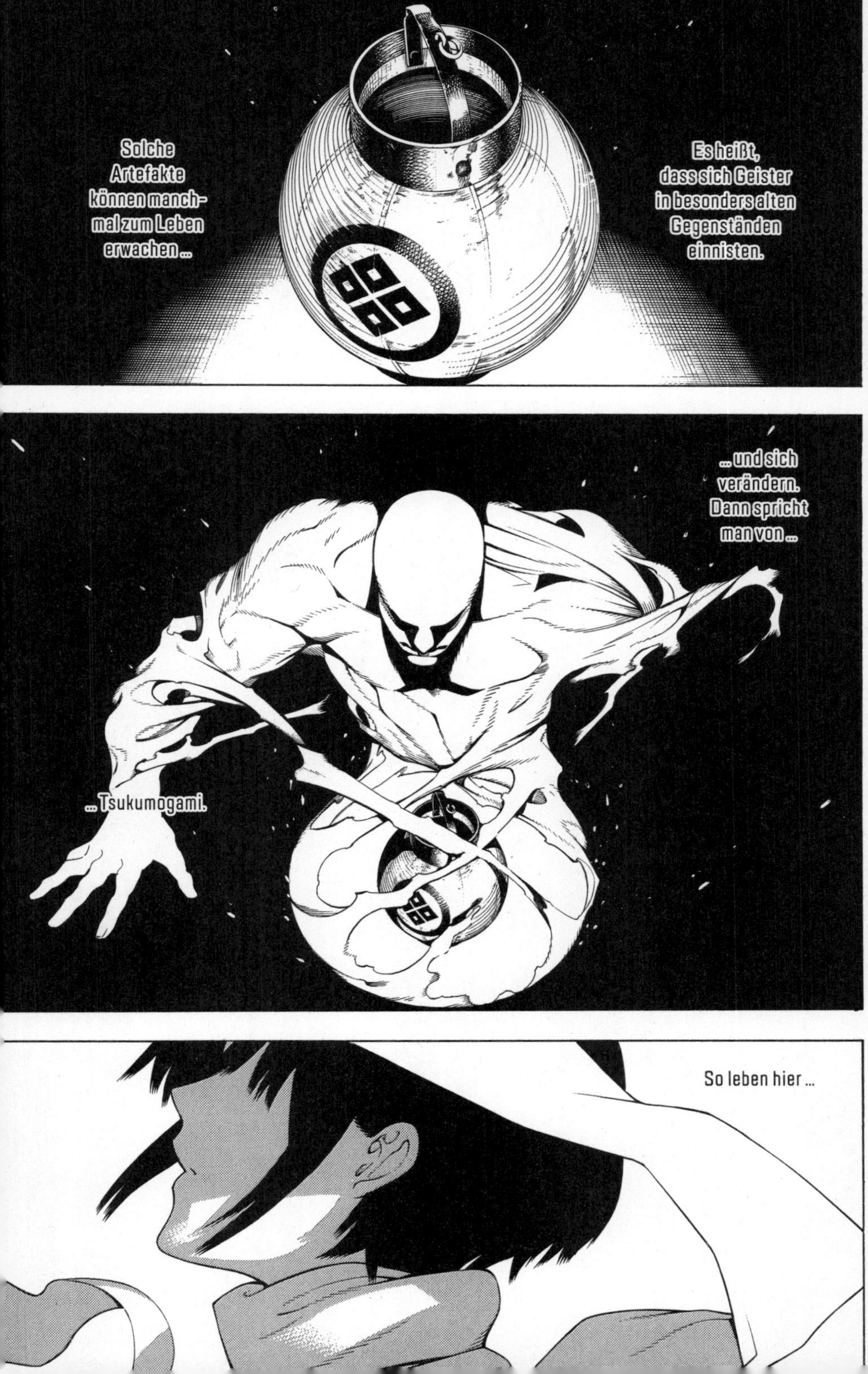
Es heißt, dass sich Geister in besonders alten Gegenständen einnisten.
Solche Artefakte können manch-mal zum Leben erwachen …
… und sich verändern. Dann spricht man von …
… Tsukumogami.
So leben hier …

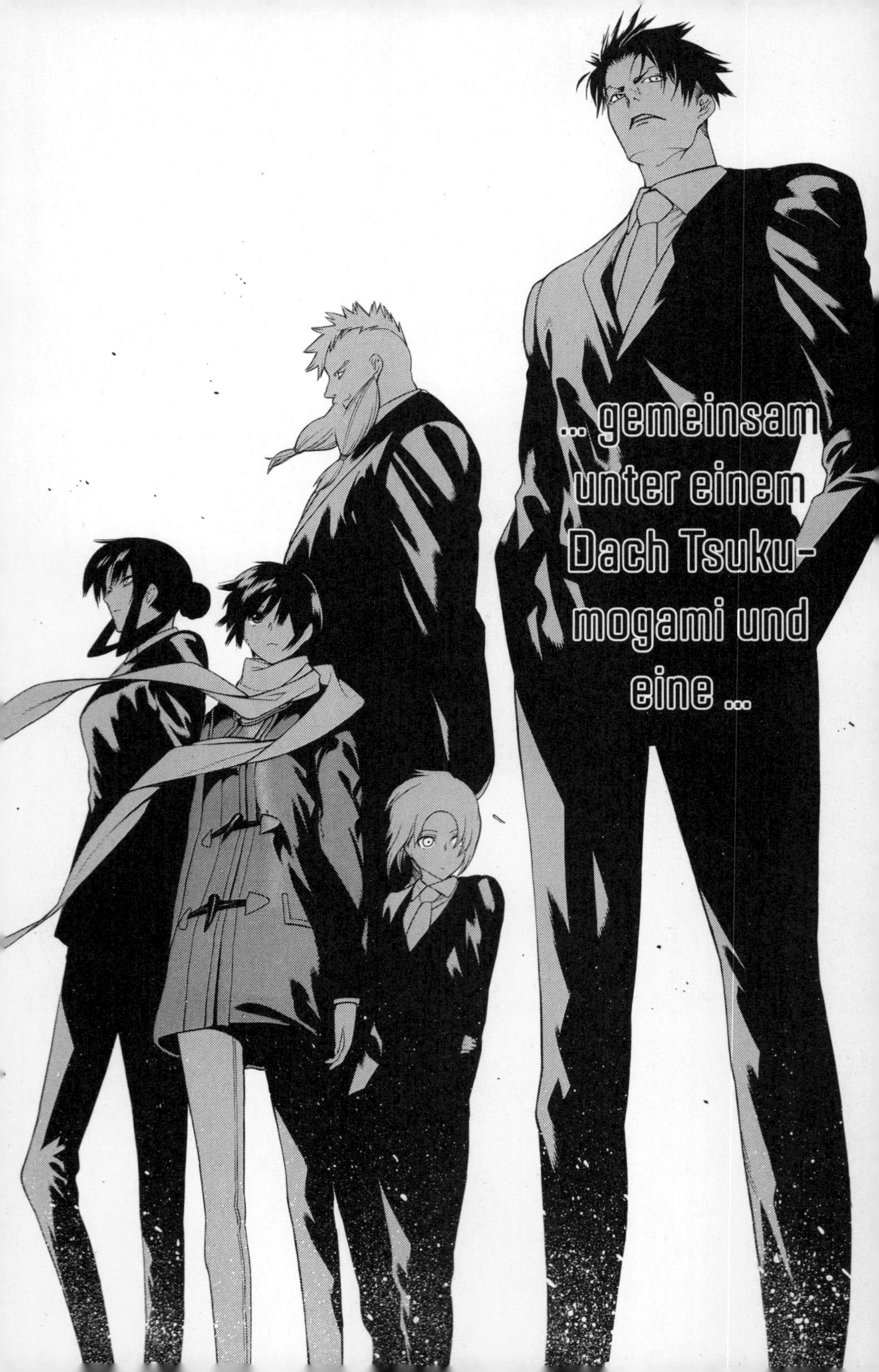
... gemeinsam
unter einem
Dach Tsuku-
mogami und
eine ...

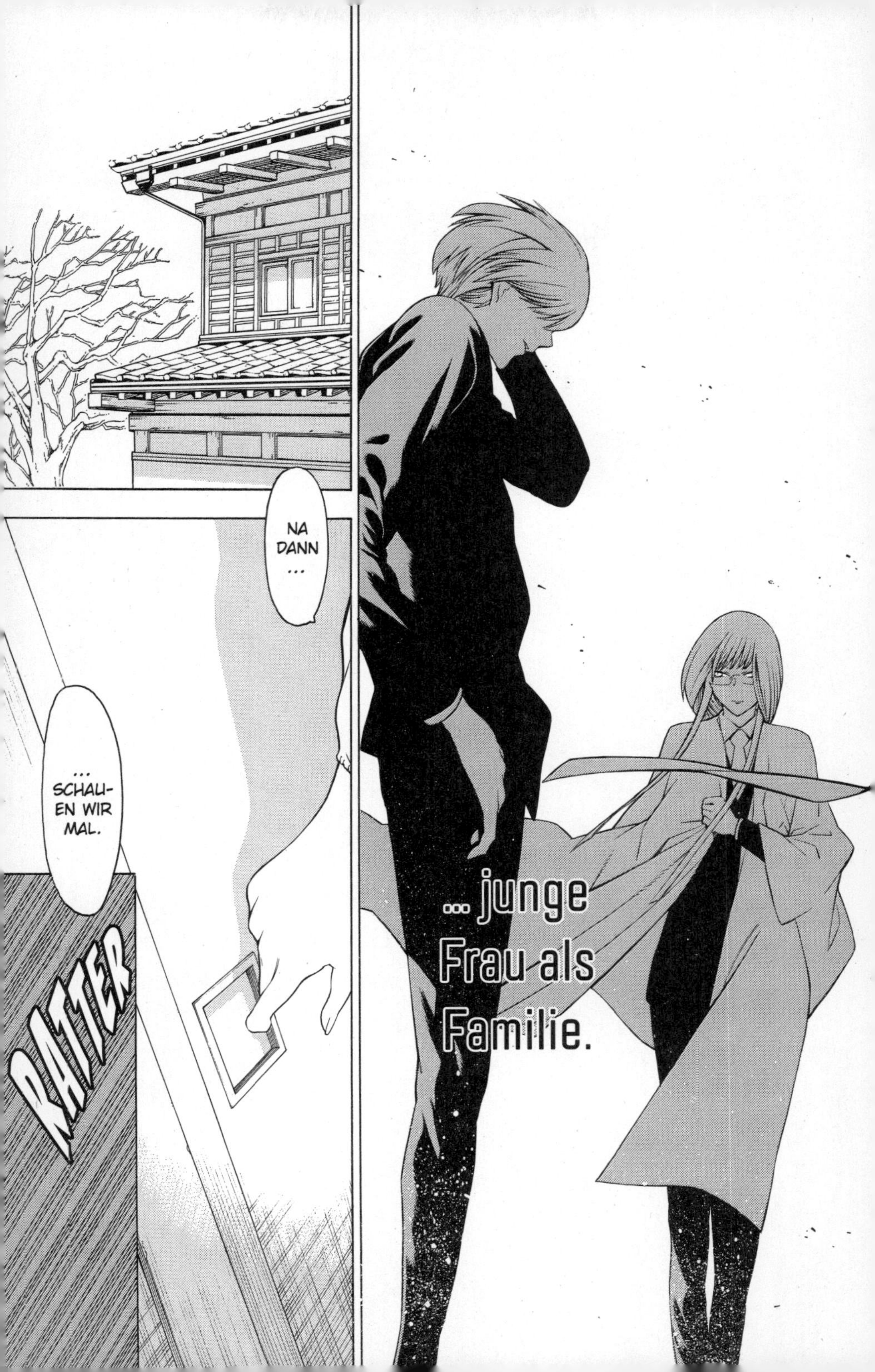
... junge Frau als Familie.
NA DANN ...
... SCHAU- EN WIR MAL.
RATTER

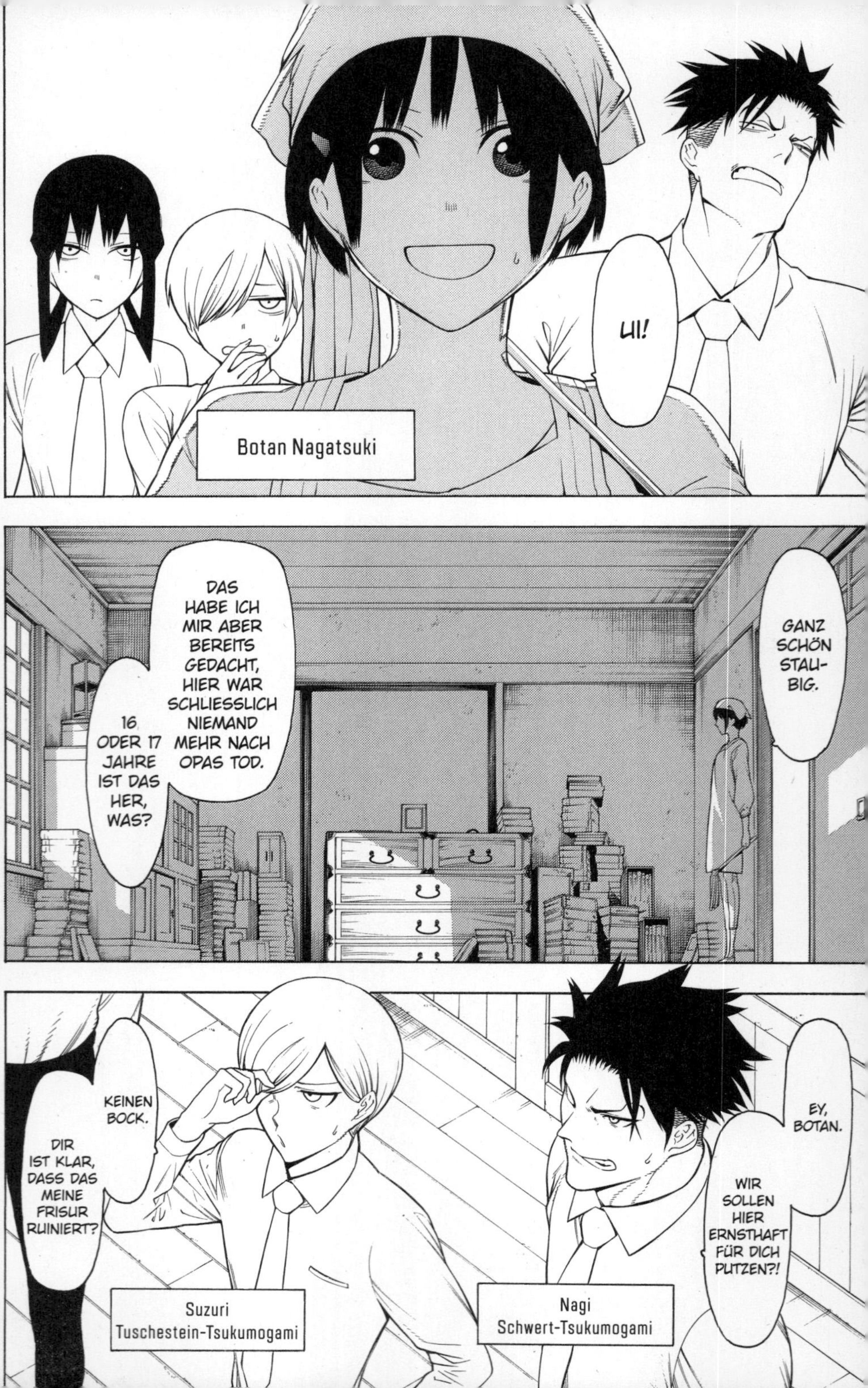
UI!
Botan Nagatsuki
GANZ SCHÖN STAU-BIG.
DAS HABE ICH MIR ABER BEREITS GEDACHT, HIER WAR SCHLIESSLICH NIEMAND MEHR NACH OPAS TOD.
16 ODER 17 JAHRE IST DAS HER, WAS?
EY, BOTAN.
WIR SOLLEN HIER ERNSTHAFT FÜR DICH PUTZEN?!
Nagi Schwert-Tsukumogami
KEINEN BOCK.
DIR IST KLAR, DASS DAS MEINE FRISUR RUINIERT?
Suzuri Tuschestein-Tsukumogami

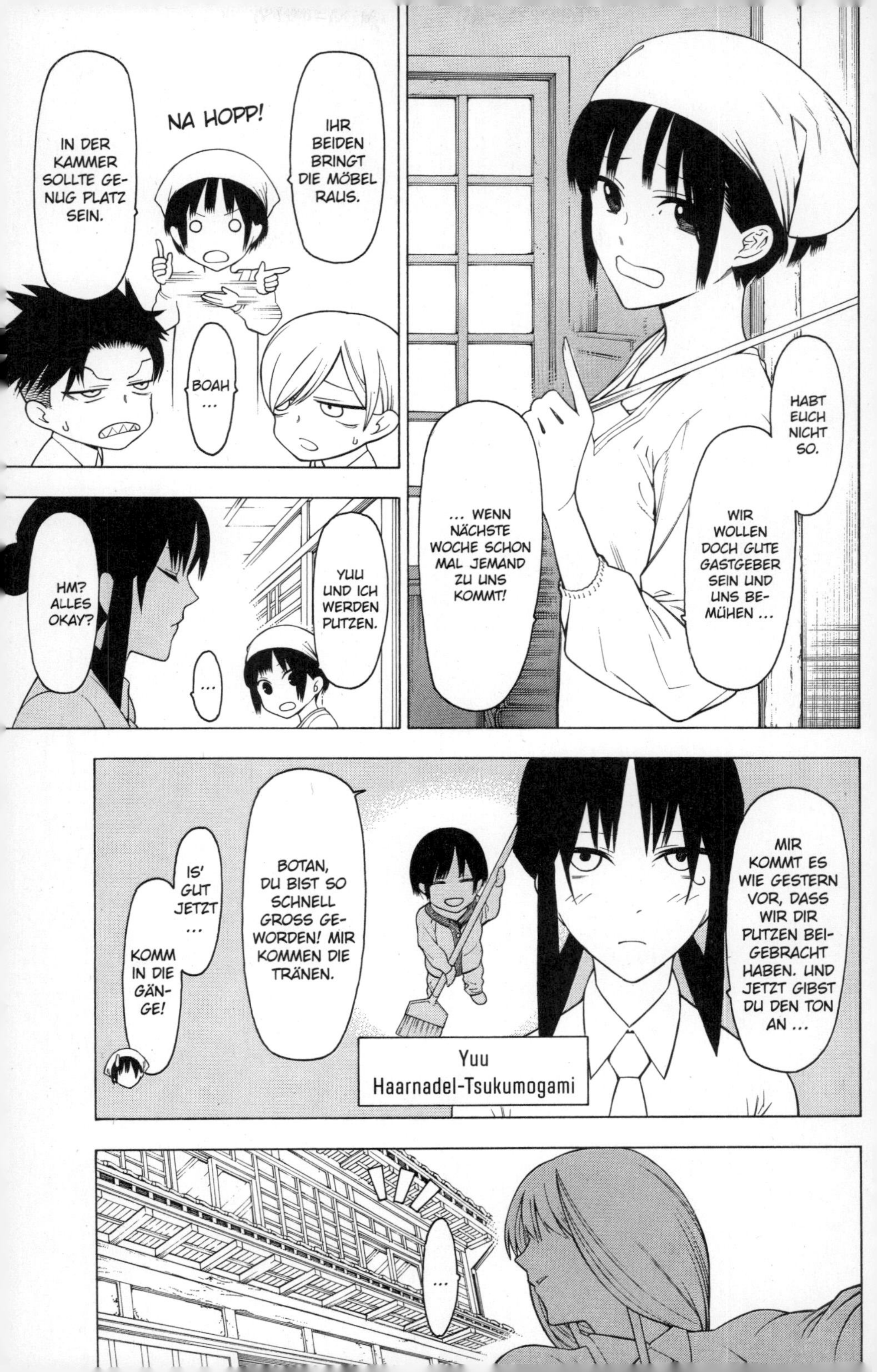
HABT EUCH NICHT SO.
WIR WOLLEN DOCH GUTE GASTGEBER SEIN UND UNS BEMÜHEN …
… WENN NÄCHSTE WOCHE SCHON MAL JEMAND ZU UNS KOMMT!
IHR BEIDEN BRINGT DIE MÖBEL RAUS.
NA HOPP!
IN DER KAMMER SOLLTE GENUG PLATZ SEIN.
BOAH …
YUU UND ICH WERDEN PUTZEN.
…
HM? ALLES OKAY?
MIR KOMMT ES WIE GESTERN VOR, DASS WIR DIR PUTZEN BEIGEBRACHT HABEN. UND JETZT GIBST DU DEN TON AN …
Yuu
Haarnadel-Tsukumogami
BOTAN, DU BIST SO SCHNELL GROSS GEWORDEN! MIR KOMMEN DIE TRÄNEN.
IS' GUT JETZT …
KOMM IN DIE GÄNGE!
…

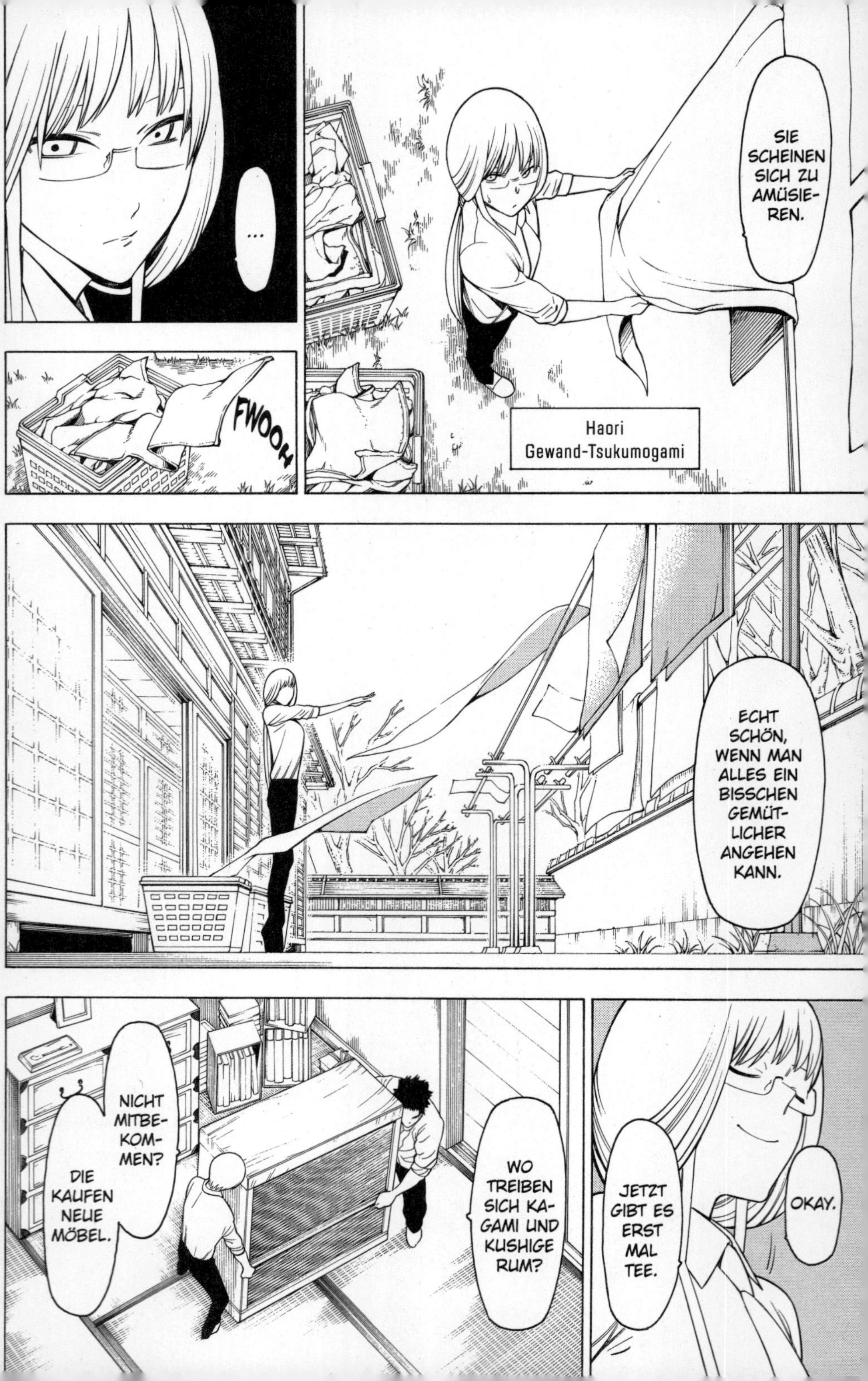
SIE SCHEINEN SICH ZU AMÜSIE-REN.
...
Haori Gewand-Tsukumogami
FWOOH
ECHT SCHÖN, WENN MAN ALLES EIN BISSCHEN GEMÜT-LICHER ANGEHEN KANN.
OKAY.
JETZT GIBT ES ERST MAL TEE.
WO TREIBEN SICH KA-GAMI UND KUSHIGE RUM?
NICHT MITBE-KOM-MEN?
DIE KAUFEN NEUE MÖBEL.

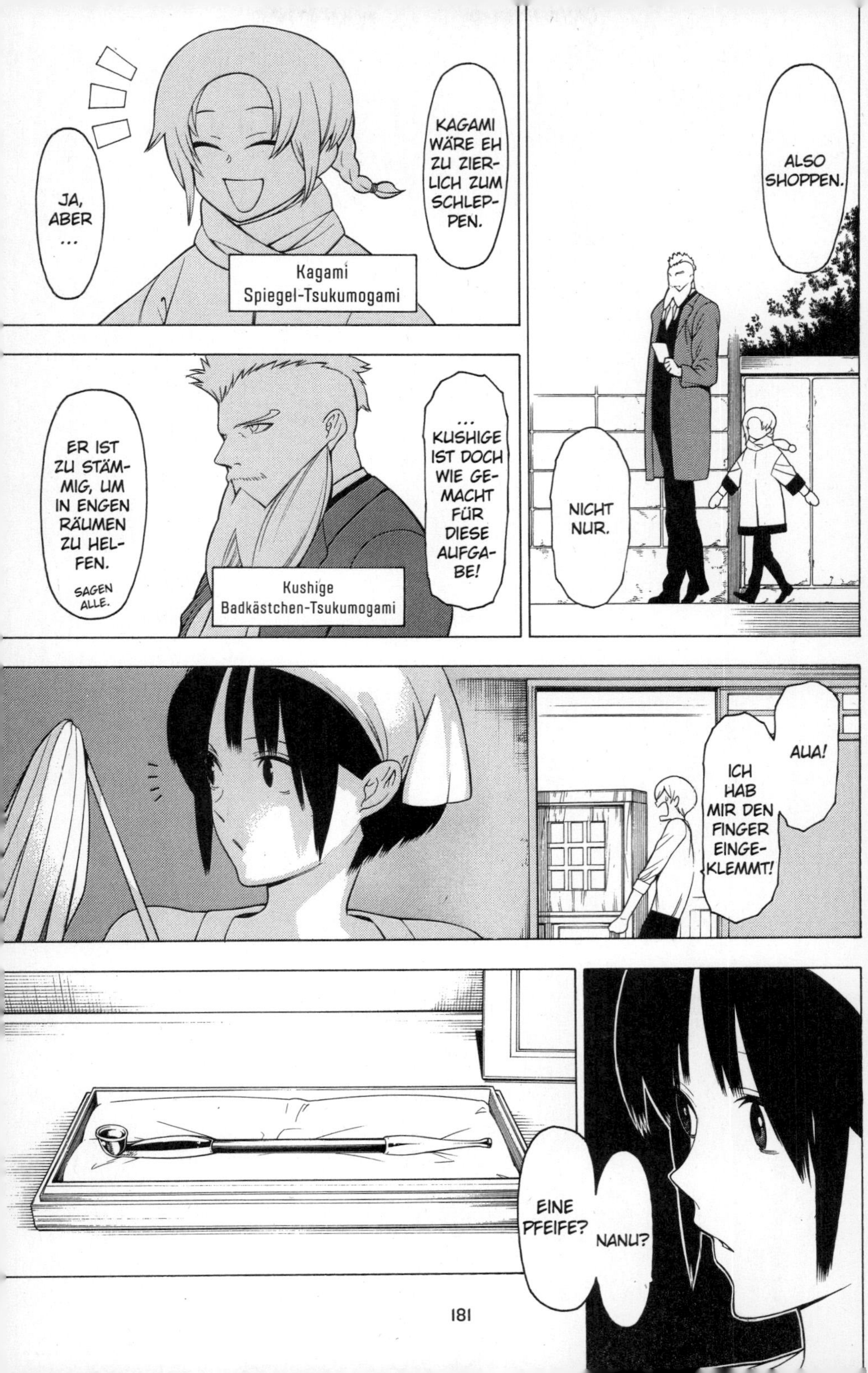
ALSO SHOPPEN.
NICHT NUR.
KAGAMI WÄRE EH ZU ZIERLICH ZUM SCHLEPPEN.
JA, ABER ...
Kagami Spiegel-Tsukumogami
... KUSHIGE IST DOCH WIE GEMACHT FÜR DIESE AUFGABE!
ER IST ZU STÄMMIG, UM IN ENGEN RÄUMEN ZU HELFEN.
SAGEN ALLE.
Kushige Badkästchen-Tsukumogami
AUA!
ICH HAB MIR DEN FINGER EINGEKLEMMT!
NANU?
EINE PFEIFE?

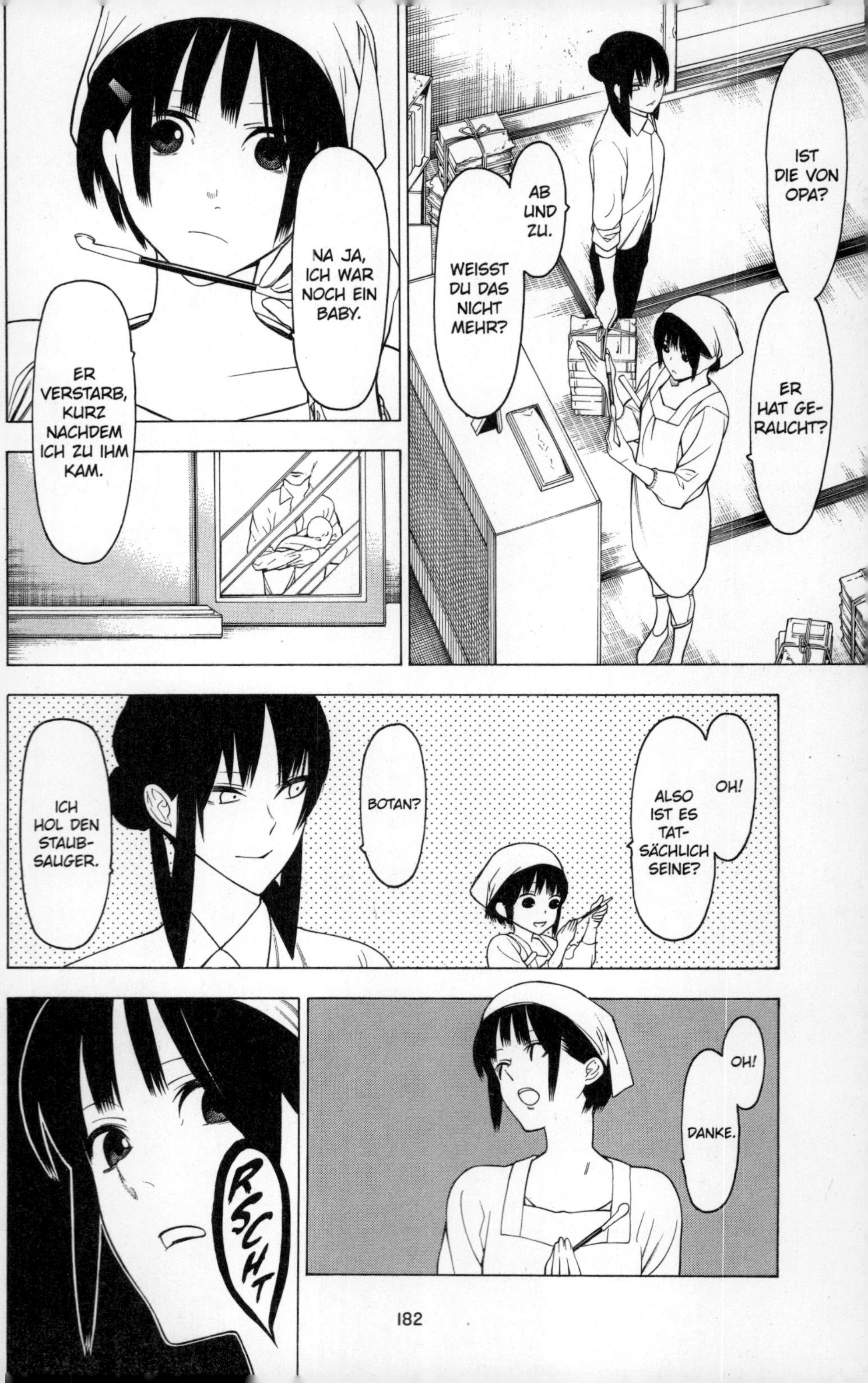
IST DIE VON OPA?
ER HAT GE-RAUCHT?
AB UND ZU.
WEISST DU DAS NICHT MEHR?
NA JA, ICH WAR NOCH EIN BABY.
ER VERSTARB, KURZ NACHDEM ICH ZU IHM KAM.
OH!
ALSO IST ES TAT-SÄCHLICH SEINE?
BOTAN?
ICH HOL DEN STAUB-SAUGER.
OH!
DANKE.
RSCHT

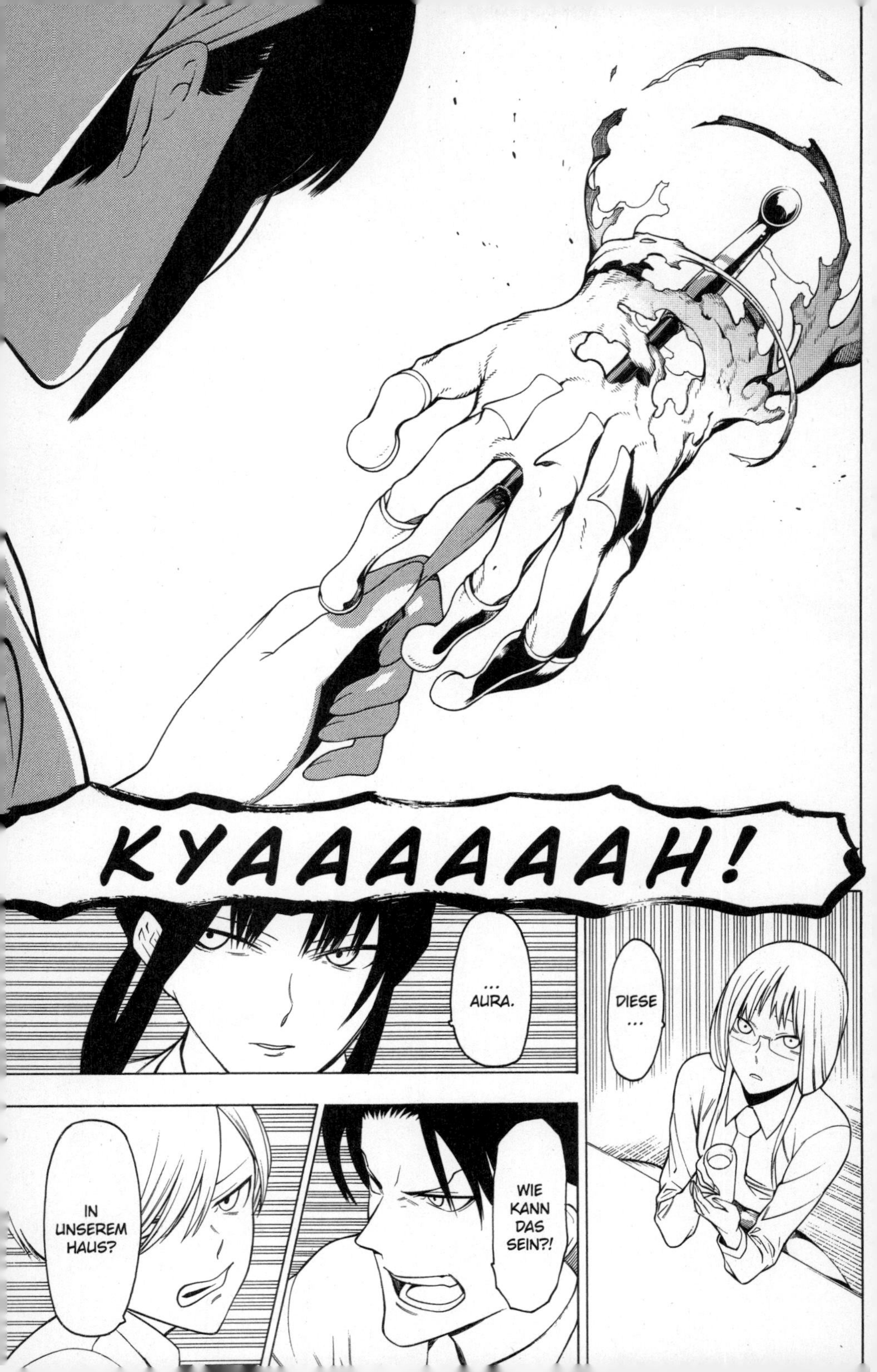
KYAAAAAAAH!
DIESE ...
... AURA.
WIE KANN DAS SEIN?!
IN UNSEREM HAUS?

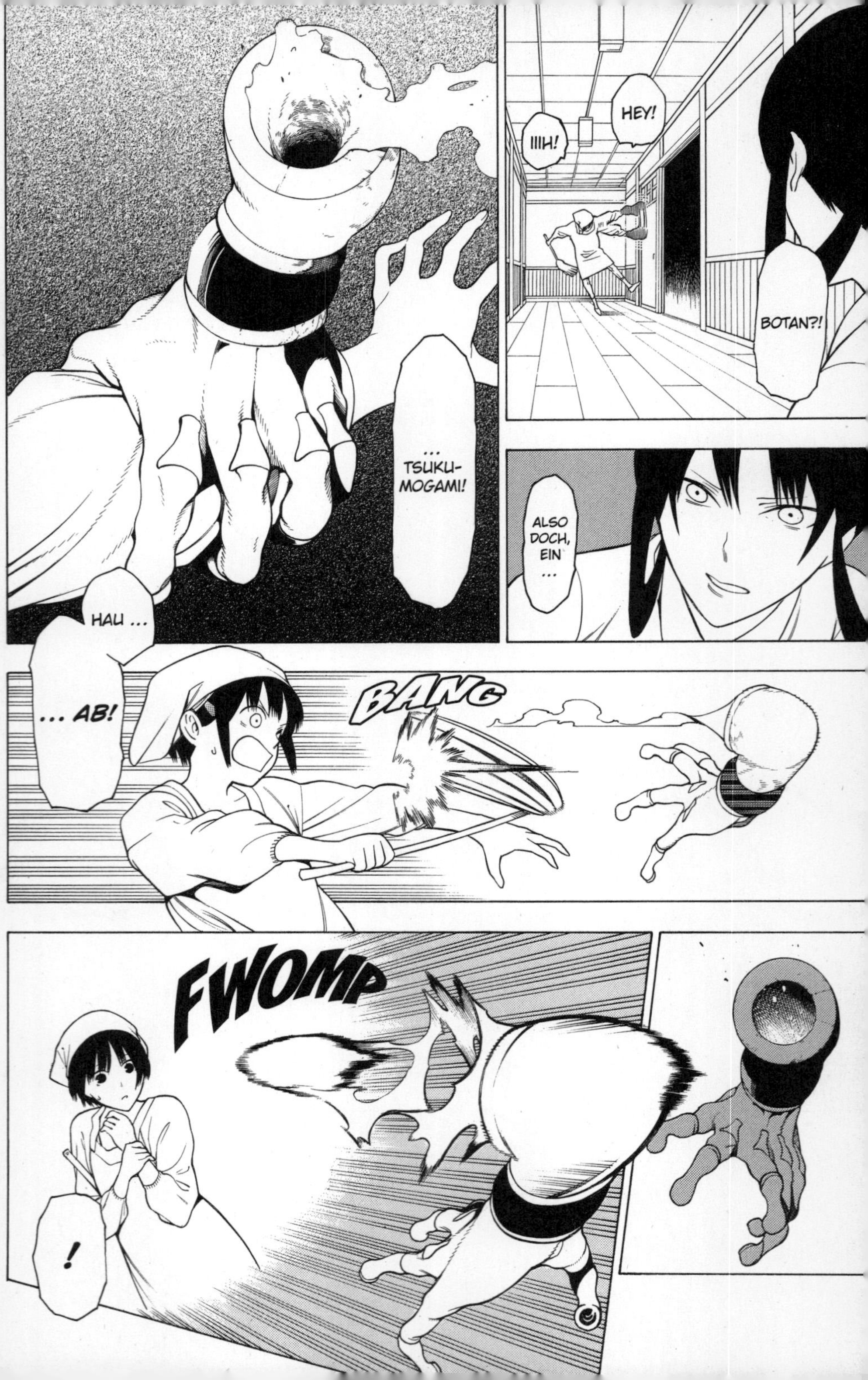
HEY!
IIIH!
BOTAN?!
... TSUKU-MOGAMI!
ALSO DOCH, EIN ...
HAU ...
... AB!
BANG
FWOMP
!

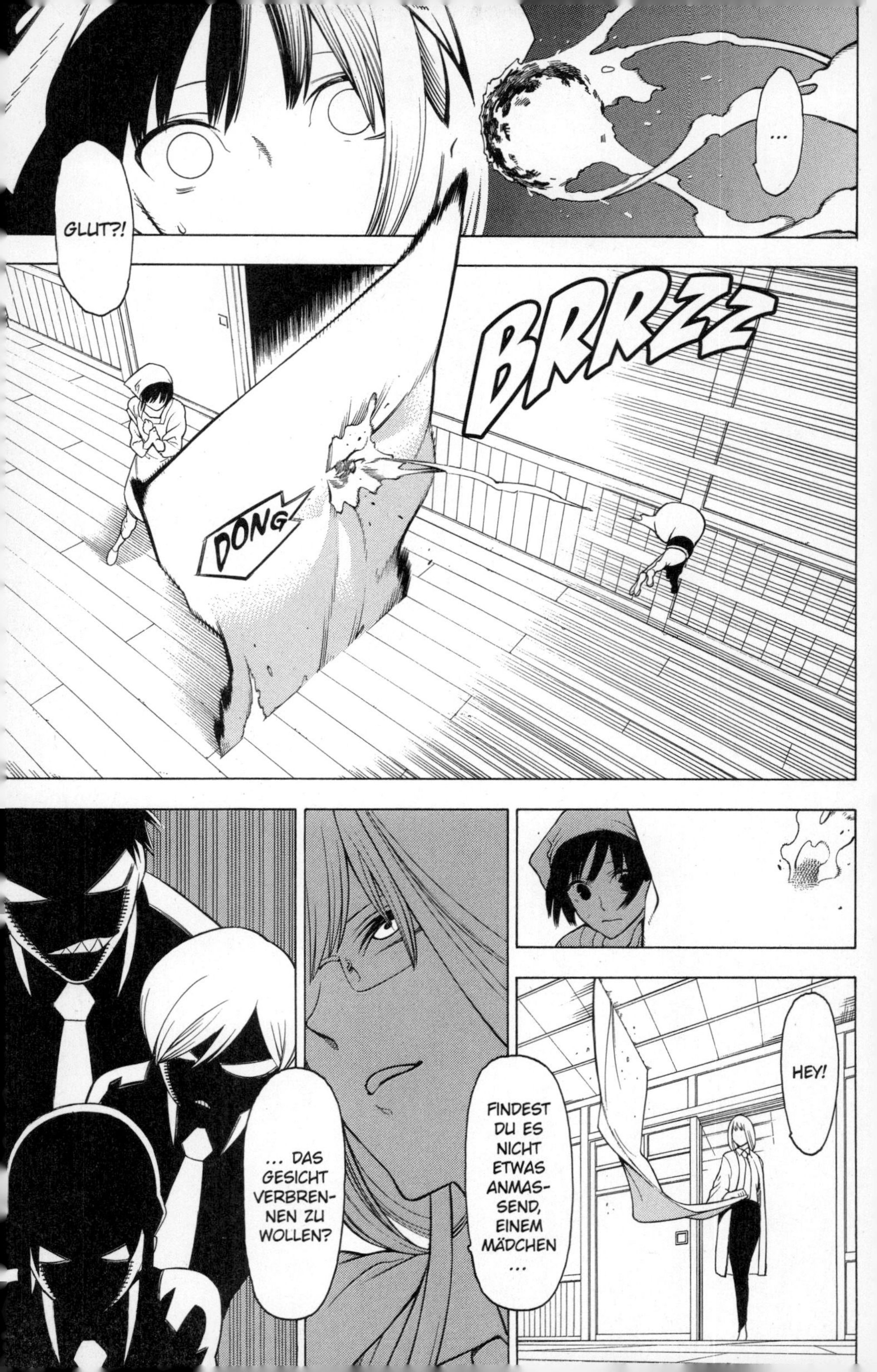
...
GLUT?!
BRRZZ
DONG
HEY!
FINDEST DU ES NICHT ETWAS ANMASSEND, EINEM MÄDCHEN ...
... DAS GESICHT VERBRENNEN ZU WOLLEN?

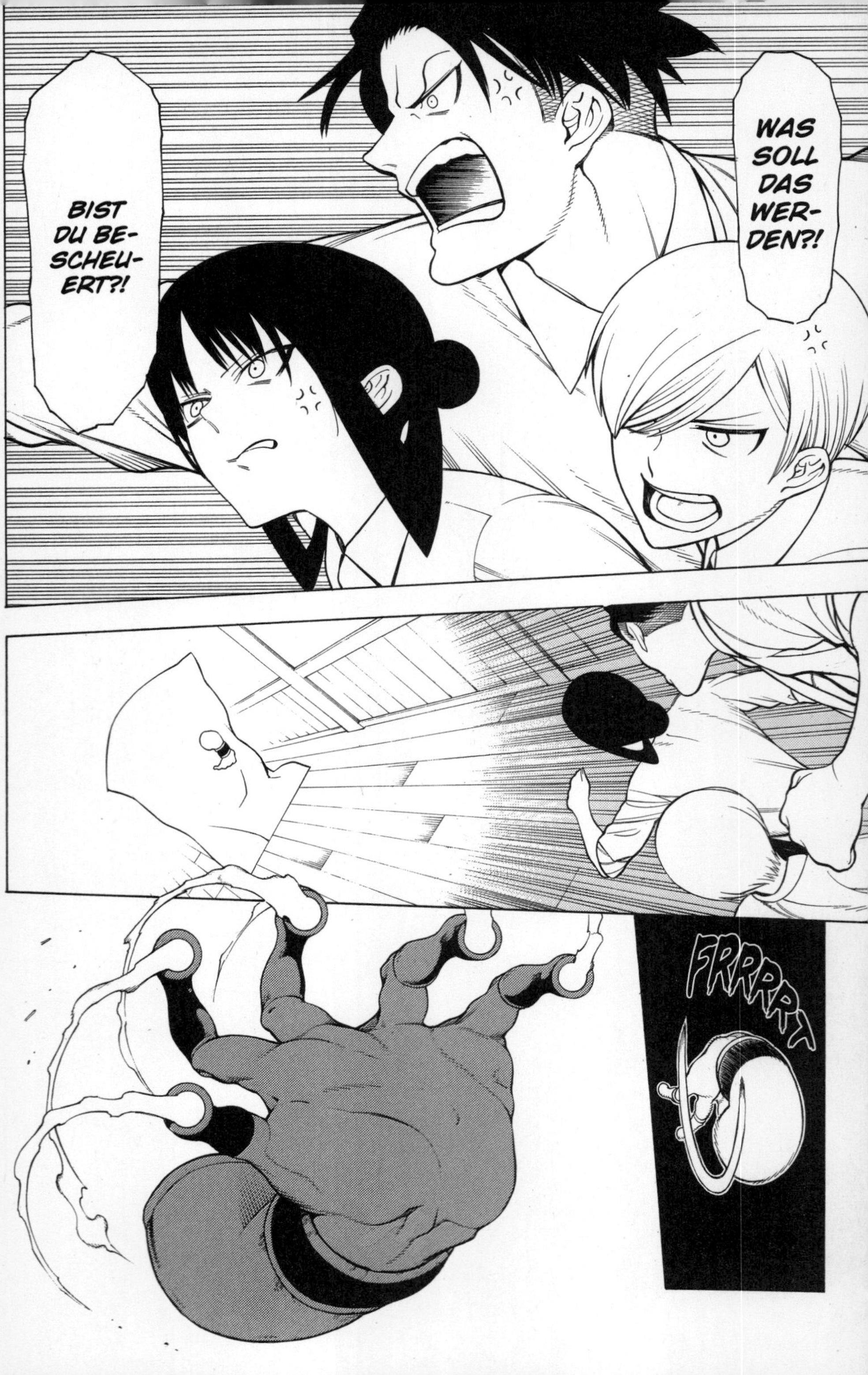
WAS SOLL DAS WER-DEN?!
BIST DU BE-SCHEU-ERT?!
FRRRRT

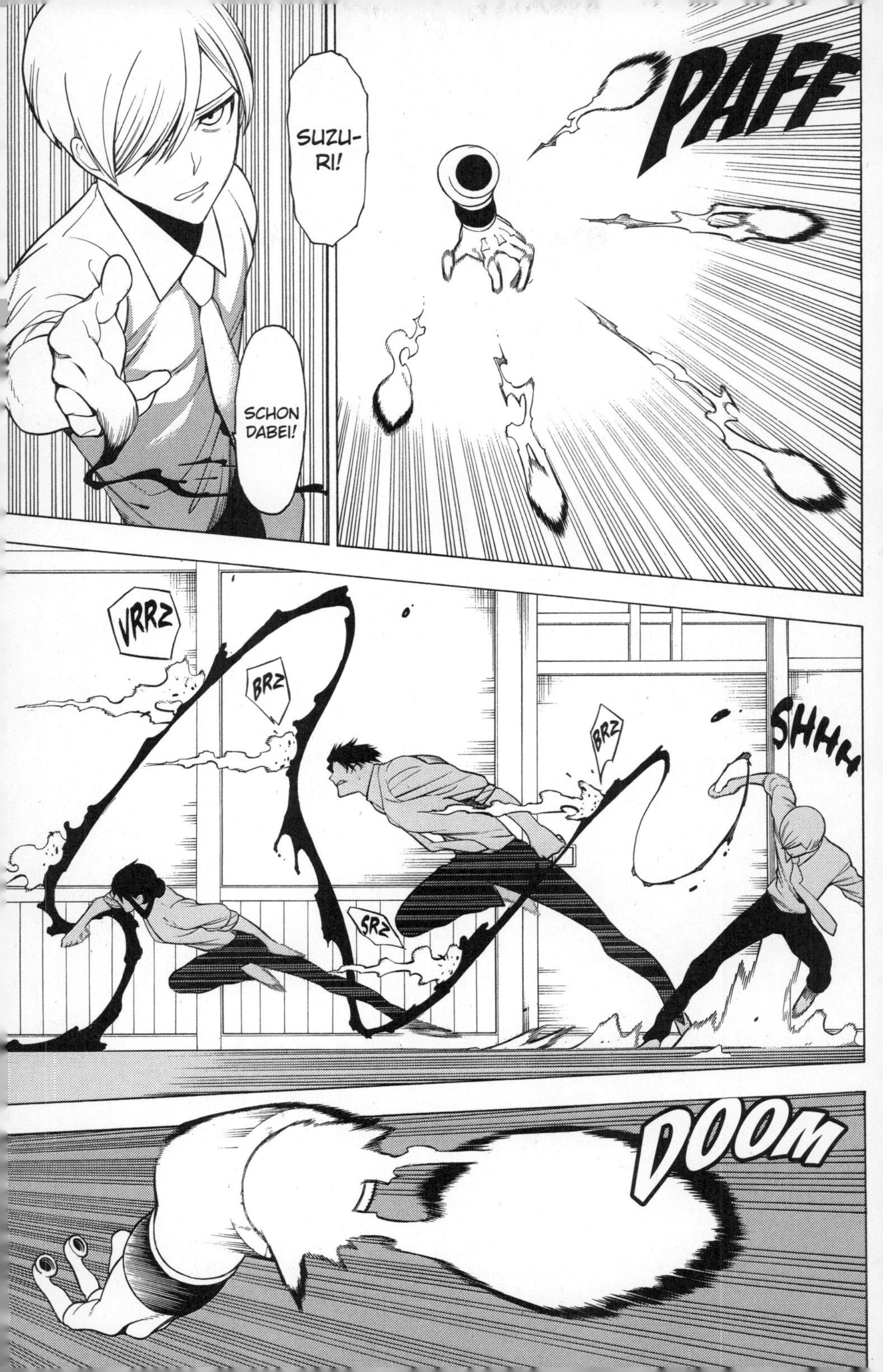
PAFF
SUZURI!
SCHON DABEI!
SHHH
BRZ
VRRZ
BRZ
SRZ
DOOM

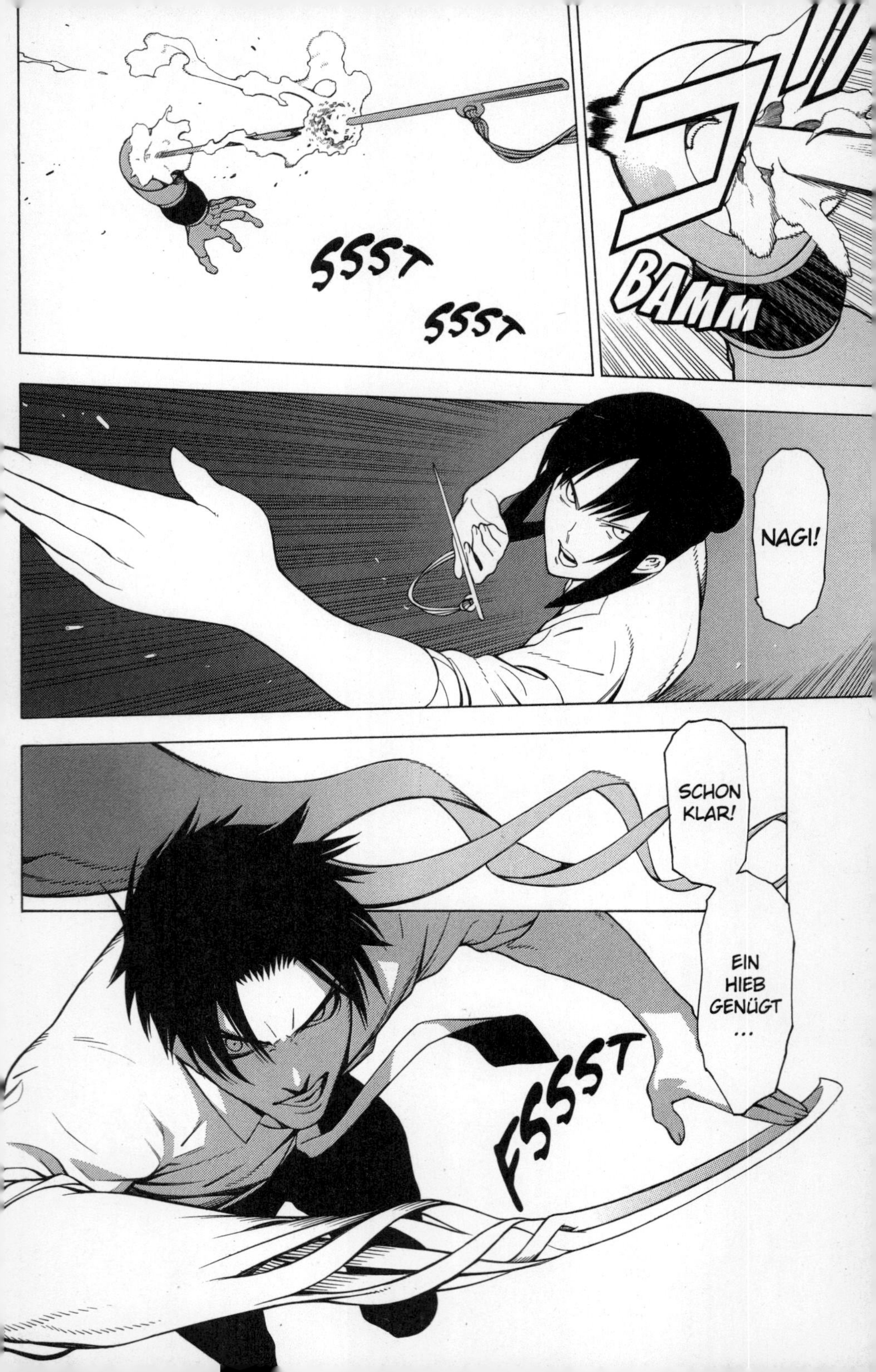
BAMM
SSST
SSST
NAGI!
SCHON KLAR!
EIN HIEB GENÜGT …
FSSST

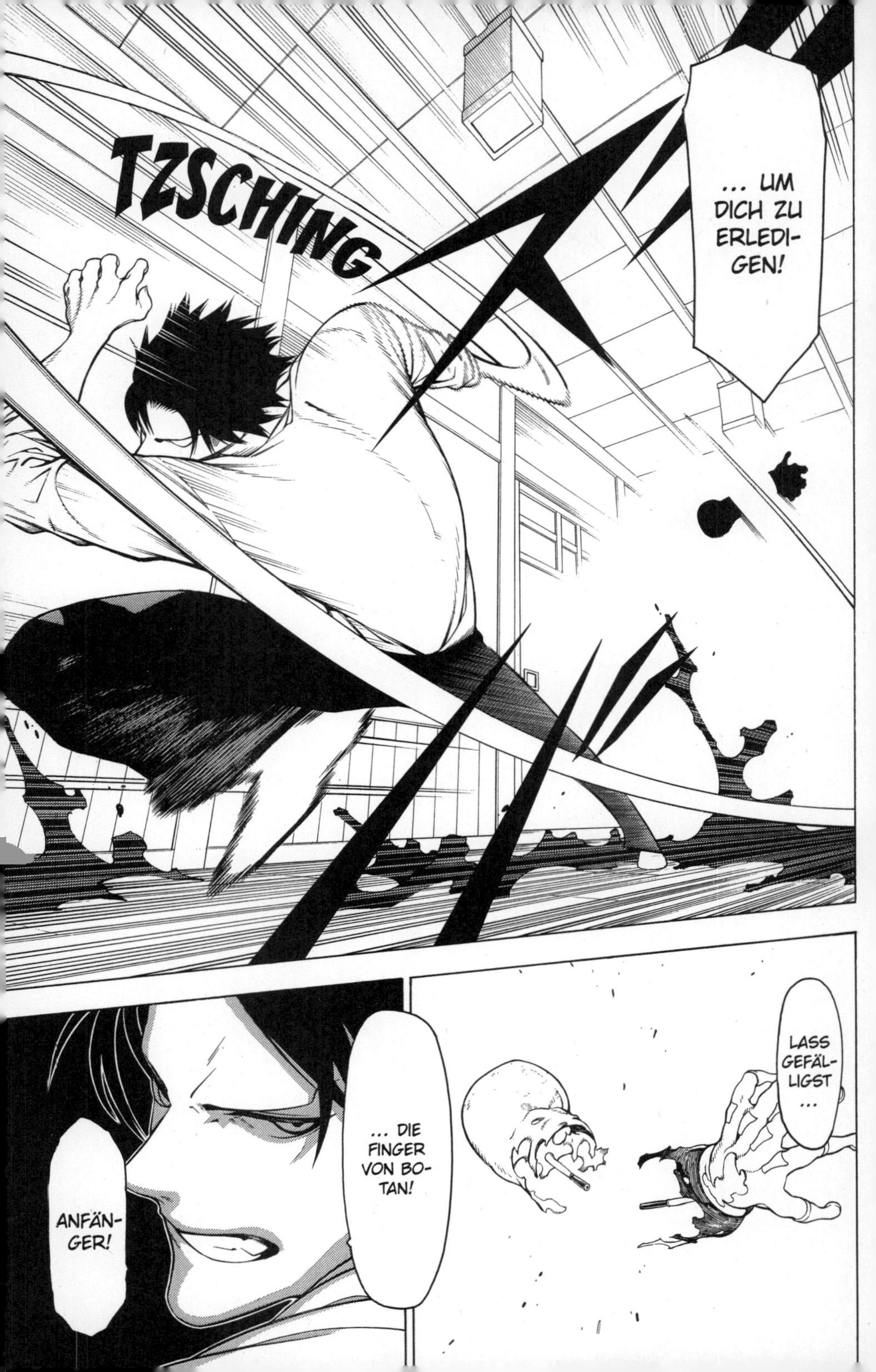
TZSCHING
... UM DICH ZU ERLEDI- GEN!
LASS GEFÄL- LIGST ...
... DIE FINGER VON BO- TAN!
ANFÄN- GER!

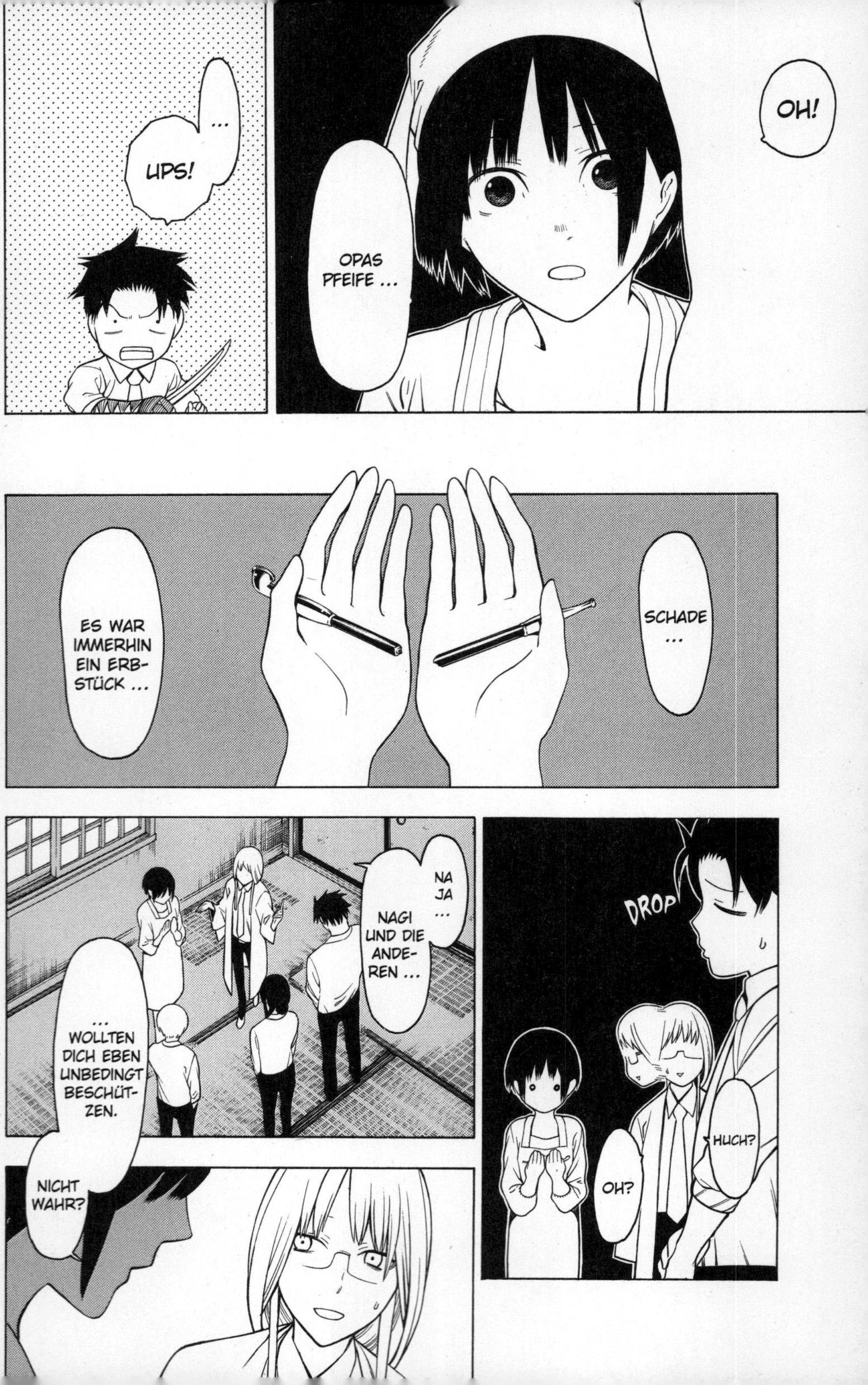
OH!
OPAS PFEIFE …
…
UPS!
SCHADE …
ES WAR IMMERHIN EIN ERBSTÜCK …
DROP
HUCH?
OH?
NA JA …
NAGI UND DIE ANDEREN …
… WOLLTEN DICH EBEN UNBEDINGT BESCHÜTZEN.
NICHT WAHR?

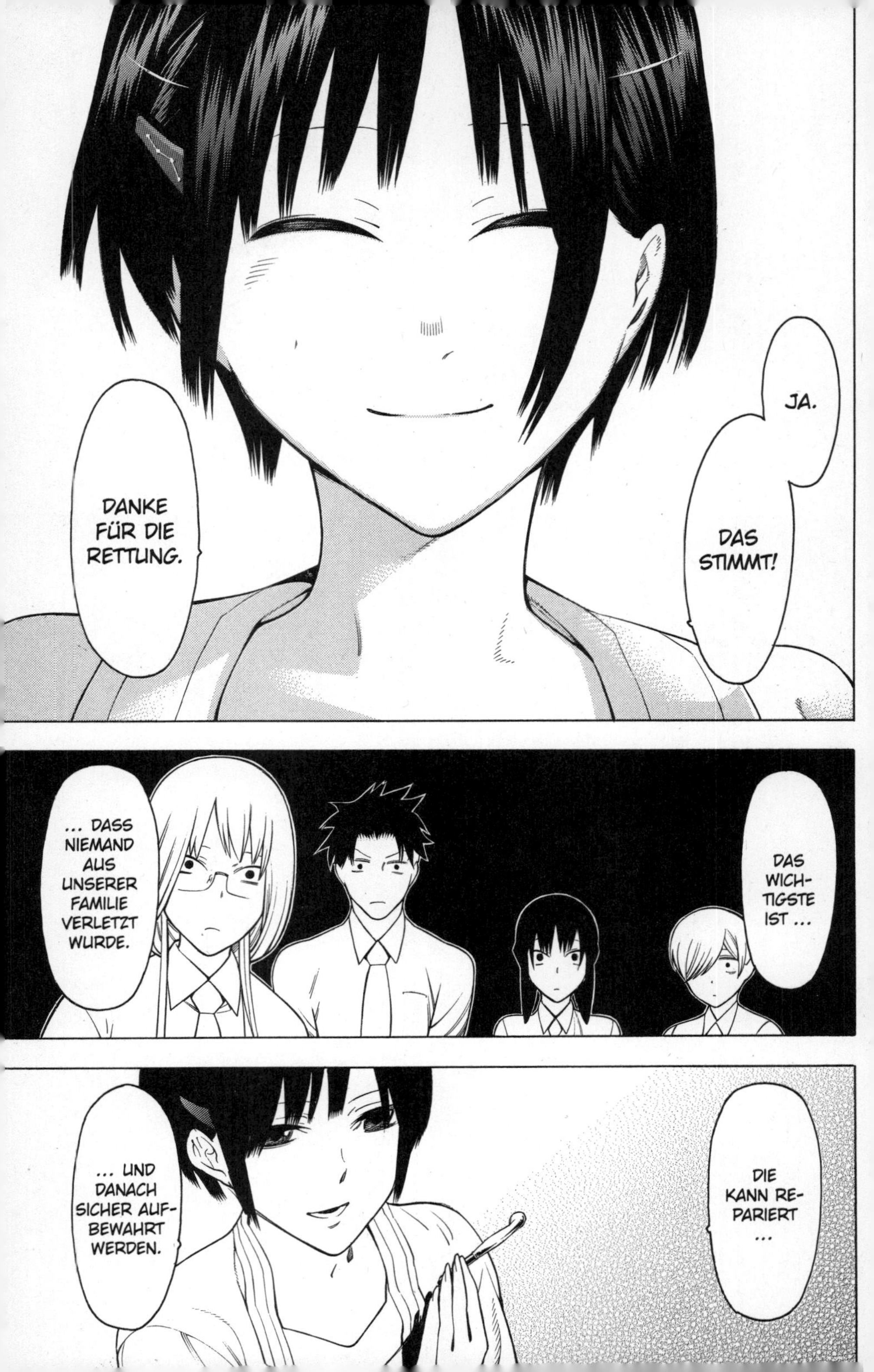
JA. DAS STIMMT!
DANKE FÜR DIE RETTUNG.
DAS WICHTIGSTE IST …
… DASS NIEMAND AUS UNSERER FAMILIE VERLETZT WURDE.
DIE KANN REPARIERT …
… UND DANACH SICHER AUFBEWAHRT WERDEN.

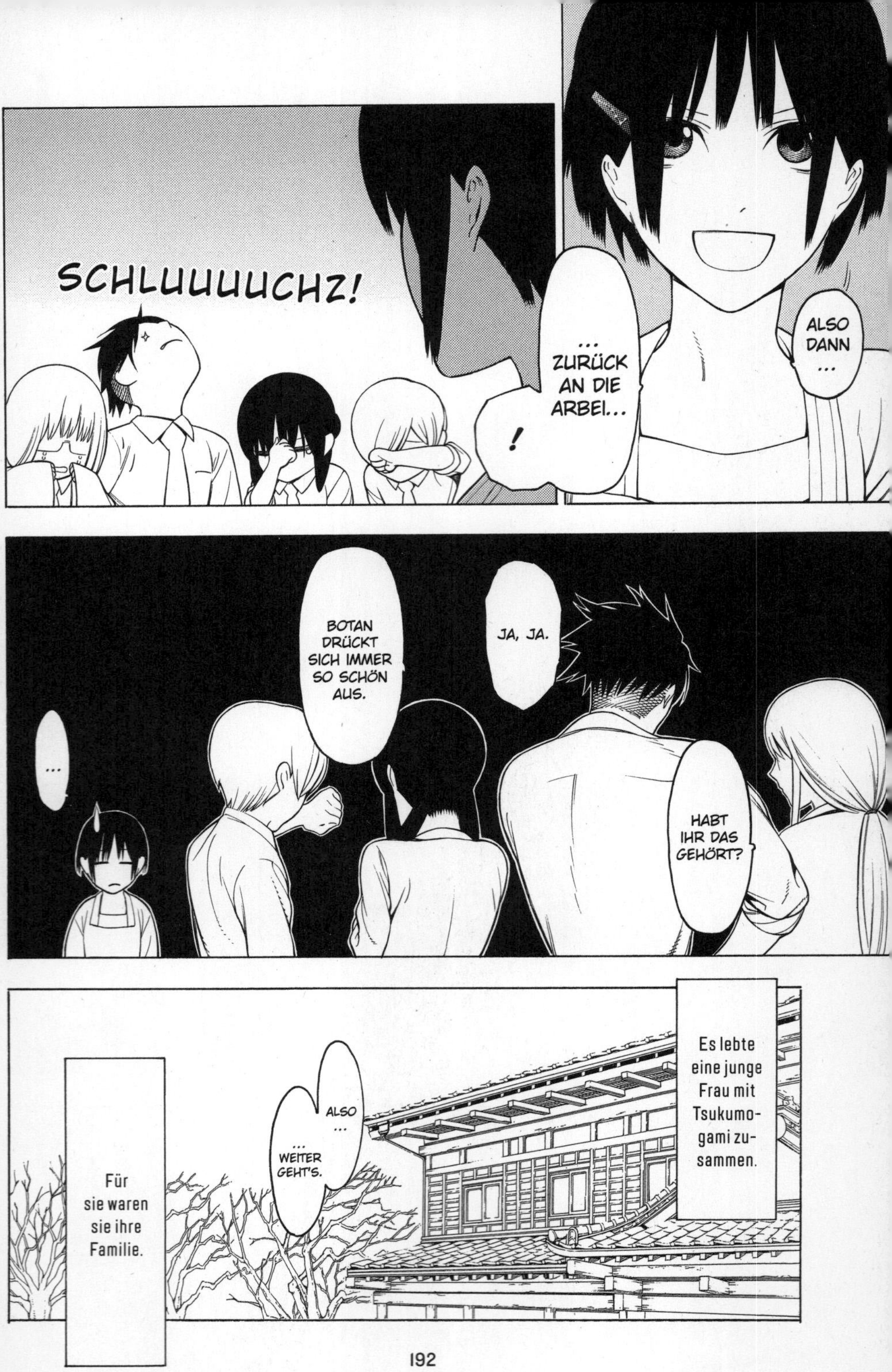
ALSO DANN ...
... ZURÜCK AN DIE ARBEI...
!
SCHLUUUUUCHZ!
HABT IHR DAS GEHÖRT?
JA, JA.
BOTAN DRÜCKT SICH IMMER SO SCHÖN AUS.
...
Es lebte eine junge Frau mit Tsukumo-gami zu-sammen.
ALSO ...
... WEITER GEHT'S.
Für sie waren sie ihre Familie.

MONONOGATARI

STOPP!

STOPP! DIES IST DIE LETZTE SEITE!

MONONOGATARI – Die Wächter der Artefaktgeister ist ein Manga, und einen japanischen Comic liest man von hinten nach vorne. Auch die Lesereihenfolge der Bilder und Sprechblasen auf den Seiten ist anders als gewohnt: von rechts oben nach links unten.

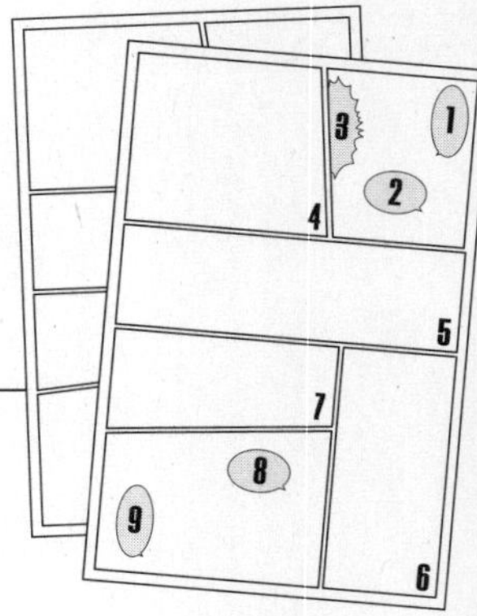

MONONOGATARI 02

DIE WÄCHTER DER ARTEFAKTGEISTER

von
Onigunsou

1. Auflage, 2023
Deutsche Ausgabe/German Edition

Verlagsleitung: Andreas Mergenthaler & Luciana Bawidamann

Aus dem Japanischen von Cheyenne Dreißigacker

Programmleitung: Alexandra Grimsehl
Redaktion & Korrektorat: Natalia Pankeew
Lektorat: Christina Gohl
Grafik/Produktionsleitung: Elke Epple
Layout und Lettering: Manga Cult, Datagrafix GSP GmbH, Berlin
Druck: GGP Media GmbH, Pößneck

Print-ISBN: 978-3-96433-863-1

www.manga-cult.de | September 2023